라우터(Router)

황 봉 성 저

도서
출판 상 학 당

欲爲大者 當爲人役

크고자 하거든 남을 섬기라

이 책의 머리말

스위치(Switch) 교재를 발간한 지 꼭 1년이 지났다. 애플(Apple)의 스티브 잡스(Steve Jobs) 사후에 모바일 분야는 매년 발전을 거듭하면서 새로운 모바일 문화를 만들어가고 있다. 이러한 시대에 정보통신 서비스의 이용자가 아닌 그 분야에서 실제로 실무를 담당해야 하는 정보통신 전문가가 되기를 꿈꾼다면 네트워크의 기초이론과 소요장비에 대한 이해는 필수라고 생각한다. 특히 네트워크를 구성하는 다양한 기술을 이해하는 데 가장 기초적인 지식이 바로 네트워크 스위칭과 라우팅(Routing) 기술이다. 라우터(Router)는 현재 우리가 아침에 일어나 저녁에 잠자리에 들 때까지 일상으로 접하고 있으며, 지구촌의 가장 일반적인 통신수단이 된 인터넷(Internet)을 구성하고 있는 핵심장비이다.

물론 라우터는 여러 가지 네트워크 장비 중 가장 지능적이며 복잡한 기능을 가진 장비이기도 하다. 저자는 과거 기업에서 다년간 컴퓨터 네트워크 실무분야에서 종사했으며, 최근까지 20년 가까이 대학에서 네트워크 및 보안분야의 교육을 담당해온 경험을 바탕으로 학생들의 눈높이에 맞는 라우터 교재가 필요하다는 생각에 스위치에 이어 이 책을 집필하였으나, 저자의 아둔함으로 말미암아 부족한 점이 많을 것으로 사료되지만 앞으로 계속 보완, 발전해 나갈 것을 독자들에게 약속드린다.

이 책의 구성은 먼저, 네트워크에서 모든 호스트의 접속 포인터 혹은 인터페이스가 하나씩 가지게 되며, 네트워크 주소와 호스트 주소의 조합으로 구성된 유일한 IP 주소에 대한 내용을 포함한 제1장 IP 주소편을 필두로, 제2장은 라우터를 구성하고 있는 각종 메모리를 비롯한 여러 가지 구성요소와 라우터를 사용하기 위한 기본지식, 그리고 시스코 라우터의 운영체제인 IOS(Internetwork Operating System)의 관리 및 CLI(Command Line Interface)에 대한 이해를 위한 라우터 기초기술에 대해서, 그리고 제3장에서는 라우터가 경로를 찾아가기 위해 필요한 라우팅 프로토콜, 경로결정, 라우팅 테이블 및 라우팅 알고리즘과 메트릭(Metric) 등에 대한 이론과 함께 정적(Static)인

경로설정에 대한 내용을, 제4장에서는 라우팅 프로토콜 중 가장 간단하고 단순하여 소형 네트워크 관리자에게 인기있는 RIP과 RIPv2에 대한 이론과 실습을 다루고 있다. 제5장에서는 인터네트워킹(Internetworking)에서 가장 선호하여 사용하는 표준 링크-상태 라우팅 프로토콜인 OSPF에 대한 이론과 실습을, 제6장 EIGRP는 시스코 고유의 거리-벡터 라우팅 프로토콜인 IGRP, EIGRP에 대한 이론과 실제 상황에 적용할 수 있는 구성도를 바탕으로 실습을 해볼 수 있도록 하였으며, 제7장과 제8장에서는 라우터를 사용하여 필드에서 가장 많이 사용하는 기술인 DHCP 및 NAT에 대한 내용을 예제를 통하여 라우터 네트워크에 대한 종합적인 실습을 해보는 과정을 마련하였다.

마지막으로 제9장에서는 라우터를 이용한 네트워크 보안을 구축할 수 있도록 ACL에 대한 내용을 언급하였다. 또한 부록에는 정보통신 관련 용어해설 및 약어표를 첨가하여 이 책에서 다루지 않은 내용을 이해하는 데도 도움이 되고자 하였다.

특히 이 책은 저자가 대학에서 강의를 하고 있는 시스코 네트워킹 아카데미 과정 중 라우팅 분야의 한 학기 교재로 사용할 수 있도록 구성하였으며, 기초에 충실한 내용으로 정리하였다. 교재의 내용 중 사용된 그림의 아이콘들은 시스코 아카데미에서 사용하는 아이콘과 동일한 것을 사용하였고, 콘솔의 샘플 화면들은 시스코사의 패킷트레이서(Packet Tracer)를 통해 캡쳐된 것임을 밝혀둔다.

최근 우리나라에서는 정보화 사회의 완성을 위해 각계에서 스마트 기기를 포함한 정보통신 시스템의 재구축사업을 활발하게 추진 중이며, 개인정보보호 등 보안 시스템의 강화와 기가코리아(Giga Korea) 사업을 중심으로 초고속 정보통신망을 설계하는 등 정보화 사회에서의 정보통신기술 분야는 하루가 다르게 변해가고 있다. 이러한 시대적 요구에 조금이나마 도움이 될 수 있도록 네트워크 기초기술 분야의 교재를 출간하게 되었으니, 대학과 전문대학의 관련 학과 및 유관 분야에서 종사하는 모든 분들에게 도움이 되었으면 하는 마음이다.

끝으로 그동안 저의 강의를 열심히 들어준 학생들과 이 책이 나오기까지 여러 면으로 도움을 주신 앤앤에스피(주) 임직원들과 대표님, 그리고 이 책의 출판을 맡아주신 상학당 사장님을 비롯한 임직원 여러분들께 감사드리며, 떨어져 있지만 각자 자기자리에서 열심히 살아가고 있는 저의 가족들에게 이 책을 바친다.

2013. 10

저자 씀

이 책의

차 례

제1장 IP 주소

제2장 라우터

제3장 라우팅 프로토콜

제4장 RIP 버전 2

제5장 OSPF

제6장 EIGRP

제7장 DHCP

제8장 NAT

제9장 ACL

부록

제1장

IP 주소

1.1 IP 주소에 대한 이해

네트워크에서 장비의 접속 포인터 혹은 인터페이스(Interface)가 IP(Internet Protocol) 주소(Address)를 가지며, 네트워크 주소와 호스트 주소의 조합으로 유일한 IP 주소를 생성한다. TCP/IP 네트워크의 각 컴퓨터에는 유일한 IP 주소를 할당하고 IP 주소는 32 비트로 구성되며 마침표(Period, 피리어드)에 의해 구분되는 4개의 십진수로 나타낸다.

예 192.168.1.10 → 11000000.10101000.00000001.00001010
192.168.1.11 → 11000000.10101000.00000001.00001011

OSI 참조 모델의 3계층 장비인 라우터(Router)는 IP를 사용하여 발신지(Source)로부터 목적지(Destination)까지 패킷(Packet)을 포워딩(Forwarding)한다. 이때 패킷에는 발신지와 목적지의 네트워크 식별자가 포함되어 있으며, 패킷이 목적지 네트워크에 연결된 라우터에 도착하면 라우터는 IP 주소를 이용하여 네트워크에 연결된 특정 컴퓨터로 전달된다. IP 주소는 시스템이 연결된 네트워크 부분(네트워크 주소)과 네트워크 상의 특정 시스템 부분(호스트 주소) 2개의 부분으로 구성되어 있으며, 각 옥텟(Octet)의 범위는 0에서 255까지이며 계층적인 주소구조를 가진다. 또한 IP 주소는 다른 규모의 네트워크를 수용하고 이러한 네트워크를 분류하기 위하여 클래스(Class)라는 그룹으로 분리한다. 각 주소 시작부의 비트 순서가 주소의 클래스를 결정하며 A, B, C, D, E 5개의 클래스로 구분한다.

1.1.1 IP 클래스

(1) 클래스 A

0	네트워크 식별자 (0 포함 8비트)	호스트 식별자(24비트)

첫 번째 옥텟은 네트워크 주소를 나타내며 나머지 3개의 옥텟은 호스트 주소를 나타낸다. 네트워크 식별자의 첫 비트(첫 번째 옥텟의 첫 번째 비트)는 항상 0으로 시작하며 첫 번째 옥텟은 00000000(0)~0111111(127) 사이의 범위를 가지며 나머지 7비트와 더불어 총 8비트가 네트워크 식별자를 나타낸다.

클래스(Class) A는 0과 127을 제외한 총 126개의 가용 네트워크를 가지며, 네트워크 당 가용 호스트는 16,777,214개이다. 네트워크 0은 라우트(Route)되지 않는 로컬(Local) 네트워크를 의미하며, 127은 루프백(Loopback) 테스트용으로 예약이 되어 있기 때문이다.

(2) 클래스 B

1	0	네트워크 식별자 (1, 0 포함 16비트)	호스트 식별자(16비트)

처음 2옥텟은 네트워크 주소를 나타내며 나머지 2옥텟은 호스트 주소를 나타낸다. 네트워크 식별자의 첫 2비트(첫 번째 옥텟의 처음 2비트)는 항상 1, 0으로 시작하며, 첫 번째 옥텟은 10000000(128)~10111111(191) 사이의 범위를 가지며, 나머지 14비트와 더불어 총 16비트가 네트워크 식별자를 나타낸다. 클래스 B는 총 16,384개의 네트워크를 가지며 네트워크당 가용 호스트는 65,534개이다.

(3) 클래스 C

1	1	0	네트워크 식별자 (1, 1, 0 포함 24비트)	호스트 식별자(8비트)

처음 3옥텟은 네트워크 주소를 나타내며 마지막 옥텟은 호스트 주소를 나타낸다. 네트워크 식별자의 첫 3비트(첫 번째 옥텟의 처음 3비트)는 항상 1, 1, 0으로 시작하며, 첫 번째 옥텟은 11000000(192)~11011111(223) 사이의 범위를 가지며, 나머지 21비트와 더불어 총 24비트가 네트워크 식별자를 나타낸다. 클래스 C는 총 2,097,152개의 네트워크를 가지며 네트워크당 가용 호스트는 254개이다.

(4) 클래스 D

1	1	1	0	멀티캐스트 주소(호스트)

첫 옥텟은 처음 4비트가 1, 1, 1, 0로 시작하며 첫 번째 옥텟은 11100000(224)~11101111(239) 사이의 범위를 가진다. 네트워크와 호스트를 분리하기 위하여 옥텟이

나 비트를 할당할 필요가 없다. 정해진 IP 주소 그룹(Group)을 목적지 주소로 가진 패킷을 전달하는 유일한 네트워크 주소이며, 하나의 스테이션이 동시에 다중의 수신 장치로 단일 데이터 스트림(Single Data Stream)을 전송한다.

(5) 클래스 E

1	1	1	1	

첫 옥텟은 처음 4비트가 1, 1, 1, 1로 시작하며 첫 번째 옥텟은 11110000(240)~11111111(255) 사이의 범위를 가진다. 인터넷 엔지니어링 태스크 포스(IETF, Internet Engineering Task Force)가 연구를 위해 예약해둔 주소범위이다.

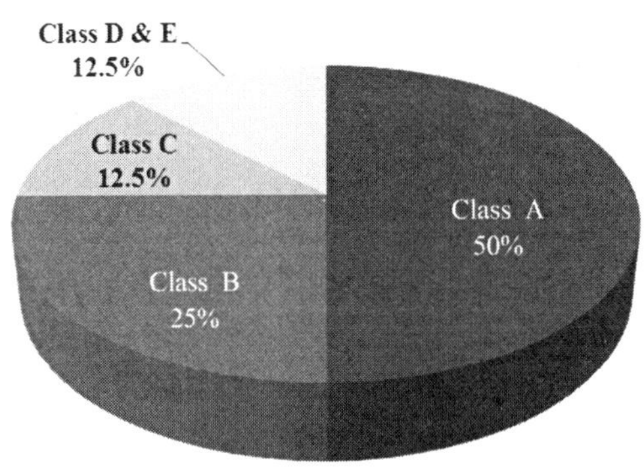

그림 1-1 IP Address Allocation

Binary Code	Bit Values	Decimal Value
00000000	0	0
10000000	128	128
11000000	128+64	192
11100000	128+64+32	224
11110000	128+64+32+16	240
11111000	128+64+32+16+8	248
11111100	128+64+32+16+8+4	252
11111110	128+64+32+16+8+4+2	254
11111111	128+64+32+16+8+4+2+1	255

그림 1-2 Binary에서 Decimal Format으로 전환시키기

그림 1-2는 2진 코드(Binary Code)를 10진 값(Decimal Value)의 형태로 전환하는 방법을 보여주며 그림 1-3은 IP 클래스를 요약한 것을 보여주고 있다.

클래스	네트워크 식별자	호스트 식별자	주소범위	가용 네트워크 수	네트워크당 가용 호스트 수
A Class	8비트	24비트	001.xxx.xxx.xxx ~126.xxx.xxx.xxx	126	16,777,214
B Class	16비트	16비트	128.001.xxx.xxx ~191.254.xxx.xxx	16,384	65,534
C Class	24비트	8비트	192.000.001.xxx ~223.255.254.xxx	2,097,152	254
D Class	상위 4비트(1110) +멀티캐스트 주소(28비트)		224.000.000.000 ~239.255.255.255	–	–

그림 1-3 IP 클래스 요약

1.1.2 IP Addressing의 제약성

IP Addressing 방법에는 주의해야 할 몇 가지 제한사항이 있다. 우선 호스트 식별자의 모든 비트가 1이 되어서는 안 된다는 것인데 이 경우는 전체 호스트를 나타낸다. 즉 128.1.255.255는 128.1 네트워크의 모든 호스트들을 나타낸다. 다음은 호스트 식별자의 모든 비트가 0이 되어서도 안 된다는 것이다. 예를 들어 128.1.0.0은 128.1 네트워크 자체를 의미한다. 즉 네트워크 ID로 사용된다는 것이다. 또 127번 네트워크는 진단을 위한 루프백(Diagnostic Loopback) 용도로 예약이 되어 있어 사용할 수 없음을 염두에 두어야 한다.

1.2 사설 IP 주소

인터넷의 안정도는 유일한 네트워크 주소에 의존하고 있다. 그림 1-4의 경우 주소체계의 문제점을 보여주고 있는데, 그림 1-4에서 두 네트워크의 주소는 모두 192.168.10.0으로 네트워크 IP 주소가 중복된다. 이러한 상황에서 라우터는 데이터 패킷을 정확하게 전달(Forward)할 수가 없다. 이러한 문제를 해결하기 위해 전 세계적으로 유일한 IP 주소관리가 필요한데 InterNIC에서 승계한 IANA(Internet Assigned

Numbers Authority)에서 공인된 IP 주소가 중복되지 않게 IP 주소공급을 관리한다.

주소의 중복은 인터넷을 불안정하게 하고 데이터그램(Datagram)의 전송능력을 손상시킨다. 공인 IP 주소는 유일해야 하며, 인터넷 서비스 제공자(ISP, Internet Service Provider)로부터 획득하거나 비용을 들여 별도로 획득해야 한다. 인터넷의 빠른 증가로 공인 IP 주소는 고갈되기 시작하여 IPv6나 VLSM(Variable Length Subnet Mask), CIDR(Classless Inter Domain Routing)과 같은 새로운 주소체계가 도입되어 사용되고 있다.

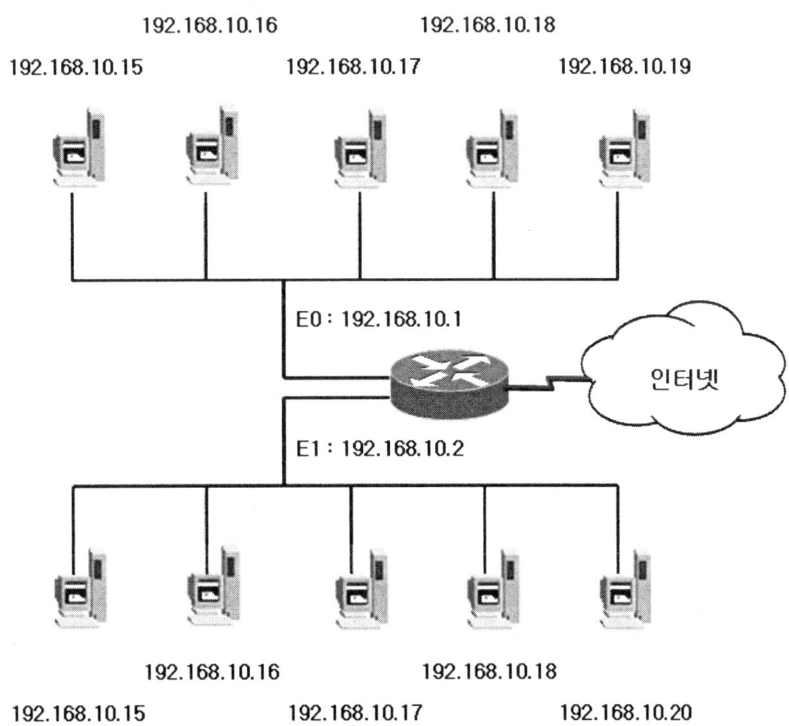

그림 1-4 주소체계의 문제점

주소고갈에 대한 새로운 해법으로 사설 IP 주소를 사용하기도 하는데, 인터넷과 연결되지 않은 사설 네트워크는 네트워크 내에서만 유일하면 어떤 주소든 사용이 가능하다. 하지만 사설 네트워크도 결국에는 인터넷과 연결되므로 인터넷의 안정성을 위하여 강력한 규제가 필요하다.

RFC 1918(Request for Comments 1918)은 내부적인 사용을 위해 3개의 IP 주소 블록(Block)을 준비하였으며, 하나의 A 클래스, B 클래스의 일정범위, C 클래스의 일정

범위로 구성되어 있다. 라우터들은 이 범위내의 주소들을 인터넷 백본(Internet Backbone)상으로 라우팅(Routing)하지 않고 즉시 버린다. 사설 IP 주소는 공인 IP 주소와 혼합하여 사용이 가능하며 많은 수의 주소를 절약할 수 있다. 인터넷 연결을 위해 사설 주소를 공인 주소로 전환하면 되는데 이때 NAT(Network Address Translation)와 같은 기술을 적용하면 된다. 그림 1-5는 사설 IP 주소의 범위를 보여주고 있다.

Class	RFC 1918 내부 주소범위 (사설 IP 주소 블록)	CIDR Prefix
A	10.0.0.0~10.255.255.255	10.0.0.0/8
B	172.16.0.0~172.31.255.255	172.16.0.0/12
C	192.168.0.0~192.168.255.255	192.168.0.0/16

그림 1-5 사설 IP 주소 범위

1.3 서브네팅

IP 주소의 수는 한정되어 있고 많은 수의 물리적 네트워크들을 수용하기 위해 배정된 클래스별 주소는 다시 여러 개의 작은 네트워크로 나누어 사용할 수 있는데 이것을 서브네팅(Subnetting)이라고 한다. 서브네팅은 32비트의 IP 주소에서 호스트 식별자 부분 중 몇 개의 비트를 지정하여 네트워크 식별자를 확장한 것인데 이것을 서브넷 식별자라 한다. 이때 몇 개의 비트가 네트워크를 식별하는데 쓰이고, 몇 개의 비트가 호스트를 식별하는데 쓰이는지를 구분하기 위해 서브넷 마스크(Mask)가 지정된다.

서브넷 마스크는 32비트의 자료구조를 가지며, 각 비트의 값이 1이면 해당 비트가 네트워크와 서브넷을 식별하는 데에 사용됨을 의미하고, 각 비트의 값이 0이면 해당 비트는 호스트를 식별하는 데에 사용됨을 의미한다.

클래스별 주소에서 호스트 식별자를 하나도 빌려오지 않은 기본적인 마스크를 디폴트(Default) 서브넷 마스크라 하는데 클래스 A를 위한 디폴트 서브넷 마스크는 255.0.0.0이며, 클래스 B를 위한 디폴트 서브넷 마스크는 255.255.0.0이 되며, 클래스 C를 위한 디폴트 서브넷 마스크는 255.255.255.0이 된다. 그림 1-6은 각 클래스별 디폴트 서브넷 마스크와 서브넷 식별자가 포함된 경우의 예를 보여주고 있다.

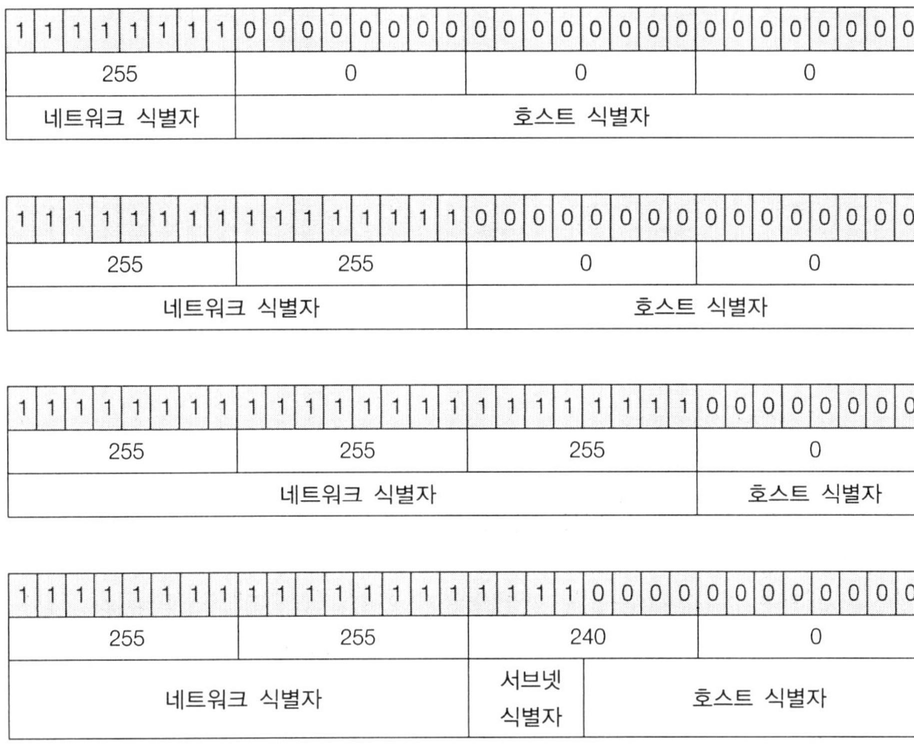

그림 1-6 클래스별 디폴트 서브넷 마스크와 서브넷 식별자가 포함된 서브넷 마스크의 예

호스트 식별자의 6비트가 서브넷 식별자로 지정되는 서브네팅 기법을 사용하는 클래스 B 주소의 경우에 서브넷 마스크를 점 십진 표기법으로 표시하면 255.255.252.0이 된다. 이에 대한 서브넷 마스크는 그림 1-7과 같다.

그림 1-7 클래스 B의 6비트 서브넷 마스크

이와 같이 6비트를 식별자로 사용하는 클래스 B 주소의 경우에는 62개의 네트워크와 각 네트워크당 1,022개의 호스트를 포함할 수 있다.

1.3.1 서브넷

하나의 IP 주소로부터 파생된 IP 주소체계를 사용하는 복수 네트워크 환경에서의 네트워크를 서브넷(Subnet)이라 하는데 서버넷 어드레싱을 하기 위해 먼저 필요한 네트워크 ID(Identifier)의 수를 결정한다. 이때 네트워크 ID는 각각의 서브넷에 1개, WAN(Wide Area Network) 연결에 1개를 각각 할당한다. 다음은 서브넷당 필요한 호스트 ID의 수를 결정한다. TCP/IP 호스트당 1개, 각각의 라우터 인터페이스당 1개를 할당한다. 그 다음은 전체 네트워크에 대한 하나의 서브넷 마스크를 결정한다. 서브넷 마스크에 토대를 두고 네트워크 ID의 범위를 결정하게 된다. 서브넷 마스크는 32비트의 주소체계를 가지며, 호스트 ID로부터 네트워크 ID를 구별하는 IP 주소의 일부분을 마스크한다. IP 주소가 로컬 네트워크상에 있는지, 리모트(Remote) 네트워크상에 있는지 확인한다.

1.3.2 디폴트 서브넷 마스크

디폴트 서브넷 마스크(Default Subnet Mask, No Subnetting)는 각 클래스별 기본적인 마스크로써 노 서브넷팅(No Subnetting)이라고도 한다. 클래스 A의 디폴트 서브넷 마스크는 255.0.0.0이며 클래스 B는 255.255.0.0, 클래스 C는 255.255.255.0이 된다. 디폴트 서브넷 마스크는 네트워크 ID에 해당하는 모든 비트들은 1로 설정하며(각 옥텟에 대한 10진수 값은 255), 호스트 ID에 해당하는 모든 비트들은 0으로 설정한다. 그림 1-8에서 각 클래스별 디폴트 서브넷 마스크를 보여주고 있다.

주소 클래스	서브넷 마스크에 사용되는 비트	Dotted Decimal Notation
클래스 A	11111111 00000000 00000000 00000000	255.0.0.0
클래스 B	11111111 11111111 00000000 00000000	255.255.0.0
클래스 C	11111111 11111111 11111111 00000000	255.255.255.0

그림 1-8 디폴트 서브넷 마스크

1.3.3 서브넷 마스크

호스트 ID 내의 일부 비트를 사용하여 서브넷 마스크(Subnet Mask)를 규정한다. 사용하는 호스트 ID의 비트 수는 총 서브 네트워크의 수에 따라 결정되며 원래의 네트워크 ID와 새로운 서브넷 마스크에 해당하는 비트들은 모두 1로 설정된다. 서브넷 마스크의 비트 수를 결정하기 위해서는 먼저 필요한 서브넷의 수를 결정하고 이 서브넷의 수를 2진수로 변환하여 호스트 식별자로부터 빌려올 비트 수를 결정한다.

그 다음 원래의 네트워크 식별자와 서브넷(Subnet) 식별자를 모두 1로 설정하고 호스트 식별자는 모두 0으로 설정하여 10진수로 변환한다.

예 * Subnet 수 : 6
* 2 진값 : 00000110 (3bit)
* 10진수로 변환 : 11111111 11111111 11100000 00000000
255. 255. 224. 0

주소 클래스	서브넷 마스크에 사용되는 비트	Dotted Decimal Notation
클래스 A	11111111 11100000 00000000 00000000	255.224.0.0
클래스 B	11111111 11111111 11110000 00000000	255.255.240.0
클래스 C	11111111 11111111 11111111 11111000	255.255.255.248

그림 1-9 서브넷 마스크

서브넷 수	서브넷당 호스트 수	필요한 비트 수	서브넷 마스크
0	Invalid	1	Invalid
2	4,194,302	2	255.192.0.0
6	2,097,150	3	255.224.0.0
14	1,048,574	4	255.240.0.0
30	524,286	5	255.248.0.0
62	262,142	6	255.252.0.0
126	131,070	7	255.254.0.0
254	65,534	8	255.255.0.0

그림 1-10 클래스 A 네트워크에 대한 서브넷 마스크

서브넷 수	서브넷당 호스트 수	필요한 비트 수	서브넷 마스크
0	Invalid	1	Invalid
2	16,382	2	255.255.192.0
6	8,190	3	255.255.224.0
14	4,094	4	255.255.240.0
30	2,046	5	255.255.248.0
62	1,022	6	255.255.252.0
126	510	7	255.255.254.0
254	254	8	255.255.255.0

그림 1-11 클래스 B 네트워크에 대한 서브넷 마스크

서브넷 수	서브넷당 호스트 수	필요한 비트 수	서브넷 마스크
0	Invalid	1	Invalid
2	62	2	255.255.255.192
6	30	3	255.255.255.224
14	14	4	255.255.255.240
30	6	5	255.255.255.248
62	2	6	255.255.255.252
126	Invalid	7	Invalid

그림 1-12 클래스 C 네트워크에 대한 서브넷 마스크

1.4 VLSM

IP 서브넷이 증가함에 따라 관리자는 주소공간을 효과적으로 사용하는 방법을 모색하게 되었다. VLSM(Variable Length Subnet Mask)을 이용하여 네트워크 관리자는 적은 호스트를 가진 네트워크에는 긴 마스크를 사용하고 많은 호스트를 가진 네트워크에는 짧은 마스크를 사용할 수 있게 되었다. VLSM을 사용하기 위하여 관리자는 VLSM을 지원하는 라우팅 프로토콜을 사용하여야 하는데 OSPF(Open Shortest Path First), IS-IS(Intermediate System to Intermediate System), EIGRP(Enhanced Interior Gateway Routing Protocol), RIPv2(Routing Information Protocol version 2) 및 Static 라우팅 프로토콜이 그것들이다. 클래스풀(Classful) 라우팅 프로토콜은 단일 네트워크에서는 동일한 서브넷 마스크의 사용을 요구하는데 비해 VLSM은 동일한 네트워크 주소공간에서 하나 이상의 서브넷 마스크의 사용을 허용하는 것으로 VLSM의 사용은 주소의 효율을 최대화하며 서브넷의 서브넷팅으로 언급하기도 한다.

예를 들면 192.168.1.0의 주소를 가진 네트워크는 255.255.255.0과 같은 하나의 서브넷 마스크 사용이 가능하지만 VLSM을 허용하는 라우팅 프로토콜은 네트워크 관리자에게 단일 AS 내의 네트워크에 대해 다른 서브넷 마스크를 사용할 자유를 부여할 수 있다는 것이다. 그림 1-13에서 보면 네트워크 접속을 위해서는 30비트 마스크, 사용자 네트워크를 위해서는 24비트 마스크, 1000명 이상의 사용자를 가진 네트워크를 위해서는 22비트 마스크를 사용할 수 있다는 것을 보여준다.

서브넷 마스크	Binary	서브넷 비트 수
255.255.255.252	11111111 11111111 11111111 11111100	30비트
255.255.255.224	11111111 11111111 11111111 11100000	27비트
255.255.255.0	11111111 11111111 11111111 00000000	24비트
255.255.252.0	11111111 11111111 11111100 00000000	22비트

그림 1-13 VLSM

과거에는 첫 번째와 마지막 서브넷은 사용할 수가 없었다. "subnet-zero"로 알려진 첫 번째 서브넷의 사용은 네트워크 주소와 서브넷이 동일한 주소를 가질 경우 혼란스러워서 단념하게 되었으며, "all-ones subnet"으로 알려진 마지막 서브넷의 사용도 동일한 경우다. 그러나 네트워크 기술의 발전과 IP 주소의 고갈로 처음과 마지막 서브넷도 사용할 수 있게 되었으며, VLSM과의 결합으로 어느 정도 IP 주소의 낭비가 해소되었다.

그림 1-14는 기존의 주소체계를 선택하여 C 클래스 주소의 호스트 부분에서 3비트를 빌려와서 27비트 마스킹을 한 경우이다. 32개의 호스트와 30개의 가용 호스트를 포함한 8개의 가용 서브넷을 가진다. 라우터에서 "no ip subnet-zero" 명령어를 사용할 경우 7개의 서브넷을 사용할 수 있다. Cisco IOS v12.0 이후 기본적으로 "subnet-zero"를 사용한다.

서브넷 번호	서브넷 주소	서브넷 마스크	Prefix
Subnet 0	192.168.10.0	255.255.255.192	/27
Subnet 1	192.168.10.32	255.255.255.192	/27
Subnet 2	192.168.10.64	255.255.255.192	/27
Subnet 3	192.168.10.96	255.255.255.192	/27
Subnet 4	192.168.10.128	255.255.255.192	/27
Subnet 5	192.168.10.160	255.255.255.192	/27
Subnet 6	192.168.10.192	255.255.255.192	/27
Subnet 7	192.168.10.224	255.255.255.192	/27

그림 1-14 주소공간의 낭비 (1)

그림 1-15에서 서울, 부산, 대전 및 광주의 원격지 사무실은 각각 30개의 호스트를 가지고 각 도시의 사무실 사이에 3개의 Point-to-point WAN Link 주소를 가져야 한다. WAN Link로 마지막 3개의 서브넷을 사용할 경우 가용주소가 모두 사용되어 확장을 위한 여유가 없다. 3개의 링크에 간편하게 주소를 부여할 경우 각 서브넷으로부

터 28개의 호스트 주소를 낭비(WAN Link 구간의 주소는 2개만 필요하지만 30개의 가용 호스트 주소를 할당)하게 된다.

이러한 주소체계는 가용 주소공간의 1/3을 낭비하게 되므로 작은 LAN에서는 문제가 없지만 Point-to-point 연결에 사용할 경우 낭비가 심하다. 주소를 낭비하지 않고 확장을 허용하는 주소체계를 설계하는 것은 중요하다.

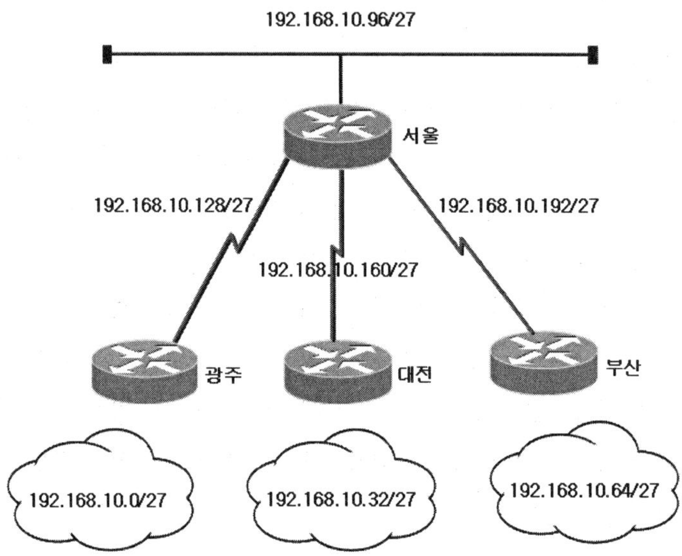

그림 1-15 주소공간의 낭비 (2)

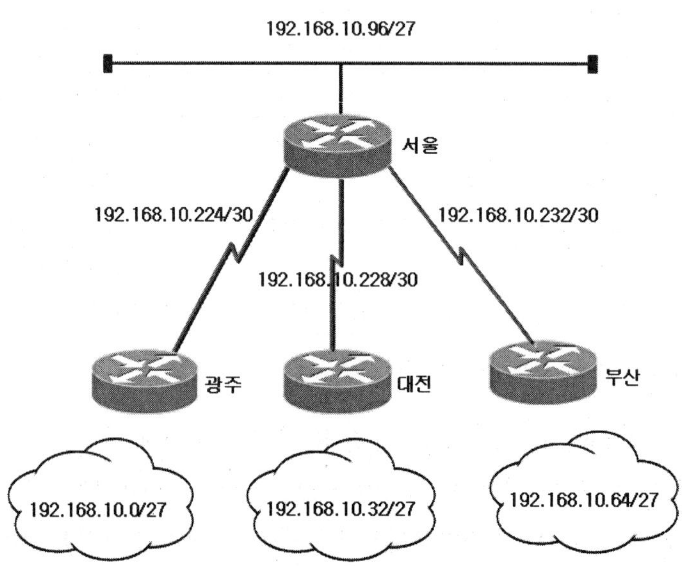

그림 1-16 Sub-Subnets

주소에 VLSM을 적용하기 위해 클래스 C 주소를 다양한 크기의 서브넷으로 분할해 보자. LAN을 위해서는 큰 서브넷을 생성하고 WAN Link와 같은 특수한 경우를 위해 아주 작은 서브넷을 생성한다. 두 개의 유효 호스트 주소만 가지는 서브넷을 생성하기 위해 30비트 마스크를 사용한다면 Point-to-Point 접속을 위한 가장 좋은 해법이 될 것이다. 이전에 WAN Link에 할당하기로 했던 3개의 서브넷 중 하나를 다시 30비트 마스크로 서브넷팅을 하기 위해 마지막 3개의 서브넷 중 하나(Subnet 7)를 다시 분할하여 30비트 마스크를 한다.

서브넷 번호	서브넷 주소	서브넷 마스크	Prefix
Subnet 0	192.168.10.224	255.255.255.252	/30
Subnet 1	192.168.10.228	255.255.255.252	/30
Subnet 2	192.168.10.232	255.255.255.252	/30
Subnet 3	192.168.10.236	255.255.255.252	/30
Subnet 4	192.168.10.240	255.255.255.252	/30
Subnet 5	192.168.10.244	255.255.255.252	/30
Subnet 6	192.168.10.248	255.255.255.252	/30
Subnet 7	192.168.10.252	255.255.255.252	/30

그림 1-17 Sub-Subnets (Subnet 7을 다시 분할)

그림 1-17에서 VLSM 사용 후를 보여주며 Point-to-Point 링크를 위해 사용할 수 있는 8개의 주소범위를 가지게 되고 이것을 링크에 할당하게 되면 VLSM을 사용하기 전에 낭비가 심했던 주소를 효과적으로 사용할 수 있을 것이다.

예제

그림 1-18과 같은 네트워크 구성도에서 할당된 IP 주소의 보다 효과적인 사용을 지원하고 Top Level에서 라우팅 정보의 양을 감소시키기 위해 VLSM을 사용한다. 주어진 IP는 하나의 C클래스 주소 203.230.220.0/24이며 광주, 대전, 부산지사는 서울본사와 WAN 접속을 하고 있다. 서울본사는 60대의 호스트를 연결해야 하며 광주지사는 28대의 호스트를 대전과 부산지사는 각각 12대의 호스트를 연결해야 한다. 규모가 큰 서브넷부터 차례로 주소를 할당하여 구성도를 완성하시오.

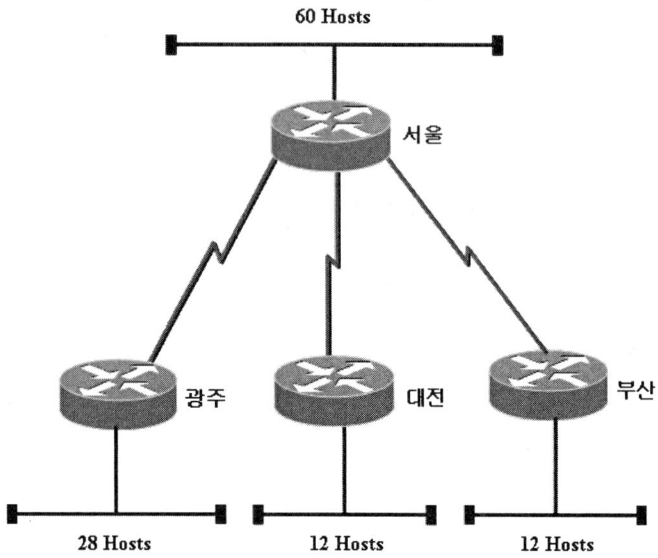

그림 1-18 VLSM 예제 구성도

풀이

주어진 조건대로 VLSM 서버넷을 계산하기 위해 먼저 서울 본사와 각 지사의 호스트에 주소를 할당하기 위해 필요한 호스트 비트를 살펴보면 다음과 같다.

- 서울본사 60대의 호스트를 지원하기 위해 필요한 호스트 비트는 4번째 옥텟에서 6비트이다. $2^6-2=62$, 2비트를 네트워크 확장 비트, 즉 서브넷 비트로 사용하면 /26
- 광주지사 28대의 호스트를 지원하기 위해 필요한 호스트 비트는 4번째 옥텟에서 5비트이다.

  $2^5-2=30$, 3비트를 네트워크 확장 비트, 즉 서버넷 비트로 사용하면 /27
- 대전과 부산지사 각각 12대의 호스트를 지원하기 위한 호스트 비트는 4번째 옥텟에서 4비트이다. $2^4-2=14$, 4비트를 네트워크 확장 비트, 즉 서버넷 비트로 사용하면 /28
- 본사와 지사 간 WAN 접속구간은 2개의 호스트 주소가 필요하며 이를 지원하기 위해 필요한 호스트 비트는 4번째 옥텟에서 2비트이다. $2^2-2=2$, 6비트를 네트워크 확장 비트, 즉 서버넷 비트로 사용하면 /30이 되며 서울 - 광주, 서울 - 대전, 서울 - 부산 3개의 구간에 모두 할당하여야 한다. 규모가 큰 서브넷부터 차례로 주소를 할당하기 위하여 다이어그램을 그려보면 다음 그림 1-19와 같다.

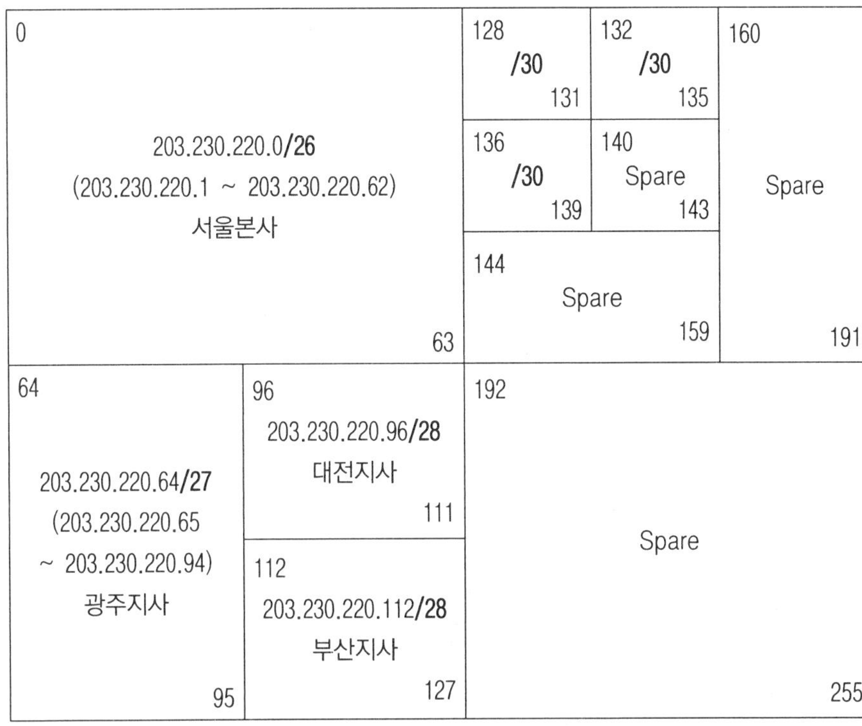

그림 1-19 VLSM 예제 다이어그램

결과를 구성도에 옮겨 적으면 그림 1-20과 같이 완성된다.

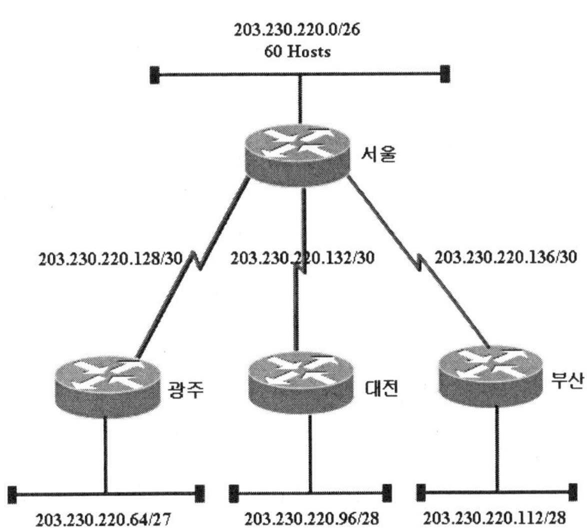

그림 1-20 VLSM 예제 완성도

1.5 CIDR

VLSM을 사용할 경우 집합(Aggregation)을 허용하는 네트워크에서 서로 묶여진 서브네트워크의 번호를 유지하는 것은 중요하다. 예를 들어 172.16.14.0/24와 172.16.15.0/24 네트워크는 라우터가 172.16.14.0/23의 경로로만 전달하도록 서로 가까이 있어야 한다는 것이다. CIDR(Classless Inter-Domain Routing)과 VLSM은 주소낭비를 막고 경로집합 혹은 경로요약(Route Summarization)을 촉진할 수 있다. 경로요약이 없었다면 인터넷 백본 라우팅은 1997년 이전에 붕괴되었을 것이다.

그림 1-21은 경로요약이 상향 라우터의 부담을 감소시키는 것을 보여준다. 다양한 규모를 가진 네트워크의 복잡한 계층과 서브네트워크는 다양한 지점의 프리픽스(Prefix) 주소로 요약될 수 있다. 전체 네트워크가 200.199.48.0/20의 단일 집합경로로 광고될 때까지 요약을 한다. 경로요약 혹은 수퍼넷팅(Supernetting)은 라우터가 OSPF 혹은 EIGRP와 같은 Classless 라우팅 프로토콜을 사용할 경우에만 가능하다. Classless 라우팅 프로토콜은 Routing Update에 32비트 IP 주소와 비트 마스크(Bit Mask)로 구성된 프리픽스를 전달한다.

그림 1-21에서 서비스 제공자에 도달하는 요약경로는 20비트의 공통 프리픽스를 포함하고 있다(200.199.48.0/20 혹은 11001000.11000111.0011). 요약을 위해 주소는 동일한 High-order bit를 공유하도록 계층형태로 할당한다. 경로요약 시 중요한 법칙은 라우터는 접속된 서브넷 번호를 상세하게 알아야 한다는 것이다.

라우터가 일련의 다른 라우터들에게 하나의 집합경로를 전송할 경우 각 서브넷에 대해 다른 라우터에게 알려줄 필요는 없다. 집합경로를 사용하는 라우터는 라우팅 테이블에 더 작은 엔트리(Entry)를 가지게 될 것이다. VLSM은 네트워크가 연속적이지 않더라도 왼쪽의 Higher-order 비트를 사용하기 때문에 경로요약의 융통성을 증가시켜 준다.

그림 1-22는 처음 20비트를 공유하는 주소를 보여주며 굵은 글씨로 표시되어 있다. 21번째 비트는 모든 경로에 대해 동일하지 않기 때문에 요약경로를 위한 프리픽스는 20비트의 길이를 가지며 요약경로의 네트워크 번호가 된다.

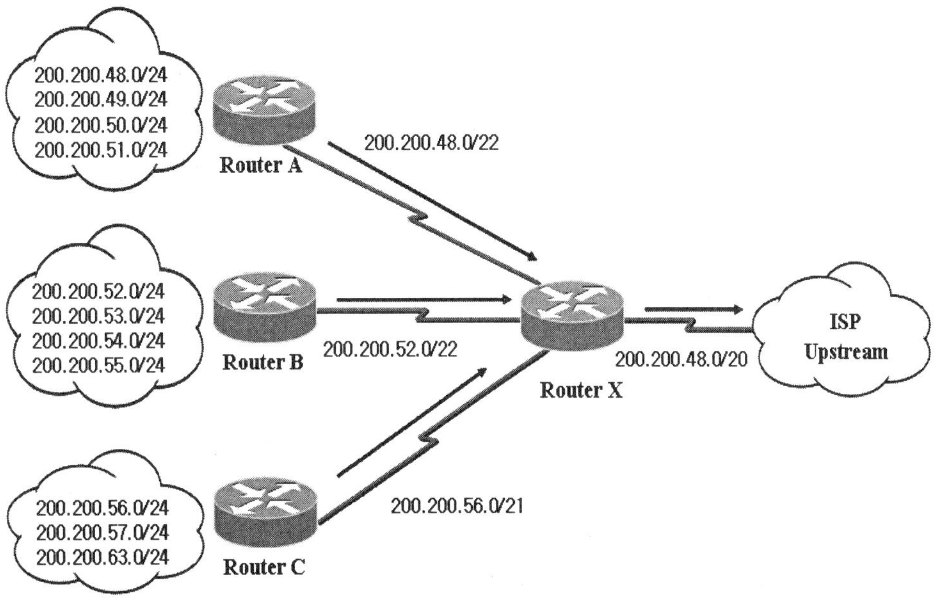

그림 1-21 경로요약

주 소	1st 옥텟	2nd 옥텟	3rd 옥텟	4th 옥텟
192.168.98.0	11000000	10101000	01100010	00000000
192.168.99.0	11000000	10101000	01100011	00000000
192.168.100.0	11000000	10101000	01100100	00000000
192.168.101.0	11000000	10101000	01100101	00000000
192.168.102.0	11000000	10101000	01100110	00000000
192.168.105.0	11000000	10101000	01101001	00000000

요약경로는 192.168.96.0/20

192.168.96.0	**11000000**	**10101000**	01100000	00000000

그림 1-22 경로요약 (1)

그림 1-23은 처음 21비트를 공유하는 주소를 보여주며 굵은 글씨로 표시되어 있다. 22번째 비트는 모든 경로에 대해 동일하지 않기 때문에 요약경로를 위한 프리픽스(Prefix)는 21비트의 길이를 가지며 요약경로의 네트워크 번호가 된다.

주 소	1st 옥텟	2nd 옥텟	3rd 옥텟	4th 옥텟
172.16.0.0	10101100	00010000	00000000	00000000
172.16.2.0	10101100	00010000	00000010	00000000
172.16.3.128	10101100	00010000	00000011	10000000
172.16.4.0	10101100	00010000	00000100	00000000
172.16.4.128	10101100	00010000	00000100	10000000

요약경로는 192.168.96.0/20

172.16.0.0	10101100	00010000	00000000	00000000

그림 1-23 경로요약 (2)

경로집합(Route Aggregation) 혹은 경로요약(Route Summarization)이 중요한 이유를 요약하면 다음과 같다.

① 서로 가까이 있는 네트워크는 라우팅 테이블 공간(Routing Table Space)을 절약
② 각 네트워크는 라우팅 테이블에서 별도의 엔트리가 필요
③ 각 서브넷은 라우팅 테이블에서 별도의 엔트리가 필요
④ 경로집합은 라우팅 테이블의 사이즈를 감소시킬 수 있음

결국 경로요약은 다중의 네트워크를 하나의 슈퍼넷(SuperNet)으로 경로를 집합시킴으로써 라우팅 테이블의 크기를 감소시킨다는 것이다.

1.6 IPv6

IPv4(IP 버전4)는 클래스 A와 B의 주소가 전체 주소공간의 75%를 차지하며 전 세계 17,000개 이하의 단체에 할당되어 있다. 클래스 C의 주소는 전체 10억여개의 IP 주소 중 12.5%를 차지하며 가용 호스트 주소가 254개뿐이어서 큰 조직에서 사용하기에는 적당하지가 않다. 만약 주소가 더 있다 하더라도 너무 많은 네트워크 주소는 라우팅 테이블의 크기를 증가시키므로 오히려 부담이 될 것이다.

1992년초 IETF는 IPv4 네트워크 주소가 고갈되어가고 있으며 클래스 B 주소는 이미 거의 고갈된 상황이고 인터넷 라우팅 테이블 크기의 빠른 증가로 라우터의 동작에

위협을 주고 있다고 문제점을 제시한 바 있다. IPv4의 주소공간을 그대로 사용하면서 효율을 개선할 수 있도록 설계된 확장 기술로는 앞에서 기술한 서브넷 마스크, VLSM 및 CIDR 등이 있다.

그러나 이러한 기술들은 IP 주소 고갈에 대한 궁극적인 대안이 되지는 못한다. IP 주소 고갈에 대한 근본적인 대안으로 발표된 IPv6 주소는 무한대의 개수에 가까운 주소를 활용할 수 있고 전 세계의 모든 사람들뿐만 아니라 사물과 사물과의 통신 등 다양한 분야에 IP 주소를 부여해 인터넷과 접속할 수 있는 차세대 인터넷 주소이다.

IPv4가 32비트로 구성되어 있는 반면 IPv6(IP버전6)은 128비트의 주소공간을 사용하며, 128비트 중 앞의 64비트는 네트워크 주소로, 뒤의 64비트는 네트워크 인터페이스 주소로 활용한다. IPv6는 16진수(Hexadecimal)를 사용하며 거의 무제한의 주소를 제공한다. 각 필드(Field)는 16비트로 구성되며 콜론(Colon)으로 분리하고 0으로 시작되는 필드의 0는 생략이 가능하다. 전체는 8개의 16비트 필드로 이루어져 있으며 4자리의 16진수 값으로 표현한다. 그림 1-24는 IPv4와 IPv6의 특징을 비교한 것이다.

구 분	IPv4	IPv6
주소길이	32비트	128비트
표시방법	8비트씩 4부분으로 된 10진수 표시 예 203.230.192.7	16비트씩 8부분으로 된 16진수 표 예 1007:0125:AC7D:D13A:0000:00FF:FF19:8006
주소갯수	약 43억개	2^{128}개(43억×43억×43억×43억 개)
주소할당 방식	A, B, C, D 등 클래스 단위의 비순차적인 할당	네트워크 규모, 단말기 수에 따른 순차적인 할당
브로드캐스트 주소	있음	없음(로컬 범위 내에서의 모든 노드에 대한 멀티캐스트 주소사용)
보안	IPSec 프로토콜 별도 설치	IPSec 자체 지원
서비스 품질	제한적인 품질보장(Type of Service에 의한 서비스 품질 일부 지원)	확장된 품질보장(트래픽 클래스, 플로우 레이블에 의한 서비스 품질지원)
Plug & Play	불가	가능

그림 1-24 IPv4와 IPv6의 특징 비교

1.6.1 IPv6의 특성

(1) 주소공간의 확장

그동안 대부분 PC를 이용해 인터넷에 접근했지만 최근 국내 사용자만 2천만명이 넘어선 스마트폰 및 태블릿 PC를 비롯해서 각종 센서 및 장치들에게도 인터넷 주소가 할당되고, 이들이 통신망으로 연결되어 통신을 수행하는 환경으로 변화함에 따라 IPv4로는 도저히 감당할 수 없는 수많은 주소의 사용이 필요하게 되었는데, IPv6는 128비트 주소체계를 사용하게 되므로 앞으로 모든 사람과 장치가 사용할 수 있는 충분한 주소를 제공할 수 있게 되었다. 그리고 IPv6는 언제, 어디서나 어떤 방식으로든 글로벌 인터넷 접근 특히 무선 이동 접근을 용이하게 하며 주소의 자동생성 등을 지원한다.

(2) 멀티캐스트 및 애니캐스트 주소

IPv4는 3계층의 유니캐스트(Unicast) 주소와 더불어 인터넷상의 화상회의와 같은 그룹(Group) 통신을 필요로 하는 응용 프로그램을 위해 멀티캐스트(Multicast) 또는 클래스 D 주소들도 제공한다. 이러한 멀티캐스트 주소기능은 IPv6에서도 제공되는데 특히 IPv6는 멀티캐스트에 범위개념을 도입해 멀티캐스트의 사용과 관리를 단순화하는 향상된 기능을 추가적으로 지원한다. 또한 IPv6는 애니캐스트(Anycast)라 불리는 새로운 그룹 유형의 주소도 제공하는데 멀티캐스트와는 달리 그룹에서 발신지에 가장 인접한 구성원만이 응답하도록 한다. 애니캐스트 주소는 매우 유용하게 사용될 수 있는데 그 이유는 애니캐스트 주소를 통해 가장 인접한 라우터나 가장 인접한 네임서버(Name Server)에 접근할 수 있기 때문이다.

(3) 헤더 구조의 단순화

IPv4의 헤더 구조는 매우 복잡한 반면 IPv6의 헤더에서는 현대의 네트워크 환경에서 불필요한 필드가 제외되거나 확장 헤더 형식으로 변경되어 그 구조가 단순화 되었다. 이는 기존의 IP 프로토콜에서 과도하게 수행하는 오류 제어와 같은 오버헤더를 줄여 전송효율을 높이기 위한 것이다.

(4) 인트라넷 및 인터넷의 통합

IPv6는 인터넷 및 인트라넷을 위한 통합된 어드레싱 방식을 제공한다. 이와 같은 목적을 위해 글로벌 주소뿐 아니라 사이트 및 링크 로컬 범위의 주소를 지원한다. 사이트 주소는 인트라넷 내의 네트워크 노드들을 위해 사용되며, 링크 로컬 주소는 단일 링크(라우터가 없는 소규모 네트워크)에 접속된 노드들을 식별하는데 사용된다.

(5) 더욱 효율적인 LAN의 활용

IPv4가 LAN상에서 동작할 때에는 IPv4 주소와 MAC 주소v4 관계 및 역방향4 관계를 정해야 할 필요가 있다. IPv4는 브로드캐스트 방식4 MAC 계층 전송을 활용하는 ARP(Address Resolution Protocol)라는 보조적인 프로토콜을 통해 이와 같은 기능을 수행한다. 브로드캐스트 패킷은 모든 노드에 의해 수신되며, 모든 노드상에서 중단(Interruption)을 야기하므로 이는 시스템4 성능을 저하시킬 수 있다. IPv6에서는 ARP보다 효율적인 LAN상에서의 인접탐색(Neighbor Discovery) 프로토콜을 이용하고, 브로드캐스트가 아닌 멀티캐스트 전송을 활용하여 이와 같은 비효율성을 개선한다. IPv4에서는 각 노드가 모든 브로드캐스트를 수신해야만 하는 반면, IPv6에서는 어떤 범위에서 멀티캐스트를 할 것인지를 결정할 수 있다.

(6) 보 안

IPv6는 전자상거래의 가능성을 확대하는 동시에 전자상거래 트랜잭션(Transaction)에 대한 대중의 신뢰도를 강화하는 새로운 서비스 및 보안 표준을 응용에 도입한다. 보안은 IPv4에서는 부가적 기능이었으며 현재의 전자상거래에서는 수용할 수 없는 접근법이다. IPv4에서는 일반적으로 서버가 정당한 노드로부터 수신되고 있는지 판단하기가 어렵고, 발신지 주소 스푸핑(Spoofing)을 사용하여 중요한 업무 및 금융 데이터에 접근하거나 서버를 제어할 수도 있다.

IPv6는 현대 기업업무에 필수적인 인증, 암호화, 데이터 무결성 보호기능을 제공한다. IPv6 표준 기반의 인증 확장 헤더는 패킷이 발신지 주소에서 정당하게 전송된다는 것을 보장한다. 또 다른 표준 확장 헤더는 네트워크 계층에서 종단간 암호화를 제공하는데 이것은 패킷이 조작될 가능성을 배제한다.

IPv6 보안 헤더는 호스트 간에 직접 사용하거나 추가 보안을 위해 특수 보안 게이트웨이와 함께 사용할 수 있다. IPv4 분야에서도 현재 여러 유형의 보안을 사용할 수 있지만, 보안을 위해서는 근본적으로 양쪽 통신자 모두가 어떤 유형의 보안을 사용할 것인지에 대해 합의해야 하는데 이러한 공통성은 IPv6를 통해 쉽게 실현된다.

(7) 라우팅

라우팅은 인터넷상의 패킷 전송을 위한 프로토콜 설계에 있어서 가장 중요한 이슈로 IPv4의 경우 클래스 C 주소에 의해 인터넷 라우터의 라우팅 테이블이 폭발적으로 증가할 것이라는 것을 알 수 있다.

사실 CIDR 방식이 사용되지 않을 경우 모든 단일 네트워크는 라우팅 테이블 내의 엔트리(Entry)를 통보받아야 하는데, 클래스 C 주소 블록을 사용하는 네트워크의 숫자는 2백만개가 넘어가기 때문에 라우팅 테이블은 엄청난 메모리를 요구할 수 있다.

이에 대한 한 가지의 해결책으로서 CIDR 방식은 연속적인 주소들(예 199.99.9.0, 199.99.10.0, 199.99.11.0, 199.99.12.0, ………)을 하나의 엔트리로 네트워크들의 블록에 통보할 수 있게 하는데, 프리픽스(Prefix)를 이용해 전체 주소 비트 중 얼마나 많은 비트들이 의미를 지닌 것으로 간주되어야 하는지를 명시함으로써(앞의 예에서 처음 4개의 네트워크를 CIDR 방식으로 적용할 경우 199.99.9.0/21, 즉 처음 21비트가 199.99.9.0과 같은 네트워크를 나타낸다) 계층적인 주소할당과 라우팅을 가능하게 한다. IPv6는 CIDR 방식의 지원을 기본으로 하며 네트워크 토폴로지(Topology)와 연계된 계층적 유형의 주소할당과 이에 따른 계층적 라우팅을 가능하게 할 수 있다.

(8) 흐름의 개념

인터넷에서 서비스 품질관리를 단순화하기 위해 흐름(Flow)이라는 개념을 도입할 필요가 있다. 흐름은 일정한 방식에 의해 서로 연관된 패킷들의 연속이며 IP 계층에 의해 일관된 방식으로 다루어져야 한다. 패킷들은 발신지 주소, 목적지 주소, 서비스 품질, 인증 및 보안 등과 같은 매개변수를 근거로 하여 동일한 흐름에 속할 수 있다. 흐름이라는 개념과 다른 개념들 사이에는 그 어떠한 관계도 존재하지 않는다.

예를 들어 흐름은 몇몇 TCP 연결들을 포함할 수 있다. 또한 흐름이라는 개념은 비연결형(Connectionless) 프로토콜상에서 존재하는 것이다(데이터그램이라고도 불림). 따라서 흐름은 오류정정과 같은 연결형(Connection-oriented) 프로토콜들과는 다른 목적을 지닌다.

일반적으로 흐름은 단일 노드 또는 노드들의 그룹을 자신의 목적지로서 가질 수 있으므로 유니캐스트 또는 멀티캐스트 흐름이 발생하게 된다. 흐름이라는 개념이 도입된 후에는 플로우 레이블(Flow Label)이라는 개념의 도입이 가능해지는데 플로우 레이블을 통해 IPv6 헤더 내의 특정 필드를 예약함으로써 패킷이나 데이터그램에 표시를 할 수 있게 된다. 이와 같은 방법으로 IPv6는 패킷 수신 시 플로우 레이블의 검사를 통해 패킷이 어떤 흐름에 속하는지를 파악하거나 서비스 품질과 관련된 패킷의 요구를 파악할 수 있는 기능을 가지게 된다.

(9) 트래픽 클래스

응용 프로그램이 특정 서비스 품질을 요청하지 않더라도 때로는 주요 응용 프로그램에 의해 생성된 트래픽을 비실시간과 실시간 요구사항 트래픽으로 차별화하는 것이 요구된다. IPv6를 사용하면 특정한 트래픽 플로우에 특수 처리를 위한 필드값을 설정하여 긴급하지 않은 데이터 패킷과 화상회의와 같이 고도로 민감한 실시간 응용 데이터 패킷을 구분할 수 있다. 이와 같은 목적을 위해 IPv6 헤더 내에 8비트의 '트래픽 클래스(Traffic Class)' 필드가 정의되어 있다.

(10) 주소 자동설정

주소 자동설정은 시스템 관리와 설정에 필요한 시간과 비용을 대폭 줄여줄 수 있기 때문에 소비자와 네트워크 운용자 모두에게 제공되는 IPv6의 가장 큰 장점 중 하나이다. IPv6 노드는 상태 비보존형 주소 자동설정을 사용하여 로컬 IPv6 주소를 자체적으로 생성한다. 이 경우 LAN상의 MAC(Medium Access Control) 주소를 네트워크 라우터가 제공하는 프리픽스(Prefix)와 결합하여 고유의 IP 주소를 생성한다. 서버가 주소를 승인하거나 배포할 필요가 없기 때문에 서버를 수동으로 설정할 필요가 없으며 이를 위한 숙련된 인력이 더 이상 필요없기 때문에 최종 사용자의 비용이 감소된다.

주소 자동설정을 사용하면 이동 컴퓨터는 어디에서 네트워크에 연결하든 상관없이 포워딩 주소를 자동으로 설정할 수 있다. 이와는 별도로 서버를 이용해 노드에게 주소를 할당하고 이를 통해 노드를 제어하거나 추가 설정 매개변수를 적용하려는 고객을 위해 IETF(Internet Engineering Task Force)는 IPv6 DHCP(Dynamic Host Configuration Protocol)를 개발하였다.

(11) 이동성 지원

이동성(Mobility) 지원이라는 요구사항은 충족시키기가 매우 복잡한 것들 중 하나인데 그 이유는 무선 전송과 관련된 문제(신뢰성, 로밍, 핸드오프)에서 IP 프로토콜 관련 문제(식별, 어드레싱, 설정, 라우팅), 그리고 보안과 관련된 문제 등이 모두 처리되어야 하기 때문이다.

해결책은 이동 사용자들이 두 개의 주소, 즉 이들이 속한 조직의 네트워크상의 영구주소(Permanent Address)와 일정 시점에 이들이 연결되는 지점에 따라 달라지는 동적주소(Dynamic Address)를 가지는 것이다. IPv4가 처음 소개되었을 때는 이동성을 고려하지 않아 사용자의 신원과 위치를 구분할 필요가 없었으며 이 두 가지는 IP 주소로 동일했다.

IPv4를 이용한 이동 IP에서는 라우팅 경로상에 있는 모든 에이전트에게 새 위치에 대한 정보를 제공해야 하기 때문에 이동성에 추가 인프라가 필요하다. 그러나 IPv6를 통한 이동 IP에는 그러한 인프라가 필요하지 않다. IPv6를 통한 이동 IP는 바인드 업데이트(Bind Update) 기능을 이용해 삼각 라우팅 문제를 해결하고 주소 자동설정을 통해 임시 주소를 쉽게 구현할 수 있다. 라우팅은 확장 헤더를 이용해 소프트웨어로 처리되며 이동 노드를 위해 수신 네트워크에서 특별히 별도의 인프라를 요구하지 않는다. 결과적으로 홈에서 멀리 떨어져 있는 동안 모든 사용자는 추가 임시 주소를 보유하고 사용자의 홈 주소로 전송된 메시지는 자동으로 임시 주소로 포워딩된다. 따라서 IPv6에서 인터넷에 연결할 때 위치는 더 이상 문제가 되지 않는다.

1.6.2 주소표기

IPv6의 주소는 IPv4와 달리 128비트로 구성되어 있으며 16진수로 표시한다. 128비트의 긴 주소를 읽기 쉽게 하기 위하여 16진수 콜론 표기법(Hexadecimal Colon Notation)을 사용한다. 이것은 128비트를 16비트씩 8개의 필드로 나누어 콜론으로 구분하는데 각 16비트의 필드는 16진수의 값으로 표현한다. 예를 보면 다음과 같다.

예 ABCF:1001:0331:D509:0000:0000:FFFF:5008

1.6.3 주소생략법

IPv6는 주소생략법을 통하여 긴 주소를 간단히 표현할 수 있다. IPv6의 주소를 할당할 경우 주소에는 "0"의 값을 가지는 경우가 많은데 "0"의 값을 포함하는 주소의 작성을 쉽게 하기 위해 몇 가지 조건을 가지고 주소를 생략할 수 있는 방법이 제안되었는데 다음과 같은 조건이 있다.

① 각 필드에서 선행하는 "0"은 생략될 수 있다. 예를 들면 0331은 331로 00FF는 FF로 나타낼 수 있다. 하지만 뒤에 따라 오는 "0"은 생략할 수 없다. 9700은 97로 나타낼 수 없다.

```
ABCF:1001:0331:D509:0000:0000:FFFF:5008 → 1001:331:D509:0:0:FFFF:5008
```

② "0"으로만 나타난 연속된 필드는 "0"을 모두 삭제하고 2개의 콜론만으로 나타낼 수 있다. 이중 콜론 "::" 기호를 사용하는 경우 주소당 한 번만 허용된다.

```
ABCF:1001:0331:D509:0000:0000:FFFF:5008 → 1001:331:D509::FFFF:5008
```

③ IPv4와 IPv6의 주소를 하나의 주소 내에 함께 표현하는 경우가 있는데 이와 같은 경우에는 하위 32비트를 IPv4 형식으로 주소를 표기한다.

```
::203.230.222.17 혹은 ::AAFF:200.200.50.32
```

이와 같은 생략법을 적용하여 IPv6 주소를 구분하여 보면 그림 1-25에서처럼 구분할 수 있으며 IPv4 주소체계와 IPv6의 주소체계의 대응관계는 그림 1-26과 같이 나타낼 수 있다.

주소유형	2진 표현	IPv6 주소표기	비 고
미지정 주소	0000..........0(128)	::/128	IP 주소 미설정 상태의 발신 주소
루프백 주소	0000..........1(128)	::1/128	호스트의 루프백(Loopback) 인터페이스 주소
멀티캐스트 주소	11111111	FF00::/8	멀티캐스트 IPv6 주소
링크 로컬 주소	1111111010	FE80::/10	Link Local 영역에서만 적용되는 주소
사이트 로컬 주소	1111111011	FEC0::/10	사이트(Site) 내부에서만 사용되는 주소
전역 유니캐스트 주소			그 외 모든 영역 (Global Unicast Address)

그림 1-25 IPv6 주소의 구분

구 분	IPv4 주소	IPv6 주소
멀티캐스트 주소	224.0.0.0/4(D Class)	FF00::/8
브로드캐스트 주소	255.255.255.255 또는 호스트 주소의 모든 비트가 1인 경우	해당 주소 없음
미지정 주소	0.0.0.0/32	::/128
루프백 주소	127.0.0.1	::1/128
공인 IP 주소	공인 IP 주소	Global Unicast Address
사설 IP 주소	10.0.0.0/8 172.16.0.0/12 192.168.0.0/16	FEC0::/48
링크 로컬 주소	169.254.0.0/16	FE80::/64

그림 1-26 IPv4 및 IPv6 주소체계 대응관계

1.6.4 통합 전역 유니캐스트 주소

현재 IPv6의 계획에 의하면 인터넷에 연결되는 IPv6 노드는 통합 전역 유니캐스트 주소(Aggregatable Global Unicast Address)라고 하는 이미 우리에게 익숙한 IPv4의 전역 주소에 해당하는 것을 사용할 것이다. CIDR을 사용하는 IPv4처럼 통합 전역 유니캐스트 주소 역시 계층에 의존하여 인터넷 라우팅 테이블을 간략하게 유지할 것이다. IPv6의 전역 유니캐스트 주소는 다음과 같은 3단계의 계층을 가진다.

① 공용 토폴로지(Public Topology) : 인터넷 연결을 제공하는 ISP들의 집합
② 사이트 토폴로지(Site Topology) : 외부에게 인터넷 연결을 제공하지 않는 조직들의 지역적인 단계
③ 인터페이스 식별자(Interface Identifier) : 노드 개별 인터페이스의 특정 단계

이와 같은 3단계의 계층은 통합 전역 유니캐스트 주소의 구조에 반영된다(그림 1-27).

3비트	13비트	8비트	24비트	16비트	64비트
FP	TLA ID	Res	NLA ID	SLA ID	Interface ID
Public Topology				Site Topology	Interface Identifier

그림 1-27 통합 전역 유니캐스트 주소구조의 3단계 계층

① FP 필드(3비트) : 3비트 길이의 FP(Format Prefix)는 주소의 종류(유니캐스트, 멀티캐스트 등)를 식별하기 위해서 사용되며 통합 글로벌 유니캐스트는 001로 식별된다.

② TLA ID 필드(13비트) : 13비트 길이의 TLA ID(Top-Level Aggregation Identifier) 필드는 라우팅 계층의 최상위 수준에서 주소를 책임지는 기구를 식별하기 위하여 사용된다. 인터넷 라우터들은 모든 TLA ID들로의 라우트를 유지해야 할 필요가 있다. 13비트를 사용하여 8,192 TLA들을 나타낼 수 있다.

③ Res 필드(8비트) : IPv6 설계자들은 TLA나 NLA ID들이 미래에 확장될 수 있도록 예약(Reservation) 필드를 정의하였으며 현재는 0으로 설정되어 있다.

④ NLA ID 필드(24비트) : NLA ID(Next-Level Aggregation Identifier) 필드는 ISP들을 식별하기 위해 사용되며 ISP들 사이의 다중 계층 관계들을 반영하기 위하여 계층적으로 조직화될 수 있다.

⑤ SLA ID 필드(16비트) : SLA ID(Site-Level Aggregation Identifier) 필드는 개별 조직이 자신의 지역 주소지정 계층을 생성하고 서브넷들을 식별하기 위해 사용된다.

⑥ 인터페이스 ID 필드(64비트) : 인터페이스 ID 필드는 링크상의 개별 인터페이스들을 식별하기 위하여 사용된다. 이 필드는 IPv4 주소의 호스트 부분과 유사하지만 IEEE EUI-64 형식에서 비롯된 것으로 LAN상에서 인터페이스의 MAC 주소에 16비트 필드를 더한 것이다.

전역 유니캐스트 주소공간에 더하여 IPv6는 내부 네트워크 번호, 즉 '사이트 지역 사용(Site Local Use)' 주소를 제공하는데 이것은 RFC 1918 주소와 유사하다. 어느 노드가 전역 유니캐스트 주소나 내부 사이트 지역 사용 주소로 지정되어 있지 않다면 네트워크 세그먼트에 특정적인 링크 지역 사용 주소로 지정될 수 있다.

1.6.5 IPv4와 IPv6 헤더 형식의 비교

(1) IPv4 헤더

IP(Internet Protocol)는 RFC 791 및 MIL-STD 1777에 명시되어 있으며 TCP/IP의 기본이 된다. 인터넷에 연결된 모든 호스트는 IP를 사용해야 하며 IP의 주요 임무는 호스트의 주소지정과 패킷의 전달이지만, End-to-End간에 전송되는 메시지의 안정성이나 흐름제어에 관해서는 책임이 없다. 단지, 패킷을 목적지로 전달하기 위해 최선을 다할 뿐, 전달되었는지에 관해서는 보장해 주지 않는다.

버전(4비트)	IHL(4비트)	서비스 종류(8비트)
전체 길이(16비트)		
식별자(16비트)		
플래그(3비트)	단편 오프셋(13비트)	
수명기간(8비트)		프로토콜(8비트)
헤더체크섬(16비트)		
발신지 주소(32비트)		
목적지 주소(32비트)		
옵션+패딩(가변)		
데이터(가변)		

그림 1-28 IPv4 헤더 포멧

① 버전 : IP 버전 번호(버전4, 0100)를 나타내며, 버전4의 주소 고갈 문제와 보안 이슈 등으로 인하여 대응방안으로 버전6이 등장하게 되었다.

② 인터넷 헤드 길이(IHL : Internet Header Length) : 32비트 워드로의 헤더 길이, 최소값이 5이다. 그러므로 헤더 길이는 적어도 20옥텟이며 옵션이 포함될 경우 최대 60옥텟으로 제한된다.

③ 서비스 종류(TOS : Type of Service) : 신뢰성, 우선순위, 지연, 처리율 인자들을 규정하는 필드로 우선순위를 나타내는 3비트의 Precedence 및 4비트의 서비스 유형 지정 비트, 그리고 사용되지 않는 1비트로 구성된다. TOS 필드를 사용하여 라우터나 호스트 등의 장치에서 패킷 처리에 대한 우선순위를 설정할 수 있는데 현재는 DSCP(Differentiated Services Code Point) 필드로 정의되어 있다.

④ 전체길이 : 옥텟으로 표시된 헤더를 포함한 전체 데이터 단위길이이다.

⑤ 식별자 : 근원지 주소, 목적지 주소, 그리고 사용자 프로토콜과 함께 데이터그램을 유일하게 정의하는데 사용된다. 생성되는 각각의 패킷마다 부여되는 고유번호이다. 패킷은 2계층 프로토콜의 최대 전송단위(MTU : Maximum Transmission Unit) 값에 따라 여러 개의 단편(Fragment)으로 분할되어 처리되는데 단편화된 조각들을 원래의 패킷으로 조립하는데 기준이 되는 식별자값이다.

⑥ 플래그 : 1비트는 More Flag로서 단편화와 재조립을 위해 사용된다. 다른 비트가 지정되면 단편화를 하지 못한다.

⑦ 단편 오프셋(Fragment Offset) : 데이터그램 내에서 단편이 어디에 속해 있는지를 알려준다. 분할된 단편들은 이 값을 이용하여 원래의 패킷으로 재조립된다.

⑧ 수명기간 : 게이트웨이의 홉 수로 측정된다. 패킷의 루핑(Looping)으로 인한 문제를 해결하기 위해 사용되는 필드로 라우터를 하나씩 지나갈 때마다 1씩 감소하여 그 값이 0이 되면 패킷은 폐기한다.

⑨ 프로토콜 : 목적지에서 데이터 필드를 받아들이는 다음 레벨의 프로토콜을 가리킨다. 즉 패킷에 캡슐화(Encapsulation)되어 있는 상위계층의 PDU(Protocol Data Unit)가 어떤 프로토콜을 사용하는지 명시하는 필드이다(예 TCP : 6, UDP : 17).

⑩ 헤더 체크섬 : 단지 헤더상에서 만의 프레임 체크 시퀀스로써 단순히 IP 헤더에 대한 오류검사만을 수행한다.

⑪ 발신지 주소(Source Address, 32비트)

⑫ 목적지 주소(Destination Address, 32비트)

⑬ 옵션 : 송신자의 요청에 의하여 요청된 옵션들을 코드화한다.

⑭ 패딩 : 인터넷 헤더가 32비트 경계상에서 끝나도록 조정하는 공간이다.

⑮ 데이터 : 데이터 필드는 길이에 있어서 8비트의 배수가 되어야 한다. 데이터 필드와 헤더의 전체 길이는 최대 65,535옥텟이다.

(2) IPv6 헤더

IPv6 패킷은 헤더 필드와 페이로드 필드로 구분되며 헤더 필드는 다시 기본 헤더와 확장 헤더로 구성된다. 기본 헤더는 40바이트로 고정되어 있으며 확장 헤더는 인증, 데이터 무결성 및 데이터 기밀유지 등 새로운 응용들을 쉽게 수용할 수 있도록 다양하게 구성된다. IPv6는 보안 기능을 반드시 구현해야 할 기본기능으로 채택함으로써 보안 서비스 제공을 위한 기능을 강화하였다.

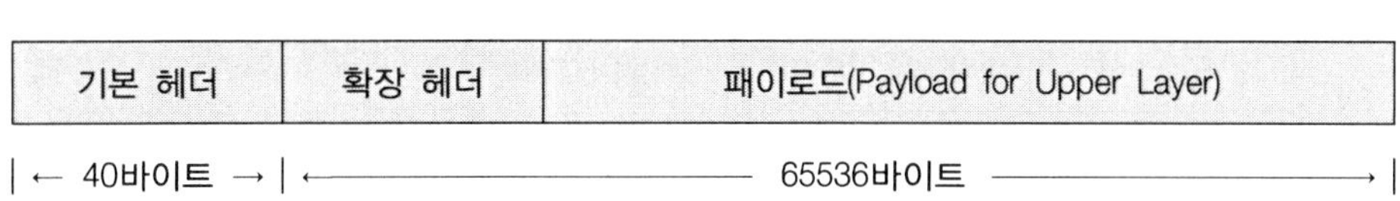

그림 1-29 IPv6 패킷

기본 헤더는 40바이트의 고정 길이를 가지며 그림 1-30에서처럼 8개의 필드로 구성되어 있다.

<table>
<tr><td>Version
(4비트)</td><td>Traffic Class
(8비트)</td><td colspan="3">Flow Label
(20비트)</td></tr>
<tr><td colspan="3">Payload Length(16비트)</td><td>Next Header(8비트)</td><td>Hop Limit(8비트)</td></tr>
<tr><td colspan="5">발신지 주소(128비트)</td></tr>
<tr><td colspan="5">목적지 주소(128비트)</td></tr>
</table>

그림 1-30 IPv6 헤더 포멧

① 버전 : IP 버전 번호(버전 6, 0110)

② 트래픽 클래스(Traffic Class) : 트래픽 등급을 명시, IPv4의 TOS(Type of Service) 필드와 같은 기능을 수행한다.

③ 플로우 라벨(Flow Label) : 해당 IPv6 패킷이 속하는 흐름에 대한 특성을 나타내는 필드로 음성이나 영상 데이터와 같은 실시간 서비스가 필요한 환경에서 사용한다.

④ 패이로드 길이(Payload Length) : 기본 헤더 다음에 이어지는 데이터의 길이를 나타낸다. 확장 헤더와 상위계층 PDU의 길이로써 16비트로 나타내므로 15,536 바이트까지 나타낼 수 있으며, 더 큰 경우에는 필드를 모두 "0"으로 채우고 홉-바이-홉(Hop-by-Hop) 확장 헤더를 이용하면 된다.

⑤ 넥스트 헤더(Next Header) : 기본 헤더 다음에 위치하는 헤더의 종류를 지시한다. 넥스트 헤더 코드값은 다음과 같다.

0 : Hop-by-Hop Options Header

2 : Internet Control Message Protocol

4 : Internet Protocol

17 : Transmission Control Protocol

41 : Internet Protocol Version 6(IPv6)

43 : Routing Header

44 : Fragment Header

45 : Inter-domain Routing Protocol

46 : Resource Reservation Protocol

50 : Encapsulating security Payload

58 : Internet Control Message Protocol Version 6

59 : No Next Header

60 : Destination Options Header

⑥ 홉 리미터(Hop Limit) : 거쳐갈 수 있는 라우터의 최대 개수를 명시하며, IPv4의 TTL(Time to Live) 필드와 같은 역할을 수행한다.

⑦ 발신지 주소(Source Address, 128비트)

⑧ 목적지 주소(Destination Address, 128비트)

확장 헤더는 IPv4에서 잘 사용되지 않았던 기능들을 확장 헤더 필드로 옮겨 필요한 경우에만 사용하도록 함으로써 기본 헤더를 간략하게 하고 처리효율을 높이고자 하는 것이 목적이며 기능에 따라 다음과 같은 6가지가 있다.

① 홉-바이-홉(Hop-by-Hop) 옵션 헤더 : 전송경로상의 모든 노드마다 처리할 옵션 정보를 포함한다.

② 라우팅(Routing) 헤더 : 발신 노드 기반 라우팅을 위한 헤더로 사용된다. 현재 라우팅 헤더는 목적지 노드까지의 경로상에서 반드시 포함해야 하는 중간 라우터 주소들의 목록만 포함하는 유형 0(Type 0)만 정의되어 사용되고 있다.

③ 프래그먼트(Fragment) 헤더 : 프래그먼트와 재조립을 위한 정보를 포함한다. 중간 노드에서는 수행되지 않으며 발신지와 목적지에서만 사용될 수 있다.

④ 목적지(Destination) 옵션 헤더 : 기본 헤더의 목적지 주소나 라우팅 목록에 포함된 노드에서만 처리하는 옵션 정보 또는 패킷의 최종 목적 노드에서만 처리하는 옵션 정보를 포함한다.

⑤ 인증(Authentication) 헤더 : 망 계층에서 인증 서비스를 제공하기 위해 사용된다.

⑥ ESP(Encapsulation Security Payload) 헤더 : 망 계층에서 기밀성 서비스를 제공하기 위해 사용된다.

제2장

라우터

2.1 라우터 구성에 대한 이해
2.2 WAN에 대한 이해
2.3 라우팅 네트워크의 유형
2.4 라우터 연결과 명령어 모드
2.5 패스워드 설정
2.6 CDP
2.7 라우터 관리

2.1 라우터 구성에 대한 이해

라우터(Router)는 네트워크 간 경로선택과 패킷(Packet)의 스위칭(Switching)을 관리하는 특수 목적의 컴퓨터이다. 라우터의 내부 구성요소를 보면 그림 2-1과 같다.

Internal Configuration Components

<table>
<tr><td>RAM
(Ramdom Access
Memory)</td><td>NVRAM
(Nonvolatile RAM)</td><td>Flash
(Reprogrammable
ROM)</td><td>ROM
(Read Only
Memory)</td></tr>
<tr><td>Console</td><td colspan="3" rowspan="2">Interfaces
(ethernet 0, fasternet 0/0, serial 0, serial 0/1)</td></tr>
<tr><td>Auxiliary</td></tr>
</table>

그림 2-1 라우터 내부 구성요소

라우터 내부의 중요한 구성요소를 보면 크게 메모리 부분과 인터페이스(Interface) 부분이 있는데 먼저 메모리 부분 중 RAM(Random Access Memory)을 첫 번째로 들 수 있는데 RAM은 라우팅 테이블, 캐시(ARP Cache, Fast-Switching Cache), 패킷 버퍼링(Packet Buffering), 큐(Packet Hold Queues) 등을 저장할 수 있으며, 전원이 들어와 있는 동안 라우터의 구성 파일을 위한 임시 메모리(Temporary Memory)로써 러닝 메모리(Running Memory) 혹은 워킹 스토리지(Working Storage)를 제공한다.

전원이 나가거나 라우터 재시동(Restart) 시 RAM의 내용물은 잃어버림을 주의해야 한다. NVRAM(Nonvolatile RAM)은 라우터의 구성 파일(Configuration File)인 Backup 혹은 Startup Configuration 파일을 저장하는 곳이다. RAM이지만 전원이 다운되거나 재시동 시에도 내용물이 유지되는 것이 특징이다.

플래시(Flash) 메모리는 Erasable 혹은 Reprogrammable ROM(Read Only Memory)으로 OS(Operating System, IOS)의 이미지와 마이크로 코드(Microcode)를 포함하고 있다. ROM임에도 불구하고 프로세서의 칩을 제거하거나 교환하지 않고도 소프트웨어를 수정할 수 있으며 당연히 전원이 다운되거나, 재시동 시에도 내용물은 그대로 유지되기 때문에 여러 버전의 IOS(Internetwork Operating System)를 저장할 수 있다. ROM(Read Only Memory)은 진단 프로그램, 부트스트랩(Bootstrap) 프로그램 및 OS를 저장하고 있으며 ROM의 소프트웨어를 수정(Upgrade) 시 칩을 교환해야 한다.

다음은 인터페이스(Interfaces) 부분으로 네트워크의 접속점이다. 라우터를 들고나는 패킷의 경로이며 마더보드(Motherboard)상에 혹은 분리된 모듈로 존재한다. 네트워크와의 연결을 위한 인터페이스는 내부 네트워크와의 연결을 위한 이더넷(Ethernet, Fastethernet 및 Gigabit Ethernet) 포트와 외부 네트워크와의 연결을 위한 시리얼(Serial) 포트가 있다. 관리를 위한 포트는 라우터를 설정하고 관리하는 콘솔을 연결하는 콘솔포트와 원격지에서 라우터에 접속하여 설정, 관리를 할 수 있는 보조(Auxiliary) 포트로 구성되어 있다.

라우터의 기본적인 기능은 우선 패킷이 라우터로 들어오면 3계층 헤더의 목적지 네트워크 주소를 확인하고 패킷의 전달을 위해 라우팅 테이블을 참고하여 최적의 경로(The Best Path)를 선택하고 적절한 인터페이스로 패킷을 스위칭(Switching)하는 것이다.

시간과 장소를 가리지 않고 통신을 하기 위해 라우터는 정보의 흐름을 위한 라우팅 기능과 신뢰성(Reliability) 보장을 위한 중복경로(Redundant Path)를 가져야 한다. 라우터의 중요한 역할 중 하나인 네트워크 간 연결, 즉 인터네트워킹(Internetworking) 시 필요한 요소로는 양 끝단 간(End-to-End) 일관성 있는 주소방식과 네트워크 토폴로지(Topology)를 나타내는 주소, 최적의 경로선택, 동적인(Dynamic) 라우팅 및 스위칭 등을 꼽을 수 있다. 라우터와 WAN(Wide Area Network) 기술과의 관계를 생각해 보면 라우터는 LAN(Local Area Network) 장치이면서 WAN 장치이다. 따라서 LAN과 WAN의 인터페이스 모두를 가지고 있으며 LAN간 접속도 하지만 대부분 WAN 접속에 의해 통신을 하고 있다. 또한 라우터로 구성된 백본(Backbone)을 구축할 수도 있으며 AS(Autonomous System) 내부의 인트라넷(Intranet) 구성도 가능하다.

2.2 WAN에 대한 이해

WAN(Wide Area Network)은 OSI 참조 모델의 물리계층(Physical Layer)과 데이터 링크 계층(Data Link Layer)에서 동작하며, 지리적으로 멀리 떨어진 LAN들을 서로 연결하여 라우터/브리지 사이에 데이터 패킷/프레임(Frame)을 교환한다.

WAN의 특징을 보면 지리적으로 로컬(Local) 범위를 넘어서 넓은 지역을 통해 동작하고 KT, LG U^{+} 혹은 SK 브로드밴드와 같은 캐리어(Carrier) 사업자를 통해서 서비스를 받을 수 있으며, WAN 대역폭에 접근하기 위해 비교적 낮은 속도로 여러 가지 유형의 시리얼 접속(Serial Connection)을 사용한다는 것이다. 또한 필요에 따라

Full-time이나 Part-time으로 접속이 제공된다는 것도 특징이 될 수 있을 것이다.

WAN 접속장치들은 인터네트워킹에 사용하고 WAN 인터페이스 포트를 포함하고 있으며 다양한 서비스를 제공할 수 있는 라우터, 보이스(Voice), 데이터, 비디오 통신을 위해 WAN 접속을 하는 스위치, 아날로그망을 통한 데이터 전송 서비스에 필요한 모뎀, 디지털 T1(1.544Mbps)이나 E1(2.048Mbps) 서비스 및 FT1/E1(Fractional T1/E1) 서비스에 필요한 CSU/DSU, ISDN 서비스를 위한 인터페이스인 TA/NT1, Dial-in, Dial-out 사용자 접속에 사용하는 커뮤니케이션 서버(Communication Server) 등이 있다. 우리 주위에서 쉽게 찾아볼 수 있는 LAN과의 특성을 비교해보면 표 2-1과 같다.

표 2-1 LAN과 WAN의 특성 비교

구분	LAN(Local Area Network)	WAN(Wide Area Network)
특성	① 지리적으로 제한된 지역 내에서 동작 ② 다수의 사용자들이 높은 대역폭의 매체에 접근하는 것을 허용 ③ 로컬 서비스를 위해 Full-Time 접속을 제공 ④ 이웃 장치와 물리적으로 접속	① 지리적으로 넓은 지역을 가로질러 동작 ② 직렬 인터페이스를 통하여 비교적 저속으로 접근을 허용 ③ Full-Time 혹은 Part-Time 접속을 제공 ④ 멀리 떨어져 있는 장비들을 접속
장비	허브, 스위치, 브리지, 라우터	라우터, 모뎀, DSU/CSU, 통신 서버

WAN 기술에서 사용하는 프로토콜은 OSI 참조 모델의 1계층인 물리계층 프로토콜과 2계층에 해당하는 데이터링크 프로토콜로 나눌 수 있는데 물리계층 프로토콜은 WAN 서비스를 위한 기계적, 전기적, 기능적, 절차적 특성을 규정해 놓은 것으로 WAN 서비스 제공자로부터 제공된다. 데이터링크 프로토콜은 단일 데이터링크를 통하여 프레임을 전달하는 방법을 규정해 놓은 것으로 전용 포인트 투 포인트(Dedicated Point-to-Point), 멀티포인트 및 멀티액세스 스위치 서비스(Multi-access Switched Services) 등이 있다.

WAN 표준화 단체는 ITU-T(International Telecommunication Union- Telecommunication), ITU-T의 전신인 CCITT(Consultative Committee for International Telegraph & Telephone), ISO(International Organization for Standardization), IETF(Internet Engineering Task Force), EIA(Electronic Industries Association) 등이 있다.

2.2.1 WAN의 물리계층

WAN의 물리계층은 DTE와 DCE 사이의 인터페이스를 예로 들 수 있는데 여기서 DTE는 "Data Terminal Equipment"의 약자로 WAN에 접속되는 사용자 장비가 되며 WAN 링크상에서 사용자 장치의 끝단으로 보통 라우터가 여기에 해당된다. 또한 DCE는 "Data Circuit-Terminating Equipment" 혹은 "Data Communication Equipment"의 약자로 통상 서비스 제공자의 최끝단 장치가 된다.

흔히 사용되는 물리계층의 표준들은 EIA/TIA-232(RS-232), EIA/TIA-449(RS-449), V.24, V.35, X.21, HSSI(High Speed Serial Interface), G.703, EIA-530 등이 있다.

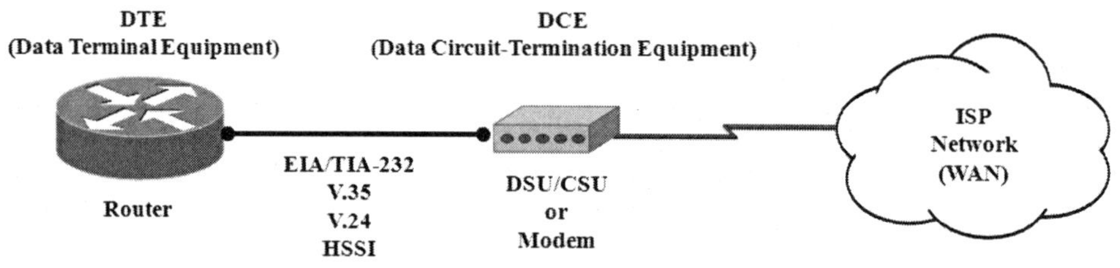

그림 2-2 WAN의 물리계층

2.2.2 WAN의 데이터링크 계층

WAN의 데이터링크 계층은 WAN 프로토콜과 관련이 있으며 동기식(Synchronous) 시리얼라인(Serial Line)과 관련된 데이터링크 계층의 Encapsulation 방식에는 여러 가지가 있다. 대표적인 것으로 HDLC(High-Level Data Link Control), 프레임 릴레이(Frame Relay), PPP(Point to Point Protocol) 등이 있다. HDLC는 IEEE 표준으로 Point-to-Point, Multi-point 구성을 최소한의 Overhead로 지원하며, 프레임 릴레이는 오류(Error) 수정단계를 생략하여 Layer 2 정보를 다른 WAN 프로토콜보다 빠르게 전송이 가능한 프로토콜이며, PPP는 RFC 1661에 규정되어 있으며, IETF에 의해 개발된 프로토콜로서 네트워크 계층의 프로토콜을 구분하기 위한 프로토콜 필드를 포함하고 있다.

그 외에도 SNA(System Network Architecture) 환경을 위해 IBM이 설계한 WAN 데이터링크 프로토콜인 SDLC(Synchronous Data Link Control Protocol, 이것은 기능이 좀 더 다양한 HDLC에 의해 대체됨), IP 패킷을 전달하기 위한 매우 인기있었던 WAN 데이터링크 프로토콜인 SLIP(Serial Line Interface Protocol, 좀 더 다양한 기능

의 PPP로 대체됨), X.25에 의해 사용되는 데이터링크 프로토콜로 광범위한 오류 체킹(Error Checking) 능력을 가진 LAPB(Link Access Procedure Balanced), ISDN D 채널상에서 Call Setup과 시그널링(Signaling)을 위해 사용되는 WAN 데이터링크 프로토콜인 LAPD(Link Access Procedure D-channel, 데이터 전송은 B 채널상에서 발생), 프레임 릴레이 기술과 함께 사용되는 LAPD와 비슷한 WAN 데이터링크 프로토콜인 LAPF(Link Access Procedure Frame) 등이 있다.

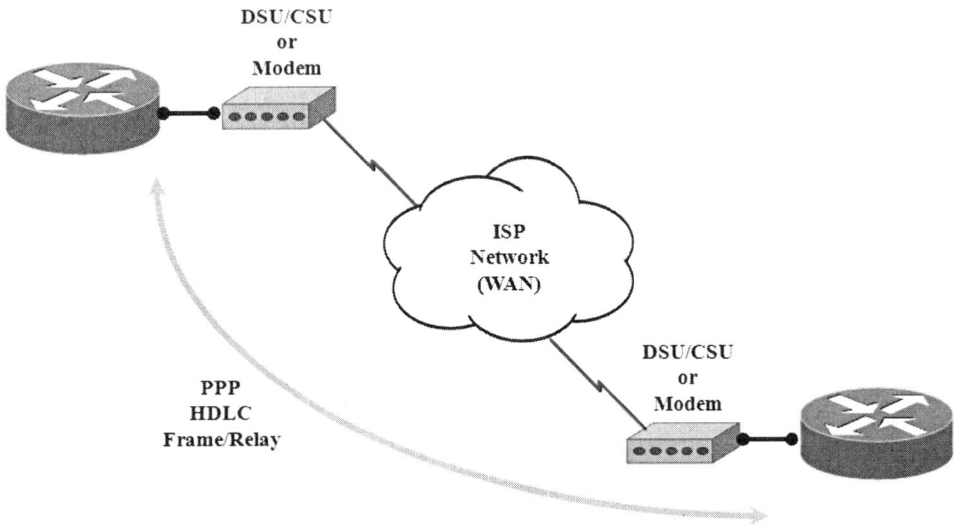

그림 2-3 WAN의 데이터링크계층

2.3 라우팅 네트워크의 유형

라우팅 프로토콜들이 라우팅 정보(Routing Update)를 주고받을 때 목적지 주소에 따라 브로드캐스트, 멀티캐스트, 유니캐스트 방식으로 나누어진다. 브로드캐스트(Broadcast, 1 : All) 방식은 목적지 주소가 255.255.255.255로 설정되어 라우팅 정보를 전송하며 전통적인 거리-벡터 라우팅 프로토콜인 RIP v1이 사용하는 방식이다.

멀티캐스트(Multicast, 1 : 다(多)) 방식은 목적지 주소를 D 클래스(224.0.0.0~239.255.255.255) 주소를 사용하여 라우팅 정보를 전송하며, 잘 알려진 라우팅 프로토콜 중에는 OSPF(224.0.0.5, 224.0.0.6), RIP v2(224.0.0.9), EIGRP(224.0.0.10) 등의

라우팅 프로토콜들이 이 방식을 사용한다. 유니캐스트(Unicast, 1:1) 방식은 목적지 주소를 특정 IP 주소를 사용하여 지정된 주소에게만 정보를 전송하는 방식이다. 라우터가 접속된 방식에 따라 라우팅 네트워크 유형을 브로드캐스트 멀티액세스 네트워크(Broadcast Multiaccess Network), NBMA 네트워크(Non-broadcast Multi-access Network) 및 포인트 투 포인트 네트워크(Point-to-Point Network)로 분류할 수 있다.

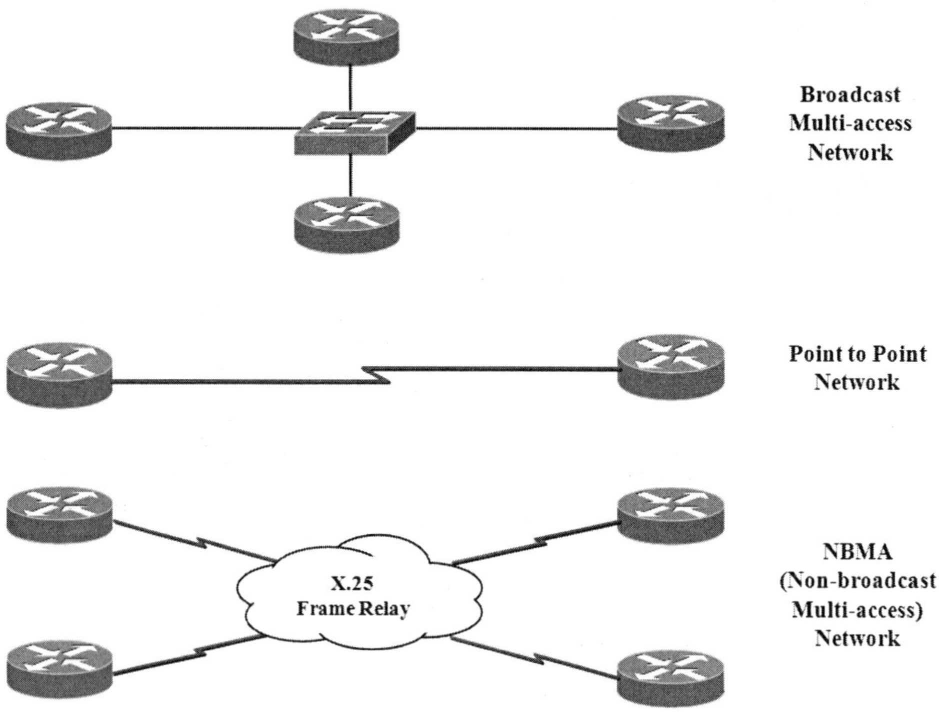

그림 2-4 라우팅 네트워크 유형

2.3.1 브로드캐스트 멀티액세스 네트워크

발신지에서 하나의 패킷을 전송하면 동일한 네트워크 내의 모든 장치에게 동일한 패킷이 전달되는 구조를 가진 네트워크를 브로드캐스트 네트워크라 하며, 하나의 인터페이스를 통해 다수의 장치와 연결이 되어 동시에 접근이 가능한 네트워크를 멀티액세스 네트워크라 하는데 이러한 두 가지의 기능을 동시에 지원하는 네트워크를 브로드캐스트 멀티액세스 네트워크라 부른다.

대표적인 브로드캐스트 멀티액세스 네트워크 유형은 이더넷(Ethernet)을 들 수 있으며 이더넷 스위치를 통하여 여러 대의 라우터가 접속되어 있는 구조를 가지며 하나의 포트로 수신된 브로드캐스트나 멀티캐스트 프레임을 동일한 네트워크나 VLAN상으로 동시에 전송을 하게 된다. 그림 2-4에서 첫 번째 방식의 구성을 가지지만 한, 두 대의 라우터를 운영하는 일반적인 사용자 네트워크에서는 찾아보기 힘든 구성방식이며, 대규모 네트워크를 운영/관리하는 대기업 집단 내 SI 사업자, 데이터 센터 운영기업, ISP 사업자 등에서나 볼 수 있는 네트워크 방식이다.

2.3.2 포인트 투 포인트 네트워크

포인트 투 포인트 네트워크는 하나의 라우터 인터페이스와 연결되는 상대 라우터가 하나뿐인 경우를 말하며, 라우팅 정보를 전달할 때 하나의 라우터에게만 패킷을 보내면 된다. 우리가 주위에서 볼 수 있는 대부분의 네트워크(캠퍼스 네트워크, 중·소규모 사무실 네트워크, PC방 등) 접속방식이 이러한 방식을 채택하고 있다. 2계층 프로토콜이 HDLC, PPP 등인 시리얼 인터페이스, 프레임 릴레이 포인트 투 포인트 서브인터페이스 등이 대표적인 포인트 투 포인트 네트워크이다.

실제로 대부분의 라우팅 프로토콜들은 라우팅 정보를 보낼 때 브로드캐스트나 멀티캐스트 방식으로 전송하게 되는데, 포인트 투 포인트 네트워크에서는 수신 라우터가 하나밖에 없기 때문에 문제될 것이 없을 것이다. 그림에서는 두 번째 방식으로 구성되어 있다.

2.3.3 NBMA 네트워크

NBMA(Nonbroadcast Multiaccess) 네트워크는 브로드캐스트가 지원되지 않는 멀티액세스 네트워크를 가르키며 대표적인 NBMA 네트워크는 프레임 릴레이(Frame Relay), ATM, X.25 등의 네트워크가 있다. NBMA 네트워크에서는 브로드캐스트 방식을 사용하지 않고 가상회로(Virtual Circuit, VC) 방식을 사용하여 멀티액세스를 지원한다. 라우터의 한 포트로 패킷을 전송하면 기본적으로 브로드캐스트를 지원하지 않기 때문에 라우터 포트에 정의된 가상회로로 브로드캐스트 패킷을 하나씩 복사하여 전송하게 된다.

NBMA 방식으로 연결된 네트워크에서 원격지에 아주 많은 라우터가 연결되어 있는 경우 라우팅 정보를 주고받는 트래픽이 증가하여 실제 사용자 트래픽의 전달에 영향을 줄 수 있다. 그림 2-4에서 세 번째 구성을 가지는 네트워크이며 이 방식 역시 일정규모 이상의 네트워크를 관리하는 사업자의 네트워크 구성에서 찾아볼 수 있을 것이다.

2.4 라우터 연결과 명령어 모드

2.4.1 라우터 외관

라우터 외관을 보면 전면에는 아무런 표시등이나 인터페이스 포트가 없고 후면에 네트워크 연결을 위한 포트나 표시등이 모두 존재하는데 라우터 모델에 따라 조금씩 차이가 난다. 대부분의 모델은 패스트이더넷(Fastethernet) 포트와 콘솔 포트(Console Port) 등이 기본적으로 장착되어 있으며, 시리얼 모듈이나 추가적인 패스트 이더넷 모듈은 슬롯 형태로 빈 슬롯에 장착하여 사용하게 되어 있다. 그림 2-5에서 라우터 장치의 후면을 보여주고 있으며, 슬롯에 모듈이 탑재되지 않은 기본 사양의 경우와 슬롯에 스위칭 포트 모듈과 시리얼 포트 모듈을 탑재한 모습을 각각 보여주고 있다. 각각의 빈 슬롯에는 필요한 사양의 모듈을 장착하여 사용하면 된다.

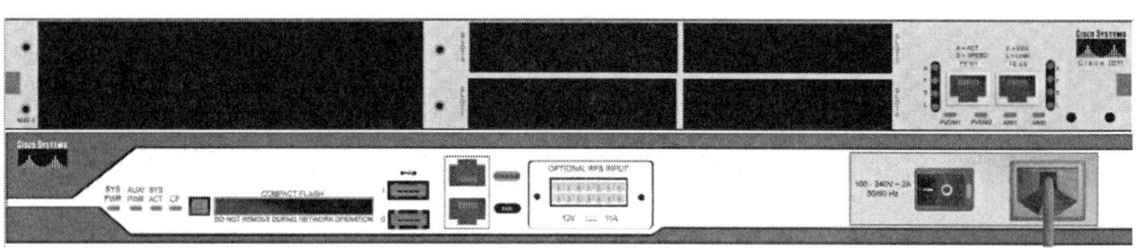

(a) 슬롯에 모듈이 탑재되기 전

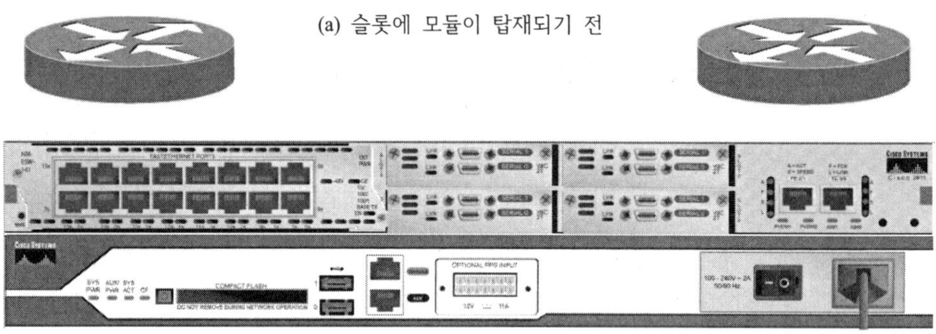

(b) 슬롯에 스위치 모듈과 시리얼 모듈이 탑재된 후

그림 2-5 라우터 후면(Cisco 2800 Series)

2.4.2 콘솔의 연결

라우터의 상태를 체크하거나 구성을 위하여 라우터에 콘솔 기능을 위한 컴퓨터를 접속한다. 먼저 라우터 후면의 콘솔 포트와 컴퓨터의 COM 포트를 RJ45 롤오버 케이블(Rollover Cable or Console cable)로 연결하고 컴퓨터에서 하이퍼터미널(Hyper Terminal)을 실행한다. 대화창이 나타나면 라우터와 하이퍼터미널 통신접속 이름을 부여하고, Pull-down Menu를 사용하여 라우터와 연결된 COM 포트를 선택한 후 확인을 누르고, 두 번째 대화창이 나타나면 파라미터(Parameter)를 설정하고 확인한다. 그림 2-6에서는 라우터의 콘솔 포트와 컴퓨터의 시리얼 포트가 연결되었을 경우 콘솔로 동작하고, 라우터의 이더넷 포트와 컴퓨터의 랜카드가 연결되었을 경우 호스트로 동작하는 것을 보여주고 있다. 이때 콘솔 케이블은 롤오버 케이블을 사용하고 호스트 케이블은 크로스오버 케이블(Crossover Cable)을 사용한다.

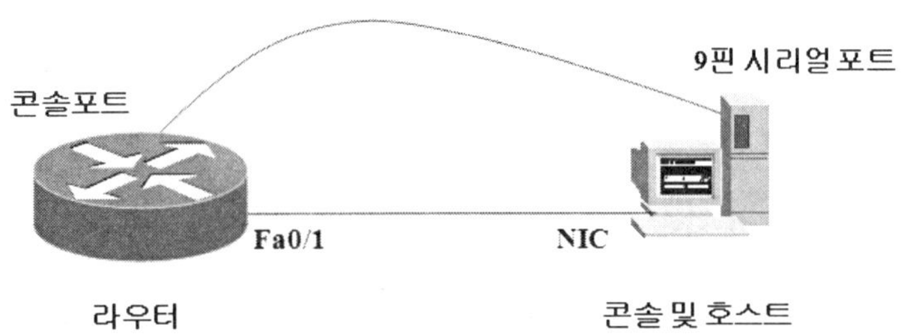

그림 2-6 라우터 콘솔 접속 구성도

전원을 연결하면 초기 Bootup Output이 하이퍼터미널 화면에 뿌려지며 이것은 라우터에 대한 정보와 POST(Power On Self Test) 상태에 대한 상세한 사항 및 하드웨어에 대한 데이터를 보여준다. 라우터는 Boot와 POST 후 System Configuration Dialog Prompt 상태가 되는데, System Configuration Dialog의 도움 유무에 관계없이 수동으로 구성이 가능하다. 그림 2-7에서 라우터의 부팅 화면을 보여주고 있으며 IOS 소프트웨어 버전을 비롯한 각종 정보를 디스플레이하고 Setup 모드로 들어가는 System Configuration Dialog Prompt 상태에서 부팅이 끝남을 알 수 있다.

```
System Bootstrap, Version 12.1(3r)T2, RELEASE SOFTWARE (fc1)
Copyright (c) 2000 by cisco Systems, Inc.
cisco 2811 (MPC860) processor (revision 0x200) with 60416K/5120K bytes of memory


Self decompressing the image :
########################################################################## [OK]
              Restricted Rights Legend

Use, duplication, or disclosure by the Government is
subject to restrictions as set forth in subparagraph
(c) of the Commercial Computer Software - Restricted
Rights clause at FAR sec. 52.227-19 and subparagraph
(c) (1) (ii) of the Rights in Technical Data and Computer
Software clause at DFARS sec. 252.227-7013.

           cisco Systems, Inc.
           170 West Tasman Drive
           San Jose, California 95134-1706



Cisco IOS Software, 2800 Software (C2800NM-ADVIPSERVICESK9-M), Version 12.4(15)T
1, RELEASE SOFTWARE (fc2)
Technical Support: http://www.cisco.com/techsupport
Copyright (c) 1986-2007 by Cisco Systems, Inc.
Compiled Wed 18-Jul-07 06:21 by pt_rel_team
Image text-base: 0x400A925C, data-base: 0x4372CE20
```

```
This product contains cryptographic features and is subject to United
States and local country laws governing import, export, transfer and
use. Delivery of Cisco cryptographic products does not imply
third-party authority to import, export, distribute or use encryption.
Importers, exporters, distributors and users are responsible for
compliance with U.S. and local country laws. By using this product you
agree to comply with applicable laws and regulations. If you are unable
to comply with U.S. and local laws, return this product immediately.

A summary of U.S. laws governing Cisco cryptographic products may be found at:
http://www.cisco.com/wwl/export/crypto/tool/stqrg.html

If you require further assistance please contact us by sending email to
export@cisco.com.
cisco 2811 (MPC860) processor (revision 0x200) with 60416K/5120K bytes of memory

Processor board ID JAD05190MTZ (4292891495)
M860 processor: part number 0, mask 49
2 FastEthernet/IEEE 802.3 interface(s)
239K bytes of non-volatile configuration memory.
62720K bytes of  ATA CompactFlash (Read/Write)
Cisco IOS Software, 2800 Software (C2800NM-ADVIPSERVICESK9-M), Version 12.4(15)T
1, RELEASE SOFTWARE (fc2)
Technical Support: http://www.cisco.com/techsupport
Copyright (c) 1986-2007 by Cisco Systems, Inc.
Compiled Wed 18-Jul-07 06:21 by pt_rel_team


         --- System Configuration Dialog ---

Continue with configuration dialog? [yes/no]:
```

그림 2-7 라우터 부팅 화면

2.4.3 라우터 명령어 모드와 명령어

시스코 라우터의 CLI(Command Line Interface)는 시스코 스위치와 유사하다. Help 명령어로 "?"를 사용하여 현재 명령어 모드에서 사용 가능한 명령어 리스트를 디스플레이 할 수 있고, 특별한 문자로 시작하는 명령어의 리스트를 디스플레이하기 위해서는 해당 문자를 입력하고 바로 이어서 공백 없이 "?"를 입력하는 Word Help나 특별한 명령어와 관련되는 키워드나 인수(Keyword or Argument)의 리스트를 얻기 위해서 하나 이상의 관련 Word를 입력하고 공백(Space)을 두고 "?"를 입력하는 Syntax Help 등은 스위치의 CLI와 유사하다. 기타 패스워드 구성 등과 같은 명령어 및 "show" 명령어 등도 스위치와 동일하다.

라우터의 CLI를 사용하기 위한 명령어 모드는 6가지가 있으며 표 2-2에 정리되어 있다. 라우터의 기본 모드는 사용자 모드(User EXEC Mode)이며 프롬프트(Prompt)는 "〉"으로 나타난다. 사용자 모드에서는 터미널 세팅(Terminal Setting)을 변경하거나 기본적인 테스트 및 시스템 정보를 디스플레이(Display)할 수 있다.

"show" 명령어를 통해 시스템 정보를 보거나 "enable" 명령어를 통해 사용자 모드에서 관리자 모드(Privileged EXEC Mode)로 변경할 수 있다. 관리자 모드는 사용자 모드의 명령어를 포함하고 있으며, 프롬프트는 "#"으로 나타나며 "configure" 명령어를 사용하여 다른 명령어 모드(전역구성 모드, Global Configuration Mode)로 접근할 수 있다.

관리자 모드는 라우터 구성에 사용되는 모드이므로 Privileged EXEC Mode의 접근은 패스워드로 보호한다. 전역구성 모드는 라우터 전체에 영향을 미치는 간단한 구성을 위해 단일 라인 명령어를 사용할 수 있으며, 마지막으로 전역구성 모드에서 복잡한 장치 설정이나 다중 라인 명령어를 수행하기 위한 하위 구성 모드(Interface, Line, Vlan 모드 등)로 접근할 수 있다.

또한 라우터의 초기 구성을 하기 위해 대화식으로 기본 파라미터를 설정할 수 있는 셋업 모드(Setup Mode)가 있는데 이것은 라우터에 전원을 인가하여 부팅이 끝났을 때 나타나는 모드이다. 그리고 패스워드를 잃어버렸거나 뜻하지 않게 돌발적으로 플래시의 OS(Operating System)가 삭제되는 경우와 같은 재앙으로부터의 복구를 위한 RXBOOT 모드(ROM Monitor Mode라고도 함)가 있다.

RXBOOT 모드로 들어가기 위해서는 라우터에 전원이 인가되어 부팅을 하고 있는 도중에 "Ctrl+C"키(Key) 혹은 "Ctrl+Alt+Break"키(Key)를 동시에 누르면 된다.

각 모드에서 빠져나올 필요가 있는 경우 “exit” 명령어는 한 단계씩, “Ctrl+Z”키(Key)로는 바로 관리자 모드로 돌아올 수 있다. 라우터 CLI 모드에서 명령어를 잘못 입력하였을 경우 라우터의 IOS(Internetwork Operating System)는 DNS 서버를 찾아서 해결하려고 하는데 이 경우 상당한 시간이 소요되어 자신이 명령어를 잘못 입력하였다는 것을 인지하였더라도 IOS가 이를 해결하는 동안 기다려야만 한다.

이와 같이 명령어를 잘못 입력하였을 경우에는 “Ctrl+Shift+6” 키를 누르거나 전역 구성 모드에서 “no ip domain-lookup” 명령어를 입력하여 DNS 룩업 기능을 해제하면 된다.

표 2-2 라우터 IOS CLI 모드

모 드	설 명	프롬프트
사용자 모드 (User EXEC Mode)	제한된 명령어만 사용 가능 라우터의 정보를 볼 수만 있으며 변경은 불가, 원격접근	Router〉
관리자 모드 (Privileged EXEC Mode)	장치 테스트 및 Debugging 파일 조작 원격접근	Router#
전역구성 모드 (Global Configuration Mode)	간단한 장치설정 단일 라인 명령어 수행	Router(config)#
하위 구성 모드 (Other Configuration Modes)	복잡한 장치설정 다중 라인 명령어 수행	Router(config-if)# Router(config-line)# Router(config-router)#
셋업 모드 (Setup Mode)	라우터의 초기 구성 대화식 설정	–
RXBOOT 모드	Maintenance Mode 패스워드 분실, OS 삭제 등의 재앙으로부터의 복구	rommon 1〉 rommon 2〉

```
Router>
Router>
Router>?
Exec commands:
  <1-99>      Session number to resume
  connect     Open a terminal connection
  disable     Turn off privileged commands
  disconnect  Disconnect an existing network connection
  enable      Turn on privileged commands
  exit        Exit from the EXEC
  logout      Exit from the EXEC
  ping        Send echo messages
  resume      Resume an active network connection
  show        Show running system information
  ssh         Open a secure shell client connection
  telnet      Open a telnet connection
  terminal    Set terminal line parameters
  traceroute  Trace route to destination
Router>
Router>
Router>
Router>
Router>
Router>
```

그림 2-8 사용자 모드(User EXEC Mode)와 명령어

① connect : 터미널 접속을 하기 위한 명령어(↔ disconnect)

② enable : 관리자 모드(Privileged EXEC Mode)로 들어가는 명령어(↔ disable)

③ exit : 사용자 모드(User EXEC Mode)에서 빠져나가는 명령어(콘솔 접속상태로)

④ logout : 사용자 모드(User EXEC Mode)에서 빠져나가는 명령어(콘솔 접속상태로)

⑤ ping : 목적지 호스트와 접속을 확인하는 명령어(Echo Message 전송)

⑥ show : 스위치 상태나 설정정보를 보기 위한 명령어

⑦ ssh : 클라이언트의 보안접속을 위한 명령어(사용자 이름, ssh 버전 등 설정)

⑧ telnet : 텔넷 접속을 하기 위한 명령어

⑨ terminal : 명령어 히스토리 기능을 제어하기 위한 명령어

⑩ traceroute : 목적지까지 경로를 추적하기 위한 명령어

```
Router>
Router>en
Password:
Router#?
Exec commands:
  <1-99>      Session number to resume
  auto        Exec level Automation
  clear       Reset functions
  clock       Manage the system clock
  configure   Enter configuration mode
  connect     Open a terminal connection
```

```
  copy        Copy from one file to another
  debug       Debugging functions (see also 'undebug')
  delete      Delete a file
  dir         List files on a filesystem
  disable     Turn off privileged commands
  disconnect  Disconnect an existing network connection
  enable      Turn on privileged commands
  erase       Erase a filesystem
  exit        Exit from the EXEC
  logout      Exit from the EXEC
  mkdir       Create new directory
  more        Display the contents of a file
  no          Disable debugging informations
  ping        Send echo messages
  reload      Halt and perform a cold restart
  resume      Resume an active network connection
  rmdir       Remove existing directory
  setup       Run the SETUP command facility
  show        Show running system information
  ssh         Open a secure shell client connection
  telnet      Open a telnet connection
  terminal    Set terminal line parameters
  traceroute  Trace route to destination
  undebug     Disable debugging functions (see also 'debug')
  vlan        Configure VLAN parameters
  write       Write running configuration to memory, network, or terminal
Router#
```

그림 2-9 관리자 모드(Privileged EXEC Mode)와 명령어

① auto : 자동으로 보안을 설정하는 명령어

② clear : 테이블이나 각종 설정 기능을 리셋하는 명령어

③ clock : 시스템 시간을 설정하는 명령어

④ configure : 전역구성 모드(Global Configuration Mode)로 들어가는 명령어

⑤ copy : 어떤 파일을 다른 파일로 복사, 사본을 저장하는 명령어

⑥ debug : 스위치에 설정된 기능이 제대로 동작하는지 확인하기 위한 명령어

⑦ disable : 관리자 모드에서 빠져나가는 명령어(사용자 모드로)

⑧ erase : 파일을 삭제하는 명령어

⑨ exit : 관리자 모드에서 빠져나가는 명령어(콘솔 접속상태로)

⑩ logout : 관리자 모드에서 빠져나가는 명령어(콘솔 접속상태로)

⑪ mkdir : 새로운 디렉토리를 형성하는 명령어

⑫ no : 명령을 취소할 때 사용하는 명령어

⑬ reload : 작업을 멈추고 IOS를 다시 로드하는 명령어, Cold Restart

⑭ vlan : Vlan Database Mode로 들어가는 명령어

⑮ write : 현재의 구성(Running Configuration)을 메모리에 저장하는 명령어

```
Router#
Router#configure terminal
Enter configuration commands, one per line.  End with CNTL/Z.
Router(config)#?
Configure commands:
  aaa                  Authentication, Authorization and Accounting.
  access-list          Add an access list entry
  banner               Define a login banner
  boot                 Modify system boot parameters
  cdp                  Global CDP configuration subcommands
  class-map            Configure Class Map
  clock                Configure time-of-day clock
  config-register      Define the configuration register
  crypto               Encryption module
  dial-peer            Dial Map (Peer) configuration commands
  do                   To run exec commands in config mode
  dot11                IEEE 802.11 config commands
  enable               Modify enable password parameters
  end                  Exit from configure mode
  ephone               define ethernet phone
  ephone-dn            Configure ephone phone lines (Directory Numbers)
  exit                 Exit from configure mode
  hostname             Set system's network name
  interface            Select an interface to configure
  ip                   Global IP configuration subcommands
  ipv6                 Global IPv6 configuration commands
 --More--
```

```
  line                 Configure a terminal line
  logging              Modify message logging facilities
  login                Enable secure login checking
  mac-address-table    Configure the MAC address table
  no                   Negate a command or set its defaults
  ntp                  Configure NTP
  parser               Configure parser
  policy-map           Configure QoS Policy Map
  priority-list        Build a priority list
  privilege            Command privilege parameters
  queue-list           Build a custom queue list
  radius-server        Modify Radius query parameters
  router               Enable a routing process
  secure               Secure image and configuration archival commands
  security             Infra Security CLIs
  service              Modify use of network based services
  snmp-server          Modify SNMP engine parameters
  spanning-tree        Spanning Tree Subsystem
  tacacs-server        Modify TACACS query parameters
  telephony-service    Configure Cisco Unified Communications Manager Express
  username             Establish User Name Authentication
  vpdn                 Virtual Private Dialup Network
  vpdn-group           VPDN group configuration
  zone                 FW with zoning
  zone-pair            Zone pair command
Router(config)#
Router(config)#
Router(config)#
```

그림 2-10 전역구성 모드(Global Configuration Mode)와 명령어

① aaa : Authentication, Authorization Accounting을 설정하기 위한 명령어

② access-list : Access Control List Entry를 추가하는 명령어
③ banner : Login 배너를 설정하는 명령어
④ do : 전역구성 모드에서 EXEC 명령어를 실행하기 위한 명령어
⑤ enable : Enable Password를 설정하거나 변경하기 위한 명령어
⑥ hostname : 라우터에 이름을 설정하기 위한 명령어
⑦ interface : 하위 구성 모드로 인터페이스를 선택하여 들어가는 명령어
⑧ line : 콘솔이나 가상 터미널(vty) 등을 설정하고 라인 모드로 들어가기 위한 명령어
⑨ logging : 메시지를 Logging할 장소를 변경하기 위한 명령어
⑩ mac-address-table : MAC Address Table을 수동으로 설정하기 위한 명령어
⑪ ntp : 자동시간 동기화(Network Time Protocol)를 설정하기 위한 명령어
⑫ priority-list : 우선순위 리스트를 설정하기 위한 명령어
⑬ spanning-tree : STP 관련 명령을 설정하기 위한 명령어
⑭ router : 라우팅 프로토콜을 설정하고 라우터 모드로 들어가기 위한 명령어
⑮ username : 사용자 이름 인증을 설정하기 위한 명령어

```
Router(config)#
Router(config)#interface fastethernet 0/0
Router(config-if)#?
  arp                  Set arp type (arpa, probe, snap) or timeout
  bandwidth            Set bandwidth informational parameter
  cdp                  CDP interface subcommands
  crypto               Encryption/Decryption commands
  custom-queue-list    Assign a custom queue list to an interface
  delay                Specify interface throughput delay
  description          Interface specific description
  duplex               Configure duplex operation.
  exit                 Exit from interface configuration mode
  fair-queue           Enable Fair Queuing on an Interface
  hold-queue           Set hold queue depth
  ip                   Interface Internet Protocol config commands
  ipv6                 IPv6 interface subcommands
  mac-address          Manually set interface MAC address
  mtu                  Set the interface Maximum Transmission Unit (MTU)
  no                   Negate a command or set its defaults
  pppoe                pppoe interface subcommands
  priority-group       Assign a priority group to an interface
  service-policy       Configure QoS Service Policy
  shutdown             Shutdown the selected interface
  speed                Configure speed operation.
  tx-ring-limit        Configure PA level transmit ring limit
  zone-member          Apply zone name
Router(config-if)#
Router(config-if)#
```

그림 2-11 하위 구성 모드(인터페이스 구성 모드)와 명령어

① arp : ARP 캐쉬의 Timeout을 설정하는 명령어(0~2147483초)
② bandwidth : 인터페이스에 대역폭을 설정하기 위한 명령어(1~10000000kbps)
③ cdp : 인터페이스상에 CDP를 활성화 하기 위한 명령어
④ crypto : 암호화/복호화를 설정하기 위한 명령어
⑤ custom-queue-list : 인터페이스에 Custom 큐 리스트를 할당하기 위한 명령어
⑥ delay : 인터페이스에 Throughput 지연을 명시하는 명령어(1~16777215, 10μsec)
⑦ description : 인터페이스에 설명을 추가하는 명령어
⑧ duplex : 인터페이스에 듀플렉스를 설정(Auto, Half, Full)하기 위한 명령어
⑨ fair-queue : 인터페이스상에 적절한 큐를 설정하기 위한 명령어
⑩ hold-queue : 인터페이스에 홀드 큐를 설정하기 위한 명령어(0~4096)
⑪ ip : 주소, MTU, Interval 등 IP 관련 설정을 하기 위한 명령어
⑫ mac-address : 인터페이스에 MAC Address를 수동으로 설정하는 명령어
⑬ mtu : 인터페이스에 최대전송단위(MTU)를 설정하기 위한 명령어(64~1600바이트)
⑭ shutdown : 인터페이스를 Shut Down시키는 명령어
⑮ speed : 인터페이스에 속도를 설정하기 위한 명령어(10, 100Mbps, auto)

```
Router(config)#
Router(config)#
Router(config)#router rip
Router(config-router)#?
  auto-summary           Enter Address Family command mode
  default-information    Control distribution of default information
  distance               Define an administrative distance
  exit                   Exit from routing protocol configuration mode
  network                Enable routing on an IP network
  no                     Negate a command or set its defaults
  passive-interface      Suppress routing updates on an interface
  redistribute           Redistribute information from another routing protocol
  timers                 Adjust routing timers
  version                Set routing protocol version
Router(config-router)#
Router(config-router)#
Router(config-router)#
Router(config-router)#
Router(config-router)#
Router(config-router)#
Router(config-router)#
Router(config-router)#
Router(config-router)#
Router(config-router)#
```

그림 2-12 하위 구성 모드(라우터 구성 모드)와 명령어

① auto-summary : 자동 경로요약 기능을 활성화하기 위한 명령어

② default-information : Default 경로를 분배해주기 위한 명령어

③ distance : 관리거리를 설정해 주기 위한 명령어(1~255)

④ network : 직접 연결된 네트워크를 정의해 주기 위한 명령어(라우팅 정보 광고)

⑤ passive-interface : 인터페이스상으로 라우팅 Update를 억제하기 위한 명령어

⑥ redistribute : 다른 라우팅 프로토콜 정보를 재분배하기 위한 명령어

⑦ timers : 적절한 라우팅 Update 타이머를 설정하기 위한 명령어

⑧ version : 라우팅 프로토콜 버전을 설정하기 위한 명령어

```
Router(config)#
Router(config)#line console 0
Router(config-line)#?
Line configuration commands:
  access-class   Filter connections based on an IP access list
  databits       Set number of data bits per character
  default        Set a command to its defaults
  exec-timeout    Set the EXEC timeout
  exit           Exit from line configuration mode
  flowcontrol    Set the flow control
  history        Enable and control the command history function
  ipv6           IPv6 options
  logging        Modify message logging facilities
  login          Enable password checking
  motd-banner    Enable the display of the MOTD banner
  no             Negate a command or set its defaults
  parity         Set terminal parity
  password       Set a password
  privilege      Change privilege level for line
  session-limit  Set maximum number of sessions
  speed          Set the transmit and receive speeds
  stopbits       Set async line stop bits
  transport      Define transport protocols for line
Router(config-line)#
Router(config-line)#
```

그림 2-13 하위 구성 모드(라인 구성 모드)와 명령어

① access-class : IP Access List Mapping과 방향(in, out)을 설정하는 명령어

② databits : 문자당 데이터 비트 수를 설정하는 명령어(5~8)

③ default : 기본값을 설정하는 명령어(Databits, Speed, History, Parity 등)

④ exec-timeout : EXEC Timeout을 설정하기 위한 명령어(0~35791분)

⑤ flowcontrol : 흐름제어를 설정하기 위한 명령어

⑥ motd-banner : 배너 메시지를 설정하기 위한 명령어

⑦ parity : 패리티를 설정하기 위한 명령어(even, odd)

⑧ password : 패스워드를 설정하기 위한 명령어
⑨ privilege : 관리자 레벨을 설정하기 위한 명령어(0~15)
⑩ session-limit : 라인의 최대 세션수를 설정하기 위한 명령어(0-4294967295)
⑪ stopbits : 비동기 라인의 Stop 비트 수를 설정하는 명령어(1, 1.5, 2)
⑫ transport : 라인의 전송 프로토콜을 설정하기 위한 명령어

```
        --- System Configuration Dialog ---

Continue with configuration dialog? [yes/no]: y

At any point you may enter a question mark '?' for help.
Use ctrl-c to abort configuration dialog at any prompt.
Default settings are in square brackets '[]'.


Basic management setup configures only enough connectivity
for management of the system, extended setup will ask you
to configure each interface on the system

Would you like to enter basic management setup? [yes/no]: y
Configuring global parameters:

  Enter host name [Router]:

  The enable secret is a password used to protect access to
  privileged EXEC and configuration modes. This password, after
  entered, becomes encrypted in the configuration.
  Enter enable secret: cisco

  The enable password is used when you do not specify an
  enable secret password, with some older software versions, and
  some boot images.
  Enter enable password: class

  The virtual terminal password is used to protect
  access to the router over a network interface.
  Enter virtual terminal password: cisco
Configure SNMP Network Management? [no]:n
```

그림 2-14 셋업 모드

```
Router>
Router>
Router>System Bootstrap, Version 12.1(3r)T2, RELEASE SOFTWARE (fc1)
Copyright (c) 2000 by cisco Systems, Inc.
cisco 2811 (MPC860) processor (revision 0x200) with 60416K/5120K bytes of memory


Self decompressing the image :
##########################
monitor: command "boot" aborted due to user interrupt
rommon 1 > ?
boot                boot up an external process
confreg             configuration register utility
dir                 list files in file system
help                monitor builtin command help
reset               system reset
set                 display the monitor variables
tftpdnld            tftp image download
unset               unset a monitor variable
rommon 2 >
rommon 2 >
rommon 2 >
rommon 2 >
rommon 2 >
```

그림 2-15 RXBOOT 모드와 명령어

① boot : 부팅을 하기 위한 명령어

② confreg : 레지스터(register)를 변경하기 위한 명령어

③ dir : 파일 시스템에 있는 파일 리스트를 보기 위한 명령어

④ help : 사용가능한 명령어를 보기 위한 명령어, "?"와 동일한 효과

⑤ reset : 재부팅하기 위한 명령어

⑥ tftpdnld : tftp 서버에 있는 이미지를 다운로드하기 위한 명령어

2.5 패스워드 설정

라우터의 장치관리자는 인가되지 않은 사용자의 접근을 막기 위해 암호를 사용하게 되는데 라우터에 설정할 수 있는 암호는 사용자 모드로 접근하기 전에 요구하는 "Console Password", 사용자 모드에서 관리자 모드로 접근하기 위해 필요하며 평문으로 저장되어 "show running-config" 명령어로 확인할 수 있는 "Enable Password", 사용자 모드에서 관리자 모드로 접근하기 위해 필요한 또 다른 암호로써 암호화 되어 저장되며 "show running-config" 명령어로도 확인이 불가능한 "Enable Secret Password"가 있는데 "Enable Secret Password"는 "Enable Password"에 대해 우선으로 적용된다.

표 2-3 라우터의 패스워드 설정방법

암 호	설 명	명령어
Console Password	사용자 모드로 접근하기 전에 요구하는 암호	Router(config)#line console 0 Router(config-line)#password cisco Router(config-line)#login
Enable Password	사용자 모드에서 관리자 모드로 접근하기 위해 필요한 암호이며, 평문으로 저장	Router(config)#enable password cisco
Enable Secret Password	사용자 모드에서 관리자 모드로 접근하기 위해 필요한 암호로써, 암호화되어 저장되며 Enable Password에 대해 우선 적용	Router(config)#enable secret class (Enable Password와 다른 암호를 사용하도록 권장)
VTY Password	텔넷(Telnet)을 사용하여 라우터에 접근할 경우 사용하는 암호	Router(config)#line vty 0 4 Router(config-line)#password cisco Router(config-line)#login

앞에서 언급된 두 가지 패스워드(Password)는 서로 다르게 설정하도록 권장하고 있다. Running Configuration을 디스플레이하여 "Enable Secret Password"를 추측하여 시도해볼 경우 쉽게 접근이 가능하기 때문이다. 마지막으로 텔넷(Telnet)을 사용하여 라우터에 접근할 경우 사용하는 암호로써 "VTY Password"가 있다. 이 패스워드는 원격지나 콘솔이 가까이 없는 경우 로컬에서 네트워크를 통하여 라우터에 접근하는 사용자를 위한 것으로 동시에 16대까지 접근이 가능하다. 표 2-3에서는 라우터에 설정할 수 있는 암호의 설명과 명령어(Command)의 요약을 보여준다.

```
Router(config)#
Router(config)#line console 0
Router(config-line)#password cisco
Router(config-line)#login
Router(config-line)#exit
Router(config)#
Router(config)#enable password cisco
Router(config)#
Router(config)#enable secret class
Router(config)#
Router(config)#line vty 0 4
Router(config-line)#password cisco
Router(config-line)#login
Router(config-line)#exit
Router(config)#
Router(config)#
Router(config)#
Router(config)#
Router(config)#
Router(config)#
Router(config)#
Router(config)#
Router(config)#
Router(config)#
```

그림 2-16 패스워드 설정

```
Router con0 is now available



Press RETURN to get started.







User Access Verification

Password:
```

그림 2-17 콘솔 패스워드 적용

라우터에 콘솔 패스워드를 설정한 후 IOS를 다시 부팅하거나 Timeout이 적용되어 초기화면으로 빠져 나갔을 경우 다시 콘솔로 접근하기 위해서 시스템이 패스워드를 요청하는 것을 볼 수 있다.

```
Router>
Router>
Router>
Router>
Router>
Router>
Router>
Router>
Router>
Router>
Router>
Router>enable
Password:
Password:
Router#
Router#
Router#
Router#
Router#
Router#
Router#
Router#
```

그림 2-18 Enable Secret 패스워드 적용

```
Router#
Router#
Router#show running-config
Building configuration...

Current configuration : 560 bytes
!
version 12.4
no service timestamps log datetime msec
no service timestamps debug datetime msec
no service password-encryption
!
hostname Router
!
!
!
enable secret 5 $1$mERr$9cTjUIEqNGurQiFU.ZeCi1
enable password cisco
!
!
!
!
!
!
!
 --More--
```

그림 2-19 패스워드 설정보기(Enable vs Enable Secret Password)

라우터에 Enable 패스워드와 Enable Secret 패스워드를 설정한 후 구성된 설정 파일(Running Configuration)을 디스플레이 해보면 위 그림 2-19와 같이 Enable 패스워드는 눈으로 확인할 수 있도록 일반 텍스트(Plane Text)로 표시되며, Enable Secret 패스워드는 암호화 처리가 되어 눈으로 확인을 하여도 패스워드가 무엇인지 알 수 없도록 깨어져서 나타남을 볼 수 있다. 이러한 이유로 두 가지의 패스워드를 다르게 설정할 것을 권유하는데, 일반적으로 눈에 보이는 Enable 패스워드로 한 번 시도해보자는 심리가 작용하여 적용해 볼 경우 패스워드가 같다면 Secret 패스워드는 아무런 의미가 없기 때문이다.

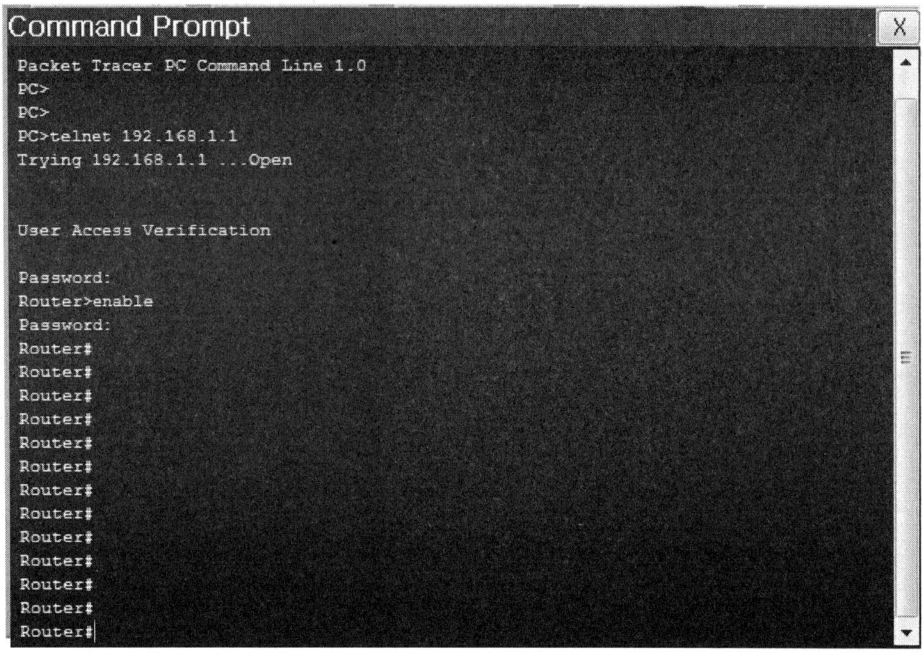

그림 2-20 텔넷으로 라우터 콘솔에 접근

2.6 CDP

CDP(Cisco Discovery Protocol)는 네트워크 관리자에게 직접 연결된 라우터의 구성정보에 접근할 수 있도록 하는 명령어를 제공하며, 하위 물리 미디어(Media) 및 상위 네트워크 계층 프로토콜을 연결하는 데이터링크 계층상에서 작동하는 시스코 고유의 프로토콜이다. 서로 상이한 네트워크 계층 프로토콜들을 지원하는 CDP 디바이스들은 MAC 주소를 사용하여 서로를 인지할 수 있다.

상위계층 엔트리 주소 (Upper Layer Entry Address)	TCP/IP Novell IPX Apple Talk Others
시스코 고유의 데이터링크 프로토콜 (Cisco Proprietary Data Link Protocol)	CDP는 직접 연결된 시스코 디바이스에 대한 정보를 발견하고 보여줌
SNAP(Sub-Network Access Protocol)를 지원하는 미디어	LANs Frame/Relay ATM Others

그림 2-21 Media and Protocol Interactions

IOS가 동작(Running)하는 시스코 디바이스는 부팅 시 CDP가 자동적으로 Start Up 되며 CDP가 작동하는 이웃 시스코 디바이스들을 감지할 수 있다. 어떤 Layer 3, Layer 4 프로토콜을 사용하고 있더라도 직접 연결된 시스코 디바이스는 TCP/IP 사용 여부와 관계없이 작동한다.

2.6.1 CDP가 제공하는 이웃 디바이스의 정보

CDP를 이용하여 취득할 수 있는 이웃 디바이스들의 정보는 다음과 같다.

① Device Identifiers : Host Name, Domain Name

② Address List : SNMP를 위한 주소에서 각 지원 프로토콜을 위한 주소까지

③ Port Identifier : Fastethernet 0/1, Fastethernet 0/2, Serial 0/0, Serial 0/1 등

④ Capabilities List : Router, Switch, Source Route Bridge, Repeater, Host 등

⑤ Version : Local 명령어 "show version"과 같은 정보 제공

⑥ Platform : 디바이스의 하드웨어 Flatform 정보

콘솔 라우터와 직접 연결된 라우터가 아닌 경우, 텔넷(Telnet)을 이용하여 타깃(Target) 라우터와 직접 연결된 라우터에 접속하면 정보를 취득할 수 있다. 라우터나 스위치 등의 시스코 제품이 IOS를 시작할 때 기본적으로 CDP 기능은 시작이 된다.

```
Router#
Router#
Router#show cdp
Global CDP information:
    Sending CDP packets every 60 seconds
    Sending a holdtime value of 180 seconds
    Sending CDPv2 advertisements is enabled
Router#
Router#show cdp ?
  entry       Information for specific neighbor entry
  interface   CDP interface status and configuration
  neighbors   CDP neighbor entries
  <cr>
Router#
Router#
Router#
Router#
Router#
Router#
Router#
Router#
Router#
```

그림 2-22 Global CDP 정보와 CDP 명령어

직접 연결된 이웃(Neighbors)들만 CDP 프레임을 교환하고 스위치나 라우터는 CDP 이웃들로부터 받은 정보를 저장하며, 이후의 CDP 프레임이 이웃들의 변경된 정보를 전달하면 라우터나 스위치는 기존의 정보를 버리고 새로운 정보로 대체한다. 이웃들의 정보를 보기 위한 명령어는 표 2-4와 같으며 실제 구성에서 문제발생 시 자주 사용하는 명령어들이다.

표 2-4 이웃들의 정보를 보는 CDP 명령어

명령어	취득 가능 정보
"show cdp interface"	• CDP Timer 값, Interface Status, 광고 및 Discovery Frame 전송을 위해 CDP가 사용하는 Encapsulation 방식 등 Display • Default CDP Update Time : 60sec Default CDP Hold Time : 180sec • 최신의 Update 정보를 받거나, Hold Time이 지나면 CDP Entry는 Discard
"show cdp entry {device name}"	• Single Cached CDP Entry Display • Layer 3 Address • Hold-time : CDP Frame이 도달한 이후 Elapsed Time • 함축된 Version 정보
"show cdp neighbors" "show cdp neighbors detail"(상세정보)	• Neighbor Device ID • Local Port Type & Number • Decremental Hold-time • Neighbor Device Capability Code • Neighbor Hardware Platform • Neighbor Remote Port Type & Number

2.6.2 CDP 예제

다음 그림과 같이 라우터를 구성하고 CDP가 동작하는 과정을 살펴보고 CDP 관련 명령어를 입력하여 그 결과를 확인해보자.

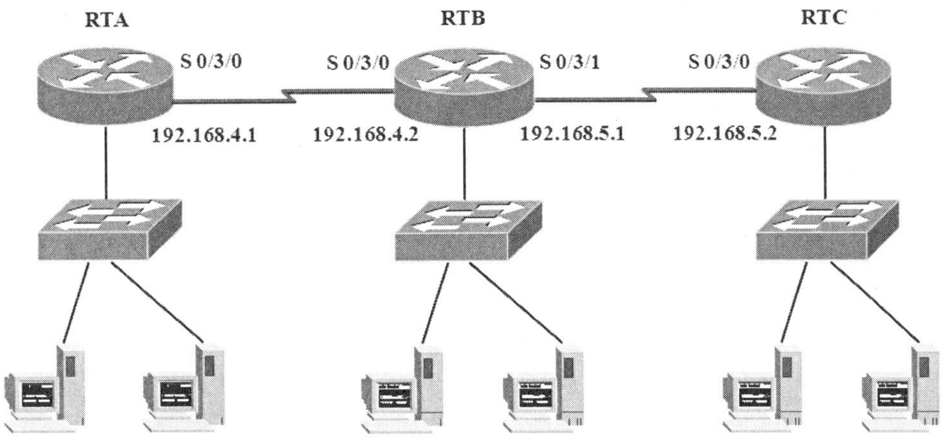

그림 2-23 라우터 CDP 예제 구성도

```
RTB#
RTB#
RTB#show cdp neighbors
Capability Codes: R - Router, T - Trans Bridge, B - Source Route Bridge
                  S - Switch, H - Host, I - IGMP, r - Repeater, P - Phone
Device ID    Local Intrfce    Holdtme    Capability   Platform    Port ID
RTA          Ser 0/3/0         150           R        C2800       Ser 0/3/0
RTC          Ser 0/3/1         142           R        C2800       Ser 0/3/0
RTB#
RTB#
RTB#
RTB#
RTB#
RTB#
RTB#
RTB#
RTB#
RTB#
RTB#
RTB#
RTB#
RTB#
```

그림 2-24 RTB 라우터의 "show cdp neighbors" Output

① RTB 라우터에서는 직접 연결된 2개의 라우터 RTA, RTC를 모두 볼 수 있음

② RTA 라우터는 Serial 0/3/0, RTC 라우터는 Serial 0/3/1 포트와 연결

③ 상대방 라우터의 포트는 모두 Serial 0/3/0

④ Holdtime은 각각 150초, 142초 : Default CDP Hold Time은 180초이며 최신의 Update 정보를 받으면 Reset, Hold Time이 지나면 CDP Entry는 Discard

⑤ Capability는 모두 Router : "R"

⑥ 플래폼은 RTA, RTC 라우터 모두 시스코 라우터 2800 시리즈

```
RTB#
RTB#show cdp neighbors detail

Device ID: RTA
Entry address(es):
Platform: cisco C2800, Capabilities: Router
Interface: Serial0/3/0, Port ID (outgoing port): Serial0/3/0
Holdtime: 148

Version :
Cisco IOS Software, 2800 Software (C2800NM-ADVIPSERVICESK9-M), Version 12.4(15)T
1, RELEASE SOFTWARE (fc2)
Technical Support: http://www.cisco.com/techsupport
Copyright (c) 1986-2007 by Cisco Systems, Inc.
Compiled Wed 18-Jul-07 06:21 by pt_rel_team

advertisement version: 2
Duplex: full
---------------------------

Device ID: RTC
Entry address(es):
  IP address : 192.168.5.2
Platform: cisco C2800, Capabilities: Router
Interface: Serial0/3/1, Port ID (outgoing port): Serial0/3/0
Holdtime: 140

Version :
Cisco IOS Software, 2800 Software (C2800NM-ADVIPSERVICESK9-M), Version 12.4(15)T
1, RELEASE SOFTWARE (fc2)
Technical Support: http://www.cisco.com/techsupport
Copyright (c) 1986-2007 by Cisco Systems, Inc.
Compiled Wed 18-Jul-07 06:21 by pt_rel_team

advertisement version: 2
Duplex: full

RTB#
```

그림 2-25 RTB 라우터의 "show cdp neighbors detail" Output

```
RTB#
RTB#show cdp entry RTA

Device ID: RTA
Entry address(es):
Platform: cisco C2800, Capabilities: Router
Interface: Serial0/3/0, Port ID (outgoing port): Serial0/3/0
Holdtime: 137

Version :
Cisco IOS Software, 2800 Software (C2800NM-ADVIPSERVICESK9-M), Version 12.4(15)T
1, RELEASE SOFTWARE (fc2)
Technical Support: http://www.cisco.com/techsupport
Copyright (c) 1986-2007 by Cisco Systems, Inc.
Compiled Wed 18-Jul-07 06:21 by pt_rel_team

advertisement version: 2
Duplex: full
---------------------------

RTB#
RTB#
```

그림 2-26 RTB 라우터의 "show cdp entry RTA" Output

```
RTB#
RTB#show cdp interface
Vlan1 is administratively down, line protocol is down
  Sending CDP packets every 60 seconds
  Holdtime is 180 seconds
FastEthernet0/0 is up, line protocol is up
  Sending CDP packets every 60 seconds
  Holdtime is 180 seconds
FastEthernet0/1 is administratively down, line protocol is down
  Sending CDP packets every 60 seconds
  Holdtime is 180 seconds
Serial0/3/0 is up, line protocol is up
  Sending CDP packets every 60 seconds
  Holdtime is 180 seconds
Serial0/3/1 is up, line protocol is up
  Sending CDP packets every 60 seconds
  Holdtime is 180 seconds
RTB#
RTB#
RTB#
RTB#
RTB#
```

그림 2-27 RTB 라우터의 "show cdp interface" Output

2.7 라우터 관리

관리자는 네트워킹 장치를 위한 구성 파일을 문서화하고 유지할 필요가 있다. 가장 최근의 Running-configuration 파일은 서버나 디스크에 백업(Backup)을 해두는 것이 안전하다. IOS 또한 필요 시 플래시 메모리로 Reload할 수 있도록 Local 서버에 백업을 할 필요가 있다. 보안과 관리의 목적으로 패스워드는 콘솔과 가상 터미널(vty) 라인 상에 "enable password" 및 "enable secret password" 세팅이 필요하다.

패스워드를 세팅하고 나면 인가된 사용자만 스위치의 사용자 및 Privileged EXEC Mode로 접근이 가능할 것이다. 라우터까지 물리적인 접근은 가능하지만 사용자 및 Privileged EXEC Mode로의 접근은 불가하다. 패스워드를 모르거나 분실하였을 경우 패스워드 복구(Password Recovery) 과정을 거쳐 패스워드를 복구한다.

IOS와 Firmware 이미지는 버그수정, 새로운 기능소개, 성능개선 등을 가지고 주기적으로 발표된다. 새로운 버전의 IOS를 가지고 네트워크가 더 안전해지거나 보다 효과적으로 동작한다면 IOS는 Upgrade할 필요가 있다. IOS를 업그레이드(Upgrade)하기 위해서 CCO(Cisco Connect Online) Software Center로부터 Local Server로 새로운 Image의 사본을 취득하여 라우터로 Upload한다.

2.7.1 라우터 패스워드 복구

라우터 패스워드 복구(Recovery)의 원리를 이해하기 위해서는 우성 라우터의 레지스터에 대한 이해가 필요하다. 라우터가 시스템 Bootstrap 정보를 찾는 순서는 구성 레지스터(Configuration Register) 내의 Boot Field Setting에 의존하는데 "config-register" 명령어로 기본 구성 레지스터 설정을 변경할 수 있다. 레지스터 번호는 Hexadecimal Number를 사용하며, NVRAM의 16bit 레지스터 번호 중 하위 4비트가 Configuration Register를 나타낸다.

라우터가 Boot System Option을 위한 NVRAM의 Startup File을 찾기 위해 구성 레지스터가 설정되는데, Boot Field만 변경함으로써 ROM Monitor 모드로 들어가거나 ROM으로부터 자동으로 부팅 혹은 NVRAM의 Boot System 명령어로 부팅하게 된다.

먼저 ROM Monitor Mode로 들어가기 위해서는 구성 레지스터값을 0x100로 Setting을 하고 ROM Monitor Prompt에서 "b" 명령어를 이용하여 수동으로 OS를 부팅한다. 이때 Boot Field Bit는 구성 레지스터값 0x100의 마지막 4비트인 0-0-0-0가 된다. ROM으로부터 자동으로 부팅하기 위해서는 구성 레지스터값을 0x101로 Setting하면 되는데 이때 Boot Field Bit는 0x101의 마지막 4비트인 0-0-0-1이 될 것이다. 그리고 NVRAM의 Boot System 명령어로 부팅을 하는 경우에는 구성 레지스터값을 0x102~0x10F 사이의 값으로 Setting을 하며 이것이 기본값이다. 이때 Boot Field Bit는 0x102~0x10F 사이의 마지막 4비트인 0-0-1-0~1-1-1-1이 된다. 통상 구성 레지스터값은 0x2102, 0x2142 등 0x2로 시작하는데 이것은 라우터가 플래시(Flash)를 가지고 있다는 의미이다.

Boot Field Setting을 체크하고, "config-register" 명령어를 사용하기 위해서 "show version" 명령어를 이용하여 구성 레지스터값을 먼저 확인한다. 다음은 그림은 "show version" 명령어의 Output 화면으로 제일 아래쪽 라인의 "configuration register is 0x2102"에서 이 라우터의 구성 레지스터값이 "0x2102"임을 알 수 있다.

라우터의 패스워드를 복구하기 위해서는 콘솔을 연결하고 패스워드를 분실하였다고 하더라도 사용자 모드에는 접근이 가능하므로 사용자 모드에서 "show version" 명령어를 이용하여 구성된 레지스터값을 기억한다.

```
Router>show version
Cisco IOS Software, 2800 Software (C2800NM-ADVIPSERVICESK9-M), Version 12.4(15)T
1, RELEASE SOFTWARE (fc2)
Technical Support: http://www.cisco.com/techsupport
Copyright (c) 1986-2007 by Cisco Systems, Inc.
Compiled Wed 18-Jul-07 06:21 by pt_rel_team

ROM: System Bootstrap, Version 12.1(3r)T2, RELEASE SOFTWARE (fc1)
Copyright (c) 2000 by cisco Systems, Inc.

System returned to ROM by power-on
System image file is "c2800nm-advipservicesk9-mz.124-15.T1.bin"


This product contains cryptographic features and is subject to United
States and local country laws governing import, export, transfer and
use. Delivery of Cisco cryptographic products does not imply
third-party authority to import, export, distribute or use encryption.
Importers, exporters, distributors and users are responsible for
compliance with U.S. and local country laws. By using this product you
agree to comply with applicable laws and regulations. If you are unable
to comply with U.S. and local laws, return this product immediately.

A summary of U.S. laws governing Cisco cryptographic products may be found at:
http://www.cisco.com/wwl/export/crypto/tool/stqrg.html

If you require further assistance please contact us by sending email to
export@cisco.com.

cisco 2811 (MPC860) processor (revision 0x200) with 60416K/5120K bytes of memory

Processor board ID JAD05190MTZ (4292891495)
M860 processor: part number 0, mask 49
2 FastEthernet/IEEE 802.3 interface(s)
239K bytes of NVRAM.
62720K bytes of processor board System flash (Read/Write)

Configuration register is 0x2102

Router>
```

그림 2-28 "show version" 명령어의 Output

① 1단계 : 라우터를 재부팅하여 ROM Monitor Mode로 들어간다.

② 2단계 : rommon 1>confreg 0x2142

기존의 패스워드가 저장된 라우터의 시작 구성을 우회하여 부팅하기 위해서이다.

③ 3단계 : rommon 2>reset

라우터가 재부팅을 하지만 기존의 패스워드가 저장된 구성을 무시한다.

④ 4단계 : 부팅이 끝나면 셋업모드를 건너뛰고 "Router>" 프롬프트에서 "enable" 명령어를 입력하여 관리자 모드로 들어간다.

기존의 패스워드가 저장된 구성을 무시하고 부팅을 하였기 때문에 관리자 모드로 들어갈 때 패스워드가 필요없다.

⑤ 5단계 : Router#copy startup-config running-config

NVRAM에 있는 구성 파일을 RAM으로 불러온다. NVRAM의 구성 파일은 기존의 패스워드가 설정되어 있다.

⑥ 6단계 : 현재 설정되어 있는 Enable 패스워드 혹은 Enable Secret 패스워드를 변경한다.

Router#configure terminal

Router(config)#enable secret class

⑦ 7단계 : 구성 레지스터값을 원래의 값으로 원위치시킨다.

Router(config)#config-register 0x2102

⑧ 8단계 : 새로운 패스워드가 저장된 구성 파일을 시작 구성 파일로 저장하고 Reload하여 적용한다.

Router#copy running-config startup-config

Router#reload

이로써 라우터의 패스워드는 복구되었다. 여기서 패스워드 복구란 이미 패스워드를 잃어버렸기 때문에 원래의 패스워드를 그대로 사용하는 것이 아니라 새로운 패스워드를 사용한다는 것을 기억하자.

2.7.2 라우터 IOS Upload 및 Download

(1) TFTP를 이용한 IOS BackUp(Download) 및 Upload하기

이 방법은 가장 최근의 Running-configuration 파일이나 IOS를 Local Server(TFTP Server)에 다운로드(BackUp)하여 저장해 두었다가 구성 파일이나 IOS가 손상을 입었거나 IOS 버전 업그레이드와 같이 필요 시 플래시 메모리로 Reload가 가능하다. 이 경우 라우터와 TFTP 서버는 IP 통신을 하기 때문에 반드시 라우터에 Default Gateway IP 주소를 부여한 후 실행하여야 한다.

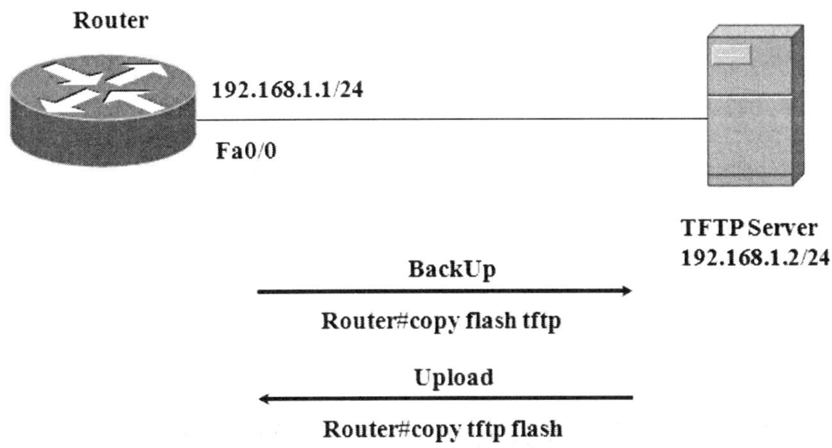

그림 2-29 TFTP 서버를 이용한 IOS 다운로드 및 업로드

```
Router#sh flash

System flash directory:
File  Length   Name/status
  3   50938004 c2800nm-advipservicesk9-mz.124-15.T1.bin
  2   28282    sigdef-category.xml
  1   227537   sigdef-default.xml
[51193823 bytes used, 12822561 available, 64016384 total]
63488K bytes of processor board System flash (Read/Write)


Router#copy flash tftp
Source filename []? c2800nm-advipservicesk9-mz.124-15.T1.bin
Address or name of remote host []? 192.168.1.2
Destination filename [c2800nm-advipservicesk9-mz.124-15.T1.bin]?

Writing c2800nm-advipservicesk9-mz.124-15.T1.bin...!!!!!!!!!!!!!!!!!!!!!!!!!!!!!!!
!!!!!!!!!!!!!!!!!!!!!!!!!!!!!!!!!!!!!!!!!!!!!!!!!!!!!!!!!!!!!!!!!!!!!!!!!!!!!!!
!!!!!!!!!!!!!!!!!!!!!!!!!!!!!!!!!!!!!!!!!!!!!!!!!!!!!!!!!!!!!!!!!!!!!!!!!!!!!!!
!!!!!!!!!!!!!!!!!!!!!!!!!!!!!!!!!!!!!!!!!!!!!!!!!!!!!!!!!!!!!!!!!!!!!!!!!!!!!!!
!!!!!!!!!!!!!!!!!!!!!!!!!!!!!!!!!!!!!!!!!!!!!!!!!!!!!!!!!!!!!!!!!!!!!!!!!!!!!!!
!!!!!!!!!!!!!!!!!!!!!!!!!!!!!!!!!!!!!!!!!!!!!!!!!!!!!!!!!!!!!!!!!!!!!!!!!!!!!!!
!!!!!!!!!!!!!!!!!!!!!!!!!!!!!!!!!!!!!!!!!!!!!!!!!!!!!!!!!!!!!!!!!!!!!!!!!!!!!!!
!!!!!!!!!!!!!!!!!!!!!!!!!!!!!!!!!!!!!!!!!!!!!!!!!!!!!!!!!!!!!!!!!!!!!!!!!!!!!!!
!!!!!!!!!!!!!!!!!!!!!!!!!!!!!!!!!!!!!!!!!!!!!!!!!!!!!!!!!!!!!!!!!!!!!!!!!!!!!!!
!!!!!!!!!!!!!!!!!!!!!!!!!!!!!!!!!!!!!!!!!!!!!!!!!!!!!!!!!!!!!!!!!!!!!!!!!!!!!!!
!!!!!!!!!!!!!!!!!!!!!!!!!!!!!!!!!!!!!!!!!!!!!!!!!!!!!!!!!!!!!!!!!!!!!!!!!!!!!!!
!!!!!!!!!!!!!!!!!!!!!!!!!!!!!!!!!!!!!!!!!!!!!!!!!!!!!!!!!!!!!!!!!!!!!!!!!!!!!!!
!!!!!!!!!!!!!!!!!!!!!!!!!!!!!!!!!!!!!!!!!!!!!!!!!!!!!!!!!!!!!!!!!!!!!!!!!!!!!!!
!!!!!!!
[OK - 50938004 bytes]

50938004 bytes copied in 27.922 secs (1824000 bytes/sec)
Router#
Router#
```

그림 2-30 TFTP 서버를 이용한 IOS 다운로드

① 먼저 "show flash" 명령어로 IOS의 파일 이름을 확인한다.
② "copy flash tftp" 명령어로 다운로드를 받는다.
③ Source 파일 이름을 물어오면 위에서 확인한 파일 이름을 입력한다.
Source File Name : c2800nm-advipservicesk9-mz.124-15.T1.bin
④ 원격 호스트의 주소를 물어오면 TFTP 서버의 주소를 입력한다.
원격 호스트 주소 : 192.168.1.2/24
⑤ 마지막으로 TFTP 서버에 저장할 파일 이름을 같은 것으로 할 것인지 물어오면 Enter를 키 인하면(다른 파일 이름 입력가능) 다운로드를 진행한다.

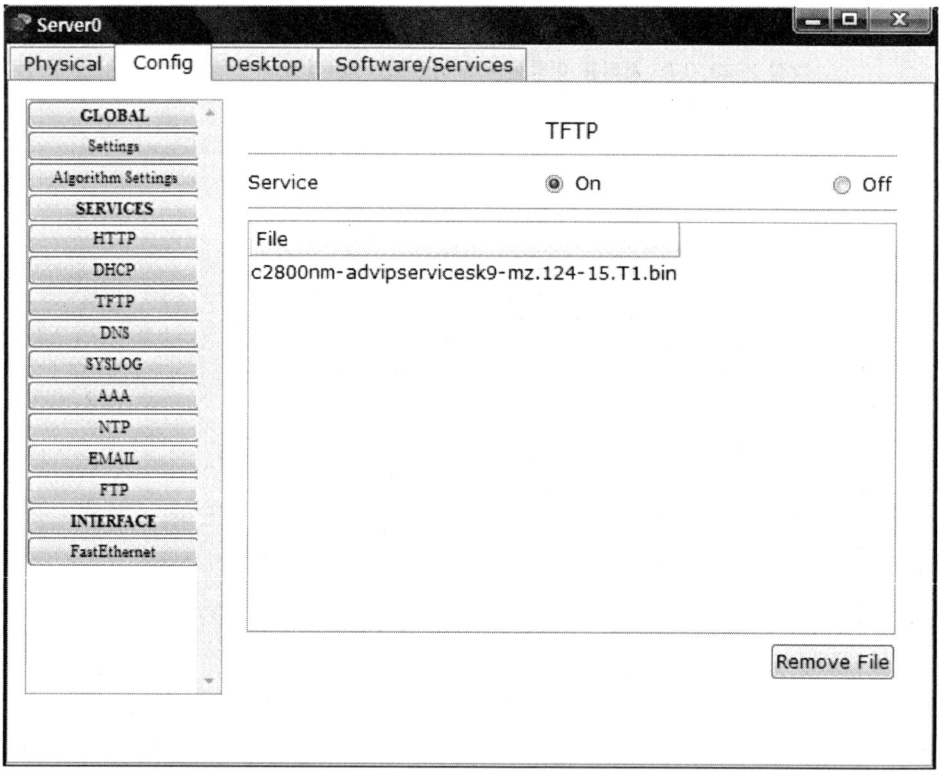

그림 2-31 TFTP 서버를 이용한 IOS 다운로드 결과

TFTP 서버에서 다운로드된 파일 "c2800nm-advipservicesk9-mz.124-15.T1.bin"을 확인할 수 있다.

(2) 라우터 ROMMON에서 Xmodem으로 IOS 업로드하기

① 라우터 ROMMON에서 → IOS Load 중 "Ctrl+C" 키를 입력

rommom 1 〉 **confreg**

Configuration Summary

enabled are :

break/abort has effect

console baud : 9600

boot : the ROM Monitor

do you wish to change the configuration? y/n [n] : **y**

enable "diagnostic mode"? y/n [n] :

enable "use net in IP bcast address"? n/n [n] :

enable "load rom after netbook fails"? y/n [n] :

enable "use all zero broadcast"? y/n [n] :

disable "break/abort has effect"? y/n [n] :

enable "ignore system config info"? y/n [n] :

change console baud rate? y/n [n] : **y**

enter rate : 0 = 9600, 1 = 4800, 2 = 1200, 3 = 2400

4 = 19200, 5 = 38400, 6 = 57600, 7 = 115200 [0] : **7**

change the boot characteristics? y/n [n]

(Baud Rate를 115200 bps로 변경, 선택사항, 속도증가)

Configuration Summary

enabled are :

break/abort has effect

console baud : 115200

boot : the ROM Monitor

do you wish to change the configuration? y/n [n] :

you must reset or power cycle for new config to take effect.

(Reboot)

rommon 2 〉

rommon 1 〉

rommon 1 〉 **xmodem -?**

xmodem : illegal option -- ?

usage : xmodem [-cyrx] 〈destination filename〉

-c CRC-16

-y ymodem-batch protocol

-r copy image to dram for launch

-x do not launch on download completion

rommon 2 〉

rommon 2 〉

rommon 2 〉 **xmodem -c c2600-is-mz.122-10a.bin**

(IOS 이미지 네임)

! ---Note that [-s datarate] is not available here since you are set for 115200 bps.

Do not start the sending program yet ...

File size	Checksum	File name
9939820 bytes(0x97ab6c)	0x4991	c2600-is-mz.122-7a.bin

Warning :

All existing data in bootflash will be lost!

Invoke this application only for disaster recovery. Do you wish to continue?

y/n [n] : **y** Ready to receive file c2600-is-mz.122-10a.bin ...

② 하이퍼 터미널(전송 〉 파일보내기 〉 Xmodem 〉

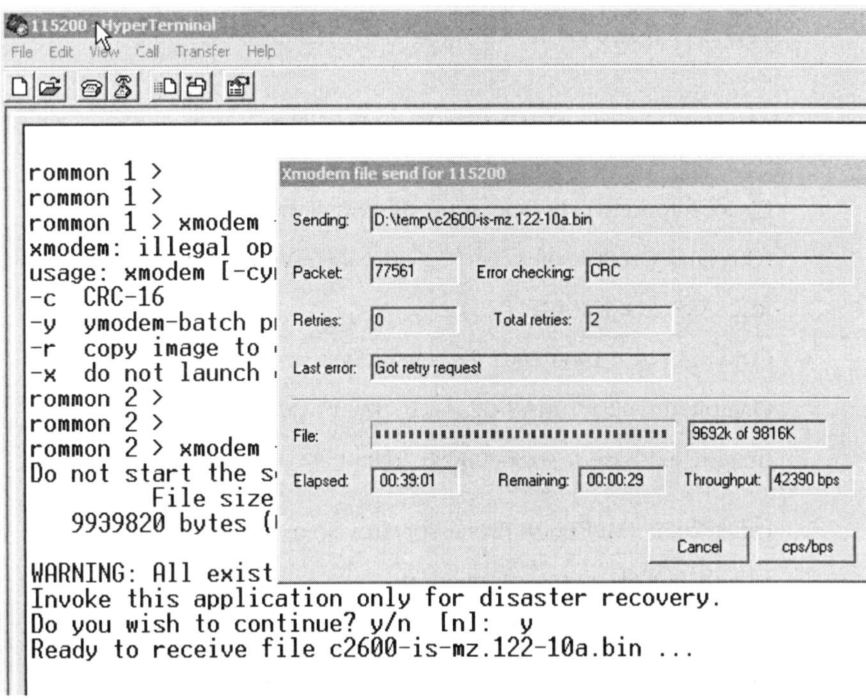

rommon 1 〉 confreg 0x2102

(레지스트리 변경)

You must reset or power cycle for new config to take effect

rommon 2 〉 **reset**

System Bootstrap, Version 11.3(2)XA4, RELEASE SOFTWARE(fc1)

Copyright (c) 1999 by cisco Systems, Inc.

TAC : Home : SW : IOS : Specials for info

```
C2600 platform with 65536 Kbytes of main memory
program load complete, entry point : 0x80008000, size : 0x995ec8
Self decompressing the image :
######################
############################################
####
############################################
####
################          [OK]

...................................................

Cisco Internetwork Operating System Software
IOS (tm) C2600 Software (C2600-IS-M), Version 12.2(10a),
RELEASE SOFTWARE (fc1)
Copyright (c) 1986-2002 by cisco Systems, Inc.
Compiled Tue 21-MAY-02 14:16 by pwade
Image text-base : 0x80008088, data-base : 0x810ABB08

cisco 2620 (MPC860) processor (revision 0x100) with
61440K/4096K bytes of memory.
Processor board ID JAB03110MUB (3691217154)
M860 processor : part number 0, mask 49
Bridging software.
X.25 software, Version 3.0.0.
1 FastEthernet/IEEE 802.3 interface(s)
2 Voice FXS interface(s)
32K bytes of non-volatile configuration memory.
16384K bytes of processor board System flash (Read/Write)

Press RETURN to get started!
```

Router 〉 **enable**

Router # **configure terminal**

Enter configuration commands, one per line. End with CNTL/Z.

Router(config) # **config-register 0x2102**

Router(config) # **line con 0**

Router(config-line) # **speed 9600**

제3장

라우팅 프로토콜

3.1 라우팅의 개요

라우팅은 OSI 3계층에 해당하는 기능으로 개별주소를 그룹화할 수 있는 계층 구조의 주소체계에서 그룹화된 주소(네트워크 주소)를 단일 유닛(Unit)으로 처리하여 라우터(Router) 장치 간 가장 효과적인 경로(Path)를 찾는 과정을 말한다.

라우터의 주요 기능은 라우팅 프로토콜을 사용하여 수행하는 네트워크 토폴로지(Topology)의 변경사항을 인지하고 라우팅 테이블을 유지하는 것과 패킷이 도착하면 라우팅 테이블을 사용하여 적절한 인터페이스로 전송하는 패킷 스위칭을 들 수 있다.

라우터는 최적경로를 결정하기 위하여 하나 이상의 라우팅 메트릭(Metric)을 사용하는 네트워크 계층의 장비이며, 라우팅 메트릭은 여러 개의 경로 중 최적경로를 결정하기 위해 사용되는 값을 말한다. 라우팅 프로토콜은 최적경로를 결정하기 위해 여러 메트릭의 조합을 사용하는 OSI 3계층을 지원하는 프로토콜이며 대표적인 Routable 프로토콜로는 IP(Internet Protocol)를 들 수 있다. 그 외 노벨의 "IPX/SPX", 애플의 "Apple Talk" 등의 Routable 프로토콜이 있으며, 대표적인 Non-Routable 프로토콜은 "NetBEUI"가 있다. "NetBEUI"는 OSI 3계층을 지원하지 않으며 프레임(Frame) 전달이 한 세그먼트 내로 제한되는 작고, 빠르고, 효과적인 프로토콜이다.

스위칭과 라우팅의 차이점을 비교해보면 우선 스위칭은 OSI 참조모델의 2계층에서, 라우팅은 3계층에서 동작하는 것이며, 송·수신지 사이에 데이터를 전달하는 과정에서 사용하는 정보가 스위칭은 프레임, 라우팅은 패킷으로 서로 다르다. 또한 스위칭과 라우팅은 전화 시스템에서 Local Call과 Long Distance Call의 차이와 같으며 스위칭은 2계층 주소를 위한 ARP 테이블을 사용하는 반면에 라우팅은 3계층 주소를 위한 라우팅 테이블을 사용한다.

컴퓨터와 라우터 인터페이스는 2계층 통신을 위해 ARP 테이블을 유지하며 IP 주소와 MAC 주소의 짝으로 이루어진 ARP 테이블은 브로드캐스트영역 혹은 LAN 내에서만 효과적이다. 라우터는 데이터를 브로드캐스트영역 밖으로 전달하기 위해 라우팅 테이블을 유지하며, 라우팅 테이블은 목적지까지의 경로를 학습하기 위해 사용하는데 도달 가능한 네트워크 IP 주소, 목적지 네트워크까지의 홉 카운트(Hop Count) 혹은 거리(Distance) 및 목적지 네트워크로 데이터를 보내기 위한 인터페이스 번호 등을 포함하고 있다.

2계층 장치인 스위치는 로컬 MAC 주소만 인식하며 Non-Local 데이터 프레임은 디폴트 게이트웨이(Default Gateway)라고 알려진 외부 네트워크와 연결된 라우터로 전달된다. 이때 목적지 MAC 주소로 라우터의 MAC 주소를 사용한다.

그림 3-1에서 L2 스위칭과 L3 라우팅의 차이점을 보여주고 있는데 L2 스위칭은 LAN에서 발생하며 L3 라우팅은 브로드캐스트 도메인 사이에 트래픽을 이동시킨다. L3 라우팅은 IP와 같은 3계층 주소구조가 제공하는 계층적인 주소형식을 요구한다.

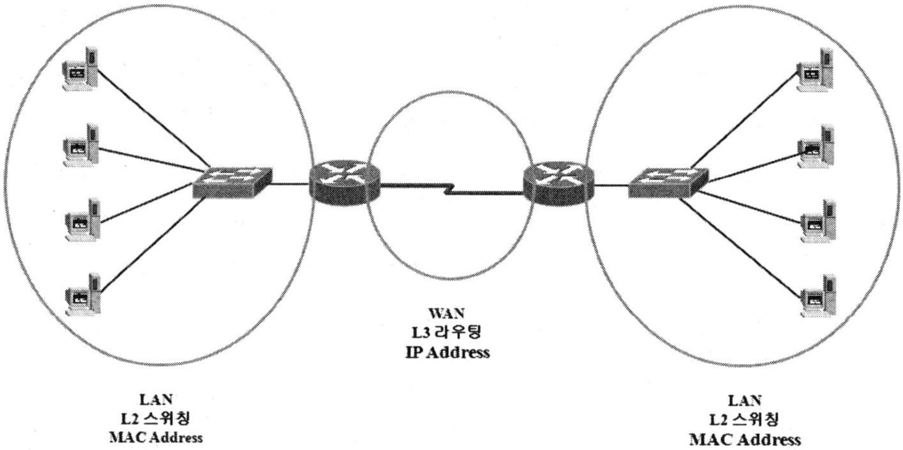

그림 3-1 L2 스위칭과 L3 라우팅

2계층 스위치는 동일한 논리 네트워크나 서브네트워크(Subnetwork)에 포함된 세그먼트들을 서로 연결하며, 스위치로 연결된 Switched 네트워크는 브로드캐스트를 차단할 수 없다. 스위치는 너무 많은 브로드캐스트 데이터가 루핑(Looping)이 일어나는 현상인 브로드캐스트 스톰(Broadcast Storm)에 의해 다운될 수 있으며 라우터가 브로드캐스트를 차단할 수 있다. 표 3-1의 스위치와 라우터의 기능 비교를 참고하여 기억하도록 한다.

표 3-1 스위치와 라우터의 기능 비교

기 능	라우터	스위치
속도(Speed)	느림	빠름
OSI 참조 모델 계층	3계층(L3)	2계층(L2)
사용 주소	IP 주소	MAC 주소
브로드캐스트 데이터	차단(Block)	전달(Forward)
보안	높음	낮음

3.2 라우티드와 라우팅 프로토콜

라우터를 거쳐 호스트간 데이터 전송을 위해 네트워크 계층에서 사용되는 프로토콜을 라우티드(Routed) 프로토콜 혹은 라우터블(Routable) 프로토콜이라 하며, 라우팅(Routing) 프로토콜은 데이터 전송을 위해 라우터로 하여금 최적경로를 선택하게 하는 프로토콜을 말한다. 그림 3-2, 3-3에서 라우티드 프로토콜과 라우팅 프로토콜을 비교하였다. 라우티드 프로토콜은 그림 3-2에서처럼 Client X에서 Client Y로 데이터를 전송하고, 라우팅 프로토콜은 라우터 사이에 경로를 결정하고 라우팅 테이블을 유지하기 위하여 사용하는 프로토콜이며, 경로가 결정된 후 라우터는 라우티드 프로토콜을 라우트(Route)할 수 있다.

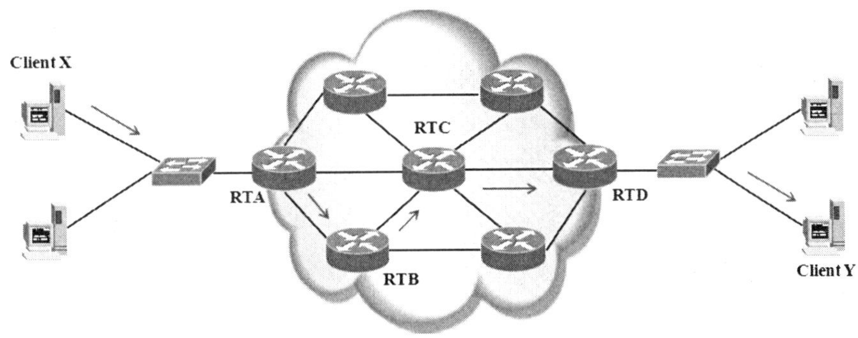

그림 3-2 라우티드 프로토콜

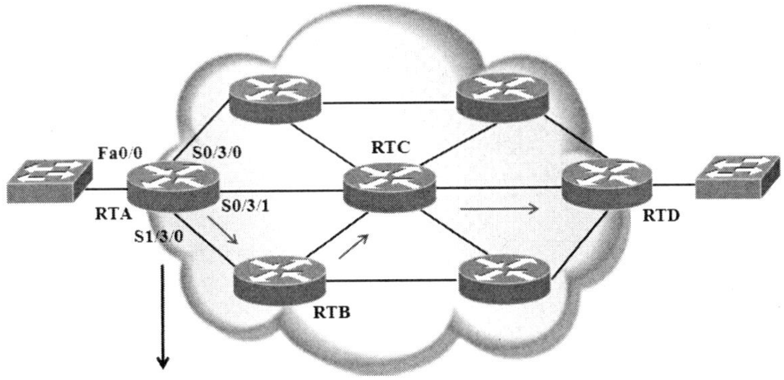

Network Protocol	Destination Network	Exit Interface
Connected	192.168.1.0/24	Fa0/0
RIP	192.168.2.0/24	S0/3/0
RIP	192.168.3.0/24	S0/3/1
IGRP	192,168.4.0/24	S1/3/0

그림 3-3 라우팅 프로토콜

라우티드 프로토콜은 네트워크 계층 주소에 데이터를 목적지까지 전달할 수 있게 해주는 충분한 정보를 제공하는 어떠한 네트워크 프로토콜 모음(Network Protocol Suite)을 포함하고 있으며 패킷 내 필드의 형식 및 사용방법을 정의한다. 대표적인 라우티드 프로토콜로는 IP, IPX, DECnet, Apple Talk, Banyan VINES, XNS 등이 있다.

이 라우티드 프로토콜들은 라우터(Router)가 다른 네트워크상의 노드와 데이터 전송을 하기 위해 개별 디바이스에 네트워크 번호와 호스트 번호를 할당할 수 있는 능력을 제공한다. IPX는 MAC 주소를 호스트 번호로 사용하기 때문에 네트워크 번호만 필요하고 가장 널리 사용되는 라우티드 프로토콜인 IP는 네트워크 및 호스트 부분으로 구성된 완전한 주소가 필요하다. 또한 IP의 경우 네트워크 마스크가 필요한데 라우터는 IP 주소와 네트워크 마스크의 "AND" 연산을 수행하여 네트워크 주소를 획득한다.

그리고 네트워크 마스크를 사용하는 또 다른 이유는 순차적인 IP 주소 그룹을 하나의 단위로 취급하기 위해 사용하는데 만약 마스킹이 허용되지 않는다면 각 호스트는 개별적인 라우팅 맵(Map)이 필요하다.

"IP"는 비연결형(Connectionless)으로 신뢰할 수 없는(Unreliable) 프로토콜이지만 가장 효율적인 전송 프로토콜로 알려져 있다. 비연결형이란 전송에 앞서 전용회로의 접속이 이루어지지 않음을 의미하며 신뢰할 수 없지만 가장 효율적이란 의미는 시스템이 신뢰성이 없거나 동작을 하지 않는 것이 아니라 데이터의 목적지 도달여부를 확

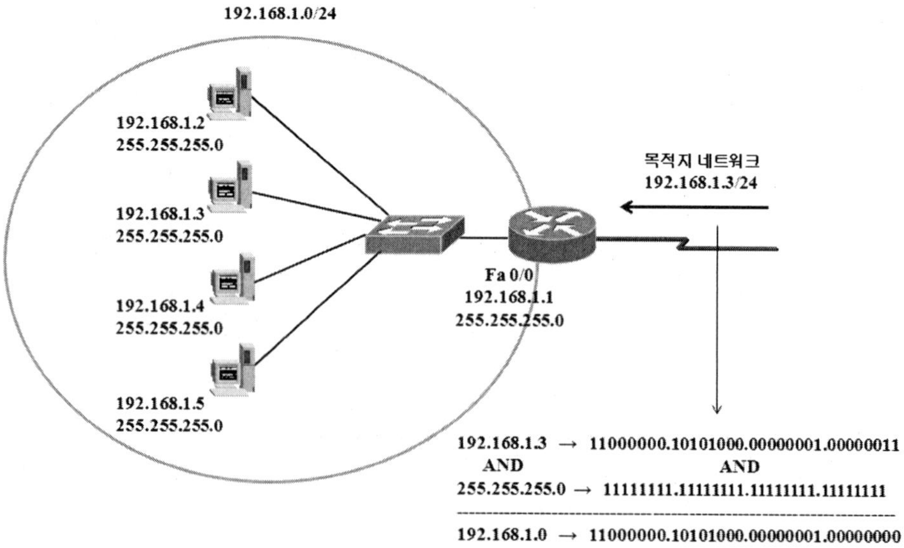

그림 3-4 네트워크 주소(IP Address) 획득

인하지 않는다는 것을 의미한다. 이러한 기능은 상위계층 프로토콜인 전송계층 프로토콜에 위임하여 수행한다.

라우터는 라우팅 테이블을 교환하고 경로정보를 공유하기 위해 라우팅 프로토콜을 사용한다. 즉 라우팅 프로토콜은 라우티드 프로토콜을 라우트(Route) 한다. 라우팅 프로토콜의 기능은 경로정보를 공유하기 위한 프로세서를 제공하고 라우팅 테이블을 갱신하고 유지할 수 있도록 다른 라우터(Router)와 통신을 한다. 가장 많이 사용하는 IP 라우티드 프로토콜을 지원하는 대표적인 라우팅 프로토콜은 RIP(Routing Information Protocol), IGRP(Interior Gateway Routing protocol), OSPF(Open Shortest Path First), BGP(Border Gateway Protocol), EIGRP(Enhanced IGRP) 등이 있다.

3.3 라우터에서 패킷의 전달

패킷이 최종 목적지까지 인터네트워크(Internetwork)를 통하여 전달되면서 2계층 프레임 헤더와 트레일러(Trailer)는 3계층 장치인 라우터에서 매번 제거되고 대체된다. 각 계층 헤더의 주소 필드에서 사용되는 주소 지정 방식은 2계층의 로컬 어드레싱, 3계층의 양 끝단 어드레싱(End-to-end Addressing) 방식을 사용하며 2계층 이더넷 프레임은 MAC 주소를 사용하여 브로드캐스트 영역 내에서 동작하도록 설계되어 있다. 라우터 인터페이스에 프레임이 도착하면 목적지 MAC 주소를 추출하여 프레임이 라우터 인터페이스에 직접 전달되는 것인지 브로드캐스트인지 체크하고 수락된 프레임의 트레일러에서 CRC 정보를 추출 후 에러(Error)여부를 판단하기 위해 재계산을 하여 오류가 나면 프레임을 버리고 체크(Check)가 유효하면 프레임의 헤더와 트레일러를 제거하고 3계층으로 전달한다.

패킷은 현재 라우터가 목적지인지 연결된 네트워크 내의 다른 라우터로 전달해야 할지를 판단하기 위해 목적지 IP 주소를 체크하여 목적지 IP 주소가 라우터 포트 중 하나와 일치하면 3계층 헤더는 제거되고 데이터는 다시 4계층으로 전달된다.

하지만 패킷이 다른 네트워크로 스위치되어야 할 경우 목적지 IP 주소는 라우팅 테이블과 비교하여 적절한 인터페이스를 선택하여 새로운 CRC 값이 트레일러에 추가되고 적절한 프레임 헤더를 추가한다.

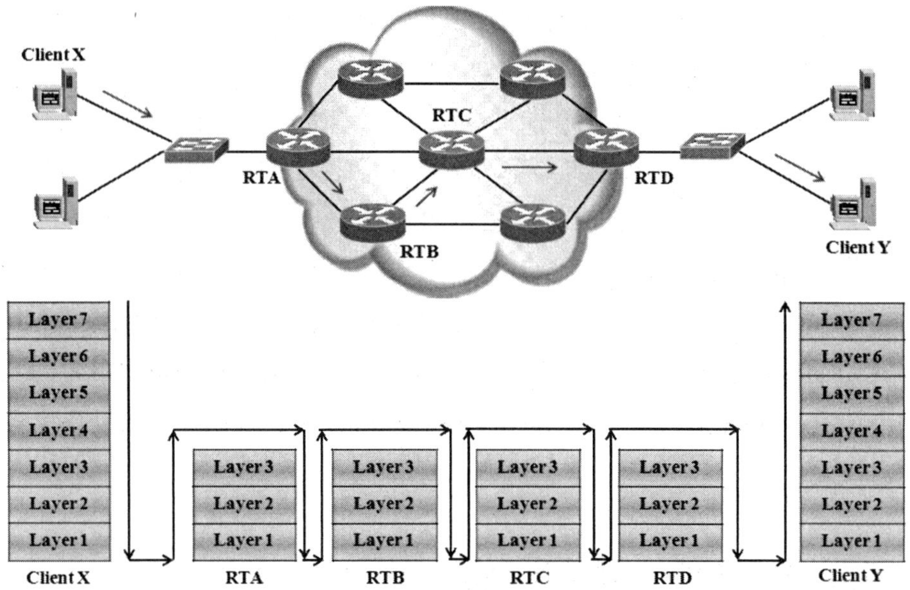

그림 3-5 네트워크 계층 장치(라우터)에서 데이터의 흐름도

이후 네트워크 간 전송방법에는 연결형(Connection-Oriented)과 비연결형 2가지 유형의 전달 서비스가 있다. 이러한 전달 서비스는 인터네트워크상에서 실제로 양 끝단 간 데이터 전달 서비스를 제공하는데 대부분의 네트워크 서비스는 비연결형 전달 시스템(Connectionless Delivery System)을 사용한다.

비연결형 전달 시스템에서는 우편 시스템과 같이 패킷이 전송되기 전 목적지와 접속이 되지 않으며 도착 확인도 하지 않는다. 각 패킷은 서로 다른 경로를 사용하여 목적지에 도착 후 재조립된다.

연결형 시스템에서는 전화 시스템과 같이 데이터가 전송되기 전 먼저 송·수신자 간 접속이 설립되며 각 패킷은 동일한 경로를 사용한다. 인터넷은 IP를 사용하는 거대한 비연결형 네트워크이며 신뢰성을 보장하기 위해 4계층의 연결형 서비스인 TCP를 추가한다.

3.4 경로결정

목적지 네트워크까지의 경로결정(Path Determination)은 3계층인 네트워크 계층에서 수행한다. 라우터는 목적지 주소와 라우팅 테이블의 가용경로를 비교하여 최적경로 선택하며 라우터는 가용경로를 정적인 라우팅(Static Routing)이나 동적인 라우팅(Dynamic Routing)을 통하여 학습한다.

정적인 라우팅은 네트워크 관리자가 수동으로 직접 경로를 하나하나 개별적으로 구성하여 주는 것이며, 동적인 라우팅은 라우팅 프로토콜을 사용하여 연결된 다른 라우터에 의해 경로를 동적으로 학습한다. 정적인 라우팅은 관리자가 네트워크를 완전히 파악하여 최적경로를 직접 입력해 주어야 하기 때문에 네트워크에 변화가 있을 경우 다시 경로를 설정해 주어야 하는 번거로움이 있어서 인터넷과 같은 변화무쌍한 대규모의 네트워크에서는 사용하기에 어려움이 있다.

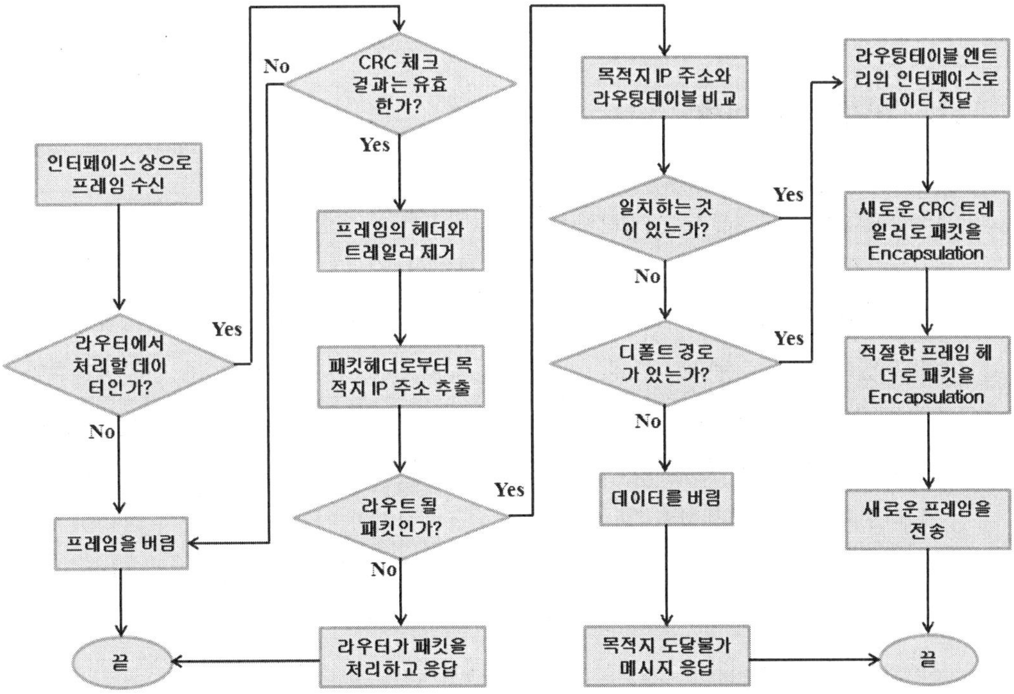

그림 3-6 네트워크계층 장치(라우터)에서의 데이터 스위칭 순서도

라우터는 수신 패킷을 목적지 네트워크까지 전달하기 위해 어떤 포트로 내보낼 것인가를 결정하기 위해 경로결정을 사용하여 패킷을 라우팅하며 경로를 따라 만나는 각 라우터를 홉(Hop)이라 부른다. 홉 카운트는 목적지 네트워크까지의 전달거리가 되며 라우터는 홉 카운트를 비롯하여 부하(Load), 대역폭(Bandwidth), 지연(Delay), 코스트(Cost), 신뢰도(Reliability) 등에 기초하여 경로를 결정한다.

라우터의 경로결정 과정을 보면 먼저 라우터로 유입되는(Inbound) 패킷으로부터 목적지 주소를 획득하고 라우팅 테이블의 첫 번째 엔트리와 목적지 주소를 비교하여 일치하면 해당 포트로 포워딩(Forwarding)하고 일치하지 않으면 다음 엔트리를 체크한다. 만약 테이블의 어떤 엔트리와도 일치하지 않는다면 라우터는 디폴트(Default) 경로가 설정되어 있는지를 확인하여 디폴트 경로가 설정되어 있으면 패킷은 해당 포트로 포워딩한다. 디폴트 경로는 목적지 주소가 라우팅 테이블의 엔트리와 일치하는 것이 없는 경우 사용하기 위해 관리자가 구성하는 경로인데 디폴트 경로가 없는 경우 패킷은 버려지거나 목적지 도달불가를 표시하여 송신장치로 돌아오는 경우도 있다.

3.5 라우팅 테이블

라우터는 경로정보를 포함하는 라우팅 테이블을 생성 및 유지하기 위하여 라우팅 프로토콜을 사용하며 라우팅 프로토콜은 다양한 경로정보로 라우팅 테이블을 채우고 라우팅 테이블(Routing Table)은 데이터 패킷을 포워딩하기 위해 필요한 정보를 포함하고 있다. 3계층 장비는 브로드캐스트 영역 혹은 단위 LAN을 서로 연결시켜주며 데이터 전송을 수행하기 위하여 라우팅 프로토콜은 계층적인 주소체계를 요구한다.

라우팅 테이블이 포함하고 있는 중요한 정보는 라우팅 테이블 엔트리를 생성하는 라우팅 프로토콜의 유형인 "Protocol Type", 목적지가 라우터에 직접 연결되어 있는지 최종 목적지까지의 경로에 "Next-hop"이라는 다른 라우터를 사용하여 도달할 수 있는지를 알려주는 "Destination/Next-hop Associations", 경로결정에 사용하는 "Routing Metric", 최종 목적지에 도달하기 위해 데이터가 나가야 할 인터페이스를 지시하는 "Outbound Interface" 등이 있다. 각각의 라우팅 프로토콜들은 서로 다른 라우팅 메트릭을 사용한다.

예를 들어 "RIP"는 라우팅 메트릭으로 홉 카운트만 사용하며 "IGRP"는 대역폭

(Bandwidth), 부하, 지연(Delay), 신뢰도(Reliability) 등의 조합을 사용한다.

라우터는 라우팅 테이블을 유지하기 위하여 다른 라우터와 통신을 하는데 갱신 메시지를 주기적으로 전송하거나 혹은 토폴로지에 변화가 발생 시에만 전송할 수도 있고, 전체 라우팅 테이블을 통째로 전송하거나 혹은 변경된 경로만 전송하기도 하며, 이웃 라우터로부터의 갱신 메시지를 분석하여 라우팅 테이블을 생성하고 유지하기도 한다.

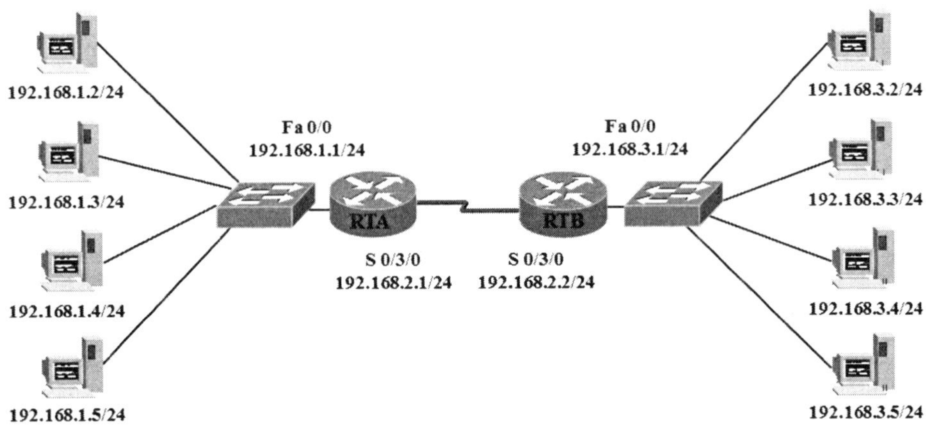

그림 3-7 라우팅 구성도

```
RTA#
RTA#
RTA#show ip route
Codes: C - connected, S - static, I - IGRP, R - RIP, M - mobile, B - BGP
       D - EIGRP, EX - EIGRP external, O - OSPF, IA - OSPF inter area
       N1 - OSPF NSSA external type 1, N2 - OSPF NSSA external type 2
       E1 - OSPF external type 1, E2 - OSPF external type 2, E - EGP
       i - IS-IS, L1 - IS-IS level-1, L2 - IS-IS level-2, ia - IS-IS inter area
       * - candidate default, U - per-user static route, o - ODR
       P - periodic downloaded static route

Gateway of last resort is not set

C    192.168.1.0/24 is directly connected, FastEthernet0/0
C    192.168.2.0/24 is directly connected, Serial0/3/0
R    192.168.3.0/24 [120/1] via 192.168.2.2, 00:00:15, Serial0/3/0
RTA#
RTA#
RTA#
```

그림 3-8 RTA 라우팅 테이블

```
RTB#
RTB#
RTB#show ip route
Codes: C - connected, S - static, I - IGRP, R - RIP, M - mobile, B - BGP
       D - EIGRP, EX - EIGRP external, O - OSPF, IA - OSPF inter area
       N1 - OSPF NSSA external type 1, N2 - OSPF NSSA external type 2
       E1 - OSPF external type 1, E2 - OSPF external type 2, E - EGP
       i - IS-IS, L1 - IS-IS level-1, L2 - IS-IS level-2, ia - IS-IS inter area
       * - candidate default, U - per-user static route, o - ODR
       P - periodic downloaded static route

Gateway of last resort is not set

R    192.168.1.0/24 [120/1] via 192.168.2.1, 00:00:15, Serial0/3/0
C    192.168.2.0/24 is directly connected, Serial0/3/0
C    192.168.3.0/24 is directly connected, FastEthernet0/0
RTB#
RTB#
RTB#
```

그림 3-9 RTB 라우팅 테이블

3.6 라우팅 알고리즘과 메트릭

라우팅 프로토콜의 설계 목표는 최적화(Optimization), 단순성(Simplicity)과 낮은 부하(Low Overhead), 견고함(Robustness)과 안정성(Stability), 유연성(Flexibility), 그리고 빠른 수렴(Rapid Convergence)에 두고 있다. 최적화는 라우팅 알고리즘(Algorithm)이 최적경로를 선택하는 능력을 말하는 것으로 메트릭과 메트릭의 가중치에 의존하여 수행하는 경로계산을 통하여 최적경로를 결정하는 과정을 최적화하자는 것이며, 단순성과 낮은 부하는 라우팅 알고리즘을 단순화하여 라우터의 CPU나 메모리를 효과적으로 사용하자는 것으로 자원이 많이 필요한 인터넷과 같은 큰 네트워크에서 중요하다. 견고함과 안정성은 하드웨어 장애나 고부하 및 구현의 오류와 같은 예상하지 못한 상황에서도 라우팅 알고리즘이 정확하게 작동해야 한다는 것이며, 유연성은 라우팅 알고리즘이 네트워크의 변화에 신속한 대응이 필요하다는 것이며 여기서 네트워크의 변화는 라우터의 가용성 및 메모리, 대역폭의 변화, 네트워크 지연 등을 포함한다. 네트워크에서 수렴이란 모든 라우터가 동일한 경로정보를 가지는 것을 말하는데 라우팅 프로토콜은 빠른 수렴이 일어날 필요가 있다.

라우팅 알고리즘은 메트릭(Metric)에 기초하여 경로를 결정하며 라우팅 알고리즘들은 최적경로결정을 위해 각각 다른 메트릭을 사용한다. 메트릭값은 작을수록 좋은 경로이며 라우팅 프로토콜이 일반적으로 사용하는 메트릭은 링크의 데이터 전송능력을 나타내는 대역폭, 패킷이 링크를 따라 송신지에서 수신지까지 이동하는데 소요되는 시간을 나타내는 지연시간, 라우터나 링크와 같은 네트워크 자원의 사용량을 나타내는 부하, 네트워크 링크의 오류율로 판단하는 신뢰성, 대역폭이나 금전적인 비용에 기초하여 관리자에 의해 임의의 값으로 할당되는 코스트, 패킷이 목적지에 도달할 때까지 거쳐야 하는 라우터의 수를 나타내는 홉 카운트 등이 있다. 홉 카운트의 경우 여러 개의 경로가 있을 경우 라우터는 가장 적은 홉 카운트를 가지는 경로를 선택하게 될 것이다.

표 3-2 라우팅 프로토콜이 사용하는 메트릭의 비교

프로토콜	메트릭	최대 홉 카운트	비 고
RIP	홉 카운트	15	Xerox
IGRP	• 대역폭(Bandwidth) • 지연(Delay) • 부하(Load) • 신뢰성(Reliability) • 코스트(Cost)	255	Cisco

3.7 정적 라우팅과 동적 라우팅

라우터가 라우팅 테이블을 형성하는 방법에 따라 정적인(Static) 라우팅 프로토콜과 동적인(Dynamic) 라우팅 프로토콜로 나눌 수 있다. 우선 정적인 라우팅은 라우터의 구성을 네트워크 관리자가 수동으로 관리하는 것을 말하는데 이것은 네트워크의 토폴로지가 변경되어 수정을 요구할 때마다 관리자가 수동으로 네트워크의 구성을 수정해야 한다. 동적인 라우팅은 관리자가 동적인 라우팅을 시작하는 구성 명령어를 초기에 한번 입력한 후, 네트워크 변경에 의해 새로운 정보가 발생할 때마다 라우팅 프로세스에 의해 자동으로 라우팅 테이블이 수정되는 것을 말한다.

3.7.1 정적인 라우팅

동적인 라우팅(Dynamic Routing)은 보안의 이유로 Internetwork의 일부분을 감추고 싶어도 모두 Open되지만, 정적인 라우팅(Static Routing)은 제한적인 부분만 Open이 가능하다.

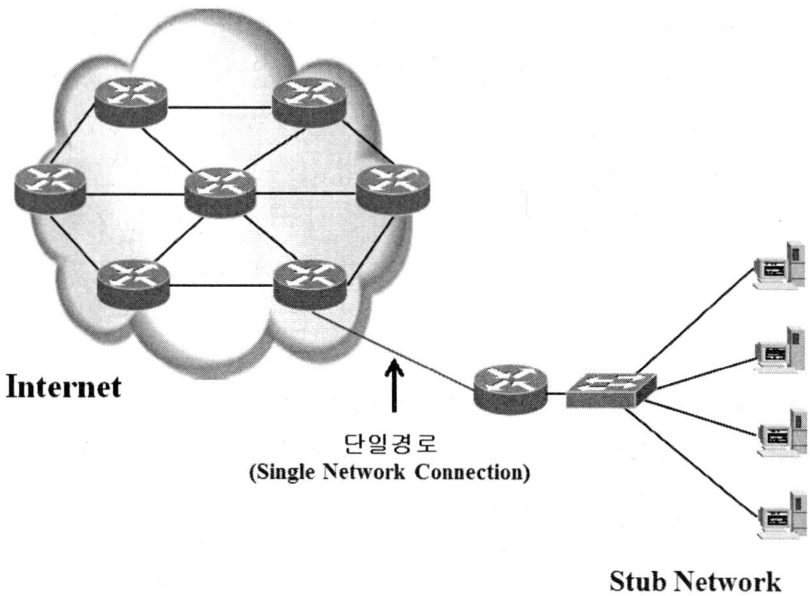

그림 3-10 정적인 라우팅의 예(Stub Network)

그림 3-10에서와 같이 일반적으로 단지 하나의 경로로 네트워크를 접근할 수 있을 때 정적인 경로를 사용하는데 이러한 네트워크를 Stub 네트워크라 한다. Stub 네트워크의 구성은 라우팅 Update가 필요 없기 때문에 동적인 라우팅의 부하를 회피할 수 있다.

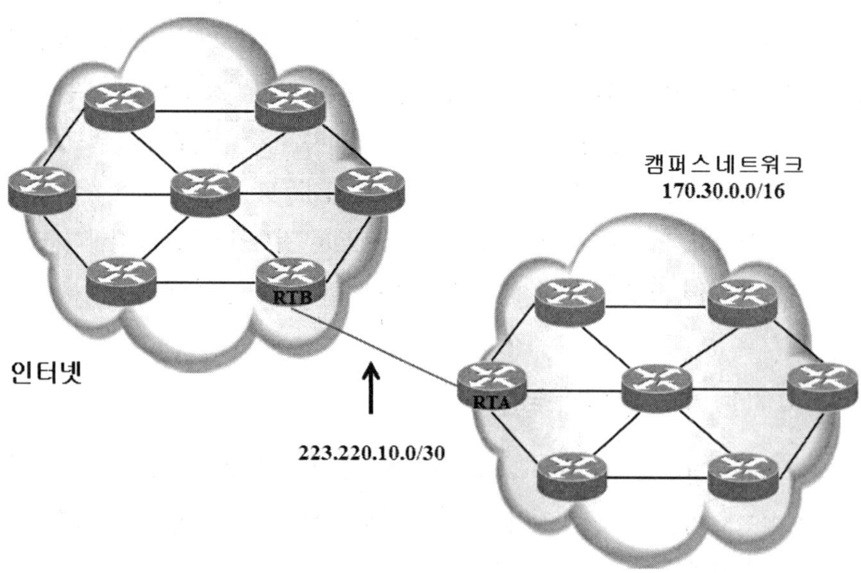

그림 3-11 디폴트 라우팅의 예

정적인 구성의 일부로 디폴트 라우트(Default Route)를 설정할 수 있는데 디폴트 라우트는 라우팅 테이블에 다음 홉이 분명하게 나타나 있지 않을 때 패킷을 안내하는 라우팅 테이블 엔트리이다.

그림 3-11의 예에서 캠퍼스 네트워크의 라우터들은 서로 네트워크 토폴로지에 대한 정보를 가지지만 다른 네트워크에 대한 정보는 소유하지 않으며 소유할 필요도 없다. 인터넷 클라우드(Cloud)를 경유하여 접근 가능한 모든 다른 네트워크의 정보를 유지하는 것은 많은 라우터의 메모리와 프로세스를 요구하기 때문에 불필요하고 불합리하다. 캠퍼스 네트워크의 라우터들은 인터넷을 경유하는 패킷이 알려지지 않은 목적지에 도달하도록 할 때 사용할 수 있는 디폴트 라우트로 설정하면 될 것이다.

3.7.2 동적인 라우팅

동적인 라우팅(Dynamic Routing)은 네트워크 변경에 의해 새로운 정보가 발생할 때마다 라우팅 프로세스에 의해 자동으로 라우팅 테이블이 수정되기 때문에 네트워크에 변화가 발생하더라도 관리자가 직접 구성을 변경할 필요가 없어 네트워크의 변화가 빈번히 일어날 수 있는 대형 네트워크에서 편리하다.

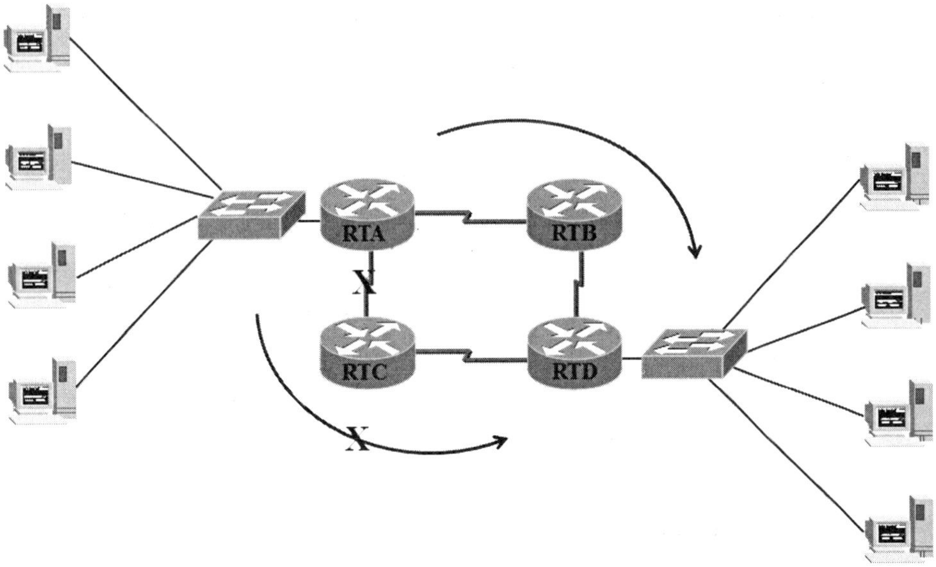

그림 3-12 네트워크 변화에 따른 대체 경로설정

라우팅 정보의 구성을 정적으로 혹은 동적으로 사용하는가에 따라 토폴로지의 변화는 다르게 적용된다. 그림 3-12의 예에서 동적인 라우팅의 필요성을 살펴보자. 정적인 라우팅은 구성된 정보에 의거하여 네트워크간 패킷을 적절히 전달한다. 그림 3-12에서 라우터 RTA는 라우팅 테이블을 참고하며, 패킷을 라우터 RTC로 전달하기 위해 내부의 Static 정보를 따르고 라우터 RTC도 동일한 방법으로 패킷을 라우터 RTD로 전달하여 라우터 RTC는 패킷을 목적지 호스트까지 전달하게 된다.

RTA와 RTC 사이의 경로가 장애 시 RTA는 정적인 경로를 사용하여 RTC로 패킷을 전달할 수가 없으며, RTA가 RTB를 경유하여 패킷을 전달하도록 관리자가 직접 수동으로 재구성을 할 때까지 목적지 네트워크와는 통신이 불가능하다.

여기서, 동적인 라우팅을 사용하면 유연성을 제공할 수 있는데 RTA에 의해 동작되는 라우팅 테이블에 따라 패킷은 RTC를 통하여 목적지에 도달이 가능하며, RTB를 경유하는 두 번째 경로도 가용경로로 사용할 수 있어 RTA가 RTC와의 링크다운(Link Down) 인지 시 라우팅 테이블을 조정하여 RTB를 통과하는 경로를 대체경로로 설정함으로써 RTD를 경유하여 목적지 호스트까지 패킷의 전달이 가능하다. 이후 RTA와 RTC 사이의 링크가 복구되면 RTA는 RTC와 RTD를 경유하는 우회경로를 우선하도록 라우팅 테이블을 자동으로 변경한다.

이처럼 동적인 라우팅 프로토콜은 네트워크 내 다른 경로 사이에 트래픽을 우회(Redirect)할 수 있으며 또한 여러 경로사이에 트래픽을 골고루 나눠 전달하는 부하공유(Load Share)도 가능하다.

정적인 라우팅을 위한 기본 기능은 라우팅 테이블의 유지와 경로정보를 다른 라우터들에게 주기적으로 분배(Distribution)해 주는 것이다. 정적인 라우팅은 라우터들 사이의 정보를 공유하는 라우팅 프로토콜에 의존하는데 라우팅 프로토콜은 이웃 라우터와 통신할 때 사용하는 규칙(Rule)을 정의하고 있다. 즉, 변경정보를 어떻게 보낼 것인가?, 변경정보에 무슨 내용을 포함할 것인가?, 언제 보낼 것인가?, 변경정보를 어떻게 수용할 것인가? 등이다.

3.7.3 수 렴

라우팅 알고리즘(Routing Algorithm)은 동적인 라우팅에 기반을 두고 있다. 네트워크의 성장과 재구성 혹은 장애 등으로 인하여 네트워크 토폴로지의 변경을 초래할 경우 네트워크에 대한 정보를 변경할 필요가 있는데 이때 네트워크 정보는 반드시 새로운 토폴로지의 정확하고 일관성 있는 반영이 필요하다.

인터네트워크 내의 모든 라우터가 동일한 정보를 가지고 작동할 때 인터네트워크는 수렴(Converged)되었다라고 말한다. 빠른 수렴은 경로결정 시간을 감소시키므로 라우팅 프로토콜에서 사용하는 알고리즘의 중요한 요소가 된다.

3.8 라우팅 프로토콜

3.8.1 IGP와 EGP

라우팅 프로토콜을 분류하는 방법 중 하나는 AS(Autonomous System, 자율 시스템)를 기준으로 IGP(Interior Gateway Protocol)와 EGP(Exterior Gateway Protocol)로 나눌 수 있다. AS는 단일기관의 관리 및 제어 하에 있는 네트워크의 모음을 말하는 것으로 자율시스템은 외부 네트워크에 대해서는 일관된 라우팅 정보를 유지하는 라우터들로 구성되어 있다.

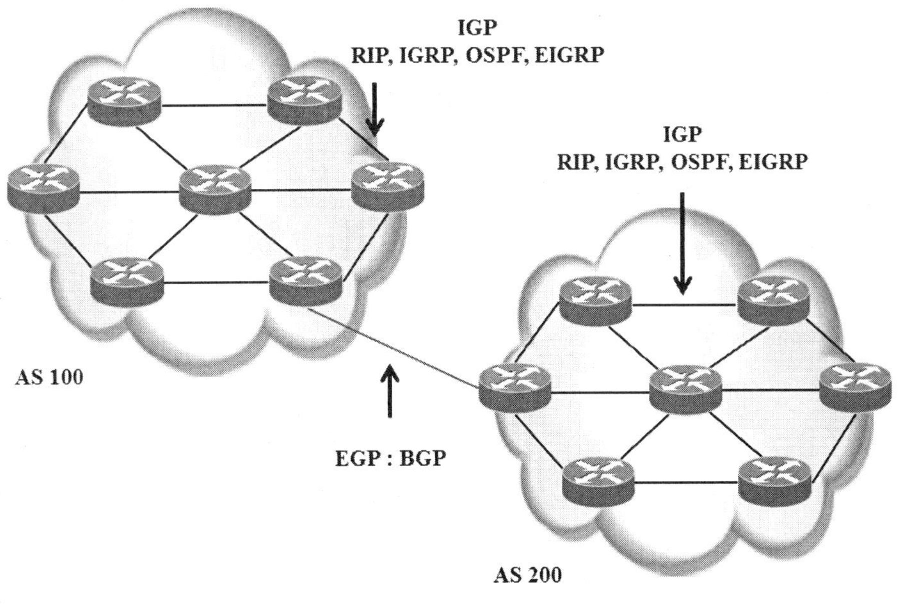

그림 3-13 IGP vs EGP

IGP는 AS 내에서 데이터를 라우팅하기 위해 동작하는 라우팅 프로토콜로써 RIP & RIPv2, IGRP, EIGRP, OSPF, IS-IS(Intermediate System to Intermediate System) 등의 프로토콜들이 있으며 EGP는 AS 사이의 데이터를 라우팅하기 위해 동작하며 BGP(Border Gateway Protocol)가 있다.

3.8.2 거리-벡터 라우팅 프로토콜과 링크-상태 라우팅 프로토콜

IGP는 다시 거리-벡터 라우팅 프로토콜(Distance-vector Protocol)과 링크-상태 라우팅 프로토콜(Link-state Protocol)로 분류할 수 있는데, 거리-벡터 라우팅은 임의의 링크에 대한 거리(홉 카운트)와 방향으로 경로를 결정하며 라우팅 테이블 정보의 전체 혹은 일부를 인접 라우터에게 주기적으로 전송한다. 특히 네트워크상에 변화가 없더라도 주기적으로 라우팅 테이블의 정보를 인접 라우터에게 전송한다는 것이 특징이다.

거리-벡터 라우팅 프로토콜로는 가장 일반적인 IGP이며, 라우팅 메트릭으로 홉 카운트만 사용하는 RIP, 시스코사에 의해 개발되어 시스코 RIP이라고도 하는 IGRP, 링크-상태 라우팅 프로토콜 기능의 일부를 포함한 향상된 거리-벡터 라우팅 프로토콜인 EIGRP가 있다. EIGRP는 거리-벡터 기능과 링크-상태 라우팅 기능을 모두 포함하고 있기 때문에 하이브리드(Hybrid) 라우팅 프로토콜이라고도 한다.

링크-상태 라우팅은 거리-벡터 라우팅 프로토콜의 제한사항을 극복하기 위해 설계된 라우팅 프로토콜로써 네트워크의 변화에 빠르게 반응하고 네트워크에 변화가 발생 시에만 즉각 업데이트(Trigger Update)를 전송한다. 또한 "Link-state Refresh"라고 알려진 주기적인 업데이트는 매 30분과 같이 긴 시간에 걸쳐 이루어진다. 업데이트는 링크에 변화가 발생한 경우 변화를 감지한 장치는 해당 링크와 관련된 LSA(Link-state Advertisement, 링크-상태 광고)를 생성하여 모든 이웃 라우터에게 전송된다. 이후 각 라우팅 장치는 LSA를 복사하고 자신의 링크-상태 데이터베이스를 수정한 후 모든 이웃 장치에게 LSA를 전달하게 된다. LSA Flooding은 라우팅 테이블을 수정하기 전에 네트워크 토폴로지를 정확하게 반영한 데이터베이스의 생성을 요구한다. 링크-상태 라우팅 프로토콜로는 OSPF(Open Shortest Path First) IS-IS(Intermediate System-to-Intermediate System) 등이 있다.

표 3-3 거리-벡터 라우팅 프로토콜과 링크-상태 라우팅 프로토콜의 비교

거리-벡터 라우팅 프로토콜	링크-상태 라우팅 프로토콜
• 이웃의 라우팅 테이블 정보로부터 네트워크 토폴로지 데이터 획득 • 라우팅 정보가 라우터 사이에 전달될 때 수신한 메트릭값에 Add하므로서 최선의 경로결정 • 토폴로지 변경을 위해 빈번하고 주기적인 테이블 수정 및 라우터 사이의 정보전달에 의한 느린 수렴시간 • 이웃 라우터들에게 라우팅 테이블 사본 전달	• 모든 LSA 축적에 의해 전체 네트워크 토폴로지 획득 • 각 라우터가 목적지까지 최단 경로를 별도로 계산 • 토폴로지 변경에 의해 테이블 수정을 유발하고 비교적 작은 LSA의 전달은 상대적으로 빠른 수렴시간 달성 • 다른 라우터들에게 링크-상태 라우팅 수정 정보 전달

3.8.3 여러 가지 라우팅 프로토콜들

RIP은 임의의 링크로의 방향과 거리를 결정하기 위한 메트릭으로 홉 카운트를 사용하는 거리-벡터 라우팅 프로토콜이다. 목적지까지 다중경로가 있을 경우 가장 작은 수의 홉을 가진 경로를 선택하며, 홉 카운트만을 메트릭으로 사용하기 때문에 항상 가장 빠른 경로가 아닐 수도 있다. 15홉 이상의 패킷 라우팅을 불가하다. RIPv1은 네트워크 내의 모든 장치가 동일한 서브넷 마스크를 사용하고 라우팅 업데이트에 서브넷 마스크의 정보는 포함하지 않는 클래스풀(Classful) 라우팅을 한다. 하지만 RIPv2는 프리픽스(Prefix) 라우팅을 제공하기 때문에 라우팅 업데이트에 서브넷 마스크의 정보를 전송하는 클래스리스(Classless) 라우팅을 수행한다. 클래스리스 라우팅 프로토콜은 동일한 네트워크 내에 각 서브넷들은 다른 서브넷 마스크를 가질 수 있는 VLSM(Variable Length Subnet Masking)을 지원한다.

IGRP는 시스코가 개발한 거리-벡터 라우팅 프로토콜로써 RIP과 같은 프로토콜의 범위를 넘어선 대규모 네트워크에서의 라우팅과 관련된 문제를 해결하기 위해 개발되었다. 지연(Delay), 대역폭(Bandwidth), 부하(Load), 신뢰도(Reliability) 등에 기초하여 가장 빠른 경로를 선택하며 RIP보다 홉 카운트의 제한을 훨씬 넘어서는 최대 255홉 카운트 지원한다. 그러나 IGRP는 클래스풀 라우팅만 사용할 수 있다.

OSPF는 1988년 IETF가 개발한 링크-상태 라우팅 프로토콜로써 RIP이 지원할 수 없는 대규모의 확장 가능한 네트워크를 지원하기 위해 개발되었다. IS-IS는 IP와 다른

Routed 프로토콜을 위해 사용되는 링크-상태 라우팅 프로토콜이며 통합 IS-IS는 IP를 포함한 다중 Routed 프로토콜을 지원하는 확장판이다.

IGRP와 마찬가지로 EIGRP도 시스코 독점의 라우팅 프로토콜이며 EIGRP는 IGRP의 향상된 버전이다. 빠른 수렴 및 낮은 대역폭 Overhead와 같은 효율적인 성능을 제공하며 링크-상태 라우팅 프로토콜 기능의 일부를 사용하는 향상된 거리-벡터 라우팅 프로토콜로 하이브리드 라우팅 프로토콜이라고도 한다.

BGP는 EGP의 한 예로써 Loop-free 경로의 선택을 보장하면서 AS간 경로정보를 교환하는 인터넷상의 주요회사와 ISP들이 사용하는 경로광고 프로토콜이다. BGP4는 CIDR(Classless Interdomain Routing)과 경로집합(Route Aggregation)을 지원하는 첫 번째 버전의 BGP이며 IGP와는 달리 BGP는 홉 카운트, 대역폭, 지연 등의 메트릭을 사용하지 않고 네트워크 정책(Policy)이나 다양한 BGP 경로속성을 사용하는 룰(Rule) 기반의 경로결정을 한다.

3.8.4 거리-벡터 라우팅 프로토콜의 문제점과 해결방법

(1) 문제점 : Routing Loop와 무한 카운팅

새로운 구성(Configuration)의 느린 수렴(Convergence)으로 라우팅 테이블이 일치하지 않을 경우에 라우팅 루프가 발생한다.

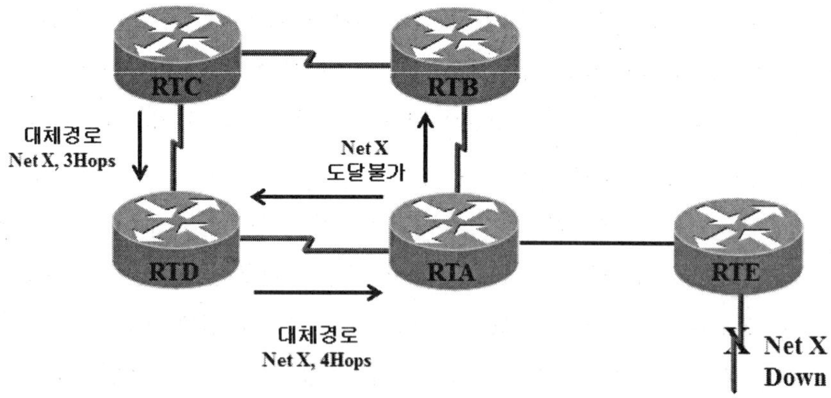

그림 3-14 라우팅 루프

그림 3-14에서 네트워크 Net X의 장애가 발생하기 전, 모든 라우터는 일치하는 정보 및 정확한 라우팅 테이블을 가지는 수렴된 네트워크였다. RTC의 Net X까지의 우

선경로는 RTB를 경유하는 거리(Distance) 3홉의 경로이다. Net X 장애 시 RTE는 RTA에게 수정정보를 송신하고 RTA는 Net X로의 패킷 전송을 중단하지만 RTB, RTC, RTD는 장애정보를 모르기 때문에 계속 패킷을 전송한다. RTA가 수정정보를 발송할 경우 RTB와 RTD는 Net X로의 전송을 중단하지만 아직 RTC는 수정정보를 수신하지 않은 상태에서 여전히 RTB를 경유하여 Net X에 도달할 수 있다고 판단하고 있다.

RTC는 RTD에게 RTB를 경유하는 Net X까지의 경로를 알려주는 주기적인 수정정보를 송신하고 RTD는 이 정보를 반영하여 라우팅 테이블을 변경하고 RTA로 전파하지만 이 정보는 잘못된 정보이다. 다시 RTA는 잘못된 정보를 RTB와 RTE로 전파를 하여 Net X로 가는 패킷은 RTC, RTB, RTA, RTD를 거쳐 다시 RTC로 돌아오는 루핑(Looping)이 발생하게 된다.

또한 Net X에 대한 잘못된 수정정보로 인해 라우팅 루프가 발생할 경우 어떤 프로세서가 루핑을 멈출 때까지 계속 루핑은 지속될 것이다. 이것을 "count to infinity"라 하며 목적지 Net X가 다운됐다는 기본적인 사실에도 불구하고 네트워크를 따라 패킷을 계속 루핑시키는 현상이다. 라우터가 무한히 카운팅(Counting)을 하는 동안 잘못된 정보는 라우팅 루핑을 허용하고 프로세서를 중단시킬 대안이 없다면 홉 카운트의 거리-벡터 메트릭은 패킷이 라우터를 통과할 때마다 증가하여 무한히 카운팅을 할 것이다.

(2) 해결방법 : 최대값 정의, Split Horizon 및 Hold Down Timer

루핑에 의한 무한 카운팅에 대한 해법 중 하나는 홉 카운트의 최대값을 정의하는 것이다. 거리-벡터 라우팅 알고리즘은 자동수정 기능이 있지만 라우팅 루프 문제는 무한 카운트를 우선 요구할 수도 있다. 이러한 문제를 피하기 위해 거리-벡터 라우팅 프로토콜은 "infinity"를 특정 최대값으로 정의하여 라우팅 프로토콜은 메트릭이 최대값을 초과할 때까지 루핑을 허용하고, 예를 들어 홉 카운트 거리-벡터의 최대값을 15로 정의하였을 경우 메트릭값이 최대값 15를 초과하였을 경우 Net X는 도달불가로 판단하는 것이다.

다음은 Split Horizon 기법이다. 라우팅 루프는 되돌아온 잘못된 정보가 전송한 정확한 정보와 비교해서 다를 때 발생한다. 이러한 현상을 피하기 위해서 Split Horizon 이라는 기법을 사용하는데 그림 3-14의 예에서 RTA로부터 Net X에 대한 라우팅 수정정보를 수신하면 RTB와 RTD는 Net X에 대한 정보를 RTA로 다시 보낼 수 없다는 것이다. Split Horizon은 잘못된 라우팅 정보를 전달하는 것을 막음으로 해서 라우팅 오버헤드(Overhead)를 감소시키는 효과도 있다.

루핑에 대한 마지막 해법은 Hold Down Timers 사용으로 무한 카운트 문제를 회피하는 것이다. 이웃 라우터로부터 이전에 접근 가능했던 네트워크가 현재 접근불가라는 정보를 받았을 때 접근불가 표시(Mark)를 하고 Hold Down Timer를 작동시킨다. Hold Down Timer가 끝나기 전에 언제라도 네트워크가 다시 접근가능하다는 정보를 수신하면 라우터는 접근가능 표시를 하고 Hold Down Timer를 제거한다.

만약 Hold Down Timer가 끝나기 전에 언제라도 다른 이웃 라우터로부터 더 나은 메트릭을 가진 경로정보를 수신하면 라우터는 접근가능 표시를 하고 Hold Down Timer를 제거하며, 또한 Hold Down Timer가 끝나기 전에 다른 이웃 라우터로부터 더 나쁜 메트릭을 가진 경로정보를 수신하면 무시한다.

3.9 정적인 경로설정

정적인 경로는 설정이 비교적 간단하고 라우팅 테이블을 유지하기 위하여 정보를 주고받지 않기 때문에 네트워크와 라우터 프로세서에 부하를 작게 준다는 장점이 있으나, 네트워크 토폴로지의 변경이 발생할 때마다 관리자가 수동으로 하나하나 경로정보를 수정해야 한다는 단점이 있어 비교적 네트워크의 규모가 작아서 관리자가 전체 네트워크에 대한 정보를 모두 알고 있는 경우에 사용한다. 라우터의 접근 패스워드, 인터페이스 주소 및 호스트 이름 등과 같은 기본설정을 한 후 정적인 경로를 구성하는 명령어는 다음과 같다.

Router#configure terminal

Router(config)#ip route destination-network-address subnet-mask next-hop-address **or Router(config)#ip route** destination-network-address subnet-mask output-interface

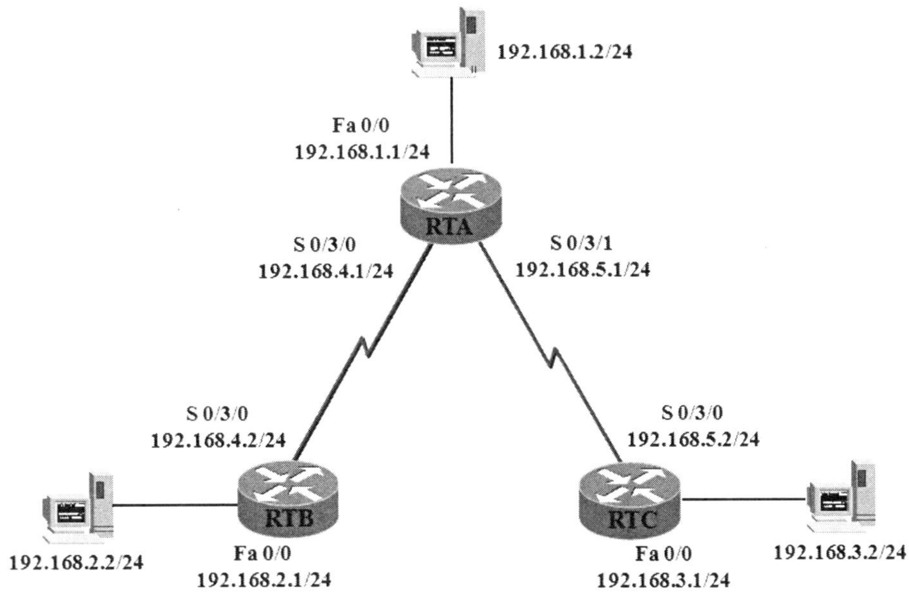

그림 3-15 정적인 경로설정을 위한 네트워크 구성도

① 라우터 RTA, RTB, RTC의 기본 네트워크 설정하기(RTB, RTC의 반복적인 명령어 생략)

```
Router#configure terminal
Router(config)#hostname RTA
RTA(config)#interface fastethernet 0/0
RTA(config-if)#ip address 192.168.1.1 255.255.255.0
RTA(config-if)#no shutdown
RTA(config-if)#exit
RTA(config)#interface serial 0/3/0
RTA(config-if)#ip address 192.168.4.1 255.255.255.0
RTA(config-if)#clock rate 64000
```

(라우터간 WAN 접속구간에 DCE를 통하지 않고 직접 연결하는 Back-to-Back 구성방식에서는 두 라우터 중 한쪽 라우터는 반드시 DCE로 동작하도록 설정)

```
RTA(config-if)#no shutdown
RTA(config-if)#exit
```

RTA(config)#interface serial 0/3/1

RTA(config-if)#ip address 192.168.5.1 255.255.255.0

RTA(config-if)#clock rate 64000

(라우터간 WAN 접속구간에 DCE를 통하지 않고 직접 연결하는 Back-to-Back 구성방식에서는 두 라우터 중 한쪽 라우터는 반드시 DCE로 동작하도록 설정)

RTA(config-if)#no shutdown

RTA(config-if)#exit

RTB(config)#interface fastethernet 0/0

RTB(config-if)#ip address 192.168.2.1 255.255.255.0

RTB(config-if)#interface serial 0/3/0

RTB(config-if)#ip address 192.168.4.2 255.255.255.0

RTC(config)#interface fastethernet 0/0

RTC(config-if)#ip address 192.168.3.1 255.255.255.0

RTC(config-if)#interface serial 0/3/0

RTC(config-if)#ip address 192.168.5.2 255.255.255.0

② 라우터 RTA, RTB, RTC의 정적인 경로설정하기

RTA(config)#ip route 192.168.2.0 255.255.255.0 192.168.4.2

　　or RTA(config)#ip route 192.168.2.0 255.255.255.0 serial 0/3/0

RTA(config)#ip route 192.168.3.0 255.255.255.0 192.168.5.2

　　or RTA(config)#ip route 192.168.2.0 255.255.255.0 serial 0/3/1

RTB(config)#ip route 192.168.1.0 255.255.255.0 192.168.4.1

　　or RTA(config)#ip route 192.168.1.0 255.255.255.0 serial 0/3/0

RTB(config)#ip route 192.168.3.0 255.255.255.0 192.168.4.1

　　or RTA(config)#ip route 192.168.3.0 255.255.255.0 serial 0/3/0

RTC(config)#ip route 192.168.1.0 255.255.255.0 192.168.5.1

　　or RTC(config)#ip route 192.168.1.0 255.255.255.0 serial 0/3/0

RTC(config)#ip route 192.168.2.0 255.255.255.0 192.168.5.1

　　or RTC(config)#ip route 192.168.2.0 255.255.255.0 serial 0/3/0

③ 설정 저장하기

RTA#copy running-config startup-config

RTB#copy running-config startup-config

RTC#copy running-config startup-config

④ 설정이 끝난 후 각 라우터에서 호스트까지 핑(Ping) 테스트

RTA#ping 192.168.2.2

RTA#ping 192.168.3.2

RTB#ping 192.168.1.2

RTB#ping 192.168.3.2

RTC#ping 192.168.1.2

RTC#ping 192.168.2.2

```
RTA#
RTA#
RTA#show ip route
Codes: C - connected, S - static, I - IGRP, R - RIP, M - mobile, B - BGP
       D - EIGRP, EX - EIGRP external, O - OSPF, IA - OSPF inter area
       N1 - OSPF NSSA external type 1, N2 - OSPF NSSA external type 2
       E1 - OSPF external type 1, E2 - OSPF external type 2, E - EGP
       i - IS-IS, L1 - IS-IS level-1, L2 - IS-IS level-2, ia - IS-IS inter area
       * - candidate default, U - per-user static route, o - ODR
       P - periodic downloaded static route

Gateway of last resort is not set

C    192.168.1.0/24 is directly connected, FastEthernet0/0
S    192.168.2.0/24 [1/0] via 192.168.4.2
S    192.168.3.0/24 [1/0] via 192.168.5.2
C    192.168.4.0/24 is directly connected, Serial0/3/0
C    192.168.5.0/24 is directly connected, Serial0/3/1
RTA#
RTA#
RTA#
RTA#
```

그림 3-16 RTA 라우팅 테이블

```
RTB#
RTB#
RTB#show ip route
Codes: C - connected, S - static, I - IGRP, R - RIP, M - mobile, B - BGP
       D - EIGRP, EX - EIGRP external, O - OSPF, IA - OSPF inter area
       N1 - OSPF NSSA external type 1, N2 - OSPF NSSA external type 2
       E1 - OSPF external type 1, E2 - OSPF external type 2, E - EGP
       i - IS-IS, L1 - IS-IS level-1, L2 - IS-IS level-2, ia - IS-IS inter area
       * - candidate default, U - per-user static route, o - ODR
       P - periodic downloaded static route

Gateway of last resort is not set

S     192.168.1.0/24 is directly connected, Serial0/3/0
C     192.168.2.0/24 is directly connected, FastEthernet0/0
S     192.168.3.0/24 is directly connected, Serial0/3/0
C     192.168.4.0/24 is directly connected, Serial0/3/0
RTB#
RTB#
RTB#
RTB#
RTB#
RTB#
RTB#
```

그림 3-17 RTB 라우팅 테이블

```
RTC#
RTC#
RTC#show ip route
Codes: C - connected, S - static, I - IGRP, R - RIP, M - mobile, B - BGP
       D - EIGRP, EX - EIGRP external, O - OSPF, IA - OSPF inter area
       N1 - OSPF NSSA external type 1, N2 - OSPF NSSA external type 2
       E1 - OSPF external type 1, E2 - OSPF external type 2, E - EGP
       i - IS-IS, L1 - IS-IS level-1, L2 - IS-IS level-2, ia - IS-IS inter area
       * - candidate default, U - per-user static route, o - ODR
       P - periodic downloaded static route

Gateway of last resort is not set

S     192.168.1.0/24 [1/0] via 192.168.5.1
S     192.168.2.0/24 [1/0] via 192.168.5.1
C     192.168.3.0/24 is directly connected, FastEthernet0/0
C     192.168.5.0/24 is directly connected, Serial0/3/0
RTC#
RTC#
RTC#
RTC#
RTC#
RTC#
RTC#
```

그림 3-18 RTC 라우팅 테이블

3.10 디폴트 라우팅

모든 라우터들이 가능한 모든 목적지로의 경로를 유지하는 것은 라우터의 자원을 낭비할 뿐만 아니라 라우터의 성능에도 문제가 될 수 있다. 그래서 라우터들은 디폴트 라우트라는 마지막으로 사용하는 경로를 유지한다. 디폴트 경로란 목적지 네트워크가 라우팅 테이블상의 엔트리와 매칭이 되지 않을 때 사용하며, "Gateway of last resort" 라 한다. 실제로 라우터는 디폴트 경로를 사용하여 다른 라우터에게 책임을 넘기는 개념이며, 다른 라우터는 목적지로의 경로를 가지고 있거나 또 다른 라우터로의 디폴트 경로를 가지고 있어야 한다. 이러한 과정을 반복하여 수행하다가 결국에는 패킷이 실제 목적지로의 경로를 가지는 라우터에게로 전달되는 것이다.

디폴트 라우팅(Default Routing)이 확장성에 있어서 유리한 점은 디폴트 라우트가 라우팅 테이블을 가능한 가볍게 유지시켜 준다는 것이다. 따라서 라우터들은 모든 인터넷 네트워크로의 라우팅 엔트리를 가지지 않아도 어떠한 인터넷 호스트에게도 패킷을 전달할 수 있다. 디폴트 경로는 관리자에 의해 정적으로 입력이 되거나 동적인 라우팅 프로토콜에 의해 다이나믹하게 학습할 수 있다. 여기서는 관리자에 의해 정적으로 입력하여 주는 방법을 설명하고 동적인 학습방법은 동적인 라우팅 프로토콜을 설명 후 추가하도록 하겠다.

디폴트 라우팅은 관리자와 함께 시작하며 라우터들이 디폴트 경로정보를 교환하기 전에 관리자가 적어도 하나의 라우터에 디폴트 경로를 설정해 놓아야 한다. 관리자는 두 가지 다른 명령어를 사용하여 정적으로 디폴트 라우트를 설정할 수 있으며 명령어는 "ip route 0.0.0.0 0.0.0.0"과 "ip default-network"이다. 여기서는 첫 번째 명령어를 사용하여 설정한다.

"0.0.0.0/0"으로 "ip route"를 설정하는 것은 디폴트 경로를 설정하는 가장 손쉬운 방법이며 명령어는 다음과 같다.

```
Router(config)#ip route 0.0.0.0 0.0.0.0 [next-hop-ip-address | exit-interface]
```

시스코 IOS에서 "0.0.0.0/0"은 마지막으로 사용될 경로라는 의미를 가지며 모든 목적지 네트워크 주소들은 이 경로에 해당된다. 즉 모두"0"인 마스크는 주소 부분에서 비교할 32비트 주소를 요구하지 않기 때문이다. "0.0.0.0/0"으로의 경로는 "Quad

Zero Route"라고도 한다. 가장 일반적이고 많은 사용자들이 사용하고 있는 단일 라우터로 IPS와 연결된 네트워크 구성도(그림 3-19)에서 실습을 해보자. 라우터 RTA는 인터넷과 경로가 하나뿐인 Stub 네트워크 형태를 취하고 있기 때문에 정적인 경로설정이 적당하지만 인터넷을 경유하는 수많은 목적지 네트워크를 모두 라우팅 테이블에 유지하기는 부적절하므로 디폴트 경로설정이 적합하다. 라우팅 테이블에는 디폴트 경로 하나만 존재하지만 호스트 192.168.1.2는 인터넷을 경유하여 다른 어떤 호스트에도 접근이 가능할 것이다.

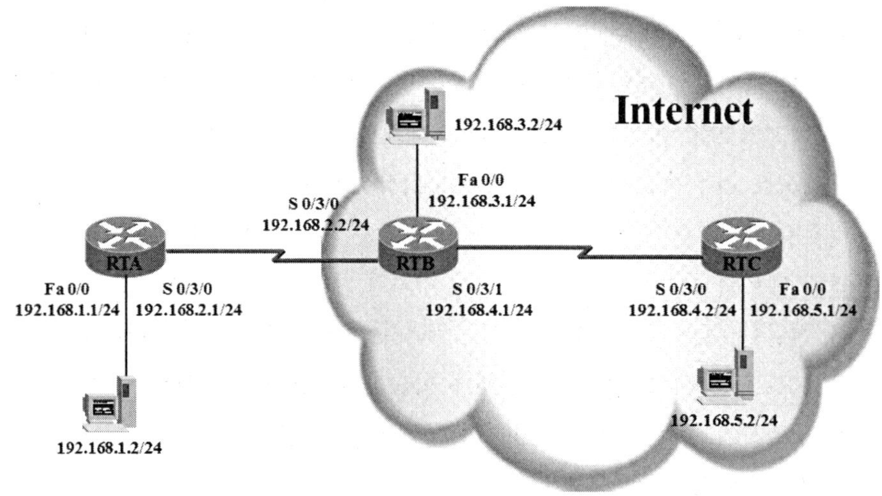

그림 3-19 디폴트 경로설정을 위한 네트워크 구성도

라우터 RTA에서 RTB로는 디폴트 라우팅, RTB에서 RTA로는 정적인 라우팅, 인터넷 내의 RTB와 RTC 사이에는 RIP을 사용하도록 한다.

① 라우터 RTA, RTB, RTC의 기본 네트워크 설정하기(RTB, RTC의 반복적인 명령어 생략)

```
Router#configure terminal
Router(config)#hostname RTA
RTA(config)#interface fastethernet 0/0
RTA(config-if)#ip address 192.168.1.1 255.255.255.0
RTA(config-if)#no shutdown
RTA(config-if)#exit
RTA(config)#interface serial 0/3/0
```

```
RTA(config-if)#ip address 192.168.2.1 255.255.255.0
RTA(config-if)#clock rate 64000 (Back-to-Back 구성에서 DCE로 동작)
RTA(config-if)#no shutdown
RTA(config-if)#exit

RTB(config)#interface fastethernet 0/0
RTB(config-if)#ip address 192.168.3.1 255.255.255.0
RTB(config-if)#interface serial 0/3/0
RTB(config-if)#ip address 192.168.2.2 255.255.255.0
RTB(config-if)#interface serial 0/3/1
RTB(config-if)#ip address 192.168.4.1 255.255.255.0
RTB(config-if)#clock rate 64000 (Back-to-Back 구성에서 DCE로 동작)

RTC(config)#interface fastethernet 0/0
RTC(config-if)#ip address 192.168.5.1 255.255.255.0
RTC(config-if)#interface serial 0/3/0
RTC(config-if)#ip address 192.168.4.2 255.255.255.0
```

② 라우터 RTA, RTB, RTC 사이에 디폴트 라우팅 및 Static 라우팅 설정하기

```
RTA(config)#ip route 0.0.0.0 0.0.0.0 192.168.2.2
RTB(config)#ip route 192.168.1.0 255.255.255.0 192.168.2.1
RTC(config)#ip route 192.168.1.0 255.255.255.0 192.168.4.1
```

③ 라우터 RTB, RTC 사이에 RIP 설정하기

```
RTB(config)#router rip
RTB(config-router)#network 192.168.2.0
RTB(config-router)#network 192.168.3.0
RTB(config-router)#network 192.168.4.0
RTC(config)#router rip
RTC(config-router)#network 192.168.4.0
RTC(config-router)#network 192.168.5.0
```

④ 설정 저장하기

RTA#copy running-config startup-config

RTB#copy running-config startup-config

RTC#copy running-config startup-config

⑤ 설정이 끝난 후 호스트 192.168.1.2에서 각 호스트까지 핑(Ping) 테스트

PC>ping 192.168.3.2

PC>ping 192.168.5.2

```
RTA#
RTA#show ip route
Codes: C - connected, S - static, I - IGRP, R - RIP, M - mobile, B - BGP
       D - EIGRP, EX - EIGRP external, O - OSPF, IA - OSPF inter area
       N1 - OSPF NSSA external type 1, N2 - OSPF NSSA external type 2
       E1 - OSPF external type 1, E2 - OSPF external type 2, E - EGP
       i - IS-IS, L1 - IS-IS level-1, L2 - IS-IS level-2, ia - IS-IS inter area
       * - candidate default, U - per-user static route, o - ODR
       P - periodic downloaded static route

Gateway of last resort is 192.168.2.2 to network 0.0.0.0

C    192.168.1.0/24 is directly connected, FastEthernet0/0
C    192.168.2.0/24 is directly connected, Serial0/3/0
S*   0.0.0.0/0 [1/0] via 192.168.2.2
RTA#
RTA#
RTA#
RTA#
RTA#
RTA#
```

그림 3-20 라우터 RTA의 라우팅 테이블 정보

그림 3-20의 라우팅 테이블 엔트리에는 없는 모든 네트워크를 위한 "Gateway of last resort"는 192.168.2.2이며 RTA를 경유하는 모든 트래픽은 디폴트 경로인 192.168.2.2(S*)로 전달한다.

```
RTB#
RTB#show ip route
Codes: C - connected, S - static, I - IGRP, R - RIP, M - mobile, B - BGP
       D - EIGRP, EX - EIGRP external, O - OSPF, IA - OSPF inter area
       N1 - OSPF NSSA external type 1, N2 - OSPF NSSA external type 2
       E1 - OSPF external type 1, E2 - OSPF external type 2, E - EGP
       i - IS-IS, L1 - IS-IS level-1, L2 - IS-IS level-2, ia - IS-IS inter area
       * - candidate default, U - per-user static route, o - ODR
       P - periodic downloaded static route

Gateway of last resort is not set

S    192.168.1.0/24 [1/0] via 192.168.2.1
C    192.168.2.0/24 is directly connected, Serial0/3/0
C    192.168.3.0/24 is directly connected, FastEthernet0/0
C    192.168.4.0/24 is directly connected, Serial0/3/1
R    192.168.5.0/24 [120/1] via 192.168.4.2, 00:00:08, Serial0/3/1
RTB#
RTB#
RTB#
RTB#
```

그림 3-21 라우터 RTB의 라우팅 테이블 정보

```
RTC#
RTC#show ip route
Codes: C - connected, S - static, I - IGRP, R - RIP, M - mobile, B - BGP
       D - EIGRP, EX - EIGRP external, O - OSPF, IA - OSPF inter area
       N1 - OSPF NSSA external type 1, N2 - OSPF NSSA external type 2
       E1 - OSPF external type 1, E2 - OSPF external type 2, E - EGP
       i - IS-IS, L1 - IS-IS level-1, L2 - IS-IS level-2, ia - IS-IS inter area
       * - candidate default, U - per-user static route, o - ODR
       P - periodic downloaded static route

Gateway of last resort is not set

S    192.168.1.0/24 [1/0] via 192.168.4.1
R    192.168.2.0/24 [120/1] via 192.168.4.1, 00:00:02, Serial0/3/0
R    192.168.3.0/24 [120/1] via 192.168.4.1, 00:00:02, Serial0/3/0
C    192.168.4.0/24 is directly connected, Serial0/3/0
C    192.168.5.0/24 is directly connected, FastEthernet0/0
RTC#
RTC#
RTC#
RTC#
```

그림 3-22 라우터 RTC의 라우팅 테이블 정보

제4장

RIP 비전 2

4.1 RIP의 개요

인터넷은 자율시스템(AS : Autonomous System)의 모음이라고 할 수 있다. 각 AS는 단일 조직체에 의해 관리되며 각 AS는 다른 AS와 다른 라우팅 기술과 정책을 보유할 수 있다. AS 내에서 사용되는 라우팅 프로토콜을 IGP(Interior Gateway Protocol)라 하고, AS 사이에 라우팅 정보를 전송하기 위해 사용되는 프로토콜은 EGP(Exterior Gateway Protocol)라 한다. RIP은 적당한 크기의 AS에서 IGP로 동작하도록 설계된 라우팅 프로토콜이며, RIP 버전 1은 클래스풀(Classful) IGP로써 이웃 라우터에게 미리 정한 시간간격으로 전체 라우팅 테이블을 브로드캐스트(Broadcast)하는 거리-벡터(Distance Vector) 라우팅 프로토콜이다. 기본적인 시간간격은 30초이며 RIP은 메트릭(Metric)으로 홉 카운트(Hop Count)를 사용하고 최대 홉 수는 15이다.

라우터가 네트워크에 대한 정보를 수신할 경우 수신 인터페이스가 동일한 네트워크에 속해 있지만 다른 서브넷상에 존재한다면 라우터는 수신 인터페이스에 구성된 하나의 서브넷 마스크를 적용한다.

클래스 A 주소를 위한 Default Classful Mask는 255.0.0.0
클래스 B 주소를 위한 Default Classful Mask는 255.255.0.0
클래스 C 주소를 위한 Default Classful Mask는 255.255.255.0

RIP v1은 모든 IP 라우터가 지원하는 인기 있는 라우팅 프로토콜인데 RIP v1의 인기는 간편함과 호환성에 기반을 두고 있다. RIP v1은 기본적으로 4개에서 최대 6개의 동일한 코스트(Equal-Cost)를 가지는 경로까지 부하를 분산(Load Balancing)할 수 있다. 그러나 RIP v1이 가지는 제한사항이 있는데 가장 중요한 것은 갱신(Update) 정보에 서브넷 마스크 정보를 전송하지 않는다는 것이다. 그리고 IP 주소 255.255.255.255 상으로 갱신 정보를 브로드캐스트 전송을 하며, 인증(Authentication)을 지원하지 않아 인증을 통한 라우팅 정보를 갱신할 수 없다. 또한 VLSM(Variable Length Subnet Mask)이나 CIDR(Classless Inter Domain Routing) 지원이 불가하지만 RIP v1의 구성(Configuration)이 간단하다는 장점도 있다.

4.2 RIP 버전 2

RIP 버전(Version) 2는 RIP 버전 1의 제한사항을 개선한 것이다. 두 개의 버전이 공유하는 기능은 홉 카운트 메트릭을 사용하는 거리 벡터 라우팅 프로토콜로써 라우팅 루프를 막기 위해 홀드다운 타이머(Holddown Timer, Default 180초)와 스플릿 호라이즌(Split Horizon)을 사용하며 도달할 수 없는 무한거리를 위한 메트릭으로 16홉을 사용한다는 것 등이다.

RIP v2는 경로 갱신과 함께 서브넷 마스크 정보의 송신을 허용하는 프리픽스(Prefix) 라우팅을 제공하고 RIP v2는 VLSM에서처럼 동일한 네트워크 내에서 다른 서브넷 마스크를 사용할 수 있는 클래스리스(Classless) 라우팅의 사용을 지원한다.

또한 RIP v2는 갱신에서 인증을 제공하기 때문에 인증을 체크하기 위한 키(Key)를 인터페이스상에서 사용이 가능하며 RIP v2 패킷에 사용될 인증유형을 선택할 수 있다. 선택할 수 있는 인증유형은 텍스트(Text) 혹은 MD5(Message-digest 5) 암호가 있으며 텍스트가 기본이다. MD5는 라우팅 갱신의 발신지 인증에 사용할 수 있는데 MD5는 일반적으로 라우터에서 암호를 설정할 때 사용하는 "enable secret password" 등을 암호화하는데 사용한다.

표 4-1 RIP v2의 기능적인 특성

특 성	설 명
경로와 함께 서브넷 마스크 전송	VLSM을 지원하기 위해 RIP은 각 경로와 함께 정확하게 정의된 서브넷 마스크 전달
인증(Authentication) 제공	RIP는 평문과 MD5 암호화 모두 지원
라우팅 업데이트에 Next Hop IP 주소 포함	라우팅 업데이트에 특정 네트워크로 가는 패킷의 Next Hop을 표시하여 불필요한 라우터를 거치는 것을 방지
외부 경로 태그 사용	외부 소스로부터 학습하고 RIP으로 재분배되는 경로에 대한 정보를 전달할 수 있어 RIP 경로를 외부경로와 분리하는데 사용
멀티캐스트 라우팅 업데이트 제공	업데이트 정보를 255.255.255.255가 아닌 224.0.0.9로 멀티캐스트하여 동일한 서브넷상의 RIP를 사용하지 않는 라우터의 불필요한 부하를 감소

그리고 RIP v2는 D 클래스 주소 224.0.0.9를 사용하여 보다 효과적으로 라우팅 업데이트를 멀티캐스팅(Multicasting)한다. 이것은 RIP v1이 라우팅 업데이트 정보를 255.255.255.255로 브로드캐스트를 하는 것에 비하면 동일한 서브넷에 연결되어 있는 RIP을 사용하지 않는 라우터들에게는 라우팅 업데이트 정보가 전달되지 않기 때문에 불필요한 부하를 처리할 필요가 없어 보다 효과적인 방법이 될 것이다. 표 4-1에서 RIP v2의 기능에 대한 특성을 정리하였으며, 표 4-2는 RIP v1과 RIP v2를 비교한 것이다.

표 4-2 RIP v1과 RIP v2 비교

RIP v1	RIP v2
구성하기 쉬움	구성하기 쉬움
클래스풀(Classful) 라우팅만 지원	클래스리스(Classless) 라우팅 지원
라우팅 업데이트(Update) 내에 서브넷 정보를 포함하지 않음	라우팅 업데이트 내에 서브넷 정보를 포함
동일한 네트워크 내에 있는 모든 호스트는 동일한 서브넷 마스크를 사용하기 때문에 프리픽스(Prefix) 라우팅을 지원하지 않음	동일한 네트워크 내에 있는 다른 서브넷 들은 다른 서브넷 마스크를 가질 수 있기 때문에 VLSM을 이용하여 프리픽스(Prefix) 라우팅을 지원함
라우팅 업데이트 시 인증(Authentication) 지원하지 않음	라우팅 업데이트 시 인증 지원함
255.255.255.255 상으로 브로드캐스트	224.0.0.9 상으로 라우팅 업데이트를 멀티캐스트

4.2.1 라우팅 프로토콜 RIP의 특성과 RIP v1 구성

RIP은 네트워크 간 연결을 위해 방향과 거리를 결정하는 거리-벡터 라우팅 알고리즘을 사용하며, 목적지까지 다중 경로가 존재할 경우 RIP은 최소 홉 수를 가진 경로를 선택한다. 홉 수는 RIP이 사용하는 유일한 라우팅 메트릭이기 때문에 목적지까지 가장 빠른 경로를 선택할 필요는 없을 것이다.

그림 4-1의 호스트 X에서 호스트 Y로 데이터를 전송하고자 할 경우 연결된 라우터들이 라우팅 프로토콜로써 RIP을 사용한다면 RTA로부터 홉 수가 2인 RTD, RTE를 경유하는 경로를 선택하여 호스트 Y로 전달할 것이다. 사실은 RTA로부터 더 빠른 경로인 RTB, RTC, RTE를 경유하는 경로가 있지만 라우팅 프로토콜 RIP이 사용하는 메트릭은 홉 수가 유일하기 때문에 RTA로부터 홉 수가 3인 더 빠른 경로를 선택하지 않는

것이다. RIP v1을 구성하는 단계는 다음과 같다.

① 라우팅 프로토콜 RIP을 활성화

```
Router#configure terminal
Router(config)#router rip
Router(config-router)#
```

전역구성 모드에서 라우팅 프로토콜로써의 RIP을 활성화시키는 명령어를 입력하면 라우터 구성 모드로 들어가게 된다.

② 직접 연결된 네트워크를 정의

```
Router(config-router)#network network-number
Router(config-router)#network network-number
    Router(config-router)#network 192.168.1.0
    Router(config-router)#network 192.168.2.0
```

여기서, network-number(192.168.1.0, 192.168.2.0)는 라우터의 어떤 인터페이스가 RIP에 속하는지, 어떤 네트워크가 라우터에 의해 광고되는지를 결정하는 네트워크 번호이다. 중요한 것은 "network" 명령어는 직접 연결된 네트워크만 구성한다는 것이다.

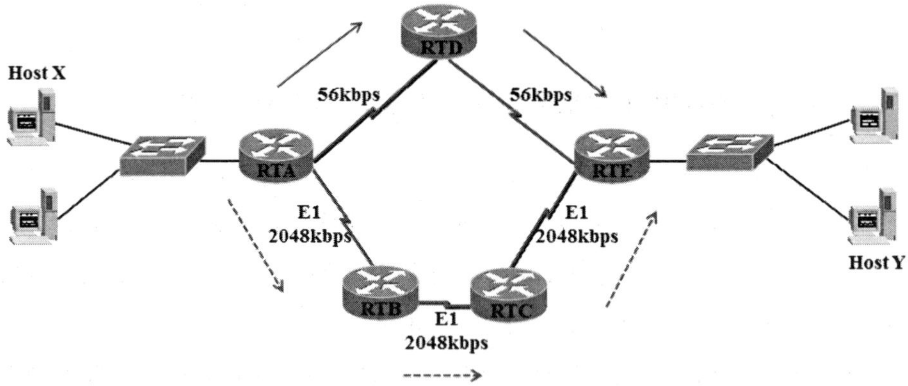

그림 4-1 RIP의 특성

RIP v1은 라우터가 프로그램할 수 있는(변경할 수 있는) 일정한 주기에 라우팅 테이블을 갱신하며 기본 주기(Default Interval)는 30초이다. RIP v1에 의한 라우팅 업데이트의 연속적인 전송은 네트워크 트래픽(Traffic)의 급격한 증가를 가져와 네트워크 성능에 영향을 줄 수 있다. 또한 패킷의 무한 루핑을 방지하기 위하여 RIP은 최대 홉 수를 15로 제한하여 목적지 네트워크가 15개 라우터 이상 떨어져있을 경우 도달하지 못하는 네트워크로 간주하고 패킷을 버리게 되는데 이러한 상황은 대형 네트워크에서 라우팅 시 확장성에 문제를 야기할 수 있다. RIP v1은 루프를 막기 위해 인터페이스로 들어오는 갱신정보로부터 학습하지 않은 경로인 경우에만 해당 인터페이스로 경로를 광고하는 스플릿 호라이즌(Split Horizon) 기능과 홀드다운 타이머와 동일한 시간동안 더 나쁜 메트릭을 지시하는 서브넷에 대한 새로운 정보는 무시하는 홀드다운 타이머(Hold Down Timer) 기능을 사용한다. RIP v2는 RIP v1의 개선된 버전이기 때문에 RIP v1과 동일한 기능을 많이 보유하고 있는 거리 벡터 라우팅 프로토콜이다.

그림 4-2의 RIP 설정을 위한 네트워크 구성도를 보고 라우팅 프로토콜 RIP v1을 설정해보자.

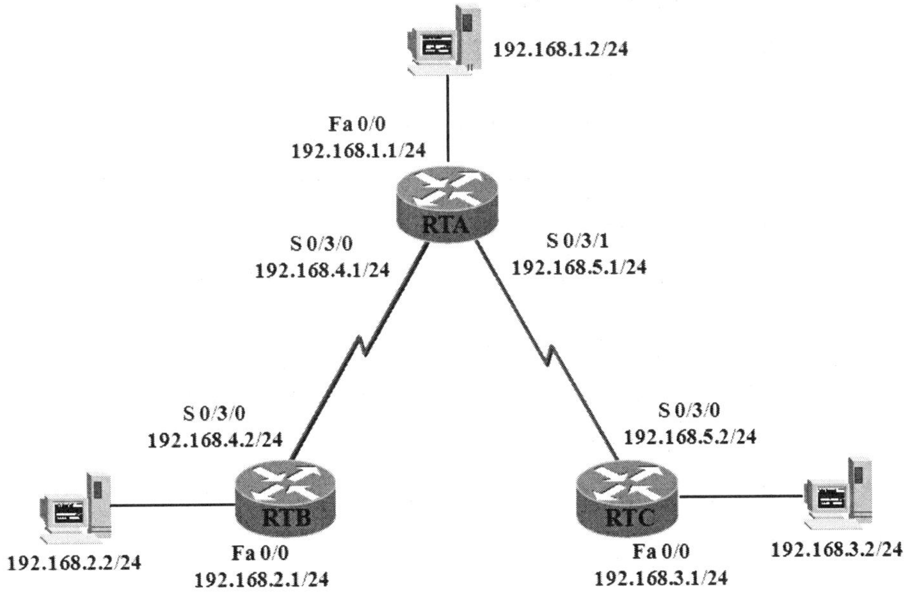

그림 4-2 RIP 설정을 위한 네트워크 구성도

① 라우터 RTA, RTB, RTC의 기본 네트워크 설정하기(RTB, RTC의 반복적인 명령어 생략)

```
Router#configure terminal
Router(config)#hostname RTA
RTA(config)#interface fastethernet 0/0
```

```
RTA(config-if)#ip address 192.168.1.1 255.255.255.0
RTA(config-if)#no shutdown
RTA(config-if)#exit
RTA(config)#interface serial 0/3/0
RTA(config-if)#ip address 192.168.4.1 255.255.255.0
RTA(config-if)#clock rate 64000 (Back-to-Back 구성에서 DCE로 동작)
RTA(config-if)#no shutdown
RTA(config-if)#exit
RTA(config)#interface serial 0/3/1
RTA(config-if)#ip address 192.168.5.1 255.255.255.0
RTA(config-if)#clock rate 64000 (Back-to-Back 구성에서 DCE로 동작)
RTA(config-if)#no shutdown
RTA(config-if)#exit

RTB(config)#interface fastethernet 0/0
RTB(config-if)#ip address 192.168.2.1 255.255.255.0
RTB(config-if)#interface serial 0/3/0
RTB(config-if)#ip address 192.168.4.2 255.255.255.0

RTC(config)#interface fastethernet 0/0
RTC(config-if)#ip address 192.168.3.1 255.255.255.0
RTC(config-if)#interface serial 0/3/0
RTC(config-if)#ip address 192.168.5.2 255.255.255.0
```

② 라우터 RTA, RTB, RTC 사이에 RIP 설정하기

```
RTA(config)#router rip
RTA(config-router)#network 192.168.1.0
RTA(config-router)#network 192.168.4.0
RTA(config-router)#network 192.168.5.0

RTB(config)#router rip
RTB(config-router)#network 192.168.2.0
```

RTB(config-router)#network 192.168.4.0

RTC(config)#router rip

RTC(config-router)#network 192.168.3.0

RTC(config-router)#network 192.168.5.0

③ 설정 저장하기

RTA#copy runnung-config startup-config

RTB#copy runnung-config startup-config

RTC#copy runnung-config startup-config

④ 설정이 끝난 후 각 라우터에서 호스트까지 핑(Ping) 테스트

RTA#ping 192.168.2.2

RTA#ping 192.168.3.2

RTB#ping 192.168.1.2

RTB#ping 192.168.3.2

RTC#ping 192.168.1.2

RTC#ping 192.168.2.2

```
RTA#
RTA#
RTA#show ip route
Codes: C - connected, S - static, I - IGRP, R - RIP, M - mobile, B - BGP
       D - EIGRP, EX - EIGRP external, O - OSPF, IA - OSPF inter area
       N1 - OSPF NSSA external type 1, N2 - OSPF NSSA external type 2
       E1 - OSPF external type 1, E2 - OSPF external type 2, E - EGP
       i - IS-IS, L1 - IS-IS level-1, L2 - IS-IS level-2, ia - IS-IS inter area
       * - candidate default, U - per-user static route, o - ODR
       P - periodic downloaded static route

Gateway of last resort is not set

C    192.168.1.0/24 is directly connected, FastEthernet0/0
R    192.168.2.0/24 [120/1] via 192.168.4.2, 00:00:01, Serial0/3/0
R    192.168.3.0/24 [120/1] via 192.168.5.2, 00:00:02, Serial0/3/1
C    192.168.4.0/24 is directly connected, Serial0/3/0
C    192.168.5.0/24 is directly connected, Serial0/3/1
RTA#
RTA#
RTA#
RTA#
RTA#
RTA#
```

그림 4-3 RTA 라우팅 테이블

① 직접 연결된(Code "C") 네트워크는 192.168.1.0/24, 192.168.4.0/24, 192.168.5.0/24

② 네트워크 192.168.1.0/24는 패스트 이더넷 포트 "Fastethernet0/0"에 직접 연결

③ 네트워크 192.168.4.0/24는 시리얼 포트 "Serial0/3/0"에 직접 연결

④ 네트워크 192.168.5.0/24는 시리얼 포트 "Serial0/3/1"에 직접 연결

⑤ RIP을 통해 학습한 네트워크는 192.168.2.0/24, 192.168.3.0

⑥ 192.168.2.0 네트워크는 관리거리 120이며 RTA로부터 1홉 떨어져 있고 192.168.4.2를 경유하여 접근할 수 있다. 출력 인터페이스는 시리얼 포트 "Serial0/3/0"

⑦ 192.168.3.0 네트워크는 관리거리 120이며 RTA로부터 1홉 떨어져 있고 192.168.5.2를 경유하여 접근할 수 있다. 출력 인터페이스는 시리얼 포트 "Serial0/3/1"

```
RTA#
RTA#show ip protocols
Routing Protocol is "rip"
Sending updates every 30 seconds, next due in 14 seconds
Invalid after 180 seconds, hold down 180, flushed after 240
Outgoing update filter list for all interfaces is not set
Incoming update filter list for all interfaces is not set
Redistributing: rip
Default version control: send version 1, receive any version
  Interface             Send  Recv  Triggered RIP  Key-chain
  FastEthernet0/0       1     2 1
  Serial0/3/0           1     2 1
  Serial0/3/1           1     2 1
Automatic network summarization is in effect
Maximum path: 4
Routing for Networks:
        192.168.1.0
        192.168.4.0
        192.168.5.0
Passive Interface(s):
Routing Information Sources:
        Gateway         Distance      Last Update
        192.168.4.2          120      00:00:10
        192.168.5.2          120      00:00:04
Distance: (default is 120)
RTA#
RTA#
```

그림 4-4 RTA 라우팅 프로토콜 정보

① 라우팅 프로토콜은 "RIP"

② 라우팅 테이블 정보는 30초에 한번씩 Update, 14초 후 다시 전송예정

③ 180초 동안 Update가 없으면 네트워크가 다운된 것으로 간주하고 240초 동안

Update가 없다면 라우팅 테이블에서 삭제

④ 라우팅 루프를 회피하기 위한 방법 중 하나인 Hold Down Timer 시간은 180초

⑤ Fastethernet0/0, Serial0/3/0, Serial0/3/1 포트를 통해 RIP v1을 전송하고, RIP v1, RIP v2 모두 수신

⑥ 최대 4개의 경로까지 Load Balancing이 가능

⑦ RTA는 네트워크 192.168.1.0, 192.168.4.0, 192.168.5.0을 위한 라우팅

⑧ Next Hop 주소는 192.168.4.2, 192.168.5.2이며, 관리거리는 RIP의 Default 값인 120

⑨ Next Hop 주소 192.168.4.2, 192.168.5.2를 통하여 경로정보 수신

```
RTB#
RTB#
RTB#sh ip route
Codes: C - connected, S - static, I - IGRP, R - RIP, M - mobile, B - BGP
       D - EIGRP, EX - EIGRP external, O - OSPF, IA - OSPF inter area
       N1 - OSPF NSSA external type 1, N2 - OSPF NSSA external type 2
       E1 - OSPF external type 1, E2 - OSPF external type 2, E - EGP
       i - IS-IS, L1 - IS-IS level-1, L2 - IS-IS level-2, ia - IS-IS inter area
       * - candidate default, U - per-user static route, o - ODR
       P - periodic downloaded static route

Gateway of last resort is not set

R    192.168.1.0/24 [120/1] via 192.168.4.1, 00:00:26, Serial0/3/0
C    192.168.2.0/24 is directly connected, FastEthernet0/0
R    192.168.3.0/24 [120/2] via 192.168.4.1, 00:00:26, Serial0/3/0
C    192.168.4.0/24 is directly connected, Serial0/3/0
R    192.168.5.0/24 [120/1] via 192.168.4.1, 00:00:26, Serial0/3/0
RTB#
RTB#
RTB#
RTB#
RTB#
RTB#
```

그림 4-5 RTB 라우팅 테이블

```
RTB#
RTB#show ip protocols
Routing Protocol is "rip"
Sending updates every 30 seconds, next due in 7 seconds
Invalid after 180 seconds, hold down 180, flushed after 240
Outgoing update filter list for all interfaces is not set
Incoming update filter list for all interfaces is not set
Redistributing: rip
Default version control: send version 1, receive any version
  Interface             Send  Recv  Triggered RIP  Key-chain
  FastEthernet0/0       1     2 1
  Serial0/3/0           1     2 1
Automatic network summarization is in effect
Maximum path: 4
Routing for Networks:
        192.168.2.0
        192.168.4.0
Passive Interface(s):
Routing Information Sources:
        Gateway         Distance      Last Update
        192.168.4.1          120      00:00:21
Distance: (default is 120)
RTB#
RTB#
```

그림 4-6 RTB 라우팅 프로토콜 정보

```
RTC#
RTC#
RTC#show ip route
Codes: C - connected, S - static, I - IGRP, R - RIP, M - mobile, B - BGP
       D - EIGRP, EX - EIGRP external, O - OSPF, IA - OSPF inter area
       N1 - OSPF NSSA external type 1, N2 - OSPF NSSA external type 2
       E1 - OSPF external type 1, E2 - OSPF external type 2, E - EGP
       i - IS-IS, L1 - IS-IS level-1, L2 - IS-IS level-2, ia - IS-IS inter area
       * - candidate default, U - per-user static route, o - ODR
       P - periodic downloaded static route

Gateway of last resort is not set

R    192.168.1.0/24 [120/1] via 192.168.5.1, 00:00:26, Serial0/3/0
R    192.168.2.0/24 [120/2] via 192.168.5.1, 00:00:26, Serial0/3/0
C    192.168.3.0/24 is directly connected, FastEthernet0/0
R    192.168.4.0/24 [120/1] via 192.168.5.1, 00:00:26, Serial0/3/0
C    192.168.5.0/24 is directly connected, Serial0/3/0
RTC#
RTC#
RTC#
RTC#
RTC#
RTC#
```

그림 4-7 RTC 라우팅 테이블

```
RTC#
RTC#show ip protocols
Routing Protocol is "rip"
Sending updates every 30 seconds, next due in 0 seconds
Invalid after 180 seconds, hold down 180, flushed after 240
Outgoing update filter list for all interfaces is not set
Incoming update filter list for all interfaces is not set
Redistributing: rip
Default version control: send version 1, receive any version
  Interface             Send  Recv  Triggered RIP  Key-chain
  FastEthernet0/0       1     2 1
  Serial0/3/0           1     2 1
Automatic network summarization is in effect
Maximum path: 4
Routing for Networks:
        192.168.3.0
        192.168.5.0
Passive Interface(s):
Routing Information Sources:
        Gateway         Distance      Last Update
        192.168.5.1          120      00:00:04
Distance: (default is 120)
RTC#
RTC#
```

그림 4-8 RTC 라우팅 프로토콜 정보

4.2.2 RIP v2 구성하기

RIP v2의 설정은 라우팅 프로토콜 RIP에 "Version 2"라는 이름을 붙이고 서브넷값이 없는 IP 네트워크 번호를 부여함으로써 구성되는 동적인(Dynamic) 라우팅 프로토콜이다. 동적인 라우팅 프로토콜을 활성화하기 위해 수행해야 할 일은 먼저 RIP v2와 같은 라우팅 프로토콜을 선택하고 서브넷값이 없는 IP 네트워크 번호를 할당하면 된다. 다음은 인터페이스에 네트워크 혹은 서브넷 주소와 적절한 서브넷 마스크를 할당한다. RIP v2는 다른 라우터와 통신하기 위해 멀티캐스트를 사용하고 라우팅 메트릭은 라우터가 각 네트워크까지 최적경로를 찾도록 도와주며 명령어는 다음과 같다.

```
Router#configure terminal
Router(config)#router rip
Router(config-router)#version 2
Router(config-router)#network network-number
Router(config-router)#network network-number
```

"router" 명령어는 라우팅 프로세스를 스타트(Start)시키며 "network" 명령어는 라우팅 업데이트를 인터페이스로 멀티캐스트하고 동일한 인터페이스로 들어오는 라우팅 업데이트를 수행하며 인터페이스와 직접 연결된 서브넷을 광고하는 기능을 수행하도록 한다.

즉, "network" 명령어는 라우팅 프로세스에게 어떤 인터페이스가 라우팅 업데이트의 송·수신에 참여할지를 결정하도록 하고 명시된 네트워크에서 라우터가 인터페이스상에서 라우팅 프로토콜을 스타트시키며 라우터가 해당 네트워크를 광고하도록 한다. 다음의 예를 보자.

```
Router#configure terminal
Router(config)#router rip
Router(config-router)#version 2
Router(config-router)#network 172.16.0.0
Router(config-router)#network 10.0.0.0
```

여기에서 "router rip"과 "version 2" 명령어는 라우팅 프로토콜로 RIP v2의 사용을 명시한다. "router rip" 명령어는 라우팅 프로토콜 RIP를 활성화하고 "version 2" 명령어는 사용되고 있는 RIP의 버전이 2라는 것을 나타낸다. "network 172.16.0.0" 명령어는 직접 연결된 네트워크 172.16.0.0, "network 10.0.0.0" 명령어는 직접 연결된 네트워크 10.0.0.0을 명시한다.

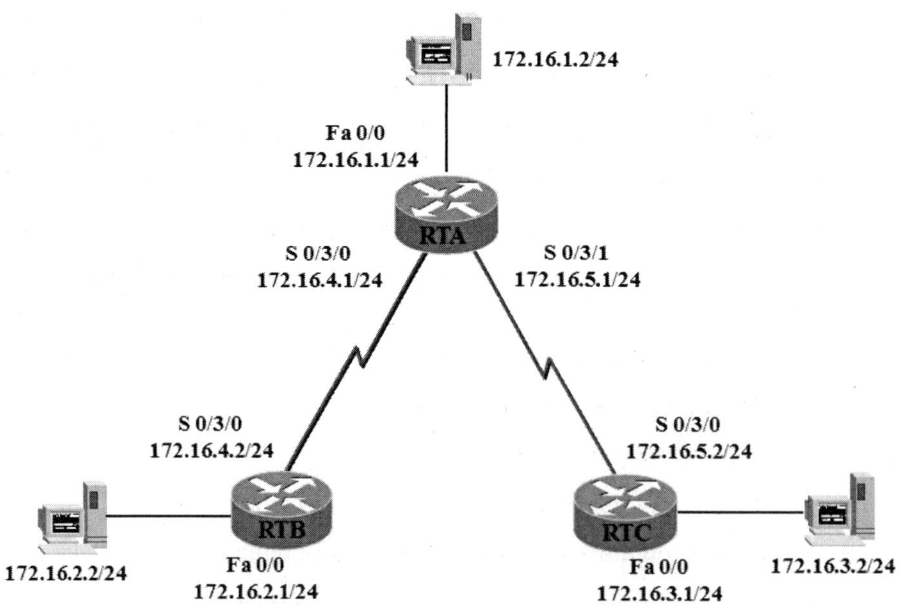

그림 4-9 RIP v2 설정을 위한 네트워크 구성도

네트워크 172.16.0.0과 10.0.0.0, 혹은 그들의 서브넷과 연결된 라우터의 인터페이스는 RIP v2 업데이트를 송 · 수신하게 되며 라우팅 업데이트는 라우터가 네트워크 토폴로지를 학습하도록 한다. 그림 4-9의 RIP 설정을 위한 네트워크 구성도를 보고 라우팅 프로토콜 RIP v2를 설정해보자.

① 라우터 RTA, RTB, RTC의 기본 네트워크 설정하기(RTB, RTC의 반복적인 명령어 생략)

```
Router#configure terminal
Router(config)#hostname RTA
RTA(config)#interface fastethernet 0/0
RTA(config-if)#ip address 172.16.1.1 255.255.255.0
RTA(config-if)#no shutdown
RTA(config-if)#exit
RTA(config)#interface serial 0/3/0
RTA(config-if)#ip address 172.16.4.1 255.255.255.0
RTA(config-if)#clock rate 64000 (Back-to-Back 구성에서 DCE로 동작)
RTA(config-if)#no shutdown
RTA(config-if)#exit
RTA(config)#interface serial 0/3/1
RTA(config-if)#ip address 172.16.5.1 255.255.255.0
RTA(config-if)#clock rate 64000 (Back-to-Back 구성에서 DCE로 동작)
RTA(config-if)#no shutdown
RTA(config-if)#exit

RTB(config)#interface fastethernet 0/0
RTB(config-if)#ip address 172.16.2.1 255.255.255.0
RTB(config-if)#interface serial 0/3/0
RTB(config-if)#ip address 172.16.4.2 255.255.255.0

RTC(config)#interface fastethernet 0/0
RTC(config-if)#ip address 172.16.3.1 255.255.255.0
RTC(config-if)#interface serial 0/3/0
```

RTC(config-if)#ip address 172.16.5.2 255.255.255.0

② 라우터 RTA, RTB, RTC 사이에 RIP 설정하기

RTA(config)#router rip

RTA(config-router)#version 2

RTA(config-router)#network 172.16.0.0

RTB(config)#router rip

RTB(config-router)#version 2

RTB(config-router)#network 172.16.0.0

RTC(config)#router rip

RTC(config-router)#version 2

RTC(config-router)#network 172.16.0.0

③ 설정 저장하기

RTA#copy runnung-config startup-config

RTB#copy runnung-config startup-config

RTC#copy runnung-config startup-config

④ 설정이 끝난 후 각 라우터에서 호스트까지 핑(Ping) 테스트

RTA#ping 172.16.2.2

RTA#ping 172.16.3.2

RTB#ping 172.16.1.2

RTB#ping 172.16.3.2

RTC#ping 172.16.1.2

RTC#ping 172.16.2.2

```
RTA#
RTA#show ip route
Codes: C - connected, S - static, I - IGRP, R - RIP, M - mobile, B - BGP
       D - EIGRP, EX - EIGRP external, O - OSPF, IA - OSPF inter area
       N1 - OSPF NSSA external type 1, N2 - OSPF NSSA external type 2
       E1 - OSPF external type 1, E2 - OSPF external type 2, E - EGP
       i - IS-IS, L1 - IS-IS level-1, L2 - IS-IS level-2, ia - IS-IS inter area
       * - candidate default, U - per-user static route, o - ODR
       P - periodic downloaded static route

Gateway of last resort is not set

     172.16.0.0/24 is subnetted, 5 subnets
C       172.16.1.0 is directly connected, FastEthernet0/0
R       172.16.2.0 [120/1] via 172.16.4.2, 00:00:25, Serial0/3/0
R       172.16.3.0 [120/1] via 172.16.5.2, 00:00:07, Serial0/3/1
C       172.16.4.0 is directly connected, Serial0/3/0
C       172.16.5.0 is directly connected, Serial0/3/1
RTA#
RTA#
```

그림 4-10 RTA 라우팅 테이블

① 172.16.0.0 네트워크는 24비트 마스크로 분할되었으며 5개의 서브넷이 사용

② 직접 연결된(Code "C") 네트워크는 172.16.1.0/24, 172.16.4.0/24, 172.16.5.0/24

③ 네트워크 172.16.1.0는 패스트 이더넷 포트 "Fastethernet0/0"에 직접 연결

④ 네트워크 172.16.4.0는 시리얼 포트 "Serial0/3/0"에 직접 연결

⑤ 네트워크 172.16.5.0는 시리얼 포트 "Serial0/3/1" 포트에 직접 연결

⑥ RIP를 통해 학습한 네트워크는 172.16.2.0, 172.16.3.0

⑦ 172.16.2.0 네트워크는 관리거리 120이며 RTA로부터 1홉 떨어져 있고 172.16.4.2를 경유하여 접근할 수 있다. 출력 인터페이스는 시리얼 포트 "Serial0/3/0"

⑧ 172.16.3.0 네트워크는 관리거리 120이며 RTA로부터 1홉 떨어져 있고 172.16.5.2를 경유하여 접근할 수 있다. 출력 인터페이스는 시리얼 포트 "Serial0/3/1"

```
RTA#
RTA#show ip protocols
Routing Protocol is "rip"
Sending updates every 30 seconds, next due in 18 seconds
Invalid after 180 seconds, hold down 180, flushed after 240
Outgoing update filter list for all interfaces is not set
Incoming update filter list for all interfaces is not set
Redistributing: rip
Default version control: send version 2, receive 2
  Interface             Send  Recv  Triggered RIP  Key-chain
  FastEthernet0/0       2     2
  Serial0/3/0           2     2
  Serial0/3/1           2     2
Automatic network summarization is in effect
Maximum path: 4
Routing for Networks:
        172.16.0.0
Passive Interface(s):
Routing Information Sources:
        Gateway         Distance      Last Update
        172.16.4.2           120      00:00:04
        172.16.5.2           120      00:00:11
Distance: (default is 120)
RTA#
RTA#
```

그림 4-11 RTA 라우팅 프로토콜 정보

① 라우팅 프로토콜은 "RIP"

② 라우팅 테이블 정보는 30초에 한번씩 Update, 18초 후 다시 전송예정

③ 180초 동안 Update가 없으면 네트워크가 다운된 것으로 간주하고 240초 동안 Update가 없다면 라우팅 테이블에서 삭제

④ 라우팅 루프를 회피하기 위한 방법 중 하나인 Hold Down Timer 시간은 180초

⑤ Fastetherneт0/0, Serial0/3/0, Serial0/3/1 포트를 통해 RIP v2을 전송하고, RIP v2만 수신

⑥ 최대 4개의 경로까지 Load Balancing이 가능

⑦ RTA는 네트워크 172.16.0.0을 위한 라우팅

⑧ Next Hop 주소는 172.16.4.2, 172.16.5.2이며, 관리거리는 RIP의 디폴트값인 120

⑨ Next Hop 주소 172.16.4.2, 172.16.5.2를 통하여 경로정보 수신

```
RTB#
RTB#show ip route
Codes: C - connected, S - static, I - IGRP, R - RIP, M - mobile, B - BGP
       D - EIGRP, EX - EIGRP external, O - OSPF, IA - OSPF inter area
       N1 - OSPF NSSA external type 1, N2 - OSPF NSSA external type 2
       E1 - OSPF external type 1, E2 - OSPF external type 2, E - EGP
       i - IS-IS, L1 - IS-IS level-1, L2 - IS-IS level-2, ia - IS-IS inter area
       * - candidate default, U - per-user static route, o - ODR
       P - periodic downloaded static route

Gateway of last resort is not set

     172.16.0.0/24 is subnetted, 5 subnets
R       172.16.1.0 [120/1] via 172.16.4.1, 00:00:08, Serial0/3/0
C       172.16.2.0 is directly connected, FastEthernet0/0
R       172.16.3.0 [120/2] via 172.16.4.1, 00:00:08, Serial0/3/0
C       172.16.4.0 is directly connected, Serial0/3/0
R       172.16.5.0 [120/1] via 172.16.4.1, 00:00:08, Serial0/3/0
RTB#
RTB#
```

그림 4-12 RTB 라우팅 테이블

```
RTB#
RTB#show ip protocols
Routing Protocol is "rip"
Sending updates every 30 seconds, next due in 0 seconds
Invalid after 180 seconds, hold down 180, flushed after 240
Outgoing update filter list for all interfaces is not set
Incoming update filter list for all interfaces is not set
Redistributing: rip
Default version control: send version 2, receive 2
  Interface             Send  Recv  Triggered RIP  Key-chain
  FastEthernet0/0       2     2
  Serial0/3/0           2     2
Automatic network summarization is in effect
Maximum path: 4
Routing for Networks:
        172.16.0.0
Passive Interface(s):
Routing Information Sources:
        Gateway         Distance      Last Update
        172.16.4.1           120      00:00:08
Distance: (default is 120)
RTB#
RTB#
```

그림 4-13 RTB 라우팅 프로토콜 정보

```
RTC#
RTC#show ip route
Codes: C - connected, S - static, I - IGRP, R - RIP, M - mobile, B - BGP
       D - EIGRP, EX - EIGRP external, O - OSPF, IA - OSPF inter area
       N1 - OSPF NSSA external type 1, N2 - OSPF NSSA external type 2
       E1 - OSPF external type 1, E2 - OSPF external type 2, E - EGP
       i - IS-IS, L1 - IS-IS level-1, L2 - IS-IS level-2, ia - IS-IS inter area
       * - candidate default, U - per-user static route, o - ODR
       P - periodic downloaded static route

Gateway of last resort is not set

     172.16.0.0/24 is subnetted, 5 subnets
R       172.16.1.0 [120/1] via 172.16.5.1, 00:00:11, Serial0/3/0
R       172.16.2.0 [120/2] via 172.16.5.1, 00:00:11, Serial0/3/0
C       172.16.3.0 is directly connected, FastEthernet0/0
R       172.16.4.0 [120/1] via 172.16.5.1, 00:00:11, Serial0/3/0
C       172.16.5.0 is directly connected, Serial0/3/0
RTC#
RTC#
```

그림 4-14 RTC 라우팅 테이블

```
RTC#
RTC#show ip protocols
Routing Protocol is "rip"
Sending updates every 30 seconds, next due in 8 seconds
Invalid after 180 seconds, hold down 180, flushed after 240
Outgoing update filter list for all interfaces is not set
Incoming update filter list for all interfaces is not set
Redistributing: rip
Default version control: send version 2, receive 2
  Interface             Send  Recv  Triggered RIP  Key-chain
  FastEthernet0/0       2     2
  Serial0/3/0           2     2
Automatic network summarization is in effect
Maximum path: 4
Routing for Networks:
        172.16.0.0
Passive Interface(s):
Routing Information Sources:
        Gateway         Distance      Last Update
        172.16.5.1           120      00:00:05
Distance: (default is 120)
RTC#
RTC#
```

그림 4-15 RTC 라우팅 프로토콜 정보

4.3 RIP 확인하기

"show ip protocols"와 "show ip route" 명령어는 라우팅 프로토콜과 라우팅 테이블에 대한 정보를 보여준다. "show ip protocols" 명령어는 라우터와 관계있는 라우팅 프로토콜과 라우팅 프로토콜 타이머 정보에 대한 값들을 보여준다.

그림 4-2의 예에서 라우터는 RIP으로 구성되었고 갱신된 라우팅 테이블 정보는 매 30초마다 전송하고 RIP이 동작하는 라우터가 180초 이상동안 다른 라우터로부터 갱신 정보를 수신하지 못할 경우 라우터는 그 경로에 "invalid" 표시를 한다. Holddown Timer는 180초로 설정되었으며 다운(Down)되었다가 현재 업(Up)된 경로에 대한 업데이트는 180초까지 Holddown 상태로 유지된다. 240초 이후에도 업데이트가 없다면 라우터는 라우팅 테이블에서 엔트리(Entry)를 제거하게 된다. 라우터는 메시지의 "Routing for Networks" 다음에 나열된 네트워크를 위한 경로를 제공하며 메시지의 "Routing Information Sources" 다음에 나열된 이웃 RIP 라우터로부터 경로를 수신할 것이다. RIP의 경로를 위한 관리거리는 Default Distance "120"이며 "show ip interface brief" 명령어는 인터페이스의 정보와 상태의 요약을 보여준다.

```
RTA#
RTA#sh ip interface brief
Interface              IP-Address      OK? Method Status                Protocol

FastEthernet0/0        172.16.1.1      YES manual up                    up

FastEthernet0/1        unassigned      YES unset  administratively down down

Serial0/3/0            172.16.4.1      YES manual up                    up

Serial0/3/1            172.16.5.1      YES manual up                    up

Vlan1                  unassigned      YES unset  administratively down down
RTA#
RTA#
RTA#
```

그림 4-16 "show ip interface brief" 명령의 Output

"show ip route" 명령어는 IP 라우팅 테이블의 내용을 보여주는데 라우팅 테이블은 알고 있는 모든 네트워크와 서브넷에 대한 엔트리와 경로정보를 학습한 방법을 가리키는 코드가 포함되어 있다.

C : Connected, S : Static, I : IGRP, R : RIP, B : BGP, D : EIGRP, O : OSPF

라우팅 정보가 라우팅 테이블에 있는지 알아보기 위해 Output 메시지를 꼼꼼하게 관찰하여야 하는데 엔트리가 빠져 있을 경우 라우팅 정보가 교환되지 않기 때문이다. "show running-config" 혹은 "show ip protocols" 명령어는 라우팅 프로토콜이 잘못 구성되어있는지 체크하기 위해 사용하는 관리자 모드(Privileged EXEC) 명령어이다.

4.4 RIP Troubleshooting

시스템이나 장치 등에서 발생한 장애를 여러 가지 각종 수단을 동원하여 그 발생 원인을 찾아내는 것을 Troubleshooting이라 한다. "debug ip rip" 명령어는 송 · 수신되는 RIP 라우팅 업데이트를 보기위해 사용하는 명령어이다. 모든 디버깅(Debugging) 기능을 중단시키기 위한 명령어로는 "no debug all" 혹은 "undebug all" 명령어를 사용한다.

```
RTA#
RTA#debug ip rip
RIP protocol debugging is on
RTA#RIP: received v2 update from 172.16.5.2 on Serial0/3/1
      172.16.3.0/24 via 0.0.0.0 in 1 hops
RIP: sending  v2 update to 224.0.0.9 via FastEthernet0/0 (172.16.1.1)
RIP: build update entries
      172.16.2.0/24 via 0.0.0.0, metric 2, tag 0
      172.16.3.0/24 via 0.0.0.0, metric 2, tag 0
      172.16.4.0/24 via 0.0.0.0, metric 1, tag 0
      172.16.5.0/24 via 0.0.0.0, metric 1, tag 0
RIP: sending  v2 update to 224.0.0.9 via Serial0/3/0 (172.16.4.1)
RIP: build update entries
      172.16.1.0/24 via 0.0.0.0, metric 1, tag 0
      172.16.3.0/24 via 0.0.0.0, metric 2, tag 0
      172.16.5.0/24 via 0.0.0.0, metric 1, tag 0
RIP: sending  v2 update to 224.0.0.9 via Serial0/3/1 (172.16.5.1)
RIP: build update entries
      172.16.1.0/24 via 0.0.0.0, metric 1, tag 0
      172.16.2.0/24 via 0.0.0.0, metric 2, tag 0
      172.16.4.0/24 via 0.0.0.0, metric 1, tag 0
RIP: received v2 update from 172.16.4.2 on Serial0/3/0
      172.16.2.0/24 via 0.0.0.0 in 1 hops
RIP: received v2 update from 172.16.5.2 on Serial0/3/1
      172.16.3.0/24 via 0.0.0.0 in 1 hops

RTA#undebug all
All possible debugging has been turned off
RTA#
RTA#
```

그림 4-17 "debug ip rip" 명령의 Output

그림 4-17의 예에서 보면 디버그(Debug)되고 있는 라우터가 발신주소 172.16.1.1을 통하여 경로정보를 내보내고 있는 것을 보여주고 있다. 발신주소 172.16.1.1로 내보내는 경로정보는 4개의 목적지에 대한 정보를 전송하고 있다.

디버그되고 있는 라우터는 목적지 224.0.0.9(Multicast)로 업데이트 정보를 멀티캐스트 전송을 하며 괄호 안의 번호는 IP 헤더에 Encapsulation된 발신지 주소를 나타낸다.

"debug ip rip" 명령어가 보여주는 또 다른 Output으로는 다음과 같은 것들이 있다.

RIP : broadcasting general request on Fastethernet0/0

RIP : broadcasting general request on Fastethernet0/1

이 Output들은 라우터 Startup 시 인터페이스 상태의 천이, 사용자가 수동으로 라우팅 테이블을 Clear시키는 등의 사건이 발생 시 나타나는 메시지들이다. 송신지로부터의 비정상적인 패킷에 의해 야기되는 Output은 다음과 같다.

RIP : bad version 128 from 160.89.80.43

다음 표 4-3에서 디버그 명령어 사용 시 나타날 수 있는 몇 가지 Output 메시지에 대한 의미를 살펴보자.

표 4-3 디버그 명령의 Output 메시지와 예측 가능한 의미

Output 메시지	의미(가능한)
RIP: broadcasting general request on ethernet0	시작(Startup) 시 인터페이스 상태 천이 사용자가 수동으로 인터페이스 클리어
RIP: bad version 128 from 192.168.5.2	송신지로부터 잘못된 패킷 전송
RIP: received v2 update from 192.168.2.2 on serial0	Serial0상으로 RIP v2 업데이트 수신
RIP: sending v1 update to 255.255.255.255 via serial0(192.168.1.1)	Serial0상에 RIP v1이 구성됨
RIP: ignored v1 packet from 192.168.1.1 (illegal version)	라우터에 RIP v1이 구성되지 않음
RIP: sending v2 update to 224.0.0.9 via fastethernet0(193.168.3.1)	RIP v2 업데이트 전송
RIP: build update entries 192.168.2.0/24 via 0.0.0.0 metric 1, tag 0	디폴트(Default) 경로와 태그(Tag)의 사용을 보여줌

4.5 RIP와 디폴트 라우트

디폴트 라우트(Default Route)를 설정하면 라우팅 테이블의 크기가 줄어들어 라우터 자원의 낭비를 막고 라우터 성능도 향상되어 네트워크의 안정화에 도움이 될 수 있다. 디폴트 경로는 각 라우터에서 직접 설정할 수도 있지만 동적인 라우팅 프로토콜을 이용하여 자동으로 설정되게 하는 것이 설정도 간편하고 장애가 발생할 경우 대체 경로로 우회할 수 있는 장점이 있다.

그림 4-18에서 라우터 RTA에 디폴트 경로를 설정하고 라우팅 프로토콜 RIP를 이용하여 디폴트 경로를 내부 네트워크로 전파하는 과정을 살펴보자. 여기서 RIP는 인접 라우터들에게 0.0.0.0/0으로의 경로를 전파하기 때문에 라우터 RTA에 0.0.0.0/0으로의 경로를 추가로 설정해주면 호스트 192.168.4.2까지 핑이 돌아오는 것을 볼 수 있다. (0.0.0.0/0으로의 경로가 설정되기 전까지는 핑이 돌아오지 않음) 라우터 RTD에서 RTA로의 라우팅 프로토콜은 Static으로 설정한다.

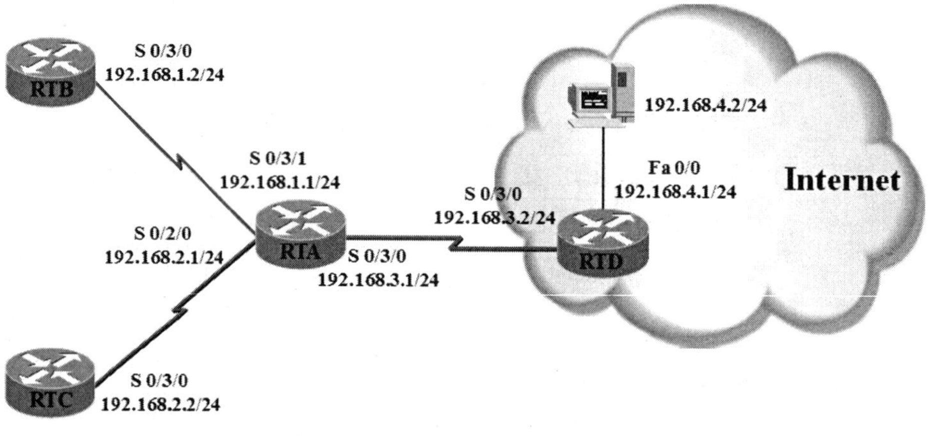

그림 4-18 RIP와 디폴트 라우트 설정을 위한 네트워크 구성도

① 라우터 RTA, RTB, RTC, RTD의 기본 네트워크 설정하기(RTB, RTC, RTD의 반복적인 명령어 생략)

```
Router#configure terminal
Router(config)#hostname RTA
RTA(config)#interface serial 0/3/0
RTA(config-if)#ip address 192.168.3.1 255.255.255.0
```

```
RTA(config-if)#clock rate 64000(Back-to-Back 구성에서 DCE로 동작)
RTA(config-if)#no shutdown
RTA(config-if)#exit
RTA(config)#interface serial 0/3/1
RTA(config-if)#ip address 192.168.1.1 255.255.255.0
RTA(config-if)#clock rate 64000(Back-to-Back 구성에서 DCE로 동작)
RTA(config-if)#no shutdown
RTA(config-if)#exit
RTA(config)#interface serial 0/2/0
RTA(config-if)#ip address 192.168.2.1 255.255.255.0
RTA(config-if)#clock rate 64000(Back-to-Back 구성에서 DCE로 동작)
RTA(config-if)#no shutdown
RTA(config-if)#exit

RTB(config-if)#interface serial 0/3/0
RTB(config-if)#ip address 192.168.1.2 255.255.255.0
RTB(config-if)#no shutdown

RTC(config-if)#interface serial 0/3/0
RTC(config-if)#ip address 192.168.2.2 255.255.255.0
RTC(config-if)#no shutdown

RTD(config-if)#interface fastethernet 0/0
RTD(config-if)#ip address 192.168.4.1 255.255.255.0
RTD(config-if)#no shutdown
RTD(config-if)#interface serial 0/3/0
RTD(config-if)#ip address 192.168.3.2 255.255.255.0
RTD(config-if)#no shutdown
```

② 라우터 RTA, RTB, RTC 사이에 RIP 설정하기

```
RTA(config)#router rip
RTA(config-router)#network 192.168.1.0
```

```
RTA(config-router)#network 192.168.2.0
RTA(config-router)#network 192.168.3.0

RTB(config)#router rip
RTB(config-router)#network 192.168.1.0

RTC(config)#router rip
RTC(config-router)#network 192.168.2.0
```

③ RTD에서 각 네트워크로 정적인 경로설정하기

```
RTD(config)#ip route 192.168.1.0 255.255.255.0 192.168.3.1
RTD(config)#ip route 192.168.2.0 255.255.255.0 192.168.3.1
```

④ RTA에서 디폴트 경로와 0.0.0.0/0 경로설정하기

```
RTA(config)#ip default-network 192.168.3.0
RTA(config)#ip route 0.0.0.0 0.0.0.0 192.168.3.2
```

⑤ 설정 저장하기

```
RTA#copy runnung-config startup-config
RTB#copy runnung-config startup-config
RTC#copy runnung-config startup-config
RTD#copy runnung-config startup-config
```

⑥ 설정이 끝난 후 각 라우터에서 호스트까지 핑(Ping) 테스트

```
RTA#ping 192.168.4.2
RTB#ping 192.168.4.2
RTC#ping 192.168.4.2
```

```
RTA#
RTA#show ip route
Codes: C - connected, S - static, I - IGRP, R - RIP, M - mobile, B - BGP
       D - EIGRP, EX - EIGRP external, O - OSPF, IA - OSPF inter area
       N1 - OSPF NSSA external type 1, N2 - OSPF NSSA external type 2
       E1 - OSPF external type 1, E2 - OSPF external type 2, E - EGP
       i - IS-IS, L1 - IS-IS level-1, L2 - IS-IS level-2, ia - IS-IS inter area
       * - candidate default, U - per-user static route, o - ODR
       P - periodic downloaded static route

Gateway of last resort is 192.168.3.2 to network 0.0.0.0

C    192.168.1.0/24 is directly connected, Serial0/3/1
C    192.168.2.0/24 is directly connected, Serial0/2/0
C*   192.168.3.0/24 is directly connected, Serial0/3/0
S*   0.0.0.0/0 [1/0] via 192.168.3.2
RTA#
RTA#
RTA#
RTA#
```

그림 4-19 RTA의 라우팅 테이블

```
RTB#
RTB#show ip route
Codes: C - connected, S - static, I - IGRP, R - RIP, M - mobile, B - BGP
       D - EIGRP, EX - EIGRP external, O - OSPF, IA - OSPF inter area
       N1 - OSPF NSSA external type 1, N2 - OSPF NSSA external type 2
       E1 - OSPF external type 1, E2 - OSPF external type 2, E - EGP
       i - IS-IS, L1 - IS-IS level-1, L2 - IS-IS level-2, ia - IS-IS inter area
       * - candidate default, U - per-user static route, o - ODR
       P - periodic downloaded static route

Gateway of last resort is 192.168.1.1 to network 0.0.0.0

C    192.168.1.0/24 is directly connected, Serial0/3/0
R    192.168.2.0/24 [120/1] via 192.168.1.1, 00:00:06, Serial0/3/0
R    192.168.3.0/24 [120/1] via 192.168.1.1, 00:00:06, Serial0/3/0
R*   0.0.0.0/0 [120/1] via 192.168.1.1, 00:00:06, Serial0/3/0
RTB#
RTB#
RTB#
RTB#
```

그림 4-20 RTB의 라우팅 테이블

```
RTC#
RTC#show ip route
Codes: C - connected, S - static, I - IGRP, R - RIP, M - mobile, B - BGP
       D - EIGRP, EX - EIGRP external, O - OSPF, IA - OSPF inter area
       N1 - OSPF NSSA external type 1, N2 - OSPF NSSA external type 2
       E1 - OSPF external type 1, E2 - OSPF external type 2, E - EGP
       i - IS-IS, L1 - IS-IS level-1, L2 - IS-IS level-2, ia - IS-IS inter area
       * - candidate default, U - per-user static route, o - ODR
       P - periodic downloaded static route

Gateway of last resort is 192.168.2.1 to network 0.0.0.0

R    192.168.1.0/24 [120/1] via 192.168.2.1, 00:00:10, Serial0/3/0
C    192.168.2.0/24 is directly connected, Serial0/3/0
R    192.168.3.0/24 [120/1] via 192.168.2.1, 00:00:10, Serial0/3/0
R*   0.0.0.0/0 [120/1] via 192.168.2.1, 00:00:10, Serial0/3/0
RTC#
RTC#
RTC#
RTC#
```

그림 4-21 RTC의 라우팅 테이블

```
RTD#
RTD#show ip route
Codes: C - connected, S - static, I - IGRP, R - RIP, M - mobile, B - BGP
       D - EIGRP, EX - EIGRP external, O - OSPF, IA - OSPF inter area
       N1 - OSPF NSSA external type 1, N2 - OSPF NSSA external type 2
       E1 - OSPF external type 1, E2 - OSPF external type 2, E - EGP
       i - IS-IS, L1 - IS-IS level-1, L2 - IS-IS level-2, ia - IS-IS inter area
       * - candidate default, U - per-user static route, o - ODR
       P - periodic downloaded static route

Gateway of last resort is not set

S    192.168.1.0/24 [1/0] via 192.168.3.1
S    192.168.2.0/24 [1/0] via 192.168.3.1
C    192.168.3.0/24 is directly connected, Serial0/3/0
C    192.168.4.0/24 is directly connected, FastEthernet0/0
RTD#
RTD#
RTD#
RTD#
```

그림 4-22 RTD의 라우팅 테이블

라우팅 프로토콜로 IGRP나 EIGRP를 사용할 경우에는 디폴트 네트워크 192.168.3.0으로의 경로를 직접 전파하므로 RTA에 0.0.0.0/0으로의 경로를 추가로 설정해줄 필요가 없다. 그리고 RIP의 디폴트 경로를 설정하는 다른 2가지 방법이 있는데 다음과 같은 명령어로 구성할 수 있다.

① Router(config)#router rip

Router(config-router)#default-information originate

② Router(config)#router rip

Router(config-router)#redistribute static

제5장

OSPF

5.1 OSPF 개요

OSPF(Open Shortest Path First)는 링크-상태(Link-State) 라우팅 프로토콜로써 현재 사용되고 있는 OSPF의 버전은 2이며 RFC 2328에 규정되어 있는 실무에서 가장 많이 사용하는 IGP(Interior Gateway Protocol) 중 하나이다. OSPF는 제4장에서 다루었던 RIP(Routing Information Protocol)보다 규모가 큰 네트워크에서도 사용할 수 있고, 규모가 크고 복잡한 TCP/IP 네트워크에서 RIP의 단점을 개선한 라우팅 프로토콜이며 RIP에 비해 자세한 제어가 가능하고 관리정보의 트래픽도 줄일 수 있는 장점을 가지고 있다.

링크-상태 라우팅 프로토콜과 거리-벡터 라우팅 프로토콜의 중요한 차이점은 경로정보를 교환하기 위해 링크-상태 라우팅 프로토콜보다 거리-벡터 라우팅 프로토콜이 더 간단한 방법을 사용한다는 것이다. 링크-상태 라우팅 알고리즘은 토폴로지 정보에 대한 복잡한 데이터베이스를 유지한다. 거리-벡터 라우팅 알고리즘은 원거리 네트워크 및 라우터에 대한 특정 정보를 가지지 않지만 링크-상태 라우팅 알고리즘은 원거리에 있는 라우터와 그들의 연결방법에 대한 모든 정보를 유지하기 때문이다. 하지만 OSPF는 대규모의 안정된 네트워크를 운영할 수 있으며, 표준 라우팅 프로토콜이기 때문에 대부분의 라우터에서 지원되어 네트워크 설계에 융통성이 있으며, 라우터의 선택이 자유로워지는 장점이 있어 실제 필드에서 많이 사용되는 라우팅 프로토콜이다. 그 외 2개의 라우팅 프로토콜 특성에 대한 비교를 표 5-1에서 정리하였다.

모든 거리-벡터 라우팅 프로토콜은 경로를 학습하고 직접 연결된 이웃에 전달하는 반면 링크-상태 라우터는 영역 내 모든 라우터들에게 링크-상태를 광고하며 각 라우터는 완전한 링크-상태 데이터베이스를 구축하는데 이러한 광고를 LSA(Link State Advertisement)라 부른다. 또한 거리-벡터 라우터와 달리 링크-상태 라우터는 이웃 라우터 및 다른 링크-상태 라우터와 특별한 관계를 형성하여 LSA 정보가 적절하고 효과적으로 교환되고 있음을 보여준다. 네트워크 연결 초기에 발생하는 LSA Flood는 라우터가 링크-상태 데이터베이스 구축에 필요한 정보를 제공하고 라우팅 Update는 네트워크 변경 시에만 발생한다.

네트워크 변경이 없을 경우 라우팅 Update는 특정 주기 이후에 자동으로 전송되며 네트워크 변경이 있을 경우에는 부분적인 Update를 즉시 전송하는데 이때 부분적인 수정은 변경된 링크에 대한 정보만 포함하고 있다.

표 5-1 거리-벡터와 링크-상태 라우팅 프로토콜의 특성비교

프로토콜	예	특 성
거리-벡터 (Distance-Vector)	RIP v1, RIP v2 IGRP	• 이웃 라우터에게 라우팅 테이블 Copy • 잦은 Update • RIP v1, 2는 메트릭으로 홉 카운트 사용 • 이웃의 시각으로 네트워크를 봄 • 느린 수렴 • 라우팅 루프 발생하기 쉬움 • 구성과 관리가 쉬움 • 대역폭의 낭비
링크-상태 (Link-State)	OSPF IS-IS	• 최단거리 경로 사용 • Event Triggered Update • 모든 네트워크 라우터들에게 링크-상태 패킷 전송 • 공통의 시각으로 네트워크를 봄 • 빠른 수렴 • 라우팅 루프 발생하기 어려움 • 구성이 상대적으로 복잡함 • 거리-벡터보다 더 많은 비용과 처리능력을 요구 • 거리-벡터보다 더 적은 대역폭 소모

링크-상태 라우팅 프로토콜이 WAN 링크의 사용률이 염려되는 네트워크 관리자에게는 부분적인 수정이 매 30초마다 완전한 라우팅 테이블을 전송하는 거리-벡터 라우팅 프로토콜에 비해 효과적이다. 변경발생 시 링크-상태 라우터는 부분적인 수정을 모두에게 동시에 알리며 거리-벡터 라우팅 프로토콜에 비해 링크-상태 라우팅 프로토콜의 이점은 보다 빠른 수렴 및 개선된 대역폭 사용률을 포함하고 있다.

특히 링크-상태 라우팅 프로토콜은 CIDR(Classless Inter-Domain Routing) 및 VLSM(Variable Length Subnet Mask)을 지원하기 때문에 복잡하고 확장성 있는 네트워크를 위한 훌륭한 선택이 될 수 있을 것이다. 링크-상태 라우팅 프로토콜은 어떤 규모의 네트워크에서도 거리-벡터 라우팅 프로토콜보다 우수하지만 일반적으로 다소 복잡하고 잘 훈련된 관리자가 필요하며 고비용 및 높은 Processor Power의 요구로 설치를 주저하는 경우도 있다.

OSPF와 같은 링크-상태 라우팅 프로토콜은 네트워크 내 혹은 정의된 네트워크 영역 내의 모든 다른 라우터들로부터 경로정보를 수집하고 정보가 수집되면 각 라우터는 네트워크 내의 모든 목적지까지 최적경로를 계산한다. 이때 각 라우터는 네트워크에 대한 고유의 View를 가지므로 이웃 라우터가 제공할 수도 있는 잘못된 정보를 전달하지는 않는다. 또한 링크-상태 라우팅 프로토콜의 특성을 보면 네트워크에 변화가 발생 시에만 Triggered Update를 전송하기 때문에 네트워크 변화에 빠르게 응답하고 장시간 네트워크에 변동이 없을 경우 Link-state Refresh라고 알려진 시간에 주기적인 Update를 전송한다.

링크-상태 라우팅 프로토콜은 이웃까지의 도달 가능성(Reachability)을 결정하기 위해 그림 5-1에서 보여주듯이 헬로(Hello) 메커니즘(Mechanism)을 사용한다. 각 라우터는 이웃 라우터의 상태를 놓치지 않기 위해 헬로 패킷을 멀티캐스트(All OSPF 라우터는 224.0.0.5)하는데 헬로 패킷은 라우터와 연결된 네트워크에 대한 정보를 포함하고 있다.

그림 5-1에서 RTD는 "Network 3" 네트워크상의 이웃인 RTB, RTC, RTD에 대한 정보를 인지한다. 각 라우터는 네트워크 영역 내의 모든 라우터를 놓치지 않기 위해 LSA(Link State Advertisement)를 사용하며, LSA는 네트워크 내 다른 라우터와 연결된 링크의 상태에 대한 Update를 제공한다. 링크-상태 라우팅 프로토콜을 사용하는 라우터가 가지는 기능은 네트워크에 대한 데이터베이스를 구축하기 위해 다른 라우터로부터 수신된 헬로 정보와 LSA를 사용하고 각 네트워크까지 최단 경로를 계산하기 위해 SPF(Shortest Path First) 알고리즘을 사용하며 라우팅 테이블에 경로정보를 저장한다.

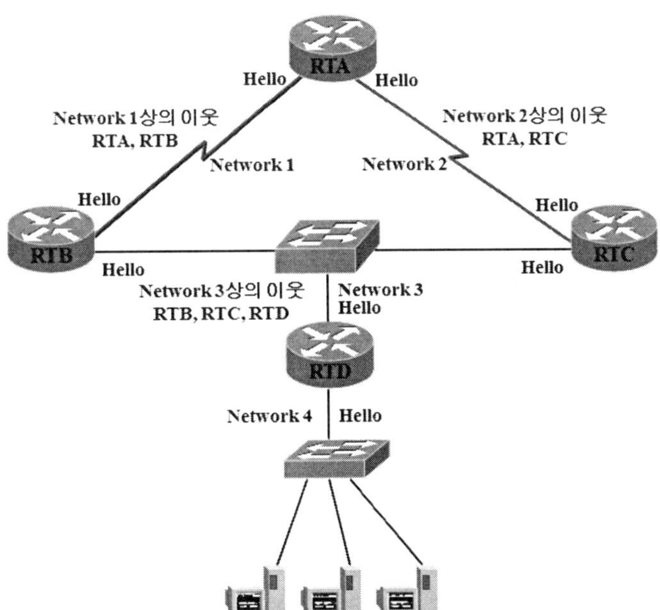

그림 5-1 링크-상태 라우팅 프로토콜의 이웃 간 Hello

5.2 링크–상태 라우팅 알고리즘

5.2.1 라우팅 정보유지

링크-상태 라우팅 프로토콜은 라우팅 정보를 유지하기 위하여 링크-상태 광고(LSA), 토폴로지 데이터베이스(Topological Database), SPF 알고리즘(Algorithm), SPF Tree 및 최적경로를 결정하기 위한 경로 및 포트의 라우팅 테이블을 사용한다.

링크-상태 라우팅 프로토콜은 거리-벡터 라우팅 프로토콜의 제한사항을 극복하기 위해 설계된 라우팅 프로토콜로써 거리-벡터 라우팅 프로토콜은 바로 이웃과 라우팅 테이블 Update를 교환하는 반면 링크-상태 라우팅 프로토콜은 큰 영역을 가로질러 라우팅 정보를 교환한다. 그리고 네트워크에 장애발생(도달불가 등) 시 링크-상태 라우팅 프로토콜은 영역 내의 특정 멀티캐스트 주소로 LSA를 Flood하며 정보를 수신한 포트를 제외한 모든 포트로 정보를 송신한다. 이때 각 라우터는 LSA를 복사 후 링크-상태나 토폴로지 데이터베이스를 수정하고 모든 이웃 장치들에게 LSA를 전달하여 영역 내의 모든 라우터들이 경로를 재계산하도록 한다. 이러한 이유로 링크-상태 라우팅 프로토콜은 영역 내 링크-상태 라우터의 수를 제한하여 변경된 경로정보를 반영하여야 하는 네트워크의 범위를 축소한다.

링크는 라우터상의 인터페이스와 동일하며 링크의 상태는 이웃 라우터와의 관계 및 인터페이스에 대한 설명으로 인터페이스의 IP 주소, 서브넷 마스크, 연결된 네트워크 유형과 라우터 등에 대한 정보를 포함하고 있다. 각 라우터는 링크-상태를 수집하여 종종 토폴로지컬(Topological) 데이터베이스라 불리는 링크-상태 데이터베이스를 형성하고 링크-상태 데이터베이스는 최적경로를 계산하는데 사용한다. 즉 링크-상태 라우터는 링크-상태 데이터베이스를 참고하여 Dijkstra SPF 알고리즘을 적용하고 로컬(Local) 라우터를 루트(Root)로 하여 SPF 트리를 형성한 후 최적경로를 SPF 트리로부터 선택하여 라우팅 테이블에 등록한다.

5.2.2 링크–상태 라우팅 알고리즘

링크-상태 라우팅 알고리즘은 네트워크 내의 다른 라우터들과 LSA 교환을 통하여 복잡한 네트워크 토폴로지의 데이터베이스 유지한다. SPF 알고리즘으로도 알려진 링크-상태 라우팅 알고리즘의 특성은 네트워크 토폴로지에 대한 복잡한 데이터베이스를 유지하고 다익스트라 알고리즘(Dijkstra Algorithm)에 기반한다는 것이다.

링크-상태 프로토콜은 네트워크 내의 라우터에 대한 전반적인 정보 및 연결방법을 찾아내고 유지하는데, 이것은 네트워크 내 다른 라우터와 LSA의 교환을 통해서 달성한다. 각 라우터는 수신된 LSA로부터 토폴로지컬 데이터베이스를 구축하고 SPF 알고리즘은 목적지까지 도달능력을 계산하기 위해 사용하며, 이러한 정보는 라우팅 테이블을 수정하는데 사용한다. LSA를 통하여 링크-상태 라우팅 프로토콜은 장비의 장애나 네트워크 확장에 의해 발생하는 토폴로지의 변경을 발견할 수 있다.

LSA 교환은 주기적인 Update 대신 네트워크 내 이벤트(Event)에 의해 유발되는데 이것을 Triggered Update라 한다. 그림 5-2의 네트워크가 링크-상태 라우팅 프로토콜을 사용할 경우 RTA와 RTD사이의 연결성과는 직접적인 관계가 없다. 채용된 라우팅 프로토콜과 선택된 메트릭에 기반하여 라우팅 프로토콜은 동일한 목적지까지 두 개의 경로를 식별하여 최적경로를 사용한다. 표 5-2의 경로테이블을 보면 RTA에서 RTD까지는 두 개의 라우팅 엔트리가 존재하고 두 개의 경로는 동일한 코스트를 가진다.

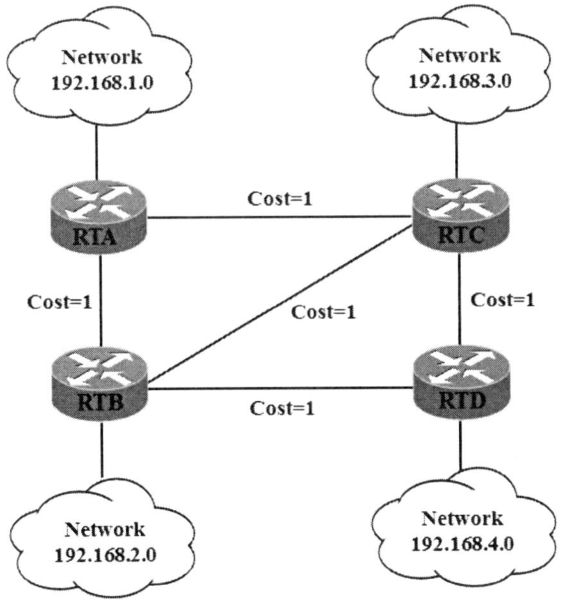

그림 5-2 링크-상태 라우팅 알고리즘 경로계산

어떤 링크-상태 라우팅 프로토콜은 두 경로의 성능을 평가하여 최적경로를 선택하는 방법을 사용하기도 하는데, 이러한 경우 RTC를 통한 우선경로가 혼잡이나 장비장애와 같은 어려움을 겪고 있을 경우 링크-상태 라우팅 프로토콜은 이러한 변화를 감지하고 RTB를 통하여 패킷을 우회시킨다.

표 5-2 링크-상태 라우팅 프로토콜의 경로 테이블

라우터	목적지 네트워크	Next Hop	코스트
RTA	192.168.2.0	RTB	1
RTA	192.168.3.0	RTC	1
RTA	192.168.4.0	RTB	2
RTA	192.168.4.0	RTC	2
RTB	192.168.1.0	RTA	1
RTB	192.168.3.0	RTC	1
RTB	192.168.4.0	RTD	1
RTC	192.168.1.0	RTA	1
RTC	192.168.2.0	RTB	1
RTC	192.168.4.0	RTD	1
RTD	192.168.1.0	RTB	2
RTD	192.168.1.0	RTC	2
RTD	192.168.2.0	RTB	1
RTD	192.168.3.0	RTC	1

5.2.3 링크-상태 라우팅 프로토콜의 장단점

링크-상태 라우팅 프로토콜은 거리-벡터 라우팅 프로토콜에 비해 항상 장점만 있는 것은 아니라 단점도 있다. 장점으로는 먼저 경로를 선택하기 위해 경로상의 링크 용량을 반영하는 코스트 메트릭을 사용한다는 것이다. 거리-벡터 라우팅 프로토콜에서는 링크의 용량을 반영하지 않고 목적지까지의 홉 수만 가지고 경로를 선택하기 때문에 때때로 비효과적인 경로를 선택하는 경우가 발생하기도 한다.

다음은 Triggered Update 사용 및 네트워크 내의 모든 라우터에게 토폴로지 변화를 즉시 알리기 위해 LSA를 Flood하여 빠른 수렴시간을 달성한다는 것이다. 이후 각 라우터는 완전하고 동기화 된 네트워크의 형상을 가지기 때문에 라우팅 루프의 발생이

어렵다는 장점이 있다. 또한 링크-상태 라우터는 최적경로결정을 위해 최소한의 정보를 사용하고 링크-상태 데이터베이스의 크기는 네트워크 설계에 따라 최소화할 수 있어 보다 작은 Dijkstra 계산과 보다 빠른 수렴을 할 수 있다. 그리고 모든 링크-상태 라우터들은 자신의 네트워크 영역에 대한 토폴로지를 구성하고 있어 발생 가능한 문제 해결에 도움이 되며 마지막으로 CIDR 및 VLSM을 지원한다는 장점을 가지고 있다.

링크-상태 라우팅 프로토콜의 단점으로는 우선 거리-벡터 라우팅 프로토콜보다 더 많은 메모리 및 Processor Power가 필요하여 적은 예산과 기존의 하드웨어로 구축할 경우 상대적으로 고비용이 소요될 수도 있다.

다음은 토폴로지 테이블의 크기를 감소시키기 위해 보다 작은 영역으로 네트워크를 분할하여 관리할 필요가 있어 엄격한 계층적인 네트워크 설계를 요구하기 때문에 프로토콜을 잘 이해하고 있는 관리자가 필요하다. 마지막으로 초기 발견(Discovery) 단계에서 발생하는 LSA Flooding으로 인해 네트워크에 혼잡을 유발하여 심각한 네트워크 성능 감소를 가져올 수 있다는 단점을 가지고 있다. 표 5-3에서 링크-상태 라우팅 프로토콜의 장단점을 비교하여 정리하였다.

표 5-3 링크-상태 라우팅 프로토콜의 장단점

장 점	단 점
• 토폴로지에 변화가 발생 시 영향을 받는 라우터에 의해 즉시 보고되기 때문에 빠른 수렴 시간 • 라우팅 루프에 대한 견고함을 제공 • 링크-상태 패킷의 순서와 수명 존재 • 네트워크 설계에 따라 링크-상태 데이터베이스 크기를 최소화 • 라우터들은 전체 토폴로지를 인지	• 메모리와 프로세싱 자원에 대한 요구 • 엄격한 네트워크 설계에 대한 요구 • 네트워크에 대한 상당한 지식을 보유하고 있는 관리자 필요 • 초기 Flooding이 네트워크 성능에 방해

5.3 OSPF 용어

OSPF(Open Shortest Path First)는 고유의 용어를 가진다(그림 5-3). OSPF 라우터가 동작하는 과정을 살펴보고 이때 등장하는 용어를 정리해 보자. OSPF는 이웃 라우터로부터 각 OSPF 라우터의 링크-상태에 대한 정보를 수집하고, 모든 이웃 라우터들에게 정보를 Flooding하며 OSPF 라우터는 자신의 링크-상태를 광고하고 수신된 링크-상태를 전달한다. 이후 각 라우터는 링크-상태에 대한 정보를 처리하여 링크-상태 데이터베이스를 구축하며 OSPF 영역(Area) 내의 모든 라우터는 동일한 링크-상태 데이터베이스를 가지게 된다.

각 라우터는 자신의 링크-상태 데이터베이스 사본에 SPF 알고리즘을 적용하여 목적지까지의 최적경로를 결정하는데, 통상 SPF 알고리즘은 대역폭에 기반을 둔 값을 코스트에 합산하여 계산하며 가장 낮은 코스트를 가지는 경로는 라우팅 테이블에 추가한다. 그리고 각 라우터는 Adjacency 데이터베이스라 불리는 이웃 라우터의 리스트를 보관하는데 Adjacency 데이터베이스에는 양방향 통신을 수행하는 모든 이웃 라우터의 리스트가 보관되어 있으며 라우터별로 1개씩 유일하게 존재한다.

또한 동일한 네트워크상의 이웃 라우터들 사이에 라우팅 정보의 교환 횟수를 감소

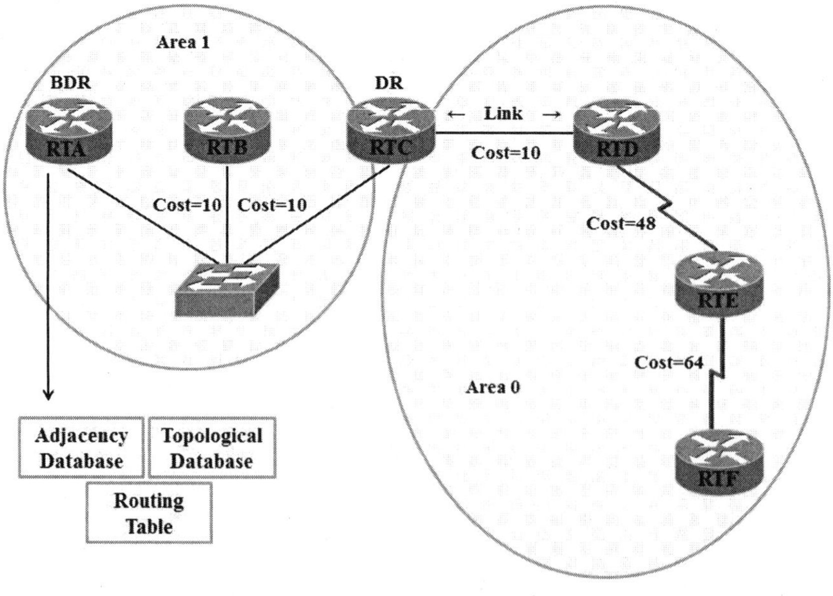

그림 5-3 OSPF Terminologies

시키기 위해 OSPF 라우터들은 DR(Designated Router)과 BDR(Backup Designated Router)을 선출하는데 이것은 라우팅 정보를 교환하는 Focal Point가 된다.

① 링크(Link) : 라우터상의 인터페이스를 지칭한다. 즉 링크-상태란 라우터 인터페이스의 상태를 나타낸다.

② 링크-상태(Link-State) : 두 라우터 사이의 링크-상태를 말하며 이웃 라우터들과 인터페이스 및 라우터의 관계를 나타낸다.

③ Topological Database(or Link-State Database) : 링크-상태 데이터베이스라고도 부르며 내부 네트워크에 있는 모든 다른 라우터에 대한 정보의 리스트를 가지고 있다.

④ 영역(Area) : 동일한 Area ID를 가진 네트워크와 라우터의 집합을 영역(Area)이라 한다. 영역 내의 각 라우터는 동일한 링크-상태 정보를 가지며 영역 내의 라우터를 내부 라우터라 부른다. OSPF 네트워크에서 Area는 0~4,294,967,295 사이의 번호를 할당할 수 있으며, 단일영역(Single-area)은 반드시 0번(Area 0)을 할당하여야 한다. 다중영역(Multi-area) OSPF 네트워크에서는 모든 영역이 Area 0와의 연결이 요구되며 Area 0를 백본에어리어(Backbone Area) 혹은 분배에어리어(Distribution Area)라 부른다.

⑤ 코스트(Cost) : 링크에 부여된 값으로 1~65,535 사이의 정수이며 링크-상태 라우팅 프로토콜은 링크의 대역폭이나 전송속도에 기반하여 코스트를 할당한다. 거리-벡터 라우팅 프로토콜의 홉대신 사용한다. OSPF는 속도와 관련된 코스트를 기반으로 경로를 선택하며 속도가 높을수록 OSPF 링크의 코스트는 낮다(계산식 : 108/bandwidth(bps), 표 5-4).

표 5-4 속도와 관련된 코스트 메트릭

링크 유형과 대역폭	코스트
56Kbps Serial Link(DS0)	1785
1.544Mbps Serial Link(T1)	64
2.048Mbps Serial Link(E1)	48
4Mbps Token-Ring	25
10Mbps Ethernet	10
16Mbps Token-Ring	6
100Mbps Fastethernet, FDDI	1

⑥ 라우팅 테이블 : Forwarding 데이터베이스라고도 부르며 링크-상태 라우팅 알고리즘이 링크-상태 데이터베이스에서 실행될 때 라우팅 테이블이 생성된다. 라우팅 테이블도 라우터별로 1개씩 유일하게 존재한다.

⑦ Adjacency Database : 양방향 통신이 설립된 모든 이웃 라우터들의 리스트를 가지고 있으며 이 데이터베이스도 라우터별로 1개씩 유일하게 존재한다.

⑧ DR(Designated Router), BDR(Backup Designated Router) : 모든 라우터를 대표하기 위해 동일한 로컬 네트워크상의 모든 다른 라우터로부터 선출된 라우터를 말한다. 각각의 네트워크는 DR과 BDR을 가진다.

5.4 OSPF 네트워크 유형과 DR 선출

이웃관계는 OSPF 라우터들이 라우팅 정보를 공유하도록 요구하기 때문에 라우터는 연결되어 있는 각 IP 네트워크상의 적어도 하나의 다른 라우터와 인접 혹은 이웃이 되려고 하며, 라우터들은 연결되어 있는 네트워크의 유형에 따라 어떤 라우터와 인접관계가 될지를 결정한다. 어떤 라우터들은 모든 이웃 라우터들과 인접관계가 되려하고 또 어떤 라우터들은 하나 혹은 두 개의 이웃 라우터만 인접관계가 되려고 하며 이웃들간에 인접관계가 형성되고 나면 링크-상태 정보를 교환한다.

OSPF 인터페이스들은 3가지 유형의 네트워크를 자동으로 인식하는데 3가지 유형의 네트워크는 제2장의 2.3에서도 언급했듯이 이더넷과 같은 브로드캐스트 멀티액세스(Broadcast Multi-access) 네트워크, 포인트 투 포인트(Point to Point) 네트워크, 프레임 릴레이와 같은 NBMA(Nonbroadcast Multi-access) 네트워크가 있다.

멀티액세스 네트워크는 사전에 얼마나 많은 라우터가 연결되어 있는지 모르며 포인트 투 포인트 네트워크는 단지 2개의 라우터만 연결이 가능하지만 어쨌든 브로드캐스트 멀티액세스 네트워크나 NBMA 네트워크를 포함한 멀티액세스 네트워크는 다수의 라우터 연결이 가능하다. 이러한 경우 모든 라우터가 모든 다른 라우터와 인접관계를 설립해야 하고 모든 이웃과 링크-상태 정보를 교환해야 할 경우 너무 많은 부하(Overhead)가 발생한다. 예를 들어 5개의 라우터가 있을 경우 10개의 인접관계와 10개의 링크-상태 전송이 필요하고 10개의 라우터가 있을 경우 45개의 인접관계 필요하여 45개의 링크-상태 전송이 발생한다. 즉, n개의 라우터를 위해 $n*(n-1)/2$개의 인접관계가 형성되어 라우터 연결이 늘어날수록 기하급수적으로 링크-상태의 전송이 필요하게 될 것이다.

이와 같은 부하(Overhead)에 대한 해법은 DR(Designated Router)을 선출하는 것이다. 라우터는 브로드캐스트 세그먼트(Segment) 내 다른 모든 라우터와 인접관계를 형성하기 위해서 세그먼트상의 모든 다른 라우터들은 DR에게 그들의 링크-상태 정보를 전송하고, DR은 세그먼트의 대변인으로 동작하여 세그먼트상의 모든 다른 라우터들에게 모든 OSPF 라우터들을 위한 멀티캐스트 IP 주소 "224.0.0.5"를 사용하여 링크-상태 정보를 전송한다.

하지만 DR 선출이 제공하는 효율적인 이득에도 불구하고 단점도 있는데 DR은 장애의 Single 포인트가 된다는 것이다. 이러한 이유로 장애가 발생할 경우 두 번째 라우터가 DR의 임무를 이어받도록 하기 위해 BDR(Backup DR)을 선출한다.

모든 DR을 위한 멀티캐스트 주소는 "224.0.0.6"이며 포인트 투 포인트 네트워크에서는 두 개의 노드만 존재하기 때문에 DR 혹은 BDR 선출하지 않으며 두 라우터는 서로 인접관계가 된다. 표 5-5에서 네트워크 유형에 따른 DR 선출 여부를 보여주고 있으며 DR의 선출은 기본적으로 라우터의 우선순위(Priority)에 따라 결정된다. 자세한 내용은 OSPF 라우터 구성하기에서 다시 설명할 것이다.

표 5-5 네트워크 유형에 따른 DR 선출여부

네트워크 유형	예	DR 선출여부
Broadcast Multi-access	Ethernet, Token-Ring, FDDI	Yes
NBMA	Frame Relay, X.25, SMDS	Yes
Point to Point	PPP, HDLC	No

5.5 OSPF 헬로 프로토콜

라우터가 인터페이스상에서 OSPF 라우팅 시작 시 헬로(Hello)라는 패킷을 전송하는데 정규적인 주기(헬로 주기라 한다.)로 헬로 패킷을 계속 전송한다. 이러한 OSPF 헬로 패킷의 교환을 관장하는 룰(Rule)을 헬로 프로토콜이라 부르며 OSI 모델 3계층에서 헬로 패킷은 멀티캐스트 IP 주소 "224.0.0.5"를 할당하여 사용하는데 이 주소는 "All OSPF Router"주소이다.

OSPF 라우터들은 새로운 인접관계를 맺고 이웃 라우터가 여전히 동작 중이라는 것을 확인하기 위해 헬로 패킷을 사용하고 헬로는 브로드캐스트 멀티액세스 네트워크와 포인트 투 포인트 네트워크에서 기본적으로 매 10초마다 전송하며 프레임 릴레이와 같은 NBMA 네트워크와 연결하는 인터페이스에서는 기본 주기가 30초이다.

멀티액세스 네트워크에서는 헬로 프로토콜을 통해 DR과 BDR을 선출한다. 헬로 패킷은 작지만 OSPF 패킷 헤더를 구성하고 헬로 패킷을 위한 Type 필드는 "1"로 지정한다. 그림 5-4의 OSPF 패킷 헤더의 두 번째 필드인 "Type" 필드가 "1"로 지정되어 있으면 이 패킷은 헬로 정보를 포함하고 있다는 의미이며, 표 5-6에서는 헬로 패킷 외 패킷 유형에 따라 포함하고 있는 정보를 정리하여 보여주고 있다.

헬로 패킷은 인접관계를 형성하기 위해 모든 이웃이 동의해야 하는 정보를 운반하며 링크-상태 정보를 교환하고 멀티액세스 네트워크에서 DR과 BDR은 네트워크상의 다른 모든 OSPF 라우터와 인접관계를 유지한다.

그림 5-5에서는 헬로 패킷의 구조를 보여주고 있는데 헬로 패킷은 헬로와 데드(Dead) 인터벌 및 라우터 ID, 우선순위(Priority), DR, BDR, 인접 라우터 ID 등에 대한 정보를 포함하고 있으며 라우터는 인접관계를 형성하기 위해서 이 정보를 동의해야만 한다.

0	8	16	32
Version	Type	Packet Length	
Router ID			
Area ID			
Checksum		Authentication Type	
Authentication Data			

그림 5-4 OSPF 패킷 헤더

표 5-6 OSPF 패킷 유형

유형	패 킷	설 명
1	Hello	네이버 라우터들과 인접(Adjacency) 정보를 수집하고 유지
2	Database Description	OSPF 라우터의 Link-State Database 내용기술
3	Link-state Request	라우터의 Link-State Database 특정부분을 요청
4	Link-state Update	LSA를 네이버 라우터들에게 전송
5	Link-state Acknowledgement	네이버 라우터의 LSA 수신확인

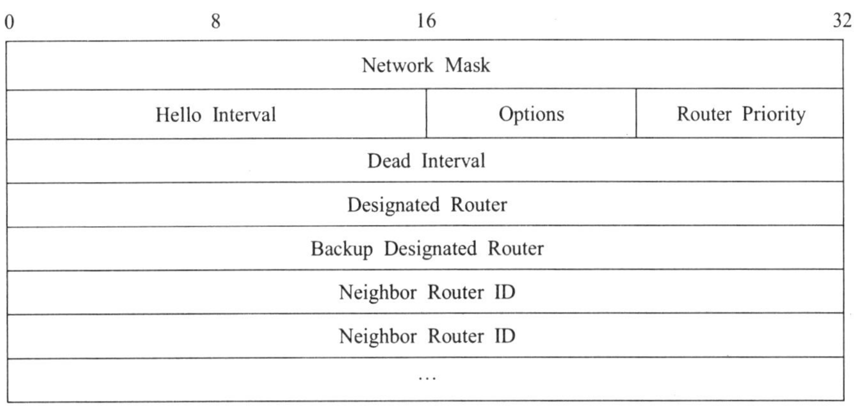

그림 5-5 헬로 패킷 구조

5.6 OSPF 동작 단계

OSPF 라우터는 연결된 각 IP 네트워크에 대해 적어도 하나의 이웃과 인접관계를 형성하려고 한다. 따라서 OSPF 라우터와 인접 라우터들은 라우팅 트래픽이 라우팅되기 전에 모든 단계를 순차적으로 거쳐야 한다. 각 라우터는 LSU(Link-state Update) 패킷 내에 LSA를 포함하여 전송하기 때문에 모든 라우터들의 링크를 설명할 수 있으며 이웃 라우터로부터 LSA를 수신한 각 라우터는 링크-상태 데이터베이스에 LSA를 기록하고 이러한 과정을 OSPF 네트워크 내의 모든 라우터를 위해 반복 수행한다.

링크-상태 데이터베이스가 완성되었을 때 각 라우터는 모든 네트워크에 대한 루프프리 논리토폴로지(Loop Free Logical Topology)를 계산하기 위해 SPF 알고리즘을 적용하여 가장 낮은 코스트를 가진 최단경로를 통해 토폴로지를 구축하고 최적경로로 선택한다. 링크-상태에 변경이 있을 때 라우터들은 네트워크상의 다른 라우터들에게 변화를 알려주기 위해 Flooding 기법을 사용하고 헬로 프로토콜에서 Dead 인터벌은 인접 라우터가 다운되었다는 것을 결정하기 위한 간단한 메커니즘을 제공함으로써 라우팅 정보를 유지한다.

OSPF 라우터들은 멀티액세스 네트워크상에서만 DR과 BDR을 선출하고 다운된 링크를 발견하면 DR에게 LSU를 전송하고 DR은 LSAck를 통해 LSU의 수신을 알려준다. 이후 DR은 멀티캐스트 주소 224.0.0.5를 사용하여 네트워크상의 모든 OSPF 라우터들에게 LSU를 Flood하면 각 라우터들은 LSAck를 사용하여 LSU의 수신을 알린다. 만약 OSPF 라우터가 외부 네트워크와 연결되어 있는 경우 라우터는 LSU를 다른 네트워크로 Flood한다. OSPF 라우터는 새로운 정보를 포함한 LSU를 수신하면 링크-상태 데이터베이스를 수정하고, 새로운 정보를 사용하여 SPF 알고리즘을 동작시켜 경로정보를 재계산 후 라우팅 테이블을 다시 작성한다.

5.7 Single-area OSPF 구성

5.7.1 OSPF 라우팅 프로세스 구성하기

OSPF 라우팅은 영역(Area) 개념을 사용하기 때문에 각 라우터는 특정 영역의 완전한 링크-상태 데이터베이스를 포함하고 있다. OSPF 네트워크에서 Area는 0~4,294,967,295 사이의 번호를 할당할 수 있으며 단일영역(Single-area)은 반드시 0번(Area 0)을 할당하여야 한다. 다중영역(Multi-area) OSPF 네트워크에서는 모든 영역이 Area 0와 연결이 요구되며, Area 0를 백본에어리어 혹은 분배에어리어(Backbone Area or Distribution Area)라 부른다.

OSPF 구성은 네트워크 주소와 영역정보를 가진 라우터상에서 OSPF 라우팅 프로세스를 활성화하기를 요구하며 네트워크 주소들은 서브넷 마스크(Subnet Mask)가 아니라 와일드카드 마스크(Wildcard Mask)로 구성한다. 와일드카드 마스크는 세그먼트(Segment) 내의 링크(Link)나 호스트 주소를 나타내며, Area ID는 번호나 Dotted Decimal Notation으로 표기할 수 있다.

OSPF 라우팅 프로세스(Process)를 활성화하고 OSPF에서 IP 네트워크를 광고하기 위한 네트워크 구문(Statement)을 구성하는 명령어는 다음과 같다.

Router#configure terminal
Router(config)#router ospf *process-id*
Router(config-router)#network *address wildcard-mask* **area** *area-id*
Router(config-router)#network *address wildcard-mask* **area** *area-id*
Router(config-router)#network *address wildcard-mask* **area** *area-id*

여기서 프로세스 ID는 라우터의 OSPF 라우팅 프로세스를 식별하기 위해 사용하는 번호로써 1~65,535까지 사용할 수 있으며, 요구사항은 아니지만 통상 AS 전체에 걸쳐 동일한 프로세스 ID를 유지하도록 권하고 있다. 다중의 OSPF 프로세스들이 동일한 라우터상에서 동작할 수 있으며 드물게는 하나의 라우터상에 하나 이상의 OSPF 프로세스의 동작이 필요한 경우도 있다.

OSPF에서 IP 네트워크 광고하기 위해 “network area” 명령어를 사용하는데 각 네트워크는 속해있는 영역(Area)으로 식별되어야 하며 네트워크 주소는 전체 네트워크, 서브넷 혹은 인터페이스의 주소가 될 수 있다. 와일드카드 마스크(Inverse Mask)는 세그먼트를 지원하는 호스트 주소를 나타낸다. 그림 5-6과 그림 5-10의 OSPF 기본설정을 위한 네트워크 구성도를 보고 라우터 설정을 해보자.

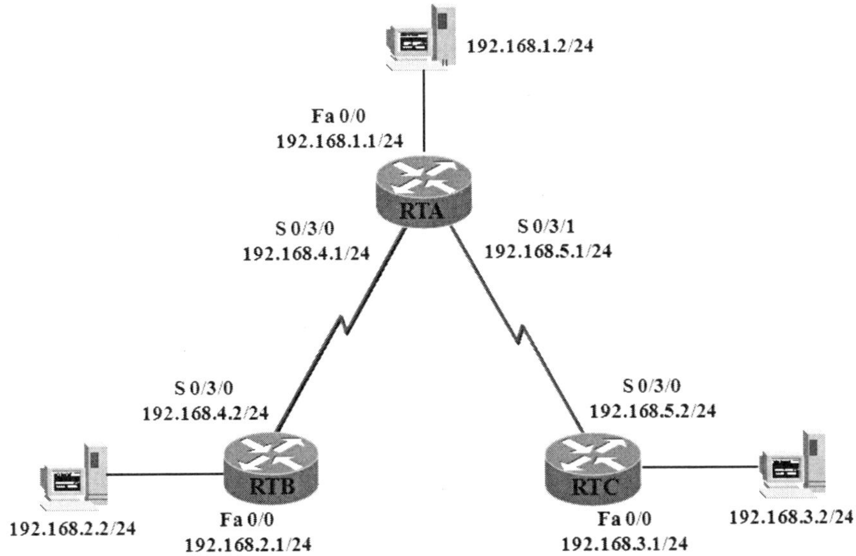

그림 5-6 OSPF 기본설정을 위한 네트워크 구성도(Ⅰ)

① 라우터 RTA, RTB, RTC의 기본 네트워크 설정하기(RTB, RTC의 반복적인 명령어 생략)

```
Router#configure terminal
Router(config)#hostname RTA
RTA(config)#interface fastethernet 0/0
RTA(config-if)#ip address 192.168.1.1 255.255.255.0
RTA(config-if)#no shutdown
RTA(config-if)#exit
RTA(config)#interface serial 0/3/0
RTA(config-if)#ip address 192.168.4.1 255.255.255.0
RTA(config-if)#clock rate 64000(Back-to-Back 구성에서 DCE로 동작)
RTA(config-if)#no shutdown
RTA(config-if)#exit
RTA(config)#interface serial 0/3/1
RTA(config-if)#ip address 192.168.5.1 255.255.255.0
RTA(config-if)#clock rate 64000(Back-to-Back 구성에서 DCE로 동작)
RTA(config-if)#no shutdown
RTA(config-if)#exit

RTB(config)#interface fastethernet 0/0
RTB(config-if)#ip address 192.168.2.1 255.255.255.0
RTB(config-if)#interface serial 0/3/0
RTB(config-if)#ip address 192.168.4.2 255.255.255.0

RTC(config)#interface fastethernet 0/0
RTC(config-if)#ip address 192.168.3.1 255.255.255.0
RTC(config-if)#interface serial 0/3/0
RTC(config-if)#ip address 192.168.5.2 255.255.255.0
```

② 라우터 RTA, RTB, RTC 사이에 OSPF 설정하기(프로세스 ID=1, Area ID=0)

```
RTA(config)#router ospf 1
RTA(config-router)#network 192.168.1.0 0.0.0.255 area 0
RTA(config-router)#network 192.168.4.0 0.0.0.255 area 0
```

RTA(config-router)#network 192.168.5.0 0.0.0.255 area 0

RTB(config)#router ospf 1

RTB(config-router)#network 192.168.2.0 0.0.0.255 area 0

RTB(config-router)#network 192.168.4.0 0.0.0.255 area 0

RTC(config)#router ospf 1

RTC(config-router)#network 192.168.3.0 0.0.0.255 area 0

RTC(config-router)#network 192.168.5.0 0.0.0.255 area 0

③ 설정 저장하기

RTA#copy runnung-config startup-config

RTB#copy runnung-config startup-config

RTC#copy runnung-config startup-config

④ 설정이 끝난 후 각 라우터에서 호스트까지 핑(Ping) 테스트

RTA#ping 192.168.2.2

RTA#ping 192.168.3.2

RTB#ping 192.168.1.2

RTB#ping 192.168.3.2

RTC#ping 192.168.1.2

RTC#ping 192.168.2.2

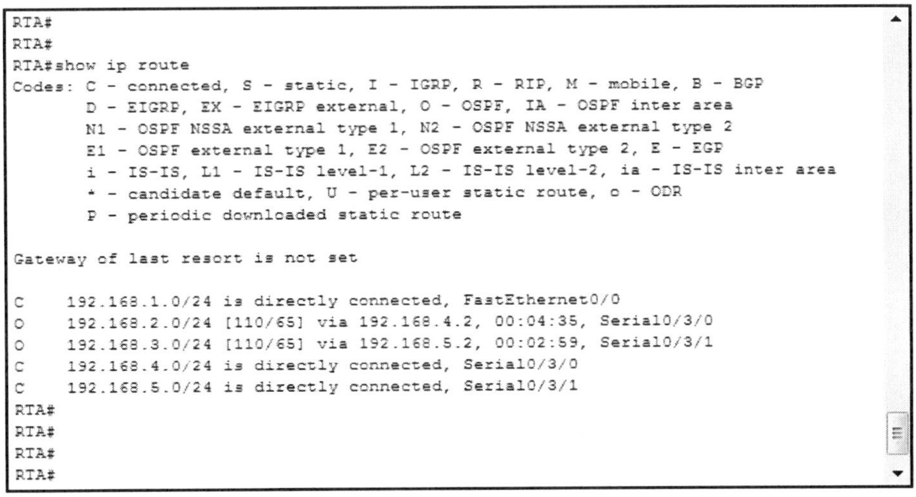

```
RTA#
RTA#
RTA#show ip route
Codes: C - connected, S - static, I - IGRP, R - RIP, M - mobile, B - BGP
       D - EIGRP, EX - EIGRP external, O - OSPF, IA - OSPF inter area
       N1 - OSPF NSSA external type 1, N2 - OSPF NSSA external type 2
       E1 - OSPF external type 1, E2 - OSPF external type 2, E - EGP
       i - IS-IS, L1 - IS-IS level-1, L2 - IS-IS level-2, ia - IS-IS inter area
       * - candidate default, U - per-user static route, o - ODR
       P - periodic downloaded static route

Gateway of last resort is not set

C    192.168.1.0/24 is directly connected, FastEthernet0/0
O    192.168.2.0/24 [110/65] via 192.168.4.2, 00:04:35, Serial0/3/0
O    192.168.3.0/24 [110/65] via 192.168.5.2, 00:02:59, Serial0/3/1
C    192.168.4.0/24 is directly connected, Serial0/3/0
C    192.168.5.0/24 is directly connected, Serial0/3/1
RTA#
RTA#
RTA#
RTA#
```

그림 5-7 RTA 라우팅 테이블

① 직접 연결된(Code “C”) 네트워크는 192.168.1.0/24, 192.168.4.0/24, 192.168.5.0/24
② 네트워크 192.168.1.0/24는 패스트 이더넷 포트 “Fastethernet0/0”에 직접 연결
③ 네트워크 192.168.4.0/24는 시리얼 포트 “Serial0/3/0”에 직접 연결
④ 네트워크 192.168.5.0/24는 시리얼 포트 “Serial0/3/1”에 직접 연결
⑤ OSPF를 통해 학습한 네트워크는 192.168.2.0/24, 192.168.3.0
⑥ 192.168.2.0/24 네트워크는 관리거리가 110이고 RTA로부터 코스트가 65이며, 192.168.4.2를 경유하여 접근할 수 있다.
출력 인터페이스는 시리얼 포트 “Serial0/3/0”
⑦ 192.168.3.0/24 네트워크는 관리거리 110이고 RTA로부터 코스트가 65이며, 192.168.5.2를 경유하여 접근할 수 있다.
출력 인터페이스는 시리얼 포트 “Serial0/3/1”

```
RTA#
RTA#show ip protocols

Routing Protocol is "ospf 1"
  Outgoing update filter list for all interfaces is not set
  Incoming update filter list for all interfaces is not set
  Router ID 192.168.5.1
  Number of areas in this router is 1. 1 normal 0 stub 0 nssa
  Maximum path: 4
  Routing for Networks:
    192.168.1.0 0.0.0.255 area 0
    192.168.4.0 0.0.0.255 area 0
    192.168.5.0 0.0.0.255 area 0
  Routing Information Sources:
    Gateway          Distance      Last Update
    192.168.4.2           110      00:06:26
    192.168.5.1           110      00:04:50
    192.168.5.2           110      00:04:50
  Distance: (default is 110)

RTA#
RTA#
```

그림 5-8 RTA 라우팅 프로토콜 정보

① 라우팅 프로토콜은 “OSPF”, 프로세스 ID는 1
② 라우터 ID는 192.168.5.1
③ RTA의 Area 수는 Normal Area 1개, Area ID는 0, Stub Area 및 NSSA(Not so Stubby Area) 0개
④ 최대 4개의 경로까지 Load Balancing이 가능

⑤ RTA는 네트워크 192.168.1.0/24, 192.168.4.0/24, 192.168.5.0/24를 위한 라우팅
⑥ 192.168.4.2, 192.168.5.1, 192.168.5.2를 통하여 경로정보 수신
⑦ 관리거리는 OSPF의 Default 값인 110

```
RTA#
RTA#
RTA#show ip ospf neighbor

Neighbor ID     Pri   State           Dead Time   Address         Interface
192.168.4.2       0   FULL/  -        00:00:35    192.168.4.2     Serial0/3/0
192.168.5.2       0   FULL/  -        00:00:39    192.168.5.2     Serial0/3/1
RTA#
RTA#
RTA#
RTA#
RTA#
RTA#
RTA#
RTA#
RTA#
RTA#
RTA#
RTA#
RTA#
RTA#
```

그림 5-9 RTA 네이버 정보

① 네이버 관계에 있는 라우터의 ID는 192.168.4.2(RTB), 192.168.5.2(RTC)
② 인터페이스 네트워크 유형이 Point to Point 네트워크이므로 우선순위 값은 0
③ 이웃 라우터와의 관계 상태는 모두 Full State
④ 네트워크 유형이 브로드캐스트 네트워크가 아니므로 DR, BDR은 선출하지 않음
⑤ Dead Time까지 남은 시간 : RTB는 35초, RTC는 39초, Default 값은 40초
⑥ 시리얼 포트 Serial 0/3/0와 연결된 네트워크의 Next Hop 주소는 192.168.4.2
⑦ 시리얼 포트 Serial 0/3/1과 연결된 네트워크의 Next Hop 주소는 192.168.5.2

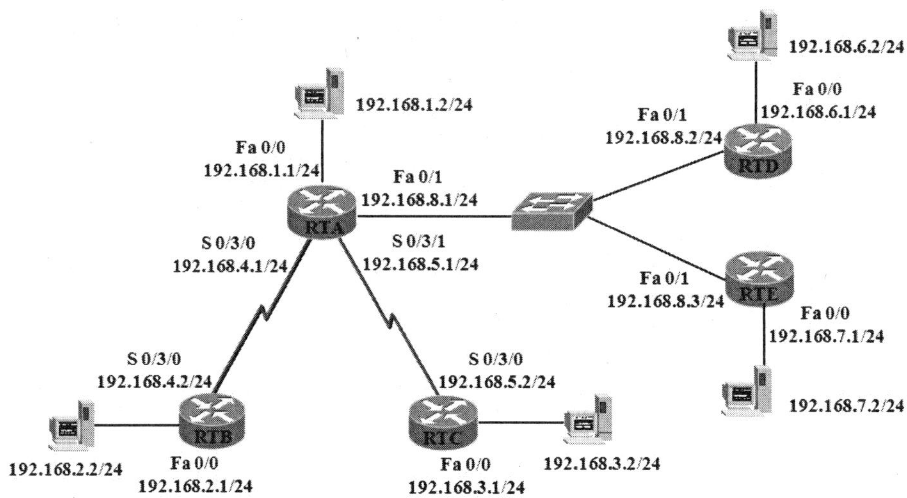

그림 5-10 OSPF 기본 설정을 위한 네트워크 구성도(II)

① 라우터 RTA, RTB, RTC, RTD, RTE의 기본 네트워크 설정하기(RTB, RTC, RTD, RTE의 반복적인 명령어 생략)

```
Router#configure terminal
Router(config)#hostname RTA
RTA(config)#interface fastethernet 0/0
RTA(config-if)#ip address 192.168.1.1 255.255.255.0
RTA(config-if)#no shutdown
RTA(config-if)#exit
RTA(config)#interface fastethernet 0/1
RTA(config-if)#ip address 192.168.8.1 255.255.255.0
RTA(config-if)#no shutdown
RTA(config-if)#exit
RTA(config)#interface serial 0/3/0
RTA(config-if)#ip address 192.168.4.1 255.255.255.0
RTA(config-if)#clock rate 64000
RTA(config-if)#no shutdown
RTA(config-if)#exit
RTA(config)#interface serial 0/3/1
```

```
RTA(config-if)#ip address 192.168.5.1 255.255.255.0
RTA(config-if)#clock rate 64000
RTA(config-if)#no shutdown
RTA(config-if)#exit

RTB(config)#interface fastethernet 0/0
RTB(config-if)#ip address 192.168.2.1 255.255.255.0
RTB(config-if)#interface serial 0/3/0
RTB(config-if)#ip address 192.168.4.2 255.255.255.0

RTC(config)#interface fastethernet 0/0
RTC(config-if)#ip address 192.168.3.1 255.255.255.0
RTC(config-if)#interface serial 0/3/0
RTC(config-if)#ip address 192.168.5.2 255.255.255.0

RTD(config)#interface fastethernet 0/0
RTD(config-if)#ip address 192.168.6.1 255.255.255.0
RTD(config-if)#interface fastethernet 0/1
RTD(config-if)#ip address 192.168.8.2 255.255.255.0

RTD(config)#interface fastethernet 0/0
RTD(config-if)#ip address 192.168.7.1 255.255.255.0
RTD(config-if)#interface fastethernet 0/1
RTD(config-if)#ip address 192.168.8.3 255.255.255.0
```

② 라우터 RTA, RTB, RTC 사이에 OSPF 설정하기(프로세스 ID=1, Area ID=0)

```
RTA(config)#router ospf 1
RTA(config-router)#network 192.168.1.0 0.0.0.255 area 0
RTA(config-router)#network 192.168.4.0 0.0.0.255 area 0
RTA(config-router)#network 192.168.5.0 0.0.0.255 area 0
RTA(config-router)#network 192.168.8.0 0.0.0.255 area 0
RTA(config-router)#exit
```

```
RTB(config)#router ospf 1
RTB(config-router)#network 192.168.2.0 0.0.0.255 area 0
RTB(config-router)#network 192.168.4.0 0.0.0.255 area 0

RTC(config)#router ospf 1
RTC(config-router)#network 192.168.3.0 0.0.0.255 area 0
RTC(config-router)#network 192.168.5.0 0.0.0.255 area 0

RTD(config)#router ospf 1
RTD(config-router)#network 192.168.6.0 0.0.0.255 area 0
RTD(config-router)#network 192.168.8.0 0.0.0.255 area 0

RTE(config)#router ospf 1
RTE(config-router)#network 192.168.7.0 0.0.0.255 area 0
RTE(config-router)#network 192.168.8.0 0.0.0.255 area 0
```

③ 설정 저장하기

```
RTA#copy runnung-config startup-config
RTB#copy runnung-config startup-config
RTC#copy runnung-config startup-config
RTD#copy runnung-config startup-config
RTE#copy runnung-config startup-config
```

④ 설정이 끝난 후 각 라우터에서 호스트까지 핑(Ping) 테스트

```
RTA#ping 192.168.2.2
RTA#ping 192.168.3.2
RTA#ping 192.168.6.2
RTA#ping 192.168.7.2
RTB#ping 192.168.1.2
RTB#ping 192.168.3.2
RTB#ping 192.168.6.2
RTB#ping 192.168.7.2
RTC#ping 192.168.1.2
```

RTC#ping 192.168.2.2

RTC#ping 192.168.6.2

RTC#ping 192.168.7.2

RTD#ping 192.168.1.2

RTD#ping 192.168.2.2

RTD#ping 192.168.3.2

RTD#ping 192.168.7.2

RTE#ping 192.168.1.2

RTE#ping 192.168.2.2

RTE#ping 192.168.3.2

RTE#ping 192.168.6.2

```
RTA#
RTA#show ip route
Codes: C - connected, S - static, I - IGRP, R - RIP, M - mobile, B - BGP
       D - EIGRP, EX - EIGRP external, O - OSPF, IA - OSPF inter area
       N1 - OSPF NSSA external type 1, N2 - OSPF NSSA external type 2
       E1 - OSPF external type 1, E2 - OSPF external type 2, E - EGP
       i - IS-IS, L1 - IS-IS level-1, L2 - IS-IS level-2, ia - IS-IS inter area
       * - candidate default, U - per-user static route, o - ODR
       P - periodic downloaded static route

Gateway of last resort is not set

C    192.168.1.0/24 is directly connected, FastEthernet0/0
O    192.168.2.0/24 [110/65] via 192.168.4.2, 01:06:20, Serial0/3/0
O    192.168.3.0/24 [110/65] via 192.168.5.2, 01:06:20, Serial0/3/1
C    192.168.4.0/24 is directly connected, Serial0/3/0
C    192.168.5.0/24 is directly connected, Serial0/3/1
O    192.168.6.0/24 [110/2] via 192.168.8.2, 00:17:51, FastEthernet0/1
O    192.168.7.0/24 [110/2] via 192.168.8.3, 00:20:52, FastEthernet0/1
C    192.168.8.0/24 is directly connected, FastEthernet0/1
RTA#
RTA#
RTA#
```

그림 5-11 RTA 라우팅 테이블

① 직접 연결된(Code "C") 네트워크는 192.168.1.0/24, 192.168.4.0/24, 192.168.5.0/24 및 192.168.8.0/24

② 네트워크 192.168.1.0/24는 패스트 이더넷 포트 "Fastethernet0/0"에 직접 연결

③ 네트워크 192.168.4.0/24는 시리얼 포트 "Serial0/3/0"에 직접 연결

④ 네트워크 192.168.5.0/24는 시리얼 포트 "Serial0/3/1"에 직접 연결

⑤ 네트워크 192.168.8.0/24는 패스트 이더넷 포트 "Fastethernet0/1"에 직접 연결
⑥ OSPF를 통해 학습한(Code "O") 네트워크는 192.168.2.0/24, 192.168.3.0/24, 192.168.6.0/24 및 192.168.7.0/24
⑦ 192.168.2.0/24 네트워크는 관리거리 110이고 RTA로부터 코스트가 65이며, 192.168.4.2를 경유하여 접근할 수 있다.
출력 인터페이스는 시리얼 포트 "Serial0/3/0"
⑧ 192.168.3.0/24 네트워크는 관리거리 110이고 RTA로부터 코스트가 65이며, 192.168.5.2를 경유하여 접근할 수 있다.
출력 인터페이스는 시리얼 포트 "Serial0/3/1"
⑨ 192.168.6.0/24 네트워크는 관리거리 110이고 RTA로부터 코스트가 2이며, 192.168.8.2를 경유하여 접근할 수 있다.
출력 인터페이스는 패스트 이더넷 포트 "Fastethernet0/1"
⑩ 192.168.7.0/24 네트워크는 관리거리 110이고 RTA로부터 코스트가 2이며, 192.168.8.3을 경유하여 접근할 수 있다.
출력 인터페이스는 패스트 이더넷 포트 "Fastethernet0/1"

```
RTA#
RTA#show ip protocols

Routing Protocol is "ospf 1"
  Outgoing update filter list for all interfaces is not set
  Incoming update filter list for all interfaces is not set
  Router ID 192.168.8.1
  Number of areas in this router is 1. 1 normal 0 stub 0 nssa
  Maximum path: 4
  Routing for Networks:
    192.168.1.0 0.0.0.255 area 0
    192.168.4.0 0.0.0.255 area 0
    192.168.5.0 0.0.0.255 area 0
    192.168.8.0 0.0.0.255 area 0
  Routing Information Sources:
    Gateway         Distance      Last Update
    192.168.4.2          110      00:00:50
    192.168.5.1          110      00:27:20
    192.168.5.2          110      00:00:52
    192.168.8.1          110      00:00:33
    192.168.8.2          110      00:23:35
    192.168.8.3          110      00:26:34
  Distance: (default is 110)

RTA#
RTA#
```

그림 5-12 RTA 라우팅 프로토콜 정보

① 라우팅 프로토콜은 “OSPF”, 프로세스 ID는 1

② 라우터 ID는 192.168.8.1

③ RTA의 Area 수는 Normal Area 1개, Area ID는 0, Stub Area 및 NSSA(Not so Stubby Area) 0개

④ 최대 4개의 경로까지 Load Balancing이 가능

⑤ RTA는 네트워크 192.168.1.0/24, 192.168.4.0/24, 192.168.5.0/24, 192.168.8.0/24를 위한 라우팅

⑥ 192.168.4.2, 192.168.5.1, 192.168.5.2, 192.168.8.1, 192.168.8.2, 192.168.8.3을 통하여 경로정보 수신

⑦ 관리거리는 OSPF의 Default 값인 110

```
RTA#
RTA#
RTA#show ip ospf neighbor

Neighbor ID     Pri   State           Dead Time   Address         Interface
192.168.8.3       1   FULL/DR         00:00:37    192.168.8.3     FastEthernet0/
1
192.168.8.2       1   FULL/BDR        00:00:37    192.168.8.2     FastEthernet0/
1
192.168.4.2       0   FULL/  -        00:00:32    192.168.4.2     Serial0/3/0
192.168.5.2       0   FULL/  -        00:00:36    192.168.5.2     Serial0/3/1
RTA#
RTA#
RTA#
RTA#
RTA#
RTA#
RTA#
RTA#
RTA#
RTA#
RTA#
```

그림 5-13 RTA 네이버 정보

① 네이버 관계에 있는 라우터의 ID는 192.168.4.2(RTB), 192.168.5.2(RTC), 192.168.8.2(RTD), 192.168.8.3(RTE)

② 인터페이스 네트워크 유형이 브로드캐스트 네트워크인 경우 우선순위(Priority) 값은 1, Point to Point 네트워크인 경우 우선순위값은 0

③ 이웃 라우터와의 관계 상태는 모두 Full State

④ 네트워크 유형이 브로드캐스트 네트워크인 경우 DR은 RTE, BDR은 RTD 선출

⑤ Dead Time까지 남은 시간 : RTB는 32초, RTC는 36초, RTD는 37초, RTE는 37초,

Default 값은 40초

⑥ 시리얼 포트 Serial 0/3/0와 연결된 네트워크의 Next Hop 주소는 192.168.4.2

⑦ 시리얼 포트 Serial 0/3/1과 연결된 네트워크의 Next Hop 주소는 192.168.5.2

⑧ 패스트 이더넷 포트 Fastethernet 0/1과 연결된 네트워크의 Next Hop 주소는 192.168.8.2, 192.168.8.3

5.7.2 OSPF 루프백 주소와 라우터 우선순위 설정하기

OSPF 프로세스가 시작할 때 Cisco IOS는 OSPF 라우터 ID로써 가장 높은 Local Active IP 주소를 사용한다. 만약 Active 인터페이스가 없는 경우 OSPF 프로세스는 시작하지 않으며 Active 인터페이스가 다운되었을 경우 OSPF 프로세스는 라우터 ID를 가지지 않기 때문에 인터페이스가 다시 Up될 때까지 기능이 중지된다.

그러므로 OSPF의 안정성을 보장하기 위해 항상 OSPF 프로세스를 위한 Active 인터페이스가 있어야 할 필요가 있다. 논리 인터페이스인 루프백(Loopback) 인터페이스는 이러한 목적으로 구성할 수 있으며, 루프백 인터페이스가 구성될 경우 OSPF는 그 값에 관계없이 라우터 ID로써 이 주소를 사용한다. 그리고 하나 이상의 루프백 인터페이스를 가지는 라우터의 경우 OSPF는 가장 높은 루프백 IP 주소를 라우터 ID로 선택한다. 루프백 인터페이스에 IP 주소를 생성하고 할당하기 위한 명령어는 다음과 같다.

```
Router#configure terminal
Router(config)#interface loopback number
Router(config-if)#ip address ip-address subnet-mask
```

루프백 인터페이스는 32비트 서브넷 마스크 255.255.255.255를 사용하는 주소로 구성되어야 한다. 32비트 서브넷 마스크는 하나의 호스트를 가진 네트워크를 나타내기 때문에 호스트 마스크라고도 부른다. OSPF가 루프백 네트워크를 광고하도록 요구될 때 OSPF는 항상 32비트 마스크를 가진 호스트 경로로써 루프백을 광고하게 된다. 다음 그림 5-14의 구성도를 보고 라우터에 루프백 주소를 설정하고 라우터 ID를 확인해 보자.

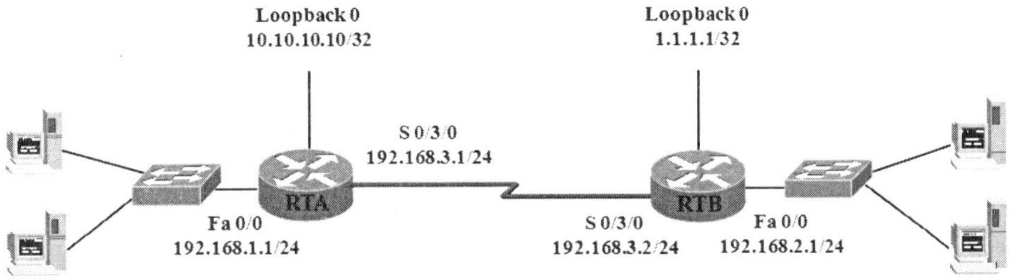

그림 5-14 루프백 주소

```
RTA(config)#interface fastethernet 0/0
RTA(config-if)#ip address 192.168.1.1 255.255.255.0
RTA(config-if)#no shutdown
RTA(config-if)#exit
RTA(config)#interface serial 0/3/0
RTA(config-if)#ip address 192.168.3.1 255.255.255.0
RTA(config-if)#clock rate 64000
RTA(config-if)#no shutdown
RTA(config-if)#exit
RTA(config)#interface loopback 0
RTA(config-if)#ip address 10.10.10.10 255.255.255.255
```

```
RTB(config)#interface fastethernet 0/0
RTB(config-if)#ip address 192.168.2.1 255.255.255.0
RTB(config-if)#interface serial 0/3/0
RTB(config-if)#ip address 192.168.3.2 255.255.255.0
RTB(config-if)#interface loopback 0
RTB(config-if)#ip address 1.1.1.1 255.255.255.255
```

```
RTA(config)#router ospf 1
RTA(config-router)#network 192.168.1.0 0.0.0.255 area 0
RTA(config-router)#network 192.168.3.0 0.0.0.255 area 0
```

```
RTB(config)#router ospf 1
```

RTB(config-router)#network 192.168.2.0 0.0.0.255 area 0

RTB(config-router)#network 192.168.3.0 0.0.0.255 area 0

```
RTA#
RTA#
RTA#show ip ospf interface serial 0/3/0
Serial0/3/0 is up, line protocol is up
  Internet address is 192.168.3.1/24, Area 0
  Process ID 1, Router ID 192.168.3.1, Network Type POINT-TO-POINT, Cost: 64
  Transmit Delay is 1 sec, State POINT-TO-POINT, Priority 0
  No designated router on this network
  No backup designated router on this network
  Timer intervals configured, Hello 10, Dead 40, Wait 40, Retransmit 5
    Hello due in 00:00:07
  Index 2/2, flood queue length 0
  Next 0x0(0)/0x0(0)
  Last flood scan length is 1, maximum is 1
  Last flood scan time is 0 msec, maximum is 0 msec
  Neighbor Count is 1 , Adjacent neighbor count is 1
    Adjacent with neighbor 192.168.3.2
  Suppress hello for 0 neighbor(s)
RTA#
RTA#
RTA#
RTA#
```

그림 5-15 루프백 주소설정하기 전(Router ID : 192.168.3.1/24)

```
RTA#
RTA#show ip ospf interface serial 0/3/0
Serial0/3/0 is up, line protocol is up
  Internet address is 192.168.3.1/24, Area 0
  Process ID 1, Router ID 10.10.10.10, Network Type POINT-TO-POINT, Cost: 64
  Transmit Delay is 1 sec, State POINT-TO-POINT, Priority 0
  No designated router on this network
  No backup designated router on this network
  Timer intervals configured, Hello 10, Dead 40, Wait 40, Retransmit 5
    Hello due in 00:00:08
  Index 2/2, flood queue length 0
  Next 0x0(0)/0x0(0)
  Last flood scan length is 1, maximum is 1
  Last flood scan time is 0 msec, maximum is 0 msec
  Neighbor Count is 1 , Adjacent neighbor count is 1
    Adjacent with neighbor 192.168.3.2
  Suppress hello for 0 neighbor(s)
RTA#
RTA#
RTA#
RTA#
RTA#
```

그림 5-16 루프백 주소설정 후(Router ID : 10.10.10.10)

브로드캐스트 멀티액세스 네트워크에서는 2개 이상의 라우터가 존재하게 되는 경우가 많은데 이 경우 OSPF는 모든 링크-상태 Update 및 광고의 중심이 되는

DR(Designated Router)을 선출하며, DR의 역할은 중요하기 때문에 장애 시에 대신할 BDR(Backup DR)도 선출한다.

인터페이스의 네트워크 유형이 브로드캐스트인 경우 기본(Default) OSPF 우선순위(Priority)값은 1이다. OSPF 우선순위값이 동일할 경우 DR을 위한 선택은 라우터 ID에 따라 결정되는데 가장 높은 라우터 ID가 선택된다. 선택 결과는 Hello 패킷에 포함된 라우터 인터페이스를 위한 우선순위 값을 보고 결정하며 가장 높은 라우터 우선순위값을 가진 인터페이스가 DR로 선출된다.

우선순위값은 0~255까지 가질 수 있으며 그 값이 "0"이면 해당 라우터는 DR로 선출될 수 없다. 가장 높은 OSPF 우선순위값을 가진 라우터가 DR로 선출되며 두 번째로 높은 우선순위를 가진 라우터는 BDR이 될 것이다. 선출과정이 끝난 후 DR과 BDR은 더 높은 OSPF 우선순위값을 가진 라우터가 네트워크에 추가되더라도 라우터를 재부팅하거나 OSPF 프로세스를 클리어(Clear)시킬 때까지 그들의 역할은 유지된다.

다음은 OSPF 우선순위값을 변경하는 명령어와 우선순위값을 확인할 수 있는 명령어이다.

```
Router(config)#interface fastethernet 0/0
Router(config-if)#ip ospf priority number
Router(config-if)#ctrl Z
Router#show ip ospf interface type number
```

"ip ospf priority" 명령어는 OSPF에 참여하고 있는 인터페이스상에서 구성하며 "show ip ospf" 명령어는 인터페이스의 우선순위값뿐 아니라 다른 중요한 정보도 볼 수 있다.

다음 그림 5-17은 그림 5-10의 네트워크 구성도에서 라우터 RTA의 "show ip ospf fastethernet 0/1" 명령의 Output이며 인터페이스의 상태, 프로세스 ID, Area, 라우터 ID, 네트워크 유형, DR, BDR 및 각종 타이머, 우선순위 등의 정보를 다양하게 보여주고 있다. 그림 5-18에서는 "ip ospf priority" 명령을 사용하여 우선순위값을 기본값 1에서 50으로 변경된 것을 보여주고 있다.

```
RTA#
RTA#show ip ospf interface fa0/1
FastEthernet0/1 is up, line protocol is up
  Internet address is 192.168.8.1/24, Area 0
  Process ID 1, Router ID 192.168.8.1, Network Type BROADCAST, Cost: 1
  Transmit Delay is 1 sec, State DROTHER, Priority 1
  Designated Router (ID) 192.168.8.3, Interface address 192.168.8.3
  Backup Designated Router (ID) 192.168.8.2, Interface address 192.168.8.2
  Timer intervals configured, Hello 10, Dead 40, Wait 40, Retransmit 5
    Hello due in 00:00:09
  Index 2/2, flood queue length 0
  Next 0x0(0)/0x0(0)
  Last flood scan length is 1, maximum is 1
  Last flood scan time is 0 msec, maximum is 0 msec
  Neighbor Count is 2, Adjacent neighbor count is 2
    Adjacent with neighbor 192.168.8.3  (Designated Router)
    Adjacent with neighbor 192.168.8.2  (Backup Designated Router)
  Suppress hello for 0 neighbor(s)
RTA#
RTA#
RTA#
```

그림 5-17 OSPF 인터페이스 정보

① 인터페이스의 상태는 물리계층 및 데이터링크 계층 모두 “up”

② 인터페이스의 IP 주소는 192.168.8.1/24, 소속 Area는 백본 Area(Area 0)

③ 프로세스 ID는 1, 라우터 ID는 가장 높은 Local Active IP 주소인 192.168.8.1

④ 네트워크 유형은 브로드캐스트, 코스트는 1, 우선순위는 기본값 1, DROTHER

⑤ DR은 192.168.8.3(RTE), BDR은 192.168.8.2(RTD)

⑥ 헬로 인터벌 10초, 데드 인터벌 40초

⑦ 인접 이웃은 192.168.8.2(BDR), 192.168.8.3(DR) 2개

```
RTA(config)#
RTA(config)#interface fastethernet 0/1
RTA(config-if)#ip ospf priority 50
RTA(config-if)#^Z
RTA#
%SYS-5-CONFIG_I: Configured from console by console

RTA#show ip ospf interface fastethernet 0/1
FastEthernet0/1 is up, line protocol is up
  Internet address is 192.168.8.1/24, Area 0
  Process ID 1, Router ID 192.168.8.1, Network Type BROADCAST, Cost: 1
  Transmit Delay is 1 sec, State DROTHER, Priority 50
  Designated Router (ID) 192.168.8.3, Interface address 192.168.8.3
  Backup Designated Router (ID) 192.168.8.2, Interface address 192.168.8.2
  Timer intervals configured, Hello 10, Dead 40, Wait 40, Retransmit 5
    Hello due in 00:00:04
  Index 2/2, flood queue length 0
  Next 0x0(0)/0x0(0)
  Last flood scan length is 1, maximum is 1
  Last flood scan time is 0 msec, maximum is 0 msec
  Neighbor Count is 2, Adjacent neighbor count is 2
    Adjacent with neighbor 192.168.8.3  (Designated Router)
    Adjacent with neighbor 192.168.8.2  (Backup Designated Router)
  Suppress hello for 0 neighbor(s)
RTA#
RTA#
```

그림 5-18 우선순위값 변동

5.7.3 OSPF Cost Metric 변경하기

OSPF는 최적경로를 결정하기 위한 메트릭으로 코스트(Cost)를 사용하며 코스트는 각 라우터 인터페이스의 출력 부분과 관련이 있다. 일반적으로 경로 코스트는 (108/bandwidth〈bps〉) 공식을 사용하여 계산하는데 시스템 관리자는 다른 방법으로 코스트를 구성할 수 있으며, 코스트가 낮을수록 데이터 트래픽 전달에 있어 선호하는 인터페이스가 된다. 시스코 IOS는 인터페이스의 대역폭에 따라 자동적으로 코스트를 결정하기 때문에 적절한 OSPF 동작을 위해 정확한 인터페이스의 대역폭 설정이 필요하다. 대역폭을 설정하기 위한 명령어는 다음과 같으며 단위는 kbps이다.

```
Router(config)#interface serial 0/3/0
Router(config-if)#bandwidth 56
```

시스코 라우터에서 시리얼 링크의 기본 대역폭은 T1이기 때문에 인터페이스의 기본 코스트값은 64로 보인다. 그림 5-14 구성도의 시리얼 인터페이스 "serial 0/3/0"에서 "bandwidth" 명령어로 대역폭을 변경하고 코스트값을 비교해보자. 그림 5-20에서 대역폭을 56kbps로 설정한 후 코스트가 1785로 변경된 것을 볼 수 있다.

```
RTA#
RTA#
RTA#show ip ospf interface serial 0/3/0
Serial0/3/0 is up, line protocol is up
  Internet address is 192.168.3.1/24, Area 0
  Process ID 1, Router ID 192.168.3.1, Network Type POINT-TO-POINT, Cost: 64
  Transmit Delay is 1 sec, State POINT-TO-POINT, Priority 0
  No designated router on this network
  No backup designated router on this network
  Timer intervals configured, Hello 10, Dead 40, Wait 40, Retransmit 5
    Hello due in 00:00:07
  Index 2/2, flood queue length 0
  Next 0x0(0)/0x0(0)
  Last flood scan length is 1, maximum is 1
  Last flood scan time is 0 msec, maximum is 0 msec
  Neighbor Count is 1 , Adjacent neighbor count is 1
    Adjacent with neighbor 192.168.3.2
  Suppress hello for 0 neighbor(s)
RTA#
RTA#
RTA#
RTA#
```

그림 5-19 시리얼 링크 기본 코스트값, 64

```
RTA(config)#
RTA(config)#int serial 0/3/0
RTA(config-if)#bandwidth 56
RTA(config-if)#^Z
RTA#
%SYS-5-CONFIG_I: Configured from console by console

RTA#show ip ospf interface serial 0/3/0
Serial0/3/0 is up, line protocol is up
  Internet address is 192.168.3.1/24, Area 0
  Process ID 1, Router ID 10.10.10.10, Network Type POINT-TO-POINT, Cost: 1785
  Transmit Delay is 1 sec, State POINT-TO-POINT, Priority 0
  No designated router on this network
  No backup designated router on this network
  Timer intervals configured, Hello 10, Dead 40, Wait 40, Retransmit 5
    Hello due in 00:00:07
  Index 2/2, flood queue length 0
  Next 0x0(0)/0x0(0)
  Last flood scan length is 1, maximum is 1
  Last flood scan time is 0 msec, maximum is 0 msec
  Neighbor Count is 1 , Adjacent neighbor count is 1
    Adjacent with neighbor 192.168.3.2
  Suppress hello for 0 neighbor(s)
RTA#
RTA#
```

그림 5-20 변경된 코스트값, 1785

코스트는 OSPF 계산결과에 영향을 주기 위해 변경이 가능한데 코스트의 변경을 요구하는 공통적인 상황은 멀티벤더(Multi-vendor) 라우팅 환경이다. 코스트의 변경은 한 벤더의 코스트값이 다른 벤더의 코스트값과 일치한다는 가정 하에 이루어진다. 코스트 변경을 요구하는 또 다른 상황은 기가비트(Gigabit) 이더넷을 사용하는 경우이다. 100Mbps 링크에는 기본 코스트로 가장 낮은 값인 1을 할당하는데 100Mbps 및 기가비트 이더넷이 공존하는 상황에서는 기본 코스트값이 조정되지 않을 경우 바람직하지 않는 경로를 취할 수 있기 때문이다. 코스트값은 1~65,535 사이의 정수이며 링크 코스트를 설정하기 위한 인터페이스의 구성명령어는 다음과 같다.

Router(config)#interface serial 0/3/0
Router(config-if)#ip ospf cost *number*

그림 5-14 구성도의 시리얼 인터페이스 "serial 0/3/0"에서 "cost" 명령어를 사용하여 강제로 코스트값을 변경하고 비교해보자.

그림 5-21에서 코스트를 500으로 수정하고 변경이 되었는지 확인해보자.

```
RTA(config)#
RTA(config)#interface serial 0/3/0
RTA(config-if)#ip ospf cost 500
RTA(config-if)#^Z
RTA#
%SYS-5-CONFIG_I: Configured from console by console

RTA#show ip ospf interface serial 0/3/0
Serial0/3/0 is up, line protocol is up
  Internet address is 192.168.3.1/24, Area 0
  Process ID 1, Router ID 10.10.10.10, Network Type POINT-TO-POINT, Cost: 500
  Transmit Delay is 1 sec, State POINT-TO-POINT, Priority 0
  No designated router on this network
  No backup designated router on this network
  Timer intervals configured, Hello 10, Dead 40, Wait 40, Retransmit 5
    Hello due in 00:00:09
  Index 2/2, flood queue length 0
  Next 0x0(0)/0x0(0)
  Last flood scan length is 1, maximum is 1
  Last flood scan time is 0 msec, maximum is 0 msec
  Neighbor Count is 1 , Adjacent neighbor count is 1
    Adjacent with neighbor 192.168.3.2
  Suppress hello for 0 neighbor(s)
RTA#
RTA#
```

그림 5-21 코스트 변경하기

5.7.4 OSPF 인증 구성하기

기본적으로 라우터는 라우팅 정보가 정보를 송신하고 있는 라우터로부터 들어오고 있다고 믿고 있으며, 라우터는 또한 라우팅 정보가 경로 중간에서 간섭받지 않고 있다고 믿는다. 이러한 믿음을 보장하기 위하여 특정 영역 내의 라우터들은 서로 인증(Authentication)하도록 구성을 할 수 있다. 각 OSPF 인터페이스는 다른 라우터들에게 OSPF 정보를 전송하는 라우터가 사용하기 위한 인증 키를 제공할 수 있으며, 패스워드로 알려진 인증 키는 라우터들 사이에 공유되는 기밀이다.

인증 키는 OSPF 패킷 헤더의 Authentication Data를 형성하는데 사용되며 패스워드는 8자까지 가능하다. 네이버간 OSPF 평문 인증을 구성하기 위한 인터페이스 명령어는 다음과 같다.

```
Router(config)#interface serial 0/3/0
Router(config-if)#ip ospf authentication
Router(config-if)#ip ospf authentication-key password
```

간단한 인증절차를 가진 패스워드는 평문으로 전송되며 패킷 스니퍼(Packet

Sniffer)가 OSPF 패킷을 잡을 경우 쉽게 해독이 가능하기 때문에 인증정보는 암호화하기를 권유하고 있다. 암호화된 정보를 전송하고 보다 나은 보안을 보장하기 위해 "message-digest" 키워드를 사용하면 된다. MD5 키워드는 사용하는 Message-digest Hashing Algorithm 유형을 나타내며 네이버 간 OSPF MD5 인증을 구성하기 위한 인터페이스 명령어는 다음과 같다.

Router(config)#interface serial 0/3/0
Router(config-if)#ip ospf authentication message-digest
Router(config-if)#ip ospf message-digest-key *key-id* **md5** *password*

여기서 **key-id**는 1~255 사이의 값을 가지는 식별자이며 각 라우터상의 *key-id* 설정이 일치해야 인증이 되며 *password*는 Alphanumeric 패스워드로 16자까지 가능하다. 이웃 라우터들은 동일한 패스워드를 가지는 동일한 키 인자를 사용해야 한다.

OSPF Area 인증은 동일한 Area 내의 모든 라우터들이 OSPF 패킷을 송 · 수신할 때 인증을 하는 것으로 동일한 Area에 소속된 모든 라우터들의 인증방식(평문 혹은 MD5)은 일치하여야 하고 인증 키인 패스워드는 네이버 사이에만 일치하면 된다. Area 인증은 라우터 구성 모드에서 설정하고 패스워드는 인터페이스 구성 모드에서 설정하면 된다. 평문 인증인 경우 명령어는 다음과 같다.

Router(config)#router ospf 1
Router(config-router)#area *area-number* **authentication**
Router(config)#interface serial 0/3/0
Router(config-if)#ip ospf authentication-key *password*

MD5 Area 인증인 경우 명령어는 다음과 같다.

Router(config)#router ospf 1
Router(config-router)#area *area-number* **authentication message-digest**
Router(config)#interface serial 0/3/0
Router(config-if)#ip ospf message-digest-key *key-id* **md5** *password*

MD5 인증은 Message Digest를 생성하고 Message Digest는 패스워드와 패킷의 내용물로 이루어진 데이터를 뒤섞어 보낸다. 수신 라우터는 Digest를 재계산하기 위해 공유 패스워드와 패킷을 사용하며 Digest가 일치할 경우 라우터는 패킷의 발신지와 내용물이 간섭받지 않았다고 믿는다.

5.7.5 OSPF 타이머 구성하기

OSPF 라우터들은 동일한 헬로 인터벌(Hello Interval)과 데드 인터벌(Dead Interval)을 가져야 하며 기본적으로 데드 인터벌은 헬로 인터벌의 4배이다. 데드라고 선언되기 전에 헬로 패킷을 송신할 4번의 기회를 가진다는 의미이다. 브로드캐스트 OSPF 네트워크에서 기본 헬로 인터벌은 10초이며 따라서 기본 데드 인터벌은 40초이다. Nonbroadcast 네트워크에서 기본 헬로 인터벌은 30초이며 기본 데드 인터벌은 120초가 된다.

이러한 기본값들은 효과적인 OSPF 동작을 하도록 하며 변경이 거의 필요 없는 값들이다. 타이머는 이웃 라우터들과 일치되도록 구성되어야 하며, 인터페이스상에서 헬로 및 데드 인터벌을 구성하기 위해 사용하는 명령어는 다음과 같다. 설정할 수 있는 시간은 모두 1~65535초 사이의 정수를 사용하면 된다.

```
Router(config)#interface fastethernet 0/0
Router(config-if)#ip ospf hello-interval seconds
Router(config-if)#ip ospf dead-interval seconds
```

또한 OSPF 패킷 중 반드시 응답(Acknowledgment)을 받아야만 하는 패킷(DD, LSR, LSU 등)이 있는데 재전송 시간 내에 Ack를 받지 못하면 재전송을 하여야 한다. 기본 재전송 주기는 5초이며 “ip ospf retransmit-interval” 명령어를 사용하여 1~65535초 사이의 값으로 조정이 가능하다.

```
Router(config)#interface fastethernet 0/0
Router(config-if)#ip ospf retransmit-interval seconds
```

5.7.6 OSPF Passive 인터페이스 구성하기

다음 그림 5-22에서 보면 OSPF 라우터 RTA의 Fa0/0 인터페이스와 RTB의 Fa0/0 인터페이스와 같이 OSPF 네이버가 없는 인터페이스에 대해 패시브 인터페이스로 지정을 하면 지정된 인터페이스로 OSPF 헬로 패킷을 전송하지 않으며, 해당 인터페이스로 헬로 패킷이 들어와도 무시하게 된다.

패시브 인터페이스를 구성하면 해당 인터페이스를 통해서 이웃관계가 형성되지 않기 때문에 잘못된 라우팅 정보로 인한 피해를 피할 수 있어 간단한 보안대책이 될 수도 있다. 패시브 인터페이스를 구성하는 명령어는 라우터 구성 모드에서 수행하며 다음과 같다.

```
Router(config)#router ospf 1
Router(config-router)#passive-interface fastethernet 0/0
```

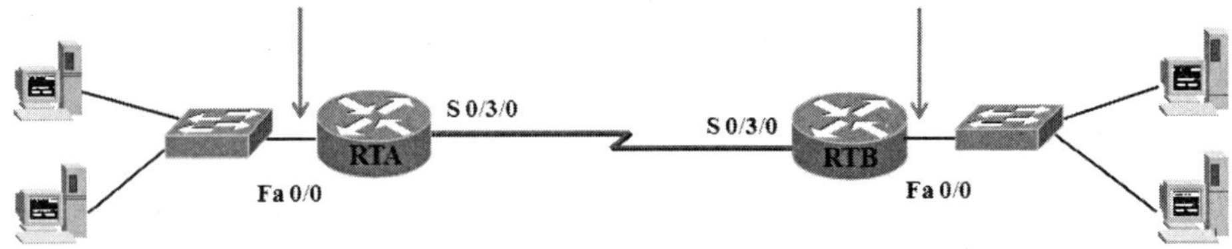

그림 5-22 OSPF 패시브 인터페이스

5.7.7 OSPF 구성 이슈

OSPF 라우터는 라우팅 정보를 교환하기 위해 다른 OSPF 라우터들과 이웃 혹은 인접관계 설립이 필요한데 이러한 인접관계의 설립에 실패하는 원인은 이웃 간 헬로 송신이 안 되는 경우, 헬로 및 Dead 인터벌이 동일하지 않은 경우, 인터페이스가 다른 네트워크 유형상에 있을 경우 및 인증 패스워드 혹은 키가 다를 경우 등을 들 수 있다.

OSPF 라우팅 구성에서 중요한 요소들은 모든 인터페이스는 정확한 주소와 서브넷 마스크를 가져야 하고 “network area” 구문은 정확한 Wildcard 마스크를 가져야 하며 “network area” 구문은 인터페이스를 정확한 Area에 넣어야 한다는 것들이다. 다음 표 5-7은 “show” 명령어를 사용하여 네이버나 라우팅 테이블을 확인했을 때 OSPF 이웃이 보이지 않거나 경로가 보이지 않을 경우 예측 가능한 질문들이다. 표 5-8은 OSPF 라우터의 이웃 라우터들과의 관계 상태를 설명한 것이다.

표 5-7 OSPF 패킷 유형

이웃이 보이지 않을 경우 (show ip ospf neighbor 명령에서)	경로가 보이지 않을 경우 (show ip route 명령에서)
인터페이스들이 동일한 OSPF 타이머를 가졌는가?	인터페이스들이 정확한 IP 주소와 서브넷 마스크를 가졌는가?
연결된 인터페이스들이 동일한 네트워크 유형을 가졌는가?	네트워크 구문은 정확한 와일드카드 마스크를 가졌는가?
인터페이스상에 인증 키와 패스워드가 일치하는가?	네트워크 구문에서 링크를 정확한 Area에 넣어주었는가?
이웃 라우터들이 중복된 IP 주소를 가지고 있지 않는가?	
라우터 인터페이스가 "up" 상태인가?	

표 5-8 OSPF 라우터의 이웃과의 관계상태

이웃 라우터와의 관계 상태	Description (RTA는 LAN에 접속된 라우터, RTB는 RTA와 연결된 라우터)
Down State	RTA와 RTB가 서로 정보를 교환하지 않은 상태
Init State	RTA → RTB, Hello(RID=RTA, Neighbor=None)
2-way State	RTA ← RTB, Hello(RID=RTB, Neighbor=RTA)
Exstart State	RTA ↔ RTB, DD(RID가 높은 RTB에서 DD 교환 시작)
Exchange State	RTA ↔ RTB, LSAck(Link-State Acknowledgment 교환)
Loading State	RTA → RTB, LSR(Link-State Request) RTA ← RTB, LSU(Link-State Update)
Full State	RTA → RTB, LSAck(Link-State Acknowledgment)

제6장
EIGRP

6.1 EIGRP 개요

시스코는 자사소유의 거리-벡터 라우팅 프로토콜인 IGRP(Interior Gateway Routing Protocol)의 확장 및 개선판으로 EIGRP(Enhanced IGRP)를 IOS v9.2.1과 함께 1992년에 발표하였다. EIGRP는 개선된 거리-벡터 라우팅 프로토콜로써 라우팅 정보를 유지하고 이웃을 갱신하는 방법에서는 링크-상태 라우팅 프로토콜로 동작한다. 단순한 거리-벡터 라우팅 프로토콜에 비해 빠른 수렴, 효과적인 대역폭의 사용, VLSM 및 CIDR 지원, 다중 네트워크 계층지원, Routed 프로토콜로부터의 독립 등의 장점을 가지고 있다. EIGRP는 개선된 수렴 특성을 가지며, IGRP보다 효과적으로 동작하며 개선된 네트워크 구조를 가짐에도 불구하고 IGRP에 대한 투자를 그대로 유지할 수 있다. 시스코의 EIGRP와 IGRP 비교 시 주요 구분 영역으로는 호환성, 메트릭 계산, 홉 카운트, 자동 프로토콜 재분배, 경로 태깅(Tagging) 등을 들 수 있다.

우선 호환성 영역에서 보면 IGRP와 EIGRP는 서로 호환이 된다. 호환성은 IGRP 라우터와 경계가 없는 상호운용이 제공된다는 것이며, 이것은 사용자가 두 프로토콜의 장점을 모두 이용할 수 있음과 동시에 기 투자된 IGRP에 대한 부분을 그대로 유지할 수 있다는 의미가 된다. 또한 EIGRP는 다중 프로토콜(Multiprotocol)의 사용을 지원하여 다중 프로토콜의 사용을 지원하지 않는 IGRP보다 개선된 장점을 사용할 수도 있다.

메트릭을 계산하는 영역에서 EIGRP와 IGRP는 서로 다른 메트릭 계산을 사용하는데 결과론으로 비교하면 EIGRP는 IGRP의 메트릭을 256개의 요소만큼 확장한 것과 같다. 그것은 EIGRP가 32비트 메트릭을 사용하고 IGRP는 24비트 메트릭을 사용하기 때문이다. EIGRP는 IGRP와 쉽게 정보를 교환하기 위해 256으로 곱하거나 나눌 수 있다는 것이다. 즉 EIGRP 측에서 IGRP 쪽으로 경로정보를 넘겨줄 때는 EIGRP의 메트릭을 256으로 나누어 넘겨주고 반대로 IGRP측에서 EIGRP 쪽으로 경로정보를 넘겨줄 때는 IGRP의 메트릭에 256을 곱하여 넘겨준다는 뜻이다.

홉 카운트 영역에서 보면 IGRP의 최대 홉 카운터는 255이고, EIGRP의 최대 홉 카운터는 기본적으로 100이 디폴트(Default)이며, 최대 255까지 확장할 수 있어 크고 적절하게 설계된 인터네트워크(Internetwork)를 지원하기에 적당하다고 할 수 있다.

6.2 IGRP와 EIGRP

6.2.1 IGRP 개요와 특성

IGRP는 EIGRP와 마찬가지로 시스코사에 의해 개발된 거리-벡터 라우팅 프로토콜이며 90초 간격으로 라우팅 Update 및 특별한 AS를 위한 네트워크 광고를 전송한다. IGRP 설계 특성을 보면 막연하고 복잡한 토폴로지를 자동적으로 다룰 수 있는 융통성이 있으며 다른 대역폭과 지연특성을 가진 세그먼트를 위한 유연성과 대형 네트워크에서의 기능을 위한 확장성을 확보하고 있다.

IGRP도 EIGRP와 동일하게 합성 메트릭을 사용하며 메트릭 결정을 위한 변수들은 대역폭(Bandwidth), 지연(Delay), 부하(Load), 신뢰도(Reliability) 및 MTU(Maximum Transmission Unit) 등이며 이들의 조합을 사용하여 메트릭을 결정하게 된다.

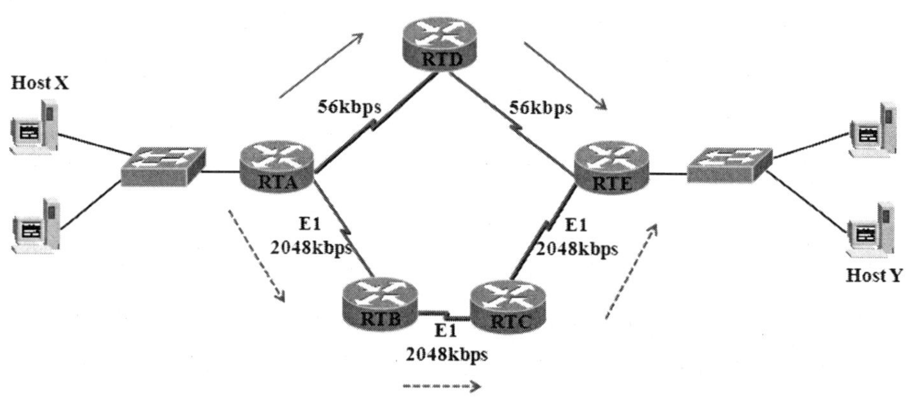

그림 6-1 IGRP의 특성

그림 6-1에서 보면 IGRP는 합성 메트릭을 사용하여 경로를 선택하고 이때 속도(대역폭)는 기본적인 고려사항이 되기 때문에 호스트 X에서 호스트 Y로 데이터를 전송할 경우 홉수가 더 많지만(4홉, 56kbps 링크는 3홉) 속도가 빠른 E1(2048kbps) 링크를 사용하는 경로를 선택하게 된다. 이것이 동일한 거리-벡터 라우팅 프로토콜이지만 IGRP가 RIP보다 합리적인 경로선택을 하게 되는 경우이다.

경로 재분배 혹은 경로 공유는 동일한 AS 번호를 사용하면 IGRP와 EIGRP 사이에 자동으로 수행된다. IGRP와 EIGRP 네트워크 양쪽 모두에 속해있는 경계 라우터(그림에서 RTC)는 EIGRP로부터 학습한 경로를 IGRP AS에 자동으로 재분배하며 반대의 경우도 동일하다. 이때 라우팅 테이블을 보면 EIGRP는 IGRP 혹은 외부 소스로부터 학습한 경로에 태깅(Code "D EX")을 하여 구분하지만 IGRP는 내부 및 외부 경로를 구분할 수 없다.

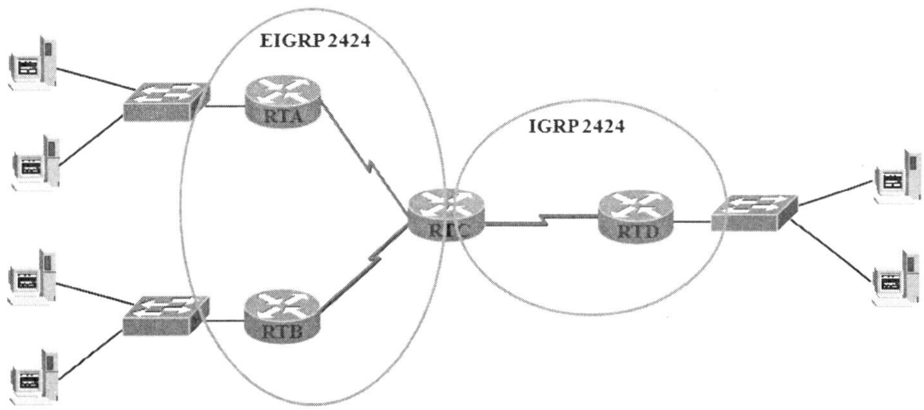

그림 6-2 자동 경로재분배

6.2.2 IGRP 설정

IGRP를 설정하기 위해서는 우선 IGRP를 활성화시키고 AS를 정의해 주어야 하며, 다음은 직접 연결된 네트워크를 정의하여 어떤 네트워크가 IGRP 프로토콜에 참여하여 IGRP 라우터에 의해 광고되는지를 결정할 수 있도록 한다. 라우터에서 IGRP를 설정하기 위한 명령어는 다음과 같다.

① IGRP를 활성화시키고 AS(Autonomous System) 정의

Router(config)#router igrp *autonomous-system-number*

Router(config)#router igrp 2424

여기서, AS 번호(2424)는 Internetwork에 포함된 모든 라우터를 식별하기 위해 사용하며 이 값은 1~65535 사이의 값을 사용하고 Internetwork 내의 모든 라우터가 일치해야 한다.

② 네트워크가 Local 라우터상의 IGRP AS에 포함됨을 지시

Router(config-router)#network *network-number*

Router(config-router)#network *network-number*

Router(config-router)#network 192.168.1.0

Router(config-router)#network 192.168.2.0

여기서, *network-number*(192.168.1.0, 192.168.2.0, · · ·)는 라우터의 어떤 인터페이스가 IGRP에 속하는지, 어떤 네트워크가 라우터에 의해 광고되는지를 결정하는 네트워크 번호이다. 중요한 것은 "network" 명령어는 직접 연결된 네트워크만 구성한다는 것이다.

6.2.3 EIGRP의 특징과 장점

EIGRP는 IGRP와는 다르게 동작한다. EIGRP는 개선된 거리-벡터 라우팅 프로토콜이지만 라우팅 정보를 유지하고 이웃을 갱신하는 방법에서는 링크-상태 프로토콜로 동작하며 단순한 거리-벡터 라우팅 프로토콜에 비해 EIGRP의 장점은 다음과 같다.

빠른 수렴(Fast Convergence)
효과적인 대역폭의 사용
VLSM 및 CIDR 지원
다중 네트워크 계층 지원
Routed Protocol로부터 독립

EIGRP 라우터는 DUAL(Diffusing Update Algorithm)이라는 경로계산 알고리즘에 의존하기 때문에 빠르게 수렴한다. DUAL은 토폴로지 변경에 포함된 모든 라우터들에게 동시에 동기화 하도록 허용하는 경로경쟁을 통하여 Loop-free를 보장하는 알고리즘이다. 또한 EIGRP는 부분적이고 제한된 Update 전송을 하기 때문에 효과적으로 대역폭을 사용하여 네트워크가 안정적인 경우에는 최소한의 대역폭을 사용하게 된다. EIGRP 라우터는 완전한 라우팅 테이블을 전송하지 않고, 대신에 부분적이고 제한적인 Update를 전송하는데 이것은 EIGRP 라우터가 영역 내 모든 라우터가 아니라 정보가 필요한 라우터에게만 부분적인 갱신을 전송한다는 것이다. 이것을 제한된 갱신(Bounded Update)이라 부르며 그 외의 동작은 OSPF와 유사하다.

EIGRP 라우터들도 서로 연락을 유지하기 위하여 작은 헬로 패킷을 사용하며 헬로 패킷을 정규적으로 교환하지만 많은 대역폭을 사용하지는 않는다. Routed 프로토콜로부터의 독립은 EIGRP가 모듈식 설계가 되어 있어 네트워크 계층의 프로토콜에 해당하는 요구사항들을 처리한다는 것이다. EIGRP는 IP, IPX, AppliKalk와 같은 Routed 프로토콜에 대한 지원은 프로토콜 종속 모듈(PDM, Protocol Dependent Module)을 통해 제공한다. Routed 프로토콜이 발전함에 따라 PDM이 장황한 수정으로부터 EIGRP를 보호하기 때문에 새로운 프로토콜 모듈은 필요하지만 EIGRP에 대한 변경은 불필요하다.

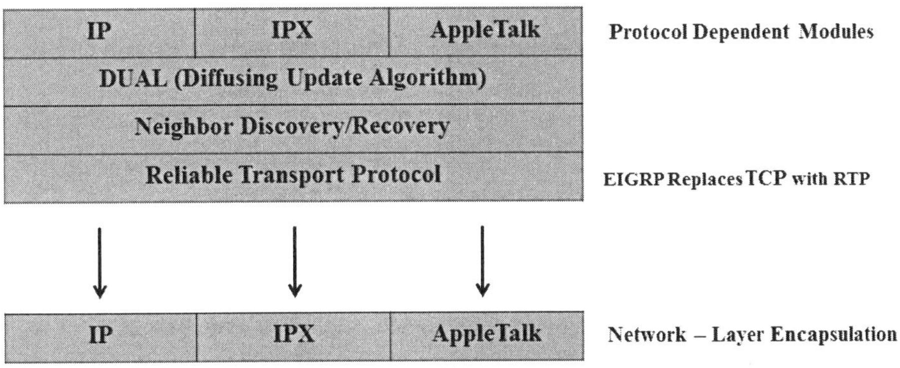

그림 6-3 EIGRP 기본동작 요소

그 외에도 EIGRP는 모든 네이버들에게 EIGRP 패킷들의 전달을 보장하고 순차적으로 전달하는 책임을 지는 RTP(Reliable Transport Protocol) 기능을 가지고 있으며, IP 네트워크상에서 호스트들은 패킷을 배열하고 적기에 전달을 보장하기 위해 EIGRP는 TCP를 사용한다. 또한 VLSM과 CIDR을 지원하여 효과적인 IP 주소의 사용과 라우팅 테이블 관리에도 유리하다.

6.3 EIGRP 기본설정과 합성 메트릭

6.3.1 EIGRP 기본설정

EIGRP는 최적의 라우팅 경로를 계산하는 DUAL(Diffusing Update Algorithm)이라는 복잡한 알고리즘의 사용에도 불구하고, EIGRP의 구성을 위한 설정은 비교적 간단하다. EIGRP 구성을 위한 명령어는 Routed 프로토콜(IP, IPX, AppleTalk 등)에 따라 다양하지만 가장 많이 사용하는 IP를 위한 EIGRP 구성단계를 살펴보자.

① EIGRP를 활성화시키고 AS(Autonomous System) 정의

Router(config)#router eigrp *autonomous-system-number*

Router(config)#router eigrp 2424

여기서, AS 번호(2424)는 Internetwork에 포함된 모든 라우터를 식별하기 위해 사용하며 이 값은 1~65535 사이의 값을 사용하고 Internetwork 내의 모든 라우터가 일치해야 한다.

② 네트워크가 Local Router상의 EIGRP AS에 포함됨을 지시

Router(config-router)#network *network-number*

Router(config-router)#network 192.168.1.0

여기서, *network-number*(192.168.1.0)는 라우터의 어떤 인터페이스가 EIGRP에 속하는지, 어떤 네트워크가 라우터에 의해 광고되는지를 결정하는 네트워크 번호이다. 중요한 것은 "network" 명령어는 직접 연결된 네트워크만 구성한다는 것이다. "network" 명령어의 또 다른 표현은 와일드카드 마스크를 사용하는 것인데, 첫 번째로는 인터페이스 주소와 와일드카드 마스크를 사용하는 방법이 있는데 이 경우에 와일드카드 마스크는 0.0.0.0을 사용한다. 이 방법이 실수를 줄일 수 있고 편리하다. 두 번째로는 서브넷팅된 네트워크를 나타낼 경우 서브넷 주소와 와일드카드 마스크를 사용하는 것이다. 위의 예에서는 서브넷팅되지 않은 네트워크(192.168.1.0)를 지정하였기 때문에 와일드카드 마스크를 생략한 경우이다. 다른 표현의 "network" 명령어에 대한 예는 다음과 같다.

Router(config-router)#network *network-num or Interface-addr wildcard*

Router(config-router)#network 192.168.1.1 0.0.0.0

Router(config-router)#network 192.168.1.0 0.0.0.3

③ EIGRP를 사용하여 시리얼 링크를 구성할 경우 인터페이스상에 대역폭을 설정

Router(config-if)#bandwidth 2048

명령어를 사용하여 인터페이스를 위한 대역폭이 변경되지 않을 경우 EIGRP는 링크상의 실제 대역폭 대신 기본 대역폭으로 가정한다. 시리얼 링크의 경우 기본 대역폭은 1544kbps이며 대역폭의 단위가 kbps임을 명심하자.

시리얼 인터페이스 모드에서 유사한 기능을 하는 명령어 중에서 "clock rate" 명령어의 단위는 bps이다. 링크가 느려질 경우 라우팅 Update의 분실 혹은 차선의 경로선택으로 인하여 라우터는 수렴할 수 없을 수도 있다. "bandwidth" 명령어는 라우팅 프로세서에 의해서만 사용되며 인터페이스의 회선속도와 일치하도록 설정되어야 할 것이다.

④ Cisco는 모든 EIGRP 구성에 다음 명령어를 추가하도록 권고

Router(config-router)#eigrp log-neighbor-changes

시스템 안정도의 감시를 위해 필요한 명령어로 로깅(Logging) 및 문제발견을 위해 필요한 사항이며 기본(Default)으로 되어 있다. 제거할 경우 명령어는 다음과 같이 "no"를 앞에 추가하면 된다.

Router(config-router)#no eigrp log-neighbor-changes

다음 그림 6-4와 같은 네트워크에서 EIGRP를 설정하고 라우팅 프로토콜 EIGRP의 동작방법에 대하여 알아보자. AS 번호는 2424이며, IP 주소의 서브넷 마스크의 길이는 24비트와 30비트로 설정되어 있으며 시리얼 인터페이스는 기본 대역폭을 사용한다고 가정한다.

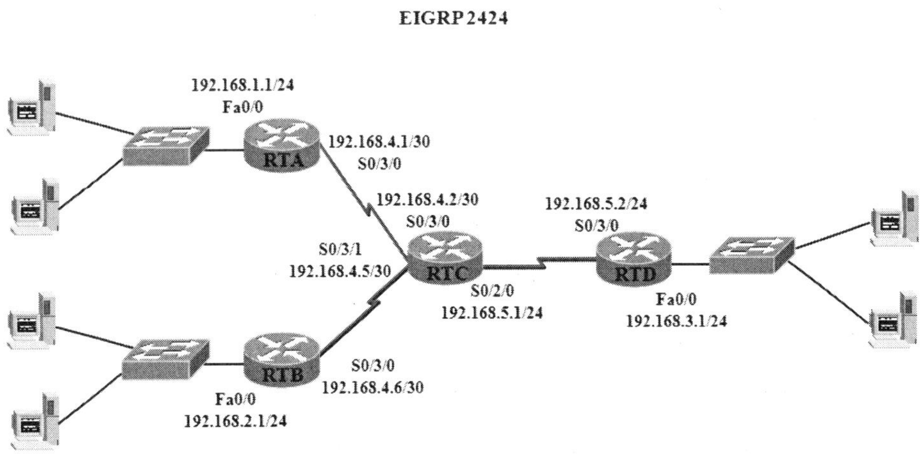

그림 6-4 EIGRP 기본설정을 위한 네트워크 구성도

① 라우터 RTA, RTB, RTC, RTD의 기본 네트워크 설정하기

```
RTA(config)#interface fastethernet 0/0
RTA(config-if)#ip address 192.168.1.1 255.255.255.0
RTA(config-if)#interface serial 0/3/0
RTA(config-if)#ip address 192.168.4.1 255.255.255.252
RTA(config-if)#clock rate 64000

RTB(config)#interface fastethernet 0/0
RTB(config-if)#ip address 192.168.2.1 255.255.255.0
RTB(config-if)#interface serial 0/3/0
RTB(config-if)#ip address 192.168.4.6 255.255.255.252

RTC(config)#interface serial 0/3/0
RTC(config-if)#ip address 192.168.4.2 255.255.255.252
RTC(config-if)#interface serial 0/3/1
RTC(config-if)#ip address 192.168.4.5 255.255.255.252
RTC(config-if)#clock rate 64000
RTC(config-if)#interface serial 0/2/0
RTC(config-if)#ip address 192.168.5.1 255.255.255.0
RTC(config-if)#clock rate 64000

RTD(config)#interface fastethernet 0/0
RTD(config-if)#ip address 192.168.3.1 255.255.255.0
RTD(config-if)#interface serial 0/3/0
RTD(config-if)#ip address 192.168.5.2 255.255.255.0
```

② 라우터 RTA, RTB, RTC, RTD의 기본 EIGRP 설정하기

```
RTA(config)#router eigrp 2424
RTA(config-router)#network 192.168.1.0
    or RTA(config-router)#network 192.168.1.1 0.0.0.0
RTA(config-router)#network 192.168.4.0 0.0.0.3
    or RTA(config-router)#network 192.168.4.1 0.0.0.0
```

```
RTB(config)#router eigrp 2424
RTB(config-router)#network 192.168.2.0
    or RTB(config-router)#network 192.168.2.1 0.0.0.0
RTB(config-router)#network 192.168.4.4 0.0.0.3
    or RTB(config-router)#network 192.168.4.6 0.0.0.0

RTC(config)#router eigrp 2424
RTC(config-router)#network 192.168.4.0 0.0.0.3
    or RTC(config-router)#network 192.168.4.2 0.0.0.0
RTC(config-router)#network 192.168.4.4 0.0.0.3
    or RTC(config-router)#network 192.168.4.5 0.0.0.0
RTC(config-router)#network 192.168.5.0
    or RTC(config-router)#network 192.168.5.1 0.0.0.0

RTD(config)#router eigrp 2424
RTD(config-router)#network 192.168.3.0
    or RTD(config-router)#network 192.168.3.1 0.0.0.0
RTD(config-router)#network 192.168.5.0
    or RTD(config-router)#network 192.168.5.2 0.0.0.0
```

③ 설정이 끝난 후 각 라우터에서 핑(Ping) 테스트

```
RTA#ping 192.168.2.1
RTA#ping 192.168.3.1
RTB#ping 192.168.1.1
RTB#ping 192.168.3.1
RTD#ping 192.168.1.1
RTD#ping 192.168.2.1
```

```
RTA#
RTA#
RTA#show ip interface brief
Interface              IP-Address      OK? Method Status                Protocol


FastEthernet0/0        192.168.1.1     YES manual up                    up

FastEthernet0/1        unassigned      YES unset  administratively down down

Serial0/3/0            192.168.4.1     YES manual up                    up

Serial0/3/1            unassigned      YES unset  administratively down down

Vlan1                  unassigned      YES unset  administratively down down
RTA#
RTA#
RTA#
RTA#
RTA#
RTA#
RTA#
```

그림 6-5 RTA의 기본 네트워크 설정확인

① 라우터의 인터페이스 설정이 끝난 후 "show ip interface brief" 명령어를 사용하여 인터페이스의 기본설정이 제대로 되었는지 확인

② 인터페이스 번호(FastEthernet0/0, Serial0/3/0), IP 주소(192.168.1.1, 192.168.4.1) 및 인터페이스 상태 확인

③ 인터페이스 상태는 1계층(Status) 및 2계층(Protocol) 상태확인, 현재 모두 Up 상태

```
RTC#
RTC#
RTC#show ip interface brief
Interface              IP-Address      OK? Method Status                Protocol


FastEthernet0/0        unassigned      YES unset  administratively down down

FastEthernet0/1        unassigned      YES unset  administratively down down

Serial0/2/0            192.168.5.1     YES manual up                    up

Serial0/2/1            unassigned      YES unset  administratively down down

Serial0/3/0            192.168.4.2     YES manual up                    up

Serial0/3/1            192.168.4.5     YES manual up                    up

Vlan1                  unassigned      YES unset  administratively down down
RTC#
RTC#
RTC#
```

그림 6-6 RTC의 기본 네트워크 설정확인

```
RTA#
RTA#show ip route
Codes: C - connected, S - static, I - IGRP, R - RIP, M - mobile, B - BGP
       D - EIGRP, EX - EIGRP external, O - OSPF, IA - OSPF inter area
       N1 - OSPF NSSA external type 1, N2 - OSPF NSSA external type 2
       E1 - OSPF external type 1, E2 - OSPF external type 2, E - EGP
       i - IS-IS, L1 - IS-IS level-1, L2 - IS-IS level-2, ia - IS-IS inter area
       * - candidate default, U - per-user static route, o - ODR
       P - periodic downloaded static route

Gateway of last resort is not set

C    192.168.1.0/24 is directly connected, FastEthernet0/0
D    192.168.2.0/24 [90/2684416] via 192.168.4.2, 00:07:05, Serial0/3/0
D    192.168.3.0/24 [90/2684416] via 192.168.4.2, 00:09:18, Serial0/3/0
     192.168.4.0/24 is variably subnetted, 3 subnets, 2 masks
D       192.168.4.0/24 is a summary, 00:13:18, Null0
C       192.168.4.0/30 is directly connected, Serial0/3/0
D       192.168.4.4/30 [90/2681856] via 192.168.4.2, 00:07:05, Serial0/3/0
D    192.168.5.0/24 [90/2681856] via 192.168.4.2, 00:09:54, Serial0/3/0
RTA#
RTA#
RTA#
```

그림 6-7 RTA의 라우팅 테이블

① 직접 연결된(Code “C”) 네트워크는 192.168.1.0/24, 192.168.4.0/30

② 네트워크 192.168.1.0/24는 패스트 이더넷 포트 “Fastethernet0/0”에 직접 연결

③ 네트워크 192.168.4.0/30은 시리얼 포트 “Serial0/3/0”에 직접 연결

④ 192.168.4.0/24 네트워크는 Summary된 네트워크로 3개의 서브넷(축약된 네트워크 192.168.4.0/24 포함, 192.168.4.0/30, 192.168.4.4/30)이 존재하며 2개의 (/24, /30) 마스크를 사용

⑤ EIGRP를 통해(Code “D”) 학습한 네트워크는 192.168.2.0/24, 192.168.3.0/24, 192.168.4.4/30, 192.168.5.0/24이며 게이트웨이가 Null0로 표시된 축약 네트워크 192.168.4.0/24는 폐기(Discard)

⑥ RTA에서 192.168.2.0/24 네트워크까지의 관리거리는 90이고 복합 메트릭은 2684416이며, 192.168.4.2를 경유하여 접근할 수 있다.
출력 인터페이스는 시리얼 포트 “Serial0/3/0”

⑦ 192.168.3.0/24 네트워크는 관리거리가 90이고 RTA로부터의 복합 메트릭은 2684416이며, 192.168.4.2를 경유하여 접근할 수 있다.
출력 인터페이스는 시리얼 포트 “Serial0/3/0”

⑧ RTA에서 192.168.4.4/30 네트워크까지의 관리거리는 90이고 복합 메트릭은 2681856이며, 192.168.4.2를 경유하여 접근할 수 있다.

출력 인터페이스는 시리얼 포트 "Serial0/3/0"

⑨ 192.168.5.0/24 네트워크는 관리거리 90이고 RTA로부터의 복합 메트릭은 2681856이며, 192.168.4.2를 경유하여 접근할 수 있다.
출력 인터페이스는 시리얼 포트 "Serial0/3/0"

```
RTB#
RTB#show ip route
Codes: C - connected, S - static, I - IGRP, R - RIP, M - mobile, B - BGP
       D - EIGRP, EX - EIGRP external, O - OSPF, IA - OSPF inter area
       N1 - OSPF NSSA external type 1, N2 - OSPF NSSA external type 2
       E1 - OSPF external type 1, E2 - OSPF external type 2, E - EGP
       i - IS-IS, L1 - IS-IS level-1, L2 - IS-IS level-2, ia - IS-IS inter area
       * - candidate default, U - per-user static route, o - ODR
       P - periodic downloaded static route

Gateway of last resort is not set

D    192.168.1.0/24 [90/2684416] via 192.168.4.5, 00:09:25, Serial0/3/0
C    192.168.2.0/24 is directly connected, FastEthernet0/0
D    192.168.3.0/24 [90/2684416] via 192.168.4.5, 00:09:25, Serial0/3/0
     192.168.4.0/24 is variably subnetted, 3 subnets, 2 masks
D       192.168.4.0/24 is a summary, 00:09:27, Null0
D       192.168.4.0/30 [90/2681856] via 192.168.4.5, 00:09:25, Serial0/3/0
C       192.168.4.4/30 is directly connected, Serial0/3/0
D    192.168.5.0/24 [90/2681856] via 192.168.4.5, 00:09:25, Serial0/3/0
RTB#
RTB#
RTB#
```

그림 6-8 RTB의 라우팅 테이블

```
RTC#
RTC#show ip route
Codes: C - connected, S - static, I - IGRP, R - RIP, M - mobile, B - BGP
       D - EIGRP, EX - EIGRP external, O - OSPF, IA - OSPF inter area
       N1 - OSPF NSSA external type 1, N2 - OSPF NSSA external type 2
       E1 - OSPF external type 1, E2 - OSPF external type 2, E - EGP
       i - IS-IS, L1 - IS-IS level-1, L2 - IS-IS level-2, ia - IS-IS inter area
       * - candidate default, U - per-user static route, o - ODR
       P - periodic downloaded static route

Gateway of last resort is not set

D    192.168.1.0/24 [90/2172416] via 192.168.4.1, 00:15:12, Serial0/3/0
D    192.168.2.0/24 [90/2172416] via 192.168.4.6, 00:11:24, Serial0/3/1
D    192.168.3.0/24 [90/2172416] via 192.168.5.2, 00:13:37, Serial0/2/0
     192.168.4.0/24 is variably subnetted, 3 subnets, 2 masks
D       192.168.4.0/24 is a summary, 00:14:13, Null0
C       192.168.4.0/30 is directly connected, Serial0/3/0
C       192.168.4.4/30 is directly connected, Serial0/3/1
C    192.168.5.0/24 is directly connected, Serial0/2/0
RTC#
RTC#
RTC#
```

그림 6-9 RTC의 라우팅 테이블

```
RTD#
RTD#show ip route
Codes: C - connected, S - static, I - IGRP, R - RIP, M - mobile, B - BGP
       D - EIGRP, EX - EIGRP external, O - OSPF, IA - OSPF inter area
       N1 - OSPF NSSA external type 1, N2 - OSPF NSSA external type 2
       E1 - OSPF external type 1, E2 - OSPF external type 2, E - EGP
       i - IS-IS, L1 - IS-IS level-1, L2 - IS-IS level-2, ia - IS-IS inter area
       * - candidate default, U - per-user static route, o - ODR
       P - periodic downloaded static route

Gateway of last resort is not set

D    192.168.1.0/24 [90/2684416] via 192.168.5.1, 00:18:54, Serial0/3/0
D    192.168.2.0/24 [90/2684416] via 192.168.5.1, 00:16:34, Serial0/3/0
C    192.168.3.0/24 is directly connected, FastEthernet0/0
D    192.168.4.0/24 [90/2681856] via 192.168.5.1, 00:18:54, Serial0/3/0
C    192.168.5.0/24 is directly connected, Serial0/3/0
RTD#
RTD#
RTD#
RTD#
RTD#
RTD#
```

그림 6-10 RTD의 라우팅 테이블

```
RTA#
RTA#show ip protocols

Routing Protocol is "eigrp  2424 "
  Outgoing update filter list for all interfaces is not set
  Incoming update filter list for all interfaces is not set
  Default networks flagged in outgoing updates
  Default networks accepted from incoming updates
  EIGRP metric weight K1=1, K2=0, K3=1, K4=0, K5=0
  EIGRP maximum hopcount 100
  EIGRP maximum metric variance 1
Redistributing: eigrp 2424
  Automatic network summarization is in effect
  Automatic address summarization:
    192.168.4.0/24 for FastEthernet0/0
      Summarizing with metric 2169856
  Maximum path: 4
  Routing for Networks:
     192.168.1.0
     192.168.4.1/32
  Routing Information Sources:
    Gateway         Distance      Last Update
    192.168.4.2     90            8005
  Distance: internal 90 external 170

RTA#
RTA#
```

그림 6-11 RTA의 라우팅 프로토콜 정보

① 라우팅 프로토콜은 "EIGRP", AS 번호는 "2424"

② 메트릭 웨이트는 K1=1, K2=0, K3=1, K4=0, K5=0

③ 최대 홉 카운트는 "100"

④ 재분배되고 있는 프로토콜은 EIGRP 2424

⑤ 최대 4개의 경로까지 Load Balancing이 가능

⑥ RTA에서 "network" 명령어를 사용하여 EIGRP에 포함시킨 네트워크는 192.168.1.0/24, 192.168.4.1/32

⑦ 라우팅 정보를 주고받는 게이트웨이는 192.168.4.2

⑧ EIGRP의 내부 관리거리는 90, 외부 관리거리는 170

```
RTC#
RTC#show ip protocols

Routing Protocol is "eigrp  2424 "
  Outgoing update filter list for all interfaces is not set
  Incoming update filter list for all interfaces is not set
  Default networks flagged in outgoing updates
  Default networks accepted from incoming updates
  EIGRP metric weight K1=1, K2=0, K3=1, K4=0, K5=0
  EIGRP maximum hopcount 100
  EIGRP maximum metric variance 1
Redistributing: eigrp 2424
  Automatic network summarization is in effect
  Automatic address summarization:
    192.168.4.0/24 for Serial0/2/0
      Summarizing with metric 2169856
  Maximum path: 4
  Routing for Networks:
     192.168.4.2/32
     192.168.4.4/30
     192.168.5.0
  Routing Information Sources:
    Gateway         Distance      Last Update
    192.168.4.6     90            5406
    192.168.5.2     90            8844
    192.168.4.1     90            9469
  Distance: internal 90 external 170

RTC#
RTC#
```

그림 6-12 RTC의 라우팅 프로토콜 정보

6.3.2 EIGRP 합성 메트릭

EIGRP는 라우팅 경로를 결정하기 위해서 IGRP와 마찬가지로 메트릭이라는 기준을 사용하는데 몇 가지 변수들의 조합으로 구성된 합성 메트릭(Composite Metric)을 사용한다. 합성 메트릭 결정을 위한 변수들은 대역폭(Bandwidth), 지연(Delay), 부하(Load), 신뢰도(Reliability), MTU(Maximum Transmission Unit) 및 홉 카운트(Hop Count)가 있다. 각각의 변수값은 "show interface" 명령어로 확인할 수 있으며 합성 메트릭을 계산하는 공식은 다음과 같다.

Metric = [K1 * Bandwidth + K2 * Bandwidth / (256 - Load) + K3 * Delay]
* [K5 / (Reliability + K4)]

여기서, 메트릭 웨이트(Weight) K1, K2, K3, K4, K5의 기본(Default)값은 다음과 같다.

K1(Bandwidth) = 1, K2(Load) = 0, K3(Delay) = 1, K4(reliability) = 0, K5(Reliability) = 0

따라서 기본(Default) 합성 메트릭은
Metric = [K1 * Bandwidth + K3 * Delay]가 되며 IGRP와 EIGRP 각각의 대역폭과 지연을 구하는 공식은 다음과 같다.

Bandwidth (IGRP) = 10000000 / Bandwidth(kbps)

Bandwidth (EIGRP) = [10000000 / Bandwidth(kbps)] * 256

Delay (IGRP) = Delay(μsec) / 10

Delay (EIGRP) = [Delay(μsec) /10] * 256

상수 K의 값은 "metric weights" 명령어로 다음과 같이 변경할 수 있다.

```
Router(config-router)#metric weights tos k1 k2 k3 k4 k5
```

여기서, tos는 Type of Service 값으로 항상 0만 지원한다.

```
RTC#
RTC#show interface serial 0/3/0
Serial0/3/0 is up, line protocol is up (connected)
  Hardware is HD64570
  Internet address is 192.168.4.2/30
  MTU 1500 bytes, BW 1544 Kbit, DLY 20000 usec,
     reliability 255/255, txload 1/255, rxload 1/255
  Encapsulation HDLC, loopback not set, keepalive set (10 sec)
  Last input never, output never, output hang never
  Last clearing of "show interface" counters never
  Input queue: 0/75/0 (size/max/drops); Total output drops: 0
  Queueing strategy: weighted fair
  Output queue: 0/1000/64/0 (size/max total/threshold/drops)
     Conversations  0/0/256 (active/max active/max total)
     Reserved Conversations 0/0 (allocated/max allocated)
     Available Bandwidth 1158 kilobits/sec
  5 minute input rate 105 bits/sec, 0 packets/sec
  5 minute output rate 104 bits/sec, 0 packets/sec
     1339 packets input, 80210 bytes, 0 no buffer
     Received 0 broadcasts, 0 runts, 0 giants, 0 throttles
     0 input errors, 0 CRC, 0 frame, 0 overrun, 0 ignored, 0 abort
     1297 packets output, 77701 bytes, 0 underruns
     0 output errors, 0 collisions, 1 interface resets
     0 output buffer failures, 0 output buffers swapped out
     0 carrier transitions
     DCD=up  DSR=up  DTR=up  RTS=up  CTS=up
RTC#
RTC#
RTC#
```

그림 6-13 RTC의 “show interface” 명령어 Output

“show ip protocols” 명령어는 메트릭 웨이트(Weight)를 나타내는 상수 K1~K5 값과 최대 홉 카운트를 확인할 수 있으며, 라우터상에서 사용하고 있는 모든 라우팅 프로토콜에 대한 파라미터(Parameter), 필터(Filter) 및 네트워크 정보를 보여준다.

```
RTC#
RTC#show ip protocols

Routing Protocol is "eigrp  2424 "
  Outgoing update filter list for all interfaces is not set
  Incoming update filter list for all interfaces is not set
  Default networks flagged in outgoing updates
  Default networks accepted from incoming updates
  EIGRP metric weight K1=1, K2=0, K3=1, K4=0, K5=0
  EIGRP maximum hopcount 100
  EIGRP maximum metric variance 1
Redistributing: eigrp 2424
  Automatic network summarization is in effect
  Automatic address summarization:
    192.168.4.0/24 for Serial0/2/0
      Summarizing with metric 2169856
  Maximum path: 4
  Routing for Networks:
     192.168.4.2/32
     192.168.4.4/30
     192.168.5.0
  Routing Information Sources:
    Gateway         Distance      Last Update
    192.168.4.1     90            1225195
    192.168.5.2     90            1313823
    192.168.4.6     90            1453578
  Distance: internal 90 external 170

RTC#
RTC#
RTC#
```

그림 6-14 RTC의 “show ip protocols” 명령어 Output

6.4 EIGRP에서 사용하는 테이블

6.4.1 EIGRP에서 사용하는 테이블의 종류

EIGRP 라우터는 경로와 토폴로지 정보를 변화에 즉시 반응할 수 있도록 RAM에 사용할 수 있는 상태로 보관하는데, OSPF처럼 EIGRP도 이러한 정보를 몇 개의 테이블과 데이터베이스로 저장한다. EIGRP가 유지하는 3개의 테이블로 다음과 같다.

네이버 테이블 (Neighbor Table)
토폴로지 테이블 (Topology Table)
라우팅 테이블 (Routing Table)

네이버 테이블은 EIGRP에서 가장 중요한 테이블로써 각 EIGRP 라우터는 인접한 라우터들의 목록을 실어놓은 테이블이다. 이 테이블은 OSPF가 사용하는 인접 데이터베이스(Adjacency Database)와 비슷하며, EIGRP가 지원하는 각 프로토콜을 위한 네이버 테이블이 각각 존재한다. 새로 발견된 이웃을 학습하였을 경우 주소와 이웃의 인터페이스 정보를 기록하고 이 정보는 네이버 데이터 Structure에 저장을 한다.

```
RTA#
RTA#show ip eigrp neighbors
IP-EIGRP neighbors for process 2424
H   Address         Interface       Hold Uptime    SRTT   RTO   Q    Seq
                                    (sec)          (ms)         Cnt  Num
0   192.168.4.2     Se0/3/0         13   00:40:39  40     1000  0    13

RTA#
RTA#
RTA#
RTA#
RTA#
RTA#
RTA#
RTA#
RTA#
RTA#
RTA#
RTA#
RTA#
RTA#
RTA#
```

그림 6-15 RTA의 네이버 테이블

```
RTC#
RTC#show ip eigrp neighbors
IP-EIGRP neighbors for process 2424
H   Address         Interface      Hold Uptime    SRTT   RTO   Q   Seq
                                   (sec)          (ms)         Cnt Num
0   192.168.4.1     Se0/3/0        12   00:39:13  40     1000  0   9
1   192.168.5.2     Se0/2/0        13   00:37:44  40     1000  0   9
2   192.168.4.6     Se0/3/1        14   00:35:24  40     1000  0   9

RTC#
RTC#
RTC#
RTC#
RTC#
RTC#
RTC#
RTC#
RTC#
RTC#
RTC#
RTC#
```

그림 6-16 RTC의 네이버 테이블

① "H"는 해당 네이버가 네이버 테이블에 생성된 순서를 나타내며 이것은 네이버가 리셋되어도 변하지 않음

② 네이버의 IP 주소는 네이버 테이블에 생성된 순서대로 192.168.4.1, 192.168.5.2, 192.168.4.6

③ 연결된 인터페이스는 순서대로 Se 0/3/0, Se 0/2/0, Se 0/3/1

④ "Hold"는 Hold Time으로 링크가 다운되었다고 판단하기 전 이웃으로부터 어떤 수신도 없이 기다리는 시간이며 순서대로 12초, 13초, 14초가 남음

⑤ "Uptime"은 링크가 "Up" 상태로 된 후 경과시간(Elapse Time)으로 네이버가 리셋되면 Uptime도 리셋

⑥ "SRTT"는 Smoothed Round-trip Timer의 약자로 이웃으로부터 패킷을 송 · 수신하는데 걸리는 평균시간이며 재전송 주기(RTO, Retransmission Time Out)를 결정하는데 사용

⑦ "Q Cnt"는 Queue Count로써 전송되기 위해 큐에 대기하고 있는 패킷의 수를 나타내며, 이 값이 항상 0보다 높을 경우 라우터에 혼잡문제의 가능성이 있으며 "0"는 큐에 EIGRP 패킷이 없다는 의미

⑧ "Seq Num"은 Sequence Number로써 네이버로부터 수신된 마지막 패킷의 번호이다. EIGRP는 네이버의 전송을 확인하고 순서에서 벗어난 패킷을 식별하기 위해 사용하며 네이버 테이블은 신뢰성, 순차적인 패킷의 전달을 지원하기 위해 사용

토폴로지 테이블은 AS 내의 모든 EIGRP 라우팅 테이블로 만들어지며, EIGRP의 거리-벡터 알고리즘인 DUAL(Diffusing Update Algorithm)은 네이버 테이블과 토폴로지 테이블로부터 정보를 받아 각 목적지까지 최저비용의 경로를 계산하고, EIGRP는 이 정보를 추적하여 대체경로를 빠르게 확인하고 전환이 가능하다. 라우터가 DUAL로부터 학습한 정보는 기본 혹은 최적 경로결정에 사용하며 이 정보는 토폴로지 테이블에 등록한다. 모든 EIGRP 라우터는 구성된 각 네트워크 프로토콜을 위해 토폴로지 테이블을 유지하며 목적지까지 학습된 모든 경로는 토폴로지 테이블에 유지한다.

토폴로지 테이블이 포함하는 필드(Field)와 설명(Description)은 표 6-1과 같다. 그림 6-17과 6-18에서 라우터 RTA와 RTC의 토폴로지 테이블을 보여주고 있는데, 그림에서 테이블 왼쪽의 경로상태 코드 중 Passive(Code P)는 경로가 안정적이고 사용할 준비가 되어 있는 상태이며 Active(Code A)는 DUAL에 의해 재계산되는 과정에 있음을 나타낸다.

표 6-1 토폴로지 테이블이 포함하는 필드

필 드	설 명
FD(Feasible Distance)	각 목적지까지 가장 낮게 계산된 메트릭
Route Source	경로를 처음 광고한 라우터의 ID, EIGRP 네트워크가 외부에서 학습한 경로를 위해 존재하는 필드
RD(Reported Distance)	인접 라우터에 의해 보고된 특정 목적지까지의 거리
Interface Information	목적지에 도달할 수 있는 인터페이스
Route Status	경로의 상태 Passive : 경로가 안정적이고 사용할 준비가 되어 있음 Active : DUAL에 의해 재계산되는 과정에 있음
Successor	목적지에 도달하기 위한 기본경로로 선택된 경로
FS(Feasible Successor)	Successor가 장애 시 사용할 수 있는 Backup 경로

```
RTA#
RTA#show ip eigrp topology
IP-EIGRP Topology Table for AS 2424

Codes: P - Passive, A - Active, U - Update, Q - Query, R - Reply,
       r - Reply status

P 192.168.1.0/24, 1 successors, FD is 28160
        via Connected, FastEthernet0/0
P 192.168.4.0/30, 1 successors, FD is 2169856
        via Connected, Serial0/3/0
P 192.168.4.0/24, 1 successors, FD is 2169856
        via Summary (2169856/0), Null0
P 192.168.5.0/24, 1 successors, FD is 2681856
        via 192.168.4.2 (2681856/2169856), Serial0/3/0
P 192.168.3.0/24, 1 successors, FD is 2684416
        via 192.168.4.2 (2684416/2172416), Serial0/3/0
P 192.168.4.4/30, 1 successors, FD is 2681856
        via 192.168.4.2 (2681856/2169856), Serial0/3/0
P 192.168.2.0/24, 1 successors, FD is 2684416
        via 192.168.4.2 (2684416/2172416), Serial0/3/0
RTA#
RTA#
RTA#
```

그림 6-17 RTA의 토폴로지 테이블

① AS 번호 2424와 프로토콜 IP를 위한 EIGRP 토폴로지 테이블(IP-EIGRP)

② 직접 연결된 네트워크 192.168.1.0/24는 Passive 상태이며 1개의 Successor가 존재하고 FD는 28160, 해당 네트워크로 가기 위한 게이트웨이는 Fa 0/0

③ 직접 연결된 네트워크 192.168.4.0/30은 Passive 상태이며 1개의 Successor가 존재하고 FD는 2169856, 해당 네트워크로 가기 위한 게이트웨이는 Serial 0/3/0

④ 요약된 네트워크 주소 192.168.4.0/24는 Passive 상태이며 1개의 Successor가 존재하고 FD는 2169856, RD는 0, 해당 네트워크로 가기 위한 게이트웨이는 Null 0로 패킷 폐기

⑤ 넥스트 홉 192.168.4.2를 경유하여 연결된 네트워크 192.168.5.0/24는 Passive 상태이며 1개의 Successor가 존재하고 FD는 2681856, RD는 2169856, 해당 네트워크로 가기 위한 게이트웨이는 Serial 0/3/0

⑥ 넥스트 홉 192.168.4.2를 경유하여 연결된 네트워크 192.168.3.0/24는 Passive 상태이며 1개의 Successor가 존재하고 FD는 2684416, RD는 2172416, 해당 네트워크로 가기 위한 게이트웨이는 Serial 0/3/0

⑦ 넥스트 홉 192.168.4.2를 경유하여 연결된 네트워크 192.168.4.4/30은 Passive 상태이며 1개의 Successor가 존재하고 FD는 2681856, RD는 2169856, 해당 네트워크로 가기 위한 게이트웨이는 Serial 0/3/0

⑧ 넥스트 홉 192.168.4.2를 경유하여 연결된 네트워크 192.168.2.0/24는 Passive 상태이며 1개의 Successor가 존재하고 FD는 2684416, RD는 2172416, 해당 네트워크로 가기 위한 게이트웨이는 Serial 0/3/0

```
RTC#
RTC#show ip eigrp topology
IP-EIGRP Topology Table for AS 2424

Codes: P - Passive, A - Active, U - Update, Q - Query, R - Reply,
       r - Reply status

P 192.168.4.0/30, 1 successors, FD is 2169856
         via Connected, Serial0/3/0
P 192.168.1.0/24, 1 successors, FD is 2172416
         via 192.168.4.1 (2172416/28160), Serial0/3/0
P 192.168.5.0/24, 1 successors, FD is 2169856
         via Connected, Serial0/2/0
P 192.168.4.0/24, 1 successors, FD is 2169856
         via Summary (2169856/0), Null0
P 192.168.3.0/24, 1 successors, FD is 2172416
         via 192.168.5.2 (2172416/28160), Serial0/2/0
P 192.168.4.4/30, 1 successors, FD is 2169856
         via Connected, Serial0/3/1
P 192.168.2.0/24, 1 successors, FD is 2172416
         via 192.168.4.6 (2172416/28160), Serial0/3/1
RTC#
RTC#
RTC#
```

그림 6-18 RTC의 토폴로지 테이블

```
RTA#
RTA#
RTA#show ip eigrp topology 192.168.2.0
IP-EIGRP (AS 2424): Topology entry for 192.168.2.0/24
  State is Passive, Query origin flag is 1, 1 Successor(s), FD is 2684416
  Routing Descriptor Blocks:
  192.168.4.2 (Serial0/3/0), from 192.168.4.2, Send flag is 0x0
      Composite metric is (2684416/2172416), Route is Internal
      Vector metric:
        Minimum bandwidth is 1544 Kbit
        Total delay is 40100 microseconds
        Reliability is 255/255
        Load is 1/255
        Minimum MTU is 1500
        Hop count is 2
RTA#
RTA#
RTA#
RTA#
RTA#
RTA#
RTA#
```

그림 6-19 RTA의 특정 네트워크(192.168.2.0)에 대한 토폴로지 정보

① 특정 네트워크(192.168.2.0/24)에 대한 토폴로지 정보를 보기 위한 명령어

② AS 번호 2424와 프로토콜 IP를 위한 EIGRP 토폴로지 테이블(IP-EIGRP)

③ "Passive" 상태, FD는 2684416, RD는 2172416, 내부 라우터

④ 벡터 메트릭 : 최소 대역폭 1544kbps, 총 지연시간 40100μsec, 신뢰도 255/255, 부하 1/255, 최소 MTU 1500, 홉 카운트 2

```
RTA#
RTA#
RTA#show ip eigrp topology 192.168.3.0
IP-EIGRP (AS 2424): Topology entry for 192.168.3.0/24
  State is Passive, Query origin flag is 1, 1 Successor(s), FD is 2684416
  Routing Descriptor Blocks:
  192.168.4.2 (Serial0/3/0), from 192.168.4.2, Send flag is 0x0
      Composite metric is (2684416/2172416), Route is Internal
      Vector metric:
        Minimum bandwidth is 1544 Kbit
        Total delay is 40100 microseconds
        Reliability is 255/255
        Load is 1/255
        Minimum MTU is 1500
        Hop count is 2
RTA#
RTA#
RTA#
RTA#
RTA#
RTA#
RTA#
```

그림 6-20 RTA의 특정 네트워크(192.168.3.0)에 대한 토폴로지 정보

EIGRP 라우팅 테이블은 목적지까지의 최적경로를 가지고 있는 테이블이다. 이 정보는 토폴로지 테이블로부터 검색하며, EIGRP 라우터들은 각 네트워크 프로토콜을 위한 라우팅 테이블을 유지한다.

```
RTA#
RTA#show ip route
Codes: C - connected, S - static, I - IGRP, R - RIP, M - mobile, B - BGP
       D - EIGRP, EX - EIGRP external, O - OSPF, IA - OSPF inter area
       N1 - OSPF NSSA external type 1, N2 - OSPF NSSA external type 2
       E1 - OSPF external type 1, E2 - OSPF external type 2, E - EGP
       i - IS-IS, L1 - IS-IS level-1, L2 - IS-IS level-2, ia - IS-IS inter area
       * - candidate default, U - per-user static route, o - ODR
       P - periodic downloaded static route

Gateway of last resort is not set

C    192.168.1.0/24 is directly connected, FastEthernet0/0
D    192.168.2.0/24 [90/2684416] via 192.168.4.2, 00:07:05, Serial0/3/0
D    192.168.3.0/24 [90/2684416] via 192.168.4.2, 00:09:18, Serial0/3/0
     192.168.4.0/24 is variably subnetted, 3 subnets, 2 masks
D       192.168.4.0/24 is a summary, 00:13:18, Null0
C       192.168.4.0/30 is directly connected, Serial0/3/0
D       192.168.4.4/30 [90/2681856] via 192.168.4.2, 00:07:05, Serial0/3/0
D    192.168.5.0/24 [90/2681856] via 192.168.4.2, 00:09:54, Serial0/3/0
RTA#
RTA#
RTA#
```

그림 6-21 RTA의 라우팅 테이블

6.4.2 Successor와 FS

Successor는 목적지에 도달하기 위한 기본경로로 선택된 경로상의 넥스트 홉 라우터를 의미하며, DUAL은 이웃과 토폴로지 테이블에 포함된 정보로부터 이 경로를 인지하고 라우팅 테이블에 등록한다. 특정 목적지를 위해 4개의 Successor 경로까지 등록이 가능하고 이들 경로는 코스트(Cost)가 같을 수도 있고, 같지 않을 수도 있으며 주어진 목적지까지 최적 Loop-free 경로로 인지된다. Successor 경로의 사본은 토폴로지 테이블에 등록한다.

FS(Feasible Successor)는 Backup 경로로써 이들 경로는 Successor로 인정하지만 단지 토폴로지 테이블에 보관만 한다. 어떤 목적지를 위한 다중 FS가 필수는 아니지만 토폴로지 테이블에 보유할 수 있다.

라우터는 FS를 이웃 라우터의 하단에서부터 목적지까지 더 가까운 경로로 본다. FS의 코스트는 이웃 라우터로부터 광고된 코스트에 의해 목적지까지 계산되며, Successor 경로가 다운되었을 경우 라우터는 인지된 FS를 찾아 이 경로를 Successor 경로로 승격시킨다. FS는 이웃 라우터로부터 목적지까지 현재 Successor 코스트보다 낮은 코스트를 가져야 한다. FS가 현재의 정보로 확인되지 않는 경우 라우터는 경로를 Active 상태로 두고 현재의 토폴로지를 재계산하기 위해 모든 이웃에게 Query 패킷을 발송한다.

라우터는 Query Request에 대한 응답인 Reply 패킷으로부터 수신된 새로운 데이터를 보고 새로운 Successor와 FS를 인식할 수 있으며 이 후 라우터는 경로를 Passive 상태로 둔다.

6.5 EIGRP 데이터 구조

OSPF와 마찬가지로 EIGRP는 이웃 라우터와의 관계를 설립하고 테이블을 유지하기 위해 다른 형태의 패킷에 의존을 하는데 EIGRP 패킷은 다음과 같은 5가지의 유형을 가진다.

Hello

Acknowledgment

Update

Query

Reply

EIGRP는 이웃 라우터를 발견하고 확인 및 재발견을 하기 위해 헬로 패킷을 사용한다. EIGRP 라우터가 Hold Time 주기 동안 서로 헬로(Hello)를 수신하지 못할 경우 재발견(Rediscovery) 과정이 발생하여 통신을 다시 설립한다.

EIGRP 라우터들은 Hello Interval이라 불리는 고정된 그러나 변경 가능한 Interval에 Hello 패킷을 전송하며, 기본 헬로 주기(Default Hello Interval)는 인터페이스의 대역폭에 의존한다. 대역폭(Bandwidth)의 기준은 1544kbps이며 1544kbps 이상이면 기본 헬로 주기는 5초이며 Hold Time은 그 3배인 15초가 되며, 대역폭이 1544kbps 이하이면 기본 헬로 주기는 60초가 되며 Hold Time은 마찬가지로 그 3배인 180초가 된다.

IP 네트워크상에서 EIGRP 라우터들은 멀티캐스트 IP 주소 "224.0.0.10"으로 헬로 패킷을 전송하고 EIGRP 라우터들은 네이버 테이블에 네이버에 대한 정보를 저장하게 된다. 네이버 테이블은 각 네이버가 전송한 마지막 EIGRP 패킷의 번호를 기록하기 위해 순서번호(Sequence Number) 필드를 포함하고 있다.

네이버 테이블은 마지막 패킷이 수신된 시간을 기록하는 Hold Time 필드도 포함하고 있으며 "Passive" 상태를 유지하기 위해 Hold Time 주기 내에 패킷이 수신되어야 한다. 여기서 "Passive" 상태는 도달할 수 있고 동작 가능한 상태를 말한다. EIGRP가 Hold Time 내에 네이버로부터 패킷을 수신하지 못하는 경우 EIGRP는 네이버가 다운되었다고 생각하며 DUAL은 라우팅 테이블을 재검토하는 단계로 들어가게 된다.

기본적으로 Hold Time은 Hello Interval의 3배이지만 관리자가 변경할 수 있으며 OSPF에서는 이웃 라우터가 동일한 Hello 및 Dead Interval을 가지도록 요구하고 있으나, EIGRP는 그러한 제한사항이 없는데 이웃 라우터들은 헬로 패킷의 교환을 통하여 각각 다른 타이머에 대해 학습을 하고 있기 때문이다. 헬로 패킷들은 항상 신뢰할 수 없는 상태로 전송된다고 말하는데 이것은 Acknowledgment를 받지 않기 때문이다. EIGRP 라우터들은 신뢰할 수 있는 교환을 하는 동안 EIGRP 패킷의 수신을 가리키는 Acknowledgment 패킷을 교환한다.

수신된 메시지는 신뢰할 수 있도록 하기 위해 수신자에 의해 승인되어야 한다. 데이터가 없는 헬로 패킷인 Acknowledgment 패킷은 이러한 목적으로 사용하며 멀티캐스트 헬로와 달리 Acknowledgment 패킷은 유니캐스트로 전달된다. Acknowledgment는 Reply 패킷과 같은 다른 유형의 EIGRP 패킷에 첨부가 가능하다.

표 6-2 EIGRP 헬로 주기와 홀드 타임

대역폭	링크 Example 인캡슐레이션	기본 헬로 주기	기본 홀드 타임
Greater than 1.544Mbps	Ethernet, PPP F/R Point to Point	5초	15초
1.544Mbps 이하	F/R Multipoint	60초	180초

Update 패킷들은 라우터가 새로운 이웃을 발견할 때 사용하는 패킷으로 EIGRP 라우터들은 토폴로지 테이블에 추가할 수 있도록 새로운 이웃에게 유니캐스트 Update 패킷을 전송한다. 모든 토폴로지 정보를 새로 발견된 이웃에게 전달하기 위해서는 하나이상의 Update 패킷이 필요하며 Update 패킷들은 라우터가 토폴로지 변경을 발견할 경우에 사용된다. 이 경우 EIGRP 라우터는 멀티캐스트 Update 패킷을 모든 이웃에게 전송하는데 모든 Update 패킷들은 신뢰할 수 있는 전송을 위해 반드시 Acknowledgment를 받는다.

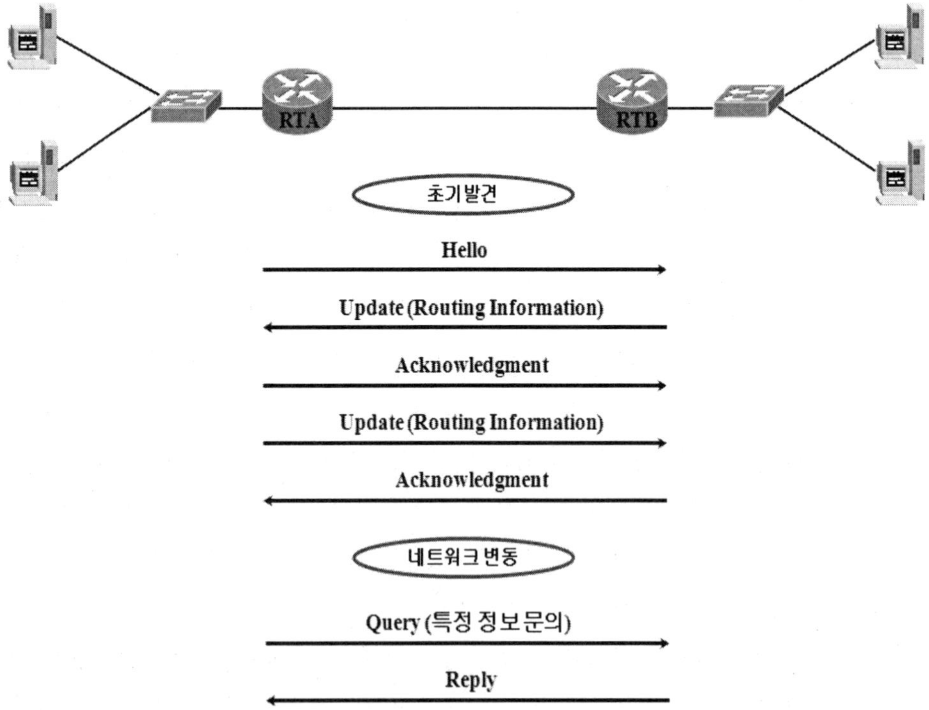

그림 6-22 EIGRP 패킷 교환

EIGRP 라우터는 또한 하나 혹은 모든 그의 이웃으로부터 특정 정보가 필요할 때마다 Query 패킷을 사용하며 Reply 패킷은 Query에 대한 응답으로 사용하는 패킷이다. EIGRP 라우터가 그의 "Successor"를 잃어버리고 경로를 위한 "Feasible Successor"를 찾을 수 없는 경우 DUAL은 "Active" 상태에 있는 경로를 대체하기 위해 Query 패킷을 사용하며, Query는 목적지 네트워크에 대한 "Successor"를 찾아내기 위해 모든 이웃에게 멀티캐스트 된다. Query를 받은 이웃들은 "Successor"에 대한 정보를 제공하거나 유효한 정보가 없음을 알리는 응답을 보내야 한다. Query는 멀티캐스트 혹은 유니캐스트될 수 있으며 응답은 항상 유니캐스트이다. 그리고 Query와 Replay 패킷의 형태는 신뢰할 수 있는 전송을 한다.

6.6 EIGRP 알고리즘

EIGRP가 사용하는 정교한 DUAL(Diffusing Update Algorithm) 알고리즘(Algorithm)은 EIGRP의 대단히 빠른 수렴으로 나타난다. 각 라우터는 목적지 네트워크까지의 경로를 찾아가는 방법에 대한 정보를 포함하는 토폴로지 테이블을 구축하는데 각 토폴로지 테이블에서 확인할 수 있는 정보는 라우팅 프로토콜(혹은 EIGRP), 경로의 최저 코스트값인 FD(Feasible Distance), 이웃 라우터에 의해 광고된 경로의 코스트값인 RD(Reported Distance) 등이 있으며 토폴로지 열에는 Successor 경로(Successor)로 불리는 기본경로와 FS(Feasible Successor)라 불리는 백업(Backup) 경로가 있다. FS는 반드시 가질 필요는 없다. 백업 경로로 선정되는 룰(Rule)과 Successor 경로가 다운되어 DUAL이 동작하는 과정까지 정리해보면 다음과 같다.

① Feasible Successor 경로는 Successor 경로가 다운될 경우 대체경로가 된다.
② 이웃 라우터가 광고한 목적지까지의 RD는 기본 Successor 경로의 FD보다 작아야만 한다.
③ 조건이 만족되고 라우팅 루프가 발생하지 않는다면 그 경로는 Feasible 경로로 선택될 수 있다.
④ Feasible Successor 경로는 이제 Successor 경로 상태로 승격될 수 있다.
⑤ 대체 경로의 RD가 원래 Successor의 FD와 같거나 클 경우 그 경로는 Feasible Successor 경로로써의 자격이 거부된다.

⑥ 라우터는 모든 이웃을 통해 정보를 수집하여 네트워크의 토폴로지를 다시 계산하여야 한다.
⑦ 라우터는 모든 이웃들에게 목적지 네트워크까지 가용 라우팅 경로 및 관련된 메트릭 코스트를 요청하는 쿼리(Query) 패킷을 전송한다.
⑧ 모든 이웃 라우터들은 쿼리 패킷 요청에 응답하는 Reply 패킷을 보내야만 한다.
⑨ 수신된 데이터는 요청한 라우터의 토폴로지 테이블에 기록된다.
⑩ DUAL은 이제 이러한 새로운 정보를 기반으로 적절한 새로운 Successor 경로와 Feasible Successor 경로를 식별할 수 있다.

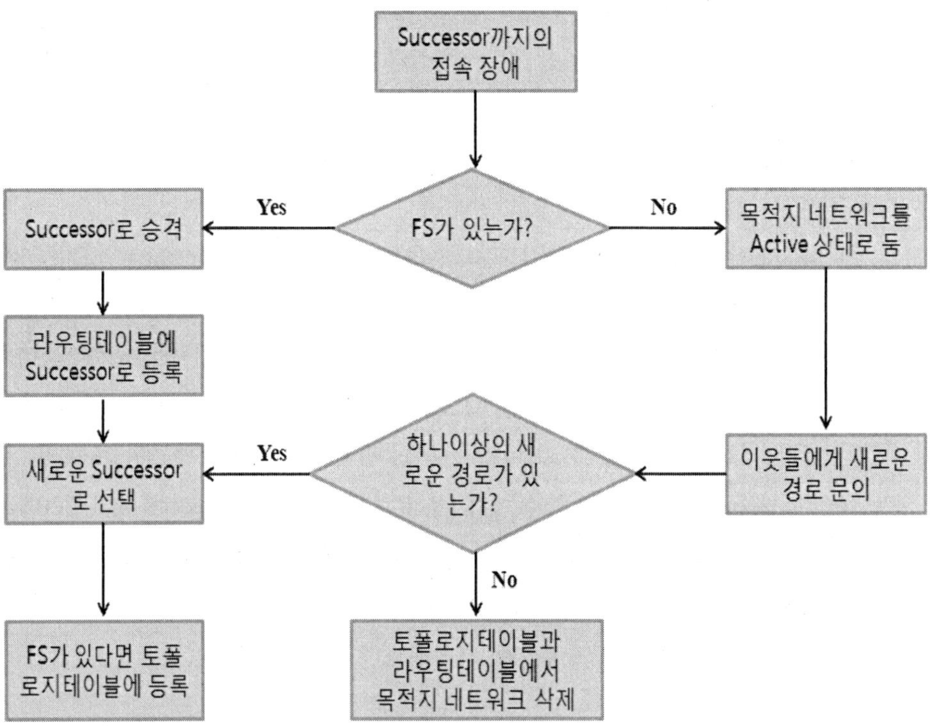

그림 6-23 DUAL Finite State Machine 동작순서도

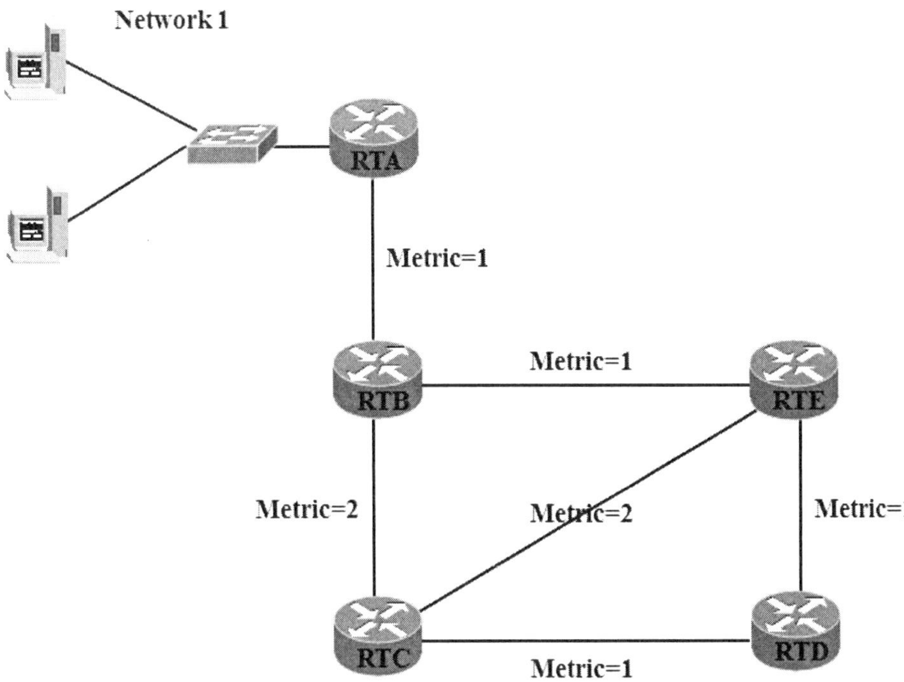

그림 6-24 DUAL 알고리즘 동작구성도(기본)

RTB	EIGRP	FD	RD	Topology	RTC	EIGRP	FD	RD	Topology
Network	1	1		(FD)	Network	1	3		(FD)
RTA경유		1	0	(Successor)	RTB 경유		3	1	(Successor)
					RTD 경유		4	3	
					RTE 경유		4	2	(FS)
RTD	EIGRP	FD	RD	Topology	RTE	EIGRP	FD	RD	Topology
Network	1	3		(FD)	Network	1	2		(FD)
RTE 경유		4	3	(Successor)	RTB 경유		2	1	(Successor)
RTC 경유		3	2		RTC 경유		5	3	

그림 6-24 DUAL 알고리즘 동작구성도의 라우터 RTE에서 목적지 네트워크 "Network 1"까지의 토폴로지만 고려해보면 RTE에서 Network 1까지의 최소 비용경로는 FD 2인 RTE → RTB → RTA이기 때문에 RTB가 Successor로 선출된다. 그리고 RTC를 경유하여 Network 1로 가는 경로의 RD는 3이고 RTD를 경유하여 Network 1로 가는 경로의 RD는 4이기 때문에 RTE에는 FS가 존재하지 않는다. 즉 Successor의 FD 2보다 다른 넥스트 홉 라우터들의 RD(3, 4)가 크기 때문에 FS의 자격이 없다.

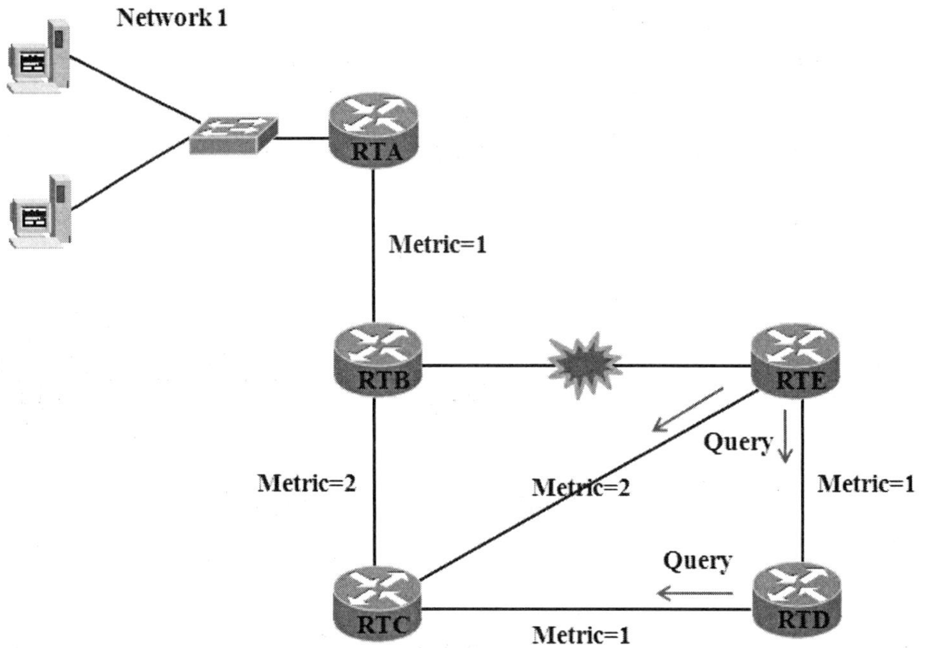

그림 6-25 DUAL 알고리즘 동작구성도(장애발생)

만약 그림 6-25에서처럼 RTE와 RTB 사이의 링크에 장애가 발생된다면 어떠한 변화가 일어나는지 알아보자. 이 경우 RTE의 Successor는 더 이상 유효하지 않고 FS도 존재하지 않기 때문에 인접 관계의 라우터 RTC와 RTD에게 Query 패킷을 보낼 것이다. 이후 EIGRP는 신뢰성 있는 통신을 하기 때문에 RTE는 RTC와 RTD로부터 Reply 패킷을 받을 때까지 대기상태에 들어간다.

RTC는 자신을 경유하는 경로는 변함이 없다고 Reply 패킷을 보내지만 RTD는 자신의 Successor가 RTE이며 FS도 존재하지 않기 때문에 RTD는 RTC에게 다시 Query 패킷을 보낸다. 이때 RTC는 자신을 경유하는 경로는 변함이 없다고 RTD에게 Reply 패킷을 보내면 RTD는 RTC를 Successor로 선출하고 이 정보를 RTE에게 Reply 패킷으로 응답한다. 결국 RTE는 RTC를 경유하여 목적지인 "Network 1"로 가는 경로의 FD가 5이고, RTD를 경유하여 목적지 네트워크 "Network 1"로 가는 경로의 FD도 5라는 것을 학습하고 RTC와 RTD를 동시에 Successor로 선택하게 된다.

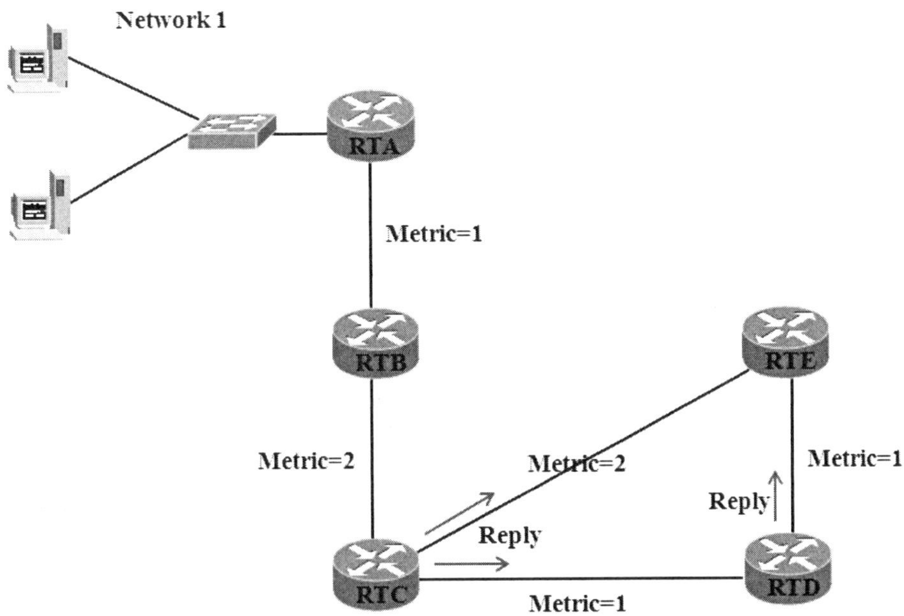

그림 6-26 DUAL 알고리즘 동작구성도(최종)

RTB	EIGRP	FD	RD	Topology	RTC	EIGRP	FD	RD	Topology
Network	1	1		(FD)	Network	1	3		(FD)
RTA경유		1	0	(Successor)	RTB 경유		3	1	(Successor)
RTD	EIGRP	FD	RD	Topology	RTE	EIGRP	FD	RD	Topology
Network	1	4		(FD)	Network	1	5		(FD)
RTC 경유		4	3	(Successor)	RTC 경유		5	3	(Successor)
					RTD 경유		5	4	

6.7 EIGRP 네트워크 축약

EIGRP는 클래스 경계에서 자동적으로 경로를 요약한다. 클래스 기반의 주소에 의해 정의된 네트워크 주소부분의 경계에서 자동으로 경로를 요약하는데 대부분의 경우 자동 경로요약은 라우팅 테이블을 작게 유지할 수 있다는 이점이 있지만 경우에 따라 불합리한 선택이 되는 경우도 있다. 인접하지 않은 서브네트워크의 경우 자동요약은 동작이 불가능할 수도 있다.

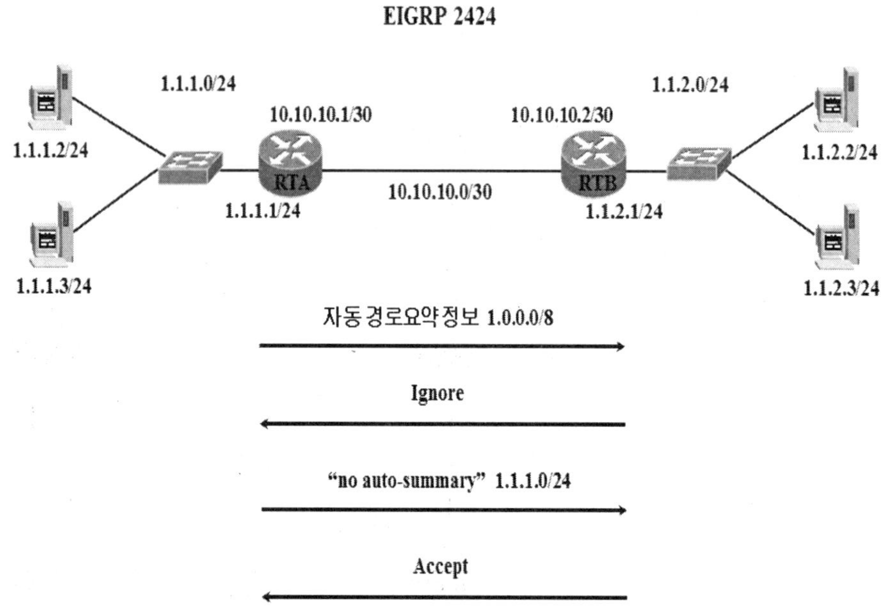

그림 6-27 EIGRP 네트워크 축약

그림 6-27에서 RTA가 서브넷 1.1.1.0 네트워크만 연결되어 있지만 자동으로 네트워크 요약을 수행하여 클래스 A 네트워크 1.0.0.0 전체에 연결되어 있는 것처럼 RTB에게 광고를 한다면 RTB는 연결되어 있는 네트워크가 1.1.2.0이지만 RTB 역시 1.0.0.0 네트워크에 포함되므로 정보를 무시하게 된다.

이러한 경우 "no auto-summary" 명령어를 사용하여 네트워크 자동요약 기능을 삭제하고 수동으로 경로요약을 해준다면 RTB는 수용을 할 것이다. 수동으로 경로를 요약하는 명령어는 "ip summary-address eigrp"를 사용하면 된다. 수동 경로요약은 인터페이스마다 구성되며 경로요약을 전파할 인터페이스가 먼저 선택되어야 한다. 명령어 형식은 다음과 같다.

Router(config-if)#ip summary-address eigrp *AS-Number network-address Subnet-mask Administrative-Distance*

여기서, AD(Administrative Distance)는 선택사항으로 EIGRP 요약경로의 기본값은 5를 가지며 1~255사이의 값을 가질 수 있다.

그림 6-27에서 라우터 RTA는 다음 명령어를 사용하여 수동으로 경로요약 구성이 가능할 것이다.

```
RTA(config)#router eigrp 2424
RTA(config-router)#no auto-summary
RTA(config-router)#exit
RTA(config)#interface serial 0/3/0
RTA(config-if)#ip summary-address eigrp 2424 1.1.1.0 255.255.255.0
```

RTA는 테이블에 다음과 같이 경로를 추가한다. 여기서 요약경로는 실제 인터페이스가 아니기 때문에 Null0로 나타나며 이 경로는 광고목적으로만 사용되며, RTA가 목적지 네트워크에 도달하기 위한 경로는 표시되지 않기 때문이다.

```
D 1.0.0.0/8 is a summary, 00:00:22, Null0
```

RTA상에서 이 경로는 관리거리(AD : Administrative Distance) 5를 가지며 RTB는 요약에 대해 모르지만 경로는 수용하고 이 경로는 정상적인 EIGRP 경로의 관리거리의 기본 값인 90이 할당된다. RTA의 구성에서 자동요약은 "no auto-summary" 명령어로 기능이 삭제되었으며, 만약 자동요약 기능이 삭제되지 않았을 경우 RTB는 다음과 같이 2개의 경로를 수신하게 될 것이다. 대부분의 경우 수동요약 시 "no auto-summary" 명령어를 반드시 입력한다.

```
Manual Summary Address 1.1.1.0/24
Automatic Classful Summary Address 1.0.0.0/8
```

표 6-3 관리거리의 기본값

라우트 소스	관리거리
Directly Connected	0
Static	1
EIGRP Summary Route	5
External BGP	20
Internal EIGRP	90
IGRP	100
OSPF	110
IS-IS	115
RIP	120
External EIGRP	170
Internal BGP	200

라우팅 프로토콜이나 경로의 소스(Source)에 대한 관리거리(Administrative Distance)의 기본값은 표 6-3과 같다.

그림 6-27 구성도에서 라우터 RTA와 RTB를 설정하여 그 결과를 살펴보자.

```
RTA(config)#interface fastethernet 0/0
RTA(config-if)#ip address 1.1.1.1 255.255.255.0
RTA(config-if)#no shutdown
RTA(config-if)#exit
RTA(config)#interface serial 0/3/0
RTA(config-if)#ip address 10.10.10.1 255.255.255.252
RTA(config-if)#clock rate 64000
RTA(config-if)#no shutdown
RTA(config-if)#exit
RTA(config)#router eigrp 2424
RTA(config-router)#network 1.1.1.0 255.255.255.0
RTA(config-router)#network 10.10.10.0 255.255.255.252
```

```
RTB(config)#interface fastethernet 0/0
RTB(config-if)#ip address 1.1.2.1 255.255.255.0
RTB(config-if)#interface serial 0/3/0
RTB(config-if)#ip address 10.10.10.2 255.255.255.252
RTB(config)#router eigrp 2424
RTB(config-router)#network 1.1.2.0 255.255.255.0
RTB(config-router)#network 10.10.10.0 255.255.255.252
```

```
RTA#
RTA#show ip route
Codes: C - connected, S - static, I - IGRP, R - RIP, M - mobile, B - BGP
       D - EIGRP, EX - EIGRP external, O - OSPF, IA - OSPF inter area
       N1 - OSPF NSSA external type 1, N2 - OSPF NSSA external type 2
       E1 - OSPF external type 1, E2 - OSPF external type 2, E - EGP
       i - IS-IS, L1 - IS-IS level-1, L2 - IS-IS level-2, ia - IS-IS inter area
       * - candidate default, U - per-user static route, o - ODR
       P - periodic downloaded static route

Gateway of last resort is not set

     1.0.0.0/8 is variably subnetted, 2 subnets, 2 masks
D       1.0.0.0/8 is a summary, 00:57:23, Null0
C       1.1.1.0/24 is directly connected, FastEthernet0/0
     10.0.0.0/8 is variably subnetted, 2 subnets, 2 masks
D       10.0.0.0/8 is a summary, 00:57:23, Null0
C       10.10.10.0/30 is directly connected, Serial0/3/0
RTA#
RTA#
RTA#
```

그림 6-28 RTA 라우팅 테이블

① EIGRP로 학습한 1.0.0.0/8은 자동요약이 되고 Null0로 보임

② FastEthernet0/0를 통하여 직접 연결된 네트워크 1.1.1.0/24는 인식함

③ RTB에 연결된 네트워크 1.1.2.0/24는 인식을 하지 못함

④ EIGRP로 학습한 10.0.0.0/8은 자동요약이 되고 Null0로 보임

⑤ Serial0/3/0를 통하여 직접 연결된 네트워크 10.10.10.0/30은 인식함

```
RTB#
RTB#show ip route
Codes: C - connected, S - static, I - IGRP, R - RIP, M - mobile, B - BGP
       D - EIGRP, EX - EIGRP external, O - OSPF, IA - OSPF inter area
       N1 - OSPF NSSA external type 1, N2 - OSPF NSSA external type 2
       E1 - OSPF external type 1, E2 - OSPF external type 2, E - EGP
       i - IS-IS, L1 - IS-IS level-1, L2 - IS-IS level-2, ia - IS-IS inter area
       * - candidate default, U - per-user static route, o - ODR
       P - periodic downloaded static route

Gateway of last resort is not set

     1.0.0.0/8 is variably subnetted, 2 subnets, 2 masks
D       1.0.0.0/8 is a summary, 01:01:53, Null0
C       1.1.2.0/24 is directly connected, FastEthernet0/0
     10.0.0.0/8 is variably subnetted, 2 subnets, 2 masks
D       10.0.0.0/8 is a summary, 01:01:53, Null0
C       10.10.10.0/30 is directly connected, Serial0/3/0
RTB#
RTB#
RTB#
```

그림 6-29 RTB 라우팅 테이블

① EIGRP로 학습한 1.0.0.0/8은 자동요약이 되고 Null0로 보임
② FastEthernet0/0를 통하여 직접 연결된 네트워크 1.1.2.0/24는 인식함
③ RTB에 연결된 네트워크 1.1.1.0/24는 인식을 하지 못함
④ EIGRP로 학습한 10.0.0.0/8은 자동요약이 되고 Null0로 보임
⑤ Serial0/3/0를 통하여 직접 연결된 네트워크 10.10.10.0/30은 인식함

```
RTA#
RTA#show ip protocols

Routing Protocol is "eigrp  2424 "
  Outgoing update filter list for all interfaces is not set
  Incoming update filter list for all interfaces is not set
  Default networks flagged in outgoing updates
  Default networks accepted from incoming updates
  EIGRP metric weight K1=1, K2=0, K3=1, K4=0, K5=0
  EIGRP maximum hopcount 100
  EIGRP maximum metric variance 1
Redistributing: eigrp 2424
  Automatic network summarization is in effect
  Automatic address summarization:
    10.0.0.0/8 for FastEthernet0/0
      Summarizing with metric 2169856
    1.0.0.0/8 for Serial0/3/0
      Summarizing with metric 28160
  Maximum path: 4
  Routing for Networks:
     1.1.1.0/24
     10.10.10.0/30
  Routing Information Sources:
    Gateway         Distance      Last Update
    10.10.10.2      90            482788
  Distance: internal 90 external 170

RTA#
RTA#
```

그림 6-30 RTA 라우팅 프로토콜 정보

```
RTA#
RTA#
RTA#ping 10.10.10.2

Type escape sequence to abort.
Sending 5, 100-byte ICMP Echos to 10.10.10.2, timeout is 2 seconds:
!!!!!
Success rate is 100 percent (5/5), round-trip min/avg/max = 3/4/6 ms

RTA#ping 1.1.2.1

Type escape sequence to abort.
Sending 5, 100-byte ICMP Echos to 1.1.2.1, timeout is 2 seconds:
.....
Success rate is 0 percent (0/5)

RTA#
RTA#
RTA#
RTA#
```

그림 6-31 RTA에서의 핑 테스트

```
RTB#
RTB#
RTB#ping 10.10.10.1

Type escape sequence to abort.
Sending 5, 100-byte ICMP Echos to 10.10.10.1, timeout is 2 seconds:
!!!!!
Success rate is 100 percent (5/5), round-trip min/avg/max = 2/3/5 ms

RTB#ping 1.1.1.1

Type escape sequence to abort.
Sending 5, 100-byte ICMP Echos to 1.1.1.1, timeout is 2 seconds:
.....
Success rate is 0 percent (0/5)

RTB#
RTB#
RTB#
RTB#
```

그림 6-32 RTB에서의 핑 테스트

그림 6-31과 그림 6-32의 결과에서 보면 RTA에서 RTB의 시리얼 포트 10.10.10.2로 핑(Ping)은 잘 돌아오지만 인식을 하지 못하는 네트워크의 FastEthernet 포트 1.1.2.1은 핑이 돌아오지 않고, 반대로 RTB에서는 RTA의 시리얼 포트 10.10.10.1은 핑이 잘 돌아오지만 인식을 하지 못하는 네트워크의 FastEthernet 포트 1.1.1.1은 핑이 돌아오지 않음을 볼 수 있다. 이제 라우터 RTA에서 다음 명령어를 사용하여 수동으로 경로 요약을 구성해보자.

```
RTA(config)#router eigrp 2424
RTA(config-router)#no auto-summary
RTA(config-router)#exit
RTA(config)#interface serial 0/3/0
RTA(config-if)#ip summary-address eigrp 2424 1.1.1.0 255.255.255.0
```

```
RTA#
RTA#show ip route
Codes: C - connected, S - static, I - IGRP, R - RIP, M - mobile, B - BGP
       D - EIGRP, EX - EIGRP external, O - OSPF, IA - OSPF inter area
       N1 - OSPF NSSA external type 1, N2 - OSPF NSSA external type 2
       E1 - OSPF external type 1, E2 - OSPF external type 2, E - EGP
       i - IS-IS, L1 - IS-IS level-1, L2 - IS-IS level-2, ia - IS-IS inter area
       * - candidate default, U - per-user static route, o - ODR
       P - periodic downloaded static route

Gateway of last resort is not set

     1.0.0.0/8 is variably subnetted, 2 subnets, 2 masks
D       1.0.0.0/8 [90/2172416] via 10.10.10.2, 00:04:10, Serial0/3/0
C       1.1.1.0/24 is directly connected, FastEthernet0/0
     10.0.0.0/30 is subnetted, 1 subnets
C       10.10.10.0 is directly connected, Serial0/3/0
RTA#
RTA#
RTA#
```

그림 6-33 RTA에서 "no auto-summary" 명령 후 RTA의 라우팅 테이블

① RTB와 연결된 네트워크 1.1.2.0을 정확하게 인식하지는 못하지만 시리얼 포트 Serial0/3/0를 통하여 10.10.10.2를 경유하고 메트릭 2172416을 가진 네트워크를 EIGRP로 학습

```
RTB#
RTB#show ip route
Codes: C - connected, S - static, I - IGRP, R - RIP, M - mobile, B - BGP
       D - EIGRP, EX - EIGRP external, O - OSPF, IA - OSPF inter area
       N1 - OSPF NSSA external type 1, N2 - OSPF NSSA external type 2
       E1 - OSPF external type 1, E2 - OSPF external type 2, E - EGP
       i - IS-IS, L1 - IS-IS level-1, L2 - IS-IS level-2, ia - IS-IS inter area
       * - candidate default, U - per-user static route, o - ODR
       P - periodic downloaded static route

Gateway of last resort is not set

     1.0.0.0/8 is variably subnetted, 3 subnets, 2 masks
D       1.0.0.0/8 is a summary, 01:21:11, Null0
D       1.1.1.0/24 [90/2172416] via 10.10.10.1, 00:05:51, Serial0/3/0
C       1.1.2.0/24 is directly connected, FastEthernet0/0
     10.0.0.0/8 is variably subnetted, 2 subnets, 2 masks
D       10.0.0.0/8 is a summary, 01:21:11, Null0
C       10.10.10.0/30 is directly connected, Serial0/3/0
RTB#
RTB#
RTB#
```

그림 6-34 RTA에서 "no auto-summary" 명령 후 RTB의 라우팅 테이블

① EIGRP로 학습한 1.0.0.0/8은 자동요약이 되고 Null0로 보이지만 추가로 RTA와 연결된 네트워크 1.1.1.0을 정확하게 인식함

② 네트워크 1.1.1.0은 시리얼 포트 Serial0/3/0를 통하여 10.10.10.1을 경유하고 메트릭 2172416을 가진 네트워크로 정확하게 EIGRP를 통하여 학습

```
RTA#
RTA#show ip protocols

Routing Protocol is "eigrp  2424 "
  Outgoing update filter list for all interfaces is not set
  Incoming update filter list for all interfaces is not set
  Default networks flagged in outgoing updates
  Default networks accepted from incoming updates
  EIGRP metric weight K1=1, K2=0, K3=1, K4=0, K5=0
  EIGRP maximum hopcount 100
  EIGRP maximum metric variance 1
Redistributing: eigrp 2424
  Automatic network summarization is not in effect
  Maximum path: 4
  Routing for Networks:
     1.1.1.0/24
     10.10.10.0/30
  Routing Information Sources:
    Gateway         Distance      Last Update
    10.10.10.2      90            4808440
  Distance: internal 90 external 170

RTA#
RTA#
```

그림 6-35 RTA에서 "no auto-summary" 명령 후 RTA의 라우팅 프로토콜 정보

```
RTA#
RTA#
RTA#ping 10.10.10.2

Type escape sequence to abort.
Sending 5, 100-byte ICMP Echos to 10.10.10.2, timeout is 2 seconds:
!!!!!
Success rate is 100 percent (5/5), round-trip min/avg/max = 3/4/6 ms

RTA#ping 1.1.2.1

Type escape sequence to abort.
Sending 5, 100-byte ICMP Echos to 1.1.2.1, timeout is 2 seconds:
!!!!!
Success rate is 100 percent (5/5), round-trip min/avg/max = 3/4/6 ms

RTA#
RTA#
RTA#
RTA#
```

그림 6-36 RTA에서 "no auto-summary" 명령 후 RTA에서의 핑 테스트

```
RTB#
RTB#
RTB#ping 10.10.10.1

Type escape sequence to abort.
Sending 5, 100-byte ICMP Echos to 10.10.10.1, timeout is 2 seconds:
!!!!!
Success rate is 100 percent (5/5), round-trip min/avg/max = 3/4/5 ms

RTB#ping 1.1.1.1

Type escape sequence to abort.
Sending 5, 100-byte ICMP Echos to 1.1.1.1, timeout is 2 seconds:
!!!!!
Success rate is 100 percent (5/5), round-trip min/avg/max = 2/4/6 ms

RTB#
RTB#
RTB#
RTB#
```

그림 6-37 RTA에서 "no auto-summary" 명령 후 RTB에서의 핑 테스트

그림 6-36과 그림 6-37의 핑 테스트 결과를 보면 이제는 모든 네트워크가 서로 원활하게 핑이 돌아오는 것을 확인할 수 있다. 현재 구성도에서는 RTA, RTB 각각 하나의 네트워크가 연결되어 있으므로 수동요약을 별도로 하지 않아도 결과는 동일할 것이다. RTB에서도 "no auto-summary" 명령을 적용시켜 보자.

```
RTA#
RTA#show ip route
Codes: C - connected, S - static, I - IGRP, R - RIP, M - mobile, B - BGP
       D - EIGRP, EX - EIGRP external, O - OSPF, IA - OSPF inter area
       N1 - OSPF NSSA external type 1, N2 - OSPF NSSA external type 2
       E1 - OSPF external type 1, E2 - OSPF external type 2, E - EGP
       i - IS-IS, L1 - IS-IS level-1, L2 - IS-IS level-2, ia - IS-IS inter area
       * - candidate default, U - per-user static route, o - ODR
       P - periodic downloaded static route

Gateway of last resort is not set

     1.0.0.0/24 is subnetted, 2 subnets
C       1.1.1.0 is directly connected, FastEthernet0/0
D       1.1.2.0 [90/2172416] via 10.10.10.2, 00:00:48, Serial0/3/0
     10.0.0.0/30 is subnetted, 1 subnets
C       10.10.10.0 is directly connected, Serial0/3/0
RTA#
RTA#
RTA#
```

그림 6-38 RTB에서 추가로 "no auto-summary" 명령 후 RTA의 라우팅 테이블

```
RTB(config)#router eigrp 2424
RTB(config-router)#no auto-summary
RTB(config-router)#exit
RTB(config)#interface serial 0/3/0
RTB(config-if)#ip summary-address eigrp 2424 1.1.2.0 255.255.255.0
```

```
RTB#
RTB#show ip route
Codes: C - connected, S - static, I - IGRP, R - RIP, M - mobile, B - BGP
       D - EIGRP, EX - EIGRP external, O - OSPF, IA - OSPF inter area
       N1 - OSPF NSSA external type 1, N2 - OSPF NSSA external type 2
       E1 - OSPF external type 1, E2 - OSPF external type 2, E - EGP
       i - IS-IS, L1 - IS-IS level-1, L2 - IS-IS level-2, ia - IS-IS inter area
       * - candidate default, U - per-user static route, o - ODR
       P - periodic downloaded static route

Gateway of last resort is not set

     1.0.0.0/24 is subnetted, 2 subnets
D       1.1.1.0 [90/2172416] via 10.10.10.1, 00:02:12, Serial0/3/0
C       1.1.2.0 is directly connected, FastEthernet0/0
     10.0.0.0/30 is subnetted, 1 subnets
C       10.10.10.0 is directly connected, Serial0/3/0
RTB#
RTB#
RTB#
```

그림 6-39 RTB에서 추가로 "no auto-summary" 명령 후 RTB 라우팅 테이블

이제 RTA와 RTB 어디에서나 EIGRP를 통하여 모든 네트워크를 정확하게 네트워크 1.1.1.0과 1.1.2.0을 인식하고 있음을 확인할 수 있다.

제7장
DHCP

7.1 DHCP의 개요

DHCP(Dynamic Host Configuration Protocol)는 클라이언트/서버(Client/Server) 모드에서 동작하며 IP 네트워크상에서 DHCP 클라이언트가 서버로부터 클라이언트를 구성하기 위한 파라미터를 취득하기 위한 프로토콜이며, 클라이언트가 서버로부터 받아오는 가장 중요한 구성 옵션은 IP 주소이다. DHCP는 IP 네트워크의 관리가 용이하고 RFC(Request for Comments) 2131에 규정되어 있다.

DHCP 클라이언트는 Windows OS, Novell Netware, Sun Solaris, Linux, MAC OS 등을 포함한 다양한 OS에 적용할 수 있다. 클라이언트는 DHCP 서버에 주소값을 요청하고 서버는 IP 주소할당 관리와 클라이언트로부터의 구성요청에 응답한다. DHCP는 라우터, 스위치, 서버의 구성을 위한 내용은 없으며 이러한 유형의 호스트는 정적인(Static) IP 주소할당이 필요하다.

DHCP는 서버가 클라이언트에게 IP 정보를 할당하는 과정을 제공하도록 동작하는데 클라이언트는 서버로부터 주어진 기간 동안 정보를 임대하고 임대가 끝났을 때 클라이언트는 다른 주소를 요청하게 되지만 일반적으로 클라이언트는 동일한 주소를 재할당받게 된다. 관리자는 확장성과 관리의 용이함 때문에 DHCP 서비스를 제공하는 네트워크 서버를 선호하게 된다. 시스코 라우터는 DHCP 서버의 선택적 혹은 전체의 기능을 지원하는 시스코 IOS Feature Set을 제공하고, 기본적으로 24시간 동안 구성정보를 임대하는 Easy IP의 사용이 가능하기 때문에 이 책에서는 시스코 라우터를 이용한 DHCP 서버를 구성하는 방법을 다루기로 한다.

시스코 라우터의 DHCP 기능은 NT 혹은 UNIX 서버 없이도 DHCP와 NAT(Network Address Translation)의 장점을 취할 수 있는 SOHO에 유리하다.

관리자는 DHCP 서버가 미리 정의된 주소 풀(Pool)에서 주소를 할당하도록 설정할 수 있으며 DHCP 서버는 DNS 서버 주소, WINS 서버 주소와 같은 정보도 같이 제공할 수 있다. 대부분의 DHCP 서버는 관리자에 의해 클라이언트 MAC 주소가 서비스되고 매번 동일한 IP 주소가 자동적으로 할당 가능하게 정의하도록 허용하고 있다.

DHCP는 전송 프로토콜로 UDP(User Datagram Protocol)를 사용하는데 클라이언트는 서버에게 67번 포트로 메시지를 전송하고 서버는 클라이언트에게 68번 포트로 메시지를 전송한다. 그림 7-1의 DHCP Request/Reply 동작과정을 보면 DHCP 클라이언트의 운영체제(Operating System)는 클라이언트의 IP 프로토콜 스택(Stack)을 구성하기 위해서 DHCP의 Reply 메시지 내에 있는 값들을 사용한다는 것을 알 수 있다.

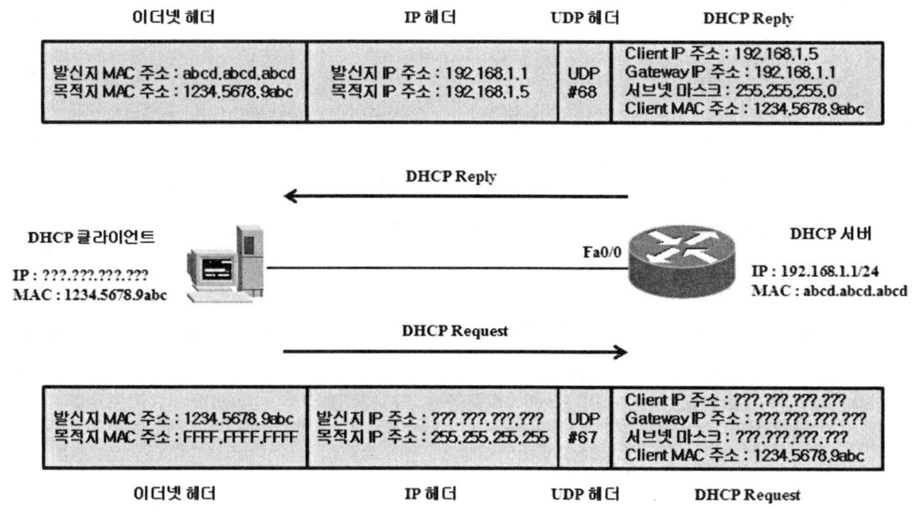

그림 7-1 DHCP Request/Reply

7.2 DHCP와 BOOTP

인터넷 커뮤니티는 디스크가 없는 워크스테이션의 구성을 위해 BOOTP(Bootstrap Protocol) 프로토콜을 개발하였다. BOOTP는 1985년 RFC 951에서 정의하였으며, BOOTP의 몇몇 기능적인 특성은 DHCP와 공유하고 있다. 클라이언트/서버 기반의 프로토콜, UDP 67번, 68번 포트 사용 등이 그것이며 DHCP와 중요한 차이점은 IP 주소, 게이트웨이 주소, 서브넷 마스크, DNS 서버 주소 등 4가지의 기본적인 IP 파라미터 정보만 제공한다는 것이다. 이에 비해 DHCP는 클라이언트가 기본적인 IP 파라미터 정보 외에 WINS 서버, 도메인 네임 등과 같은 다른 IP 구성 파라미터를 취득하는 메커니즘을 제공한다.

또 하나의 차이점은 BOOTP는 IP 주소를 호스트에 동적으로 할당하지 않는다는 것이다. 클라이언트가 IP 주소를 요구할 경우 BOOTP 서버는 클라이언트의 MAC 주소와 일치하는 엔트리(Entry)를 위해 먼저 정의된 테이블을 검색하여 테이블에 엔트리가 존재할 경우에 해당 IP 주소를 클라이언트에게 전달한다. 이때 DHCP는 주어진 시간

동안 IP 주소를 클라이언트에게 할당하고 주어진 시간 이후에는 다른 클라이언트에게 IP 주소를 재할당하는 임대형식의 할당방식인데 비해 BOOTP는 테이블에 정의된 대로 MAC 주소와 IP 주소의 매핑에 의해 영구임대 방식으로 동작한다.

표 7-1 DHCP와 BOOTP의 차이점

BOOTP	DHCP
정적인(Static) 매핑(Mapping)	동적인(Dynamic) 매핑(Mapping)
영구적인(Permanent) 할당	임대(Lease)
4가지의 기본구성 파라미터 지원	30가지 이상의 구성 파라미터 지원

7.3 DHCP의 주요 기능

DHCP 서버가 IP 주소를 클라이언트에게 할당하기 위해서는 3가지의 방법을 사용할 수 있다. 먼저, DHCP 서버가 클라이언트에게 영구 IP 주소를 할당하는 ① 자동할당(Automatic Allocation) 방식, 관리자가 클라이언트를 위해 IP 주소를 할당하고 DHCP 서버는 클라이언트에게 그 주소를 전달하는 ② 수동할당(Manual Allocation) 방식 및 DHCP 서버가 제한된 시간동안 클라이언트에게 IP 주소를 임대형식으로 할당하는 ③ 동적할당(Dynamic Allocation) 방식 등 3가지가 그것이다. 대부분의 DHCP 사용자들은 세 번째 방식인 동적할당 방식을 사용하기 때문에 이 책에서도 동적할당 방식을 중심으로 기술할 것이다.

IETF RFC 1533에는 클라이언트 구성 파라미터의 일부로 서브넷 마스크, 디폴트(Default) 라우터, 도메인 네임 및 도메인 네임 서버, 윈즈(WINS) 서버 등이 정의되어 있다. 또한 DHCP 서버는 IP 주소와 관련하여 파라미터의 풀(Pool)을 생성하는데 이 풀은 개별 논리 IP 서브넷이 전용으로 사용한다. DHCP는 또한 다중 DHCP 서버의 응답을 허용하며 IP 클라이언트의 이동성도 보장한다. 다중 서버의 응답 시 클라이언트는 하나의 서버만 선택하게 된다.

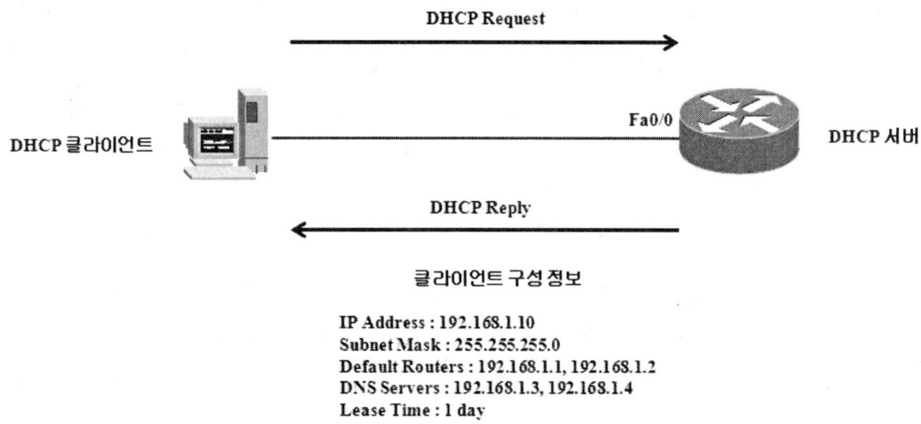

그림 7-2 DHCP 클라이언트 구성정보

7.4 DHCP의 동작과정

DHCP 클라이언트가 구성되는 과정을 보자.

① 클라이언트는 로컬 서브넷상으로 "DHCPDISCOVER"라는 브로드캐스트를 전송하여 DHCP 서버의 위치를 발견한다. 이렇게 네트워크 멤버십(Membership) 과정 시작 시 클라이언트는 이미 구성된 DHCP 서버를 가져야 하며 클라이언트는 서버에게 IP 구성 요청을 전송하게 된다.

② 브로드캐스트를 수신한 DHCP 서버는 자신의 데이터베이스로부터 서비스 여부를 결정하여 서비스가 가능할 경우 클라이언트에게 유니캐스트 "DHCPOFFER" 형식으로 IP 구성 정보를 제공하고 서비스 불가 시에는 다른 DHCP 서버로 서비스를 넘긴다. "DHCPOFFER"는 IP 주소, DNS 서버 주소, 임대시간 등을 포함한 임대 정보로 구성되어 있다.

③ 클라이언트가 서버의 제안에 동의할 경우 특별한 IP 파라미터를 요청하는 "DHCPREQUEST"라는 다른 브로드캐스트를 전송한다. "DHCPDISCOVER"는 하나 이상의 DHCP 서버로 전달하기 위해 브로드캐스트를 사용하지만, "DHCPREQUEST"는 하나 이상의 서버가 제공 시 이미 다른 서버가 수락했다는 것을 인식하도록 하기 위해 브로드캐스트를 사용한다.

④ "DHCPREQUEST"를 수신한 서버는 "DHCPACK"라는 유니캐스트 Acknowledgment

를 전송하여 구성을 완료하며 "DHCPACK"를 수신하면 클라이언트는 할당된 주소를 즉시 사용할 수 있다.

클라이언트는 주소가 로컬 세그먼트(Local Segment)상에서 이미 사용 중이라는 것을 감지할 경우 "DHCPDECLINE"을 전송하고 DHCP 구성과정을 다시 시작하고, 클라이언트가 "DHCPREQUEST" 전송 후 서버로부터 "DHCPNACK"를 수신한 경우에도 마찬가지로 구성과정을 다시 시작한다.

클라이언트가 더 이상 IP 주소가 필요 없는 경우에는 서버에게 "DHCPRELEASE"를 전송하고 사용하던 주소를 반납한다. 조직의 정책에 따라 사용자나 관리자가 DHCP 서버 풀에 있는 IP 주소를 통계적으로 호스트에 할당하는 것도 가능하다.

시스코 IOS DHCP 서버는 클라이언트에게 주소를 제공하기 전에 항상 사용 중이 아닌지 체크하기 위하여 "DHCPOFFER"를 클라이언트에게 전송하기 전에 ICMP Echo Request 혹은 핑 테스트를 수행한다.

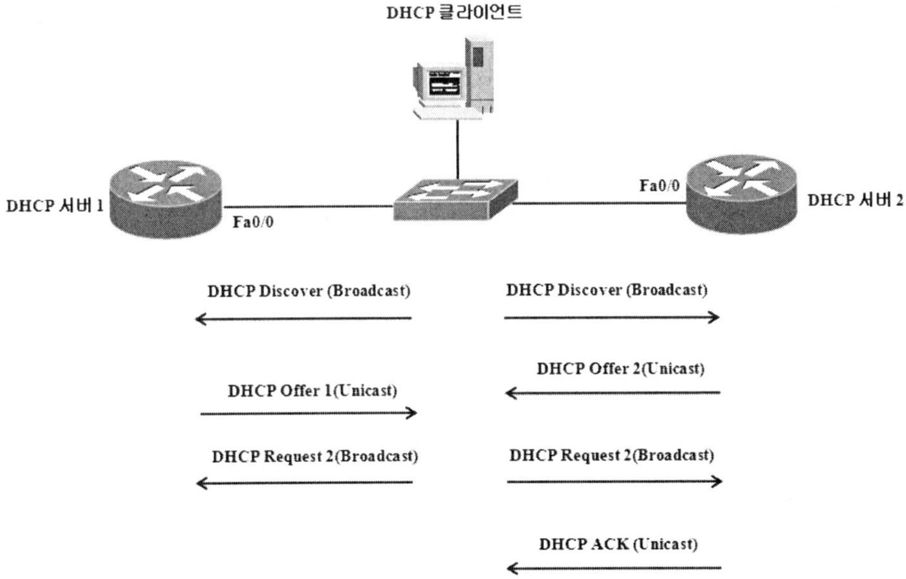

그림 7-3 DHCP 구성과정

7.5 DHCP의 설정과 동작확인

시스코 라우터가 DHCP 서버로 동작하도록 설정할 경우 DHCP 서버 라우터에 관리자가 주소 풀(Pool)을 정의하도록 요구한다. 호스트에 할당될 주소를 정의하는 풀을 생성하는 명령어는 *"ip dhcp pool"* 명령어를 사용하며, 하나의 서버에 여러 개의 풀을 생성할 수 있다. 이 명령어는 특정 이름을 가진 풀을 생성하고 DHCP 구성 모드로 들어가며 이 모드에서는 임대할 주소의 범위를 정의하기 위해 Network Statement를 사용한다. 특정 주소를 풀에서 제외하기를 원할 경우 전역구성 모드로 되돌아간 다음, 클라이언트에 주소할당 시 개별주소나 주소범위를 제외하기 위한 명령어 "ip dhcp excluded-address"를 사용하여 라우터의 인터페이스 주소처럼 정적으로 주요 호스트에 할당되는 주소예약에 사용한다. 명령어는 다음과 같다.

```
Router#configure terminal
Router(config)#ip dhcp pool pool-name
Router(dhcp-config)#network network-number subnet-mask
Router(dhcp-config)#exit
Router(config)#ip dhcp excluded-address low-address [high-address]
```

DHCP 서버는 호스트에 할당하기 위한 IP 주소를 포함하여 호스트를 구성하기 위한 하나이상의 IP 주소를 할당하도록 구성할 수 있는데 Default Gateway와 같은 다른 IP 구성은 DHCP 구성 모드에서 설정이 가능하다. *"default-router"* 명령어는 Default Gateway를 구성하고 *"dns-server"* 명령어는 DNS 서버를 구성하기 위해 사용한다. 명령어는 다음과 같다.

```
Router(dhcp-config)#default-router address
Router(dhcp-config)#dns-server address
```

다음 그림 7-4와 같은 구성도에서 라우터 RTA상에 DHCP를 설정해보자. 주어진 IP 주소는 C 클래스 주소 192.168.1.0/24 1개이며 라우터 인터페이스나 각종 서버를 위한 주소를 예약하기 위해 네트워크의 처음과 끝부분에 10개씩의 주소를 풀에서 제외하고, DHCP 풀이름은 "dhcp-pool-1"으로 한다. 구성도에서처럼 Default 라우터의 주소는 192.168.1.1/24이며, DNS 서버 주소는 192.168.1.254를 할당한다.

DHCP 동작을 확인하기 위해 *"show ip dhcp binding"*를 사용하며 이 명령어는 DHCP 서비스에 의해 생성된 모든 Binding 리스트를 보여준다.

Router#show ip dhcp binding

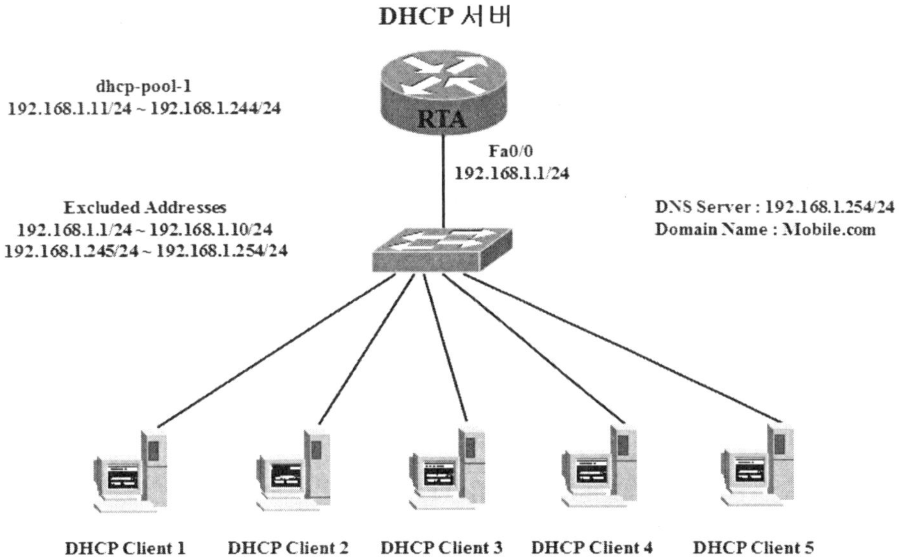

그림 7-4 DHCP 서버 설정구성도

① 라우터 RTA의 기본 인터페이스 설정하기

RTA#configure terminal

RTA(config)#interface fastethernet 0/0

RTA(config-if)#ip address 192.168.1.1 255.255.255.0

RTA(config-if)#no shutdown

② 라우터 RTA에 DHCP 설정하기(풀 및 제외할 주소범위, 주소예약 설정)

RTA(config)#ip dhcp pool dhcp-pool-1

RTA(dhcp-config)#network 192.168.1.0 255.255.255.0

RTA(dhcp-config)#default-router 192.168.1.1

RTA(dhcp-config)#dns-server 192.168.1.254

RTA(dhcp-config)#exit

RTA(config)#ip dhcp excluded-address 192.168.1.1 192.168.1.10

RTA(config)#ip dhcp excluded-address 192.168.1.245 192.168.1.254

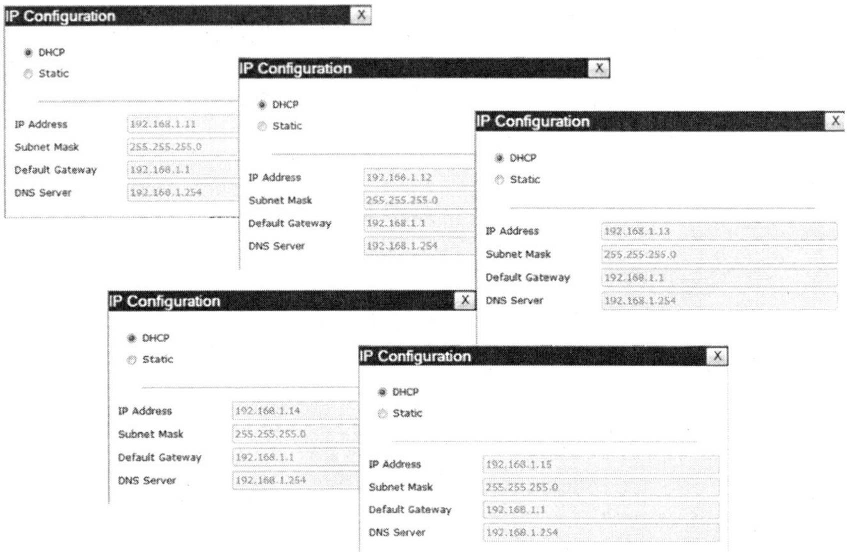

그림 7-5 DHCP 클라이언트 1, 2, 3, 4, 5에 할당된 주소정보(IP 구성에서 DHCP 선택)

```
RTA#
RTA#show running-config
Building configuration...

Current configuration : 775 bytes
!
version 12.4
no service timestamps log datetime msec
no service timestamps debug datetime msec
no service password-encryption
!
hostname RTA
!
!
!
!
ip dhcp excluded-address 192.168.1.1 192.168.1.10
ip dhcp excluded-address 192.168.1.245 192.168.1.254
!
ip dhcp pool dhcp-pool-1
 network 192.168.1.0 255.255.255.0
 default-router 192.168.1.1
 dns-server 192.168.1.254
!
!
!
!
!
!
!
!
!
!
!
!
!
interface FastEthernet0/0
 ip address 192.168.1.1 255.255.255.0
 duplex auto
 speed auto
!
```

그림 7-6 RTA의 Running-Configuration

```
RTA#
RTA#
RTA#show ip dhcp binding
IP address       Client-ID/              Lease expiration        Type
                 Hardware address
192.168.1.11     000A.4175.8B66           --                     Automatic
192.168.1.12     00D0.5824.EB63           --                     Automatic
192.168.1.13     00E0.F934.7BA3           --                     Automatic
192.168.1.14     0030.A3BB.85E7           --                     Automatic
192.168.1.15     0002.161A.5C64           --                     Automatic
RTA#
RTA#
RTA#
RTA#
RTA#
RTA#
RTA#
RTA#
RTA#
RTA#
```

그림 7-7 RTA의 DHCP Binding List

7.6 DHCP 릴레이

DHCP 클라이언트는 세그먼트상의 DHCP 서버를 찾기 위해 브로드캐스트를 사용한다. 서버와 클라이언트가 동일한 세그먼트상에 있지 않고 라우터에 의해 분리되어 있을 경우 어떤 현상이 발생하겠는가? 네트워크에서 브로드캐스트 영역을 분리하는 장치인 라우터는 이러한 브로드캐스트들을 전달하지 않는다. 물론 DHCP가 브로드캐스트를 사용하는 유일한 서비스는 아닐 것이다. 시스코 라우터와 다른 장치들은 TFTP 서버를 찾기 위해서도 브로드캐스트를 사용하고 어떤 클라이언트들은 보안 서버인 TACACS(Terminal Access Controller Access Control System) 서버를 찾기 위해 브로드캐스트를 사용한다.

복잡한 계층구조를 가진 네트워크에서 클라이언트는 주요 서버와 동일한 서브네트워크상에 위치하는 경우가 일반적인데 리모트(Remote) 클라이언트가 서버를 찾기 위해 브로드캐스트를 하지만 기본적으로 라우터는 서브네트워크를 넘어서 클라이언트의 브로드캐스트를 전달하지 않기 때문이다. 어떤 클라이언트는 DHCP와 같은 서비스 없이는 사용할 수 없는 경우가 있기 때문에 관리자는 모든 서브네트워크상에 서버를 위치시키거나 시스코 IOS Helper Address 기능의 사용 등 두 가지 선택 중 하나를 구축할 필요가 있다. 후자의 경우를 DHCP 릴레이(Relay)라 한다.

몇몇 컴퓨터상에 DHCP나 DNS와 같은 서비스를 구동시키는 것은 부하를 생성하며, 관리상의 어려움이 발생할 수 있기 때문에 관리자는 이러한 주요 UDP 서비스를 위해 브로드캐스트 요청을 중계하는 Helper Address 기능을 사용하며 명령어는 *"ip helper-address"* 이다.

```
Router(config)#interface fastethernet 0/0
Router(config-if)#ip helper-address dhcp-server-address
Router(config-if)#ip helper-address dhcp-server-address
```

Helper Address 기능을 사용하면 라우터는 UDP 서비스를 위해 브로드캐스트 요청을 수락하고 이후 특정 IP 주소까지 유니캐스트로 전달할 수 있도록 구성이 가능하다. 기본적으로 *"ip helper-address"* 명령어가 전달하는 UDP 서비스는 Time, TACACS, DNS, BOOTP/DHCP Server, BOOTP/DHCP Client, TFTP, NetBIOS Name Service, NetBIOS Datagram Service 등이 있다.

DHCP 릴레이(Relay) 기능을 사용하는 특별한 경우에 클라이언트는 "DHCPDISCOVER" 패킷을 로컬 세그먼트상으로 브로드캐스트하고 이 패킷은 게이트웨이 라우터에 의해 픽업(Pick up)된다. Helper-address가 구성되어 있는 경우 DHCP 패킷은 특정주소로 전달되는데 패킷을 전달하기 전에 라우터는 해당 세그먼트를 위해 라우터의 IP 주소로 패킷의 게이트웨이 주소 필드를 채운다. 이 주소는 클라이언트가 IP 주소를 취득할 때 DHCP 클라이언트를 위한 게이트웨이 주소가 될 것이다.

다음 그림 7-8을 보고 DHCP Relay의 동작을 살펴보자. 먼저 그림의 172.16.1.0 네트워크의 클라이언트들은 "DHCPDISCOVER" 패킷을 로컬 네트워크상으로 브로드캐스트하면 라우터 RTA상의 DHCP Relay(IP Helper Address)가 "DHCPDISCOVER" 패킷을 수신한 후 DHCP 서버로 그 패킷을 유니캐스트로 포워드한다. 이때 DHCP Relay는 "GIADDR" 필드에 라우터의 기본 인터페이스의 IP 주소를 채우며, 또한 DHCP Relay는 다중의 DHCP 서버로 패킷을 포워드하도록 구성될 수 있는데 이러한 경우 클라이언트는 가장 좋은(Best) 서버를 선택할 것이다.

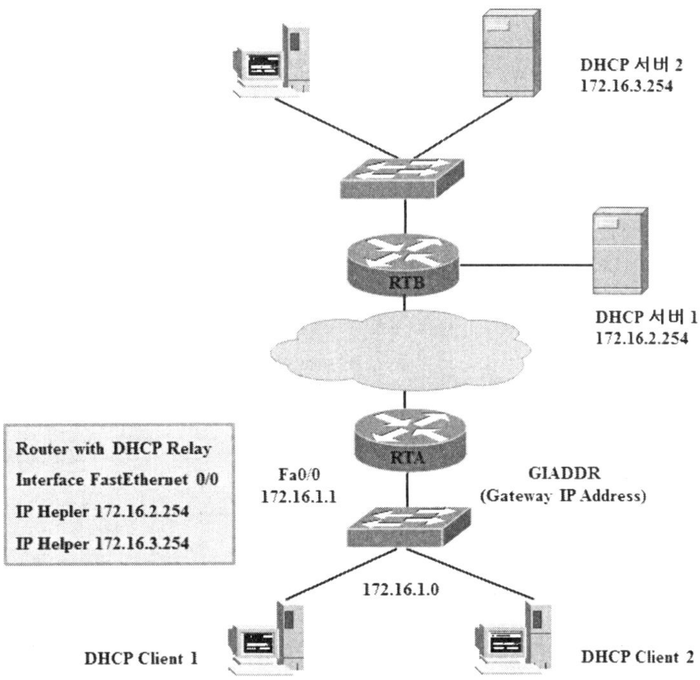

그림 7-8 DHCP Relay의 동작

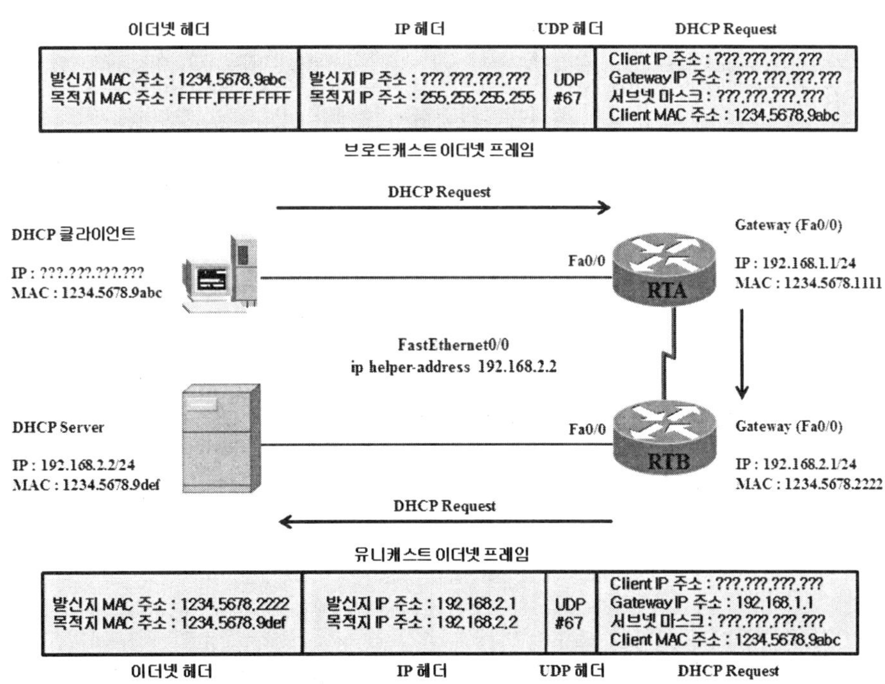

그림 7-9 DHCP Relay의 DHCP Request

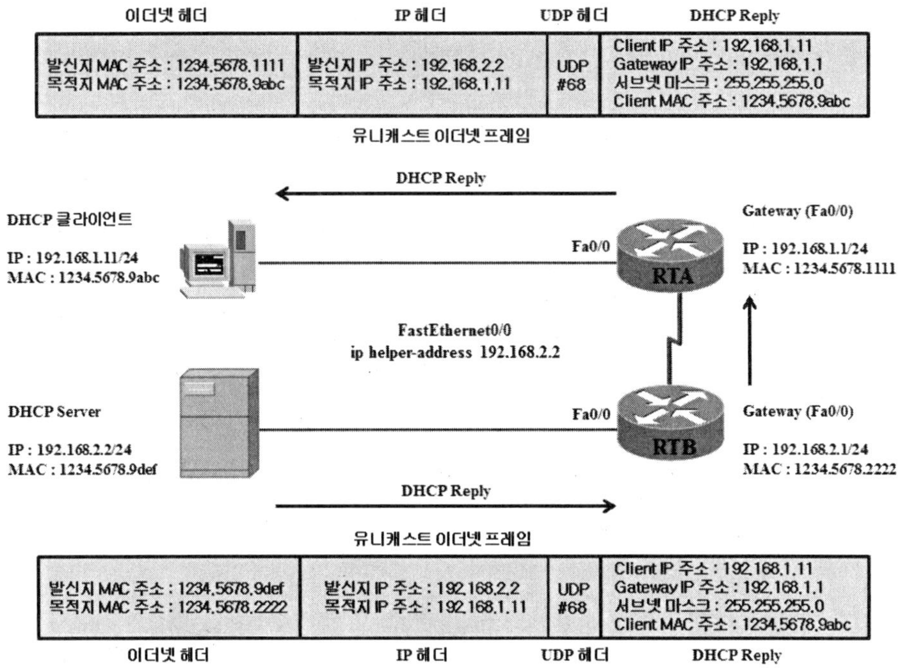

그림 7-10 DHCP Relay의 DHCP Reply

DHCP Relay의 동작을 설정하고 확인해보기 위하여 다음 그림 7-11과 같은 구성도에서 설정해보기로 한다. DHCP Relay 설정을 위한 구성도는 그림 7-4의 DHCP 기본 설정 구성도에서 라우터 RTB를 연결하고 FastEthernet0/0 포트에 클라이언트 6, 7이 접속된 네트워크를 추가하였고(C 클래스 주소 192.168.2.0/24 1개 할당), 라우터 RTA를 클라이언트 6, 7을 위한 DHCP 서버로 사용하도록 한다. RTA에 기존의 DHCP 풀("dhcp-pool-1") 외에 풀을 하나 더 추가하고, RTA에 연결된 네트워크와 마찬가지로 라우터 인터페이스나 각종 서버를 위한 주소를 예약하기 위해 네트워크의 처음과 끝부분에 10개씩의 주소를 풀에서 제외하며 DHCP 풀 이름은 "dhcp-pool-2"로 한다. 구성도에서처럼 디폴트 라우터의 주소는 192.168.2.1/24이며, DNS 서버 주소는 192.168.2.254를 배정한다.

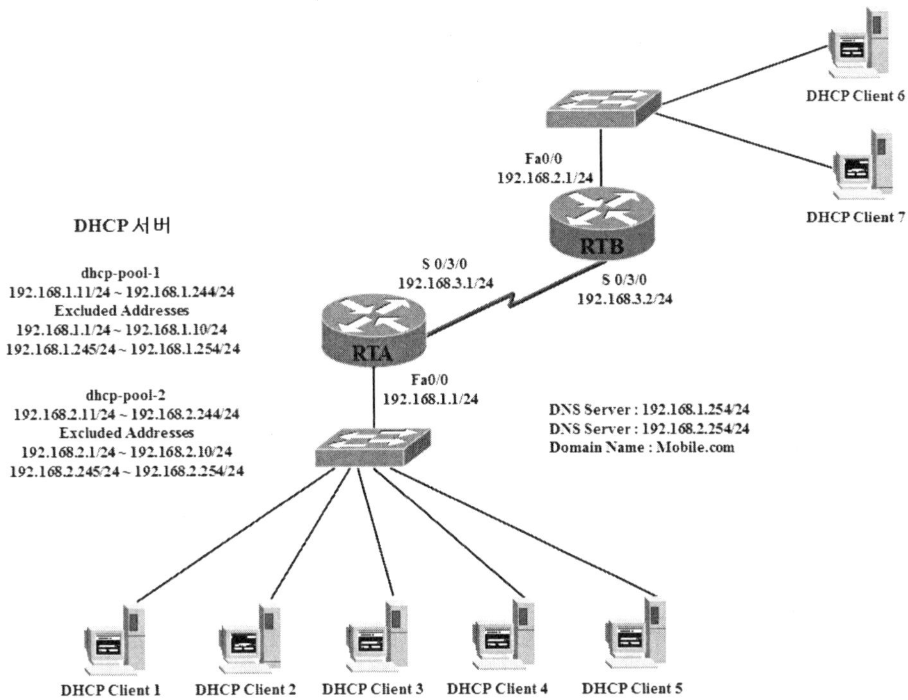

그림 7-11 DHCP Relay 설정구성도

① 라우터 RTA, RTB의 기본 인터페이스 설정하기

```
RTA#configure terminal
RTA(config)#interface fastethernet 0/0
RTA(config-if)#ip address 192.168.1.1 255.255.255.0
RTA(config-if)#no shutdown
RTA(config-if)#interface serial 0/3/0
RTA(config-if)#ip address 192.168.3.1 255.255.255.0
RTA(config-if)#clock rate 64000
RTA(config-if)#no shutdown

RTB(config)#interface fastethernet 0/0
RTB(config-if)#ip address 192.168.2.1 255.255.255.0
RTB(config-if)#no shutdown
RTB(config-if)#interface serial 0/3/0
RTB(config-if)#ip address 192.168.3.2 255.255.255.0
```

```
RTB(config-if)#no shutdown
```

② 라우터 RTA, RTB의 라우팅 프로토콜 RIP 활성화하기

```
RTA(config)#router rip
RTA(config-router)#network 192.168.1.0
RTA(config-router)#network 192.168.3.0

RTB(config)#router rip
RTB(config-router)#network 192.168.2.0
RTB(config-router)#network 192.168.3.0
```

③ 라우터 RTA에 DHCP 설정하기(풀 및 제외할 주소범위, 주소예약 설정)

```
RTA(config)#ip dhcp pool dhcp-pool-1
RTA(dhcp-config)#network 192.168.1.0 255.255.255.0
RTA(dhcp-config)#default-router 192.168.1.1
RTA(dhcp-config)#dns-server 192.168.1.254
RTA(dhcp-config)#exit
RTA(config)#ip dhcp excluded-address 192.168.1.1 192.168.1.10
RTA(config)#ip dhcp excluded-address 192.168.1.245 192.168.1.254

RTA(config)#ip dhcp pool dhcp-pool-2
RTA(dhcp-config)#network 192.168.2.0 255.255.255.0
RTA(dhcp-config)#default-router 192.168.2.1
RTA(dhcp-config)#dns-server 192.168.2.254
RTA(dhcp-config)#exit
RTA(config)#ip dhcp excluded-address 192.168.2.1 192.168.2.10
RTA(config)#ip dhcp excluded-address 192.168.2.245 192.168.2.254
```

④ 라우터 RTB에 DHCP Relay 설정하기(IOS Helper Address 기능설정)

```
RTB(config)#interface fastethernet 0/0
RTB(config-if)#ip helper-address 192.168.3.1
```

```
ip dhcp excluded-address 192.168.1.1 192.168.1.10
ip dhcp excluded-address 192.168.1.245 192.168.1.254
ip dhcp excluded-address 192.168.2.1 192.168.2.10
ip dhcp excluded-address 192.168.2.245 192.168.2.254
!
ip dhcp pool dhcp-pool-1
 network 192.168.1.0 255.255.255.0
 default-router 192.168.1.1
 dns-server 192.168.1.254
ip dhcp pool dhcp-pool-2
 network 192.168.2.0 255.255.255.0
 default-router 192.168.2.1
 dns-server 192.168.2.254
!
!
!
!
!
!
!
!
!
!
!
!
!
interface FastEthernet0/0
 ip address 192.168.1.1 255.255.255.0
 duplex auto
 speed auto
!
interface FastEthernet0/1
 no ip address
 duplex auto
 speed auto
 shutdown
!
interface Serial0/3/0
 ip address 192.168.3.1 255.255.255.0
 clock rate 64000
!
interface Serial0/3/1
 no ip address
 shutdown
!
interface Vlan1
 no ip address
 shutdown
!
router rip
 network 192.168.1.0
 network 192.168.3.0
!
```

그림 7-12 RTA의 Running-Configuration

```
!
!
interface FastEthernet0/0
 ip address 192.168.2.1 255.255.255.0
 ip helper-address 192.168.3.1
 duplex auto
 speed auto
!
interface FastEthernet0/1
 no ip address
 duplex auto
 speed auto
 shutdown
!
interface Serial0/3/0
 ip address 192.168.3.2 255.255.255.0
!
interface Serial0/3/1
 no ip address
 shutdown
!
interface Vlan1
 no ip address
 shutdown
!
router rip
 network 192.168.2.0
 network 192.168.3.0
!
ip classless
!
!
!
```

그림 7-13 RTB의 Running-Configuration

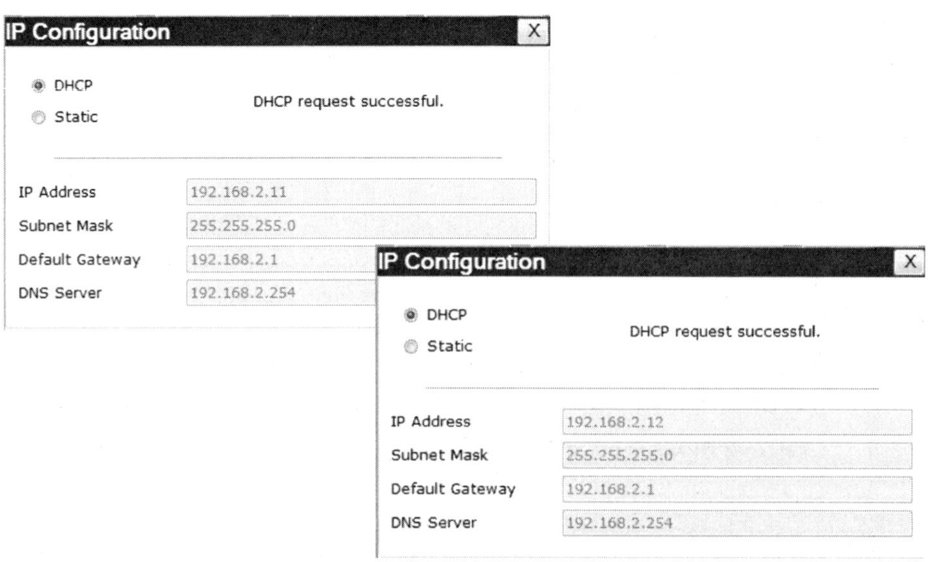

그림 7-14 DHCP 클라이언트 6, 7에 할당된 주소정보(IP 구성에서 DHCP 선택)

```
RTA#
RTA#
RTA#show ip dhcp binding
IP address       Client-ID/              Lease expiration        Type
                 Hardware address
192.168.1.12     00E0.F934.7BA3           --                     Automatic
192.168.1.11     00D0.5824.EB63           --                     Automatic
192.168.1.13     0030.A3BB.85E7           --                     Automatic
192.168.1.14     000A.4175.8B66           --                     Automatic
192.168.1.15     0002.161A.5C64           --                     Automatic
192.168.2.11     0006.2AB4.4250           --                     Automatic
192.168.2.12     00E0.8FA5.C7CE           --                     Automatic
RTA#
RTA#
RTA#
RTA#
RTA#
RTA#
RTA#
RTA#
```

그림 7-15 RTA의 DHCP Binding List

제8장

NAT

8.1 NAT의 개요

네트워크 주소변환(NAT : Network Address Translation)는 IP 주소를 보존하고 내부 네트워크에서 사설 IP 주소의 사용을 위해 설계된 기술이다. 사설 IP 주소를 외부 네트워크로 라우트(Route) 가능한 공인 IP 주소로 변환하는 기술이 주요 기능이다. NAT 소프트웨어가 구동되는 인터네트워크(Internetwork) 장치에 의해 구현되며 내부 IP 주소를 숨김으로써 네트워크 프라이버시(Privacy)가 증가한다.

NAT가 가능한 장치는 스터브(Stub) 네트워크의 경계지점에서 동작하는데, 스터브 네트워크는 이웃 네트워크와 단 하나의 접속점을 가지는 네트워크를 일컫는다. (그림 8-1) 스터브 네트워크 내부의 호스트가 외부의 호스트로 데이터를 전송할 경우 패킷을 경계지점의 게이트웨이(Border Gateway) 라우터로 전달하고 경계지점의 게이트웨이 라우터는 사설 IP 주소를 공인 IP 주소로 변환하는 NAT 과정을 수행한다. NAT에서 사용하는 용어의 정의(Definition)는 다음 표 8-1에 정의되어 있다.

표 8-1 NAT에서 사용하는 용어 정의

용 어	정 의
Inside Local Address	내부 네트워크에서 호스트에 할당된 IP 주소 InterNIC 또는 ISP에 의해 할당된 IP 주소가 아닐 수도 있음 RFC 1918 사설 주소
Inside Global Address	외부에 대한 하나 이상의 내부 로컬 IP 주소를 나타내는 InterNIC 또는 ISP에 의해 할당된 정당한 공인 IP 주소
Outside Local Address	내부 네트워크의 호스트가 알고 있는 외부 호스트의 IP 주소
Outside Global Address	외부 네트워크의 호스트에 할당된 IP 주소 호스트의 소유자가 할당

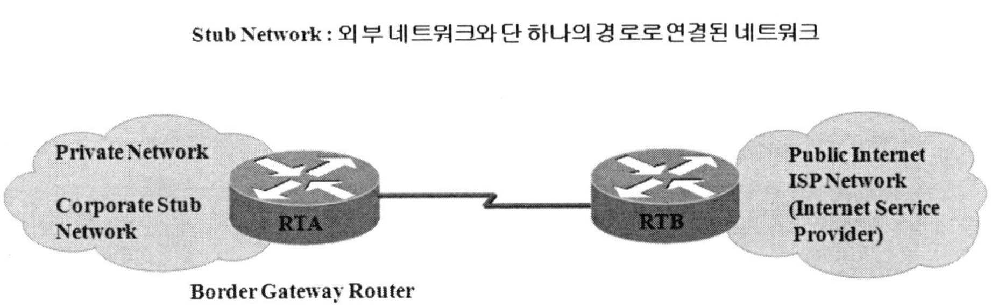

그림 8-1 Stub Network

NAT를 사용함으로써 얻을 수 있는 장점은 우선 새로운 ISP로 변경 시 각 호스트에 새로운 IP 주소를 재할당할 필요가 없다는 것이다. 외부 접근을 요구하는 모든 호스트에게 주소를 다시 등록할 필요가 없어 많은 시간과 비용이 절약된다는 점이 첫 번째 장점이다.

다음은 NAT의 일종인 PAT(Port address Translation)를 사용할 경우 애플리케이션 포트 레벨(Application Port Level) 다중화를 통하여 주소를 절약할 수 있다는 점으로 PAT를 사용하는 내부 호스트는 외부 통신을 위하여 하나의 공인 IP 주소를 여러 대의 호스트가 공유할 수 있어 적은 수의 외부 주소로 많은 수의 내부 호스트를 지원할 수 있는 장점이 있다.

마지막으로 네트워크 보안이 강화될 수 있다는 점인데 사설 네트워크의 주소와 내부 토폴로지(Topology)를 외부 네트워크로 광고를 하지 않기 때문에 내부 네트워크의 보안을 유지할 수 있다는 장점을 가진다.

8.2 사설 IP 주소

사설 IP 주소는 RFC(Request for Comments) 1918에 명시되어 있으며 1개의 A 클래스 주소, 16개의 B 클래스 주소 및 256개의 C 클래스 주소로 구성되어 있다. (표 8-2) 사설 IP 주소는 내부 네트워크에서만 사용할 수 있으며, 이 주소를 가진 패킷은 인터넷으로 라우트(Route)되지 않는다. 즉 라우터는 RFC 1918 주소는 라우트하지 않는 것이다.

공인 인터넷 주소는 인터넷에 대한 서비스 권한을 가진 회사에 의해 인증을 받아서 사용할 수 있으며, ISP(Internet Service Provider, 인터넷 서비스 제공자)로부터 임대가 가능하고 ISP는 사설 주소를 가진 트래픽이 인터넷으로 전달되는 것을 차단하도록 경계지점의 라우터를 구성한다.

표 8-2 RFC 1918 사설 IP 주소

클래스	RFC 1918 사설 IP 주소범위	CIDR Prefix
A Class	10.0.0.0~10.255.255.255	10.0.0.0/8
B Class	172.16.0.0~172.31.255.255	172.16.0.0/12
C Class	192.168.0.0~192.168.255.255	192.168.0.0/24

NAT는 개별회사와 인터넷에 여러 가지 장점을 제공하며 NAT를 사용하기 전에는 사설 주소를 가진 호스트는 인터넷에 접근이 불가능했지만 NAT를 사용하면서 개별회사는 호스트의 일부 혹은 전체에 사설주소를 부여할 수 있으며 인터넷으로의 접근도 제공하고 있다.

8.3 NAT와 PAT의 주요 기능

NAT는 다양한 목적으로 사용되며 정적(Static) 혹은 동적(Dynamic)으로 주소를 할당할 수 있으며, 정적인 NAT는 로컬 및 글로벌 주소의 1 : 1 매핑(Mapping)을 할 수 있도록 설계되었고, 엔터프라이즈(Enterprise) 서버나 네트워킹 장치처럼 인터넷에 접근할 수 있는 주소를 가져야 하는 호스트에 유용하게 사용할 수 있다. 동적인 NAT는 사설 IP와 공인 IP를 동적으로 매핑하도록 설계되었으며, 공인 IP 풀에서 취득한 IP를 네트워크 호스트에게 할당하는 방식으로 동작한다.

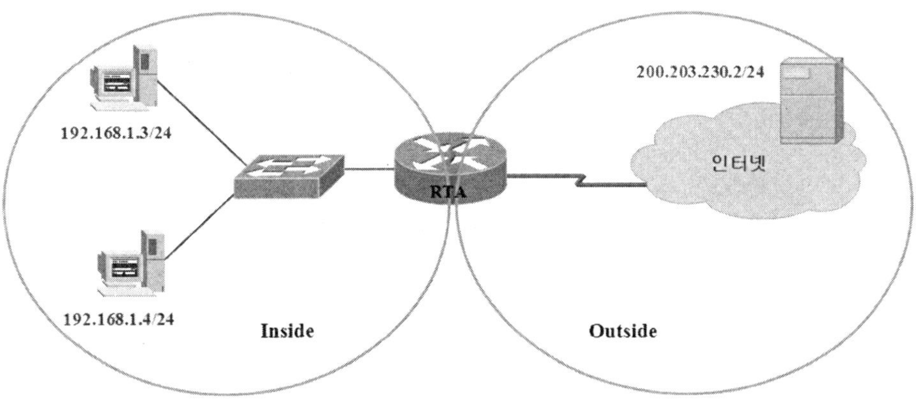

NAT Table		
Inside Local IP Address	Inside Global IP Address	Outside Global IP Address
192.168.1.3	200.200.200.3	200.203.230.2
192.168.1.4	200.200.200.4	200.203.230.2

그림 8-2 NAT 동작의 예

오버로딩(Overloading) 혹은 포트 주소변환(PAT : Port Address Translation)는 하나의 공인 IP에 다수의 사설 IP를 매핑시킬 수 있는데 각 사설 IP 주소는 포트 번호로

추적되기 때문에 가능하다. PAT는 변환(Translation)들을 구분하기 위해 내부 글로벌 IP 주소에서 유일한 소스(Source) 포트 번호를 사용하며 포트 번호는 16비트로 인코딩(Encoding) 된다. 따라서 하나의 외부 주소로 변환될 수 있는 총 내부 주소는 이론적으로 65,536개가 되지만 하나의 IP에 할당될 수 있는 실제 포트의 수는 약 4,000개 정도가 된다.

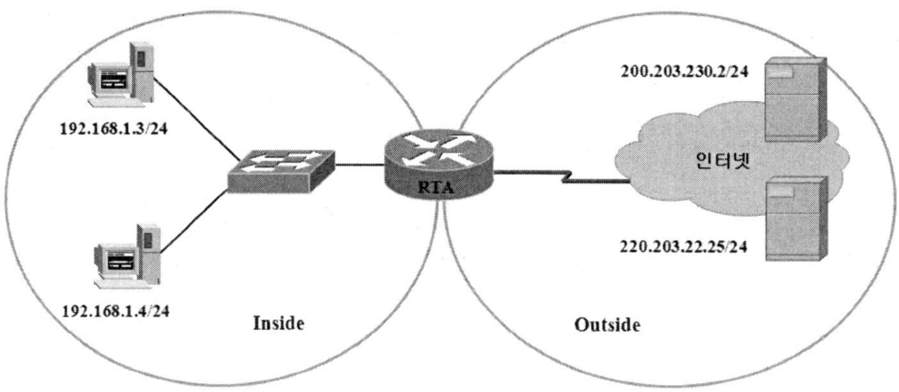

NAT Table with Overload

Inside Local IP Address	Inside Global IP Address	Outside Local IP Address	Outside Global IP Address
192.168.1.3 : 1200	200.200.200.3 : 1200	200.203.230.2 : 80	200.203.230.2 : 80
192.168.1.4 : 1700	200.200.200.3 : 1700	220.203.22.25 : 80	220.203.22.25 : 80

NAT Table with Overload

Inside Local IP Address	Inside Global IP Address	Outside Local IP Address	Outside Global IP Address
192.168.1.3 : 1555	200.200.200.3 : 1555	200.203.230.2 : 80	200.203.230.2 : 80
192.168.1.4 : 1555	200.200.200.3 : 1556	220.203.22.25 : 80	220.203.22.25 : 80

그림 8-3 NAT with Overload

PAT는 원래의 소스 포트(Original Source Port) 번호를 유지할 수 있는데 소스 포트가 이미 사용 중일 경우에 PAT는 적절한 포트 그룹의 첫 번째 가용 포트 번호를 할당한다. 포트 번호는 0~65535범위에서 사용할 수 있는데 IANA(Internet Assigned Numbers Authority)에서 지정하고 관리하는 기정 포트 번호(Well-known Port Numbers, 0~1023), 회사용의 등록 포트 번호(Registered Port Numbers, 1024~49151), 그리고 개별용의 동적 포트 번호(Dynamic/Private Port Numbers, 49152~65535) 등 3가지 그룹이 있다.

표 8-3 잘 알려진 포트(Well-Known Ports)

포트 번호	서비스	설 명
20	FTP	File Transfer Protocol - Datagram FTP 연결 시 실제 데이터 전송
21	FTP	File Transfer Protocol - Control FTP 연결 시 인증, 제어
23	Telnet	텔넷 서비스, 원격지 서버의 실행창을 획득
25	SMTP	Simple Message Transfer Protocol 메일 전송 시 사용
53	DNS	Domain Name Service 도메인이나 호스트 이름을 IP 주소로 해석
69	TFTP	Trivial File Transfer Protocol 인증이 필요 없는 단순한 파일 전송에 사용
80	HTTP	Hyper Text Transfer Protocol 웹 서비스 제공
110	POP3	Post Office Protocol 메일 서버로 전송된 메일을 읽을 때 사용
111	RPC	Remote Procedure Call 원격지에서 서버의 프로세스를 실행
138	NetBios	Network Basic Input Output Service 윈도우에서 파일 공유에 사용
143	IMAP	Internet Message Access Protocol POP3와 동일하지만 읽은 후에도 서버에 메일이 남음
161	SNMP	Simple Network Management Protocol 네트워크 관리와 모니터링에 사용

만약 더 이상의 가용 포트가 없을 경우 추가로 외부 IP 주소를 구성하여 사용할 수 있으며 원래의 소스 포트 번호를 재할당받기 위해 PAT는 다음 IP 주소로 이동하여 포트 번호를 받으면 되고 가용 포트와 외부 IP 주소가 고갈될 때까지 이러한 과정을 계속 반복하여 수행한다.

8.4 NAT와 PAT의 설정

8.4.1 정적인 변환

정적인 변환(Static Translation)은 구성(Configuration) 파일에 직접 입력하고 항상 변환 테이블에 존재하게 된다. 정적인 변환을 설정해 주기 위해서는 먼저 다음 명령어를 사용하여 Inside Local 주소와 Inside Global 주소 사이에 정적인 변환을 설립해준다. 설립된 변환을 삭제하기 위해서는 명령어 앞에 "no"를 붙여 삭제한다. 이후 Inside 및 Outside 인터페이스를 명시해준다.

① Inside Local IP와 Inside Global IP 주소사이에 정적인 변환설정

Router(config)#ip nat inside source static *inside-local-ip inside-global-ip*

  Router(config)#no ip nat inside source static *inside-local-ip inside-global-ip*

Router(config)#ip nat inside source static 192.168.1.3 200.203.230.3

  Router(config)#no ip nat inside source static 192.168.1.3 200.203.230.3

② 라우터 인터페이스에 주소와 NAT Inside, Outside 설정하기

Router(config)#interface *type number*

  Router(config)#interface fastethernet 0/0

Router(config-if)#ip address *ip-address subnet-mask*

  Router(config-if)#ip address 192.168.1.1 255.255.255.0

Router(config-if)#ip nat inside

Router(config-if)#no shutdown

Router(config-if)#exit

Router(config)#interface *type number*

  Router(config)#interface Serial 0/3/0

Router(config-if)#ip address *ip-address subnet-mask*

  Router(config-if)#ip address 200.200.200.1 255.255.255.0

Router(config-if)#ip nat outside

Router(config-if)#no shutdown

Router(config-if)#Ctrl+Z

그림 8-4는 Static NAT 설정을 하기 위한 네트워크 구성도를 보여주고 있는데 라우터 RTA는 발신지 주소 192.168.1.3, 192.168.1.4를 200.203.230.3, 200.203.230.4로 패킷을 변환한다. 추가하여 외부 네트워크로 라우팅되는 과정을 확인해보기 위하여 RTA에 Loopback 인터페이스 220.203.22.25/32를 설정한다. 설정 후 제대로 구성에 반영이 되었는지 확인하기 위해서는 "show running-config" 명령으로 확인하며, 변환이 되고 있는지 확인하기 위해서는 "show ip nat translations" 명령으로 변환 테이블을 확인하면 된다. 그리고 통계를 보기 위한 명령어 "show ip nat statistics"의 결과는 변환과 관련된 통계를 제공해 준다. 라우터 RTA와 RTB 사이에 라우팅 프로토콜로 Static 라우팅 프로토콜을 설정한다.

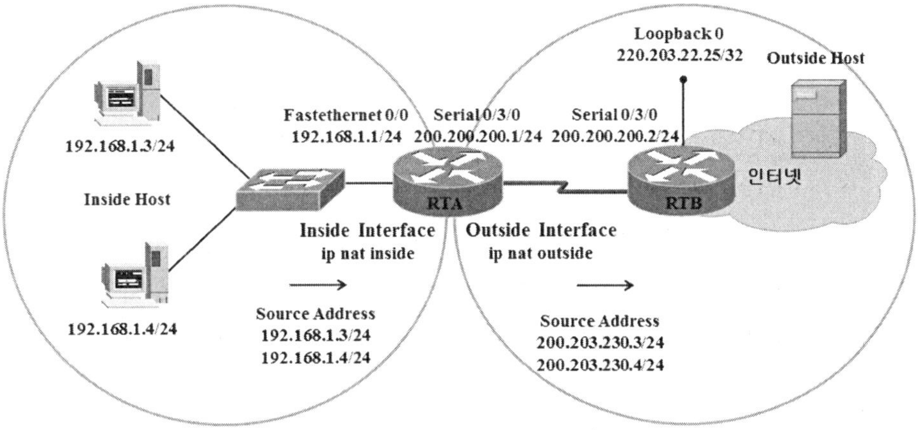

그림 8-4 Static NAT 네트워크 설정구성도

① 라우터 RTA에 Static NAT 설정하기

```
RTA#configure terminal
RTA(config)#ip nat inside source static 192.168.1.3 200.203.230.3
RTA(config)#ip nat inside source static 192.168.1.4 200.203.230.4
```

② 라우터 RTA의 인터페이스에 주소와 NAT Inside, Outside 설정하기

```
RTA(config)#interface fastethernet 0/0
RTA(config-if)#ip address 192.168.1.1 255.255.255.0
RTA(config-if)#ip nat inside
RTA(config-if)#no shutdown
RTA(condif-if)#exit
```

RTA(config)#interface Serial 0/3/0

RTA(config-if)#ip address 200.200.200.1 255.255.255.0

RTA(config-if)#ip nat outside

RTA(config-if)#clock rate 64000

RTA(config-if)#no shutdown

RTA(condif-if)#exit

③ 라우터 RTA와 RTB에 라우팅 프로토콜 설정하기(Static)

RTA(config)#ip route 0.0.0.0 0.0.0.0 200.200.200.2

RTB(config)#ip route 192.168.1.0 255.255.255.0 200.200.200.1

④ 라우터 RTB에 시리얼 및 Loopback 인터페이스 설정하기

RTB(config)#interface Serial 0/3/0

RTB(config-if)#ip address 200.200.200.2 255.255.255.0

RTB(config-if)#no shutdown

RTB(condif-if)#exit

RTB(config)#interface loopback 0

RTB(config-if)#ip address 220.203.22.25 255.255.255.255

RTB(config-if)#Ctrl+Z

⑤ 설정이 끝난 후 라우터 RTA에서 Loopback 인터페이스까지 그리고 RTB에서 각 호스트까지 핑(Ping) 테스트

(각 호스트에서 RTB까지는 돌아올 정보가 없기 때문에 핑 테스트는 실패가 정상)

RTA#ping 220.203.22.25

RTB#ping 192.168.1.3

RTB#ping 192.168.1.4

RTB에서 호스트 192.168.1.3, 192.168.1.4로 핑을 쏘면 200.203.230.3, 200.203.230.4로 변환되어 응답이 돌아오지만 RTB에서 200.203.230.3, 200.203.230.4로 직접 핑을 쏘면 없는 주소이기 때문에 응답이 없다. 또한 각 호스트(192.168.1.3, 192.168.1.4)에서 RTB로 핑을 날리게 되면 변환 테이블을 참고하여 200.203.230.3, 200.203.230.4로 변환되어 RTB로 핑은 날아가지만 돌아올 방법이 없다. 따라서 각 호스트에서 RTB까지는 돌아올 정보가 없기 때문에 핑 테스트는 실패가 정상이다.

```
RTA#
RTA#
RTA#show ip nat translations
Pro  Inside global      Inside local       Outside local      Outside global
---  200.203.230.3      192.168.1.3        ---                ---
---  200.203.230.4      192.168.1.4        ---                ---

RTA#
RTA#
RTA#
RTA#
RTA#
RTA#
RTA#
RTA#
RTA#
RTA#
RTA#
RTA#
RTA#
RTA#
RTA#
```

그림 8-5 Static NAT 변환 테이블

```
RTA#
RTA#
RTA#show ip nat statistics
Total translations: 2 (2 static, 0 dynamic, 0 extended)
Outside Interfaces: Serial0/3/0
Inside Interfaces: FastEthernet0/0
Hits: 0  Misses: 0
Expired translations: 0
Dynamic mappings:
RTA#
RTA#
RTA#
RTA#
RTA#
RTA#
RTA#
RTA#
RTA#
RTA#
RTA#
RTA#
RTA#
```

그림 8-6 Static NAT 통계정보

8.4.2 동적인 변환

동적인 변환(Dynamic Translation)을 설정해주기 위해서는 우선 변환될 주소를 정의할 풀(Pool)을 설정하고, 다음은 변환을 허용하는 주소를 설정하여야 한다. 특히, 변환을 허용하는 주소를 설정하기 위하여 Access List를 사용하게 되는데 Access List에 대한 자세한 내용은 제9장에서 다루도록 한다. 그리고 Static NAT와 마찬가지로 마지막에는 내부 인터페이스와 외부 인터페이스를 명시해주면 된다.

Access List는 변환을 허용하는 주소를 정의하는데 각 Access List의 끝에는 "deny all"이 내재되어 있음을 기억하자. 너무 관대한 Access List는 예상치 못한 결과를 초래할 가능성이 있기 때문에 시스코는 "permit any" 명령어를 가진 NAT 명령어로 Access List를 구성하는 것은 반대하는데, NAT에서 "permit any"의 사용은 너무 많은 라우터의 자원을 소비할 수 있기 때문이다.

설정된 구성을 삭제하기 위해서는 구성을 위한 이전 명령어 앞에 "no"를 붙여 삭제한다.

① 지정된 풀에 변환될 공인 IP 주소를 명시

Router(config)#ip nat pool *pool-name start-ip end-ip* **netmask** *subnet-mask*

Router(config)#no ip nat pool *pool-name*

② 변환될 주소를 허용하는 표준 Access List 설정하기

Router(config)#access-list *access-list-number* **permit** *source-address source-wildcard*

Router(config)#no access-list *access-list-number*

Router(config)#ip nat inside source list *access-list-number* **pool** *pool-name*

Router(config)#no ip nat inside source

③ 라우터 인터페이스에 주소와 NAT Inside, Outside 설정하기

Router(config)#interface *type number*

Router(config)#interface fastethernet 0/0

Router(config-if)#ip address *ip-address subnet-mask*

Router(config-if)#ip address 192.168.1.1 255.255.255.0

Router(config-if)#ip nat inside

Router(config-if)#no shutdown

Router(config-if)#exit

Router(config)#interface *type number*

Router(config)#interface Serial 0/3/0

Router(config-if)#ip address *ip-address subnet-mask*

Router(config-if)#ip address 200.200.200.1 255.255.255.0

Router(config-if)#ip nat outside

Router(config-if)#no shutdown

Router(config-if)#Ctrl+Z

그림 8-7은 동적인 NAT를 설정하기 위한 네트워크 구성도인데 여기서는 Access List 1을 통과하는 모든 발신지 주소를 "nat-pool-1"이라는 풀(Pool)에 있는 주소로 변환한다. 발신지 주소는 사설 IP 주소 192.168.1.0/24이며 풀에는 200.203.230.3/24 ~ 200.203.230.152/24 구간의 150개의 공인 IP 주소를 포함하고 있다. 추가하여 외부 네트워크로 라우팅되는 과정을 확인해보기 위하여 RTB에 Loopback 인터페이스 220.203.22.25/32를 설정한다. Inside 호스트들은 풀에서 Dynamic하게 공인된 주소를 하나씩 배정받아 사용하게 될 것이다. 라우터 RTA와 RTB 사이에 라우팅 프로토콜로 Static 라우팅 프로토콜을 설정한다.

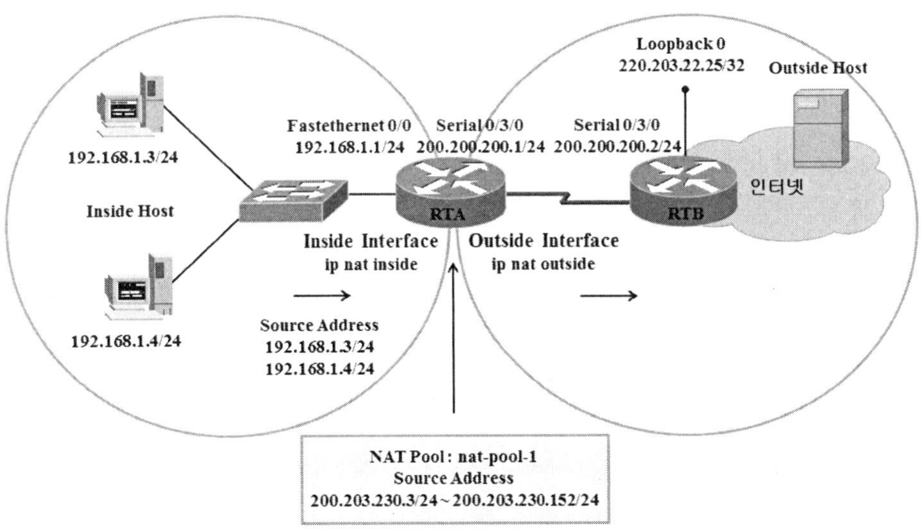

그림 8-7 Dynamic NAT 네트워크 설정구성도

① 라우터 RTA에 NAT 풀 설정하기

```
RTA(config)#ip nat pool nat-pool-1 200.203.230.3 200.203.230.152 netmask
        255.255.255.0
```

② Access List 설정하기

```
RTA(config)#access-list 1 permit 192.168.1.0 0.0.0.255
RTA(config)#ip nat inside source list 1 pool nat-pool-1
```

③ 라우터 RTA의 인터페이스에 주소와 NAT Inside, Outside 설정하기

```
RTA(config)#interface fastethernet 0/0
RTA(config-if)#ip address 192.168.1.1 255.255.255.0
RTA(config-if)#ip nat inside
RTA(config-if)#no shutdown
RTA(config)#interface Serial 0/3/0
RTA(config-if)#ip address 200.200.200.1 255.255.255.0
RTA(config-if)#ip nat outside
RTA(config-if)#clock rate 64000
RTA(config-if)#no shutdown
RTA(config-if)#exit
```

④ 라우터 RTA와 RTB에 라우팅 프로토콜 설정하기(Static)

```
RTA(config)#ip route 0.0.0.0 0.0.0.0 200.200.200.2
RTB(config)#ip route 192.168.1.0 255.255.255.0 200.200.200.1
```

⑤ 라우터 RTB에 시리얼 및 Loopback 인터페이스 설정하기

```
RTB(config)#interface Serial 0/3/0
RTB(config-if)#ip address 200.200.200.2 255.255.255.0
RTB(config-if)#no shutdown
RTB(condif-if)#exit
RTB(config)#interface loopback 0
RTB(config-if)#ip address 220.203.22.25 255.255.255.255
RTB(config-if)#ctrl Z
```

⑥ 설정이 끝난 후 라우터 RTA에서 Loopback 인터페이스까지 그리고 RTB에서 각 호스트까지 핑(Ping) 테스트(각 호스트에서 RTB까지는 돌아올 정보가 없기 때문에 핑 테스트는 실패가 정상임)

RTA#ping 220.203.22.25

RTB#ping 192.168.1.3

RTB#ping 192.168.1.4

```
RTA#
RTA#
RTA#show ip nat translations
Pro  Inside global      Inside local       Outside local      Outside global
icmp 200.203.230.6:11   192.168.1.3:11     200.200.200.2:11   200.200.200.2:11
icmp 200.203.230.7:12   192.168.1.4:12     200.200.200.2:12   200.200.200.2:12

RTA#
RTA#
RTA#
RTA#
RTA#
RTA#
RTA#
RTA#
RTA#
RTA#
RTA#
RTA#
RTA#
```

그림 8-8 Dynamic NAT 변환 테이블

```
RTA#
RTA#
RTA#show ip nat statistics
Total translations: 4 (0 static, 4 dynamic, 4 extended)
Outside Interfaces: Serial0/3/0
Inside Interfaces: FastEthernet0/0
Hits: 0  Misses: 75
Expired translations: 10
Dynamic mappings:
-- Inside Source
access-list 1 pool nat-pool-1 refCount 4
 pool nat-pool-1: netmask 255.255.255.0
       start 200.203.230.3 end 200.203.230.152
       type generic, total addresses 150 , allocated 2 (1%), misses 0
RTA#
RTA#
RTA#
RTA#
RTA#
RTA#
```

그림 8-9 Dynamic NAT 통계정보

8.4.3 PAT 혹은 Overloading

PAT 혹은 Overloading은 공인 IP를 할당받는 방법에 따라 2가지로 구성할 수 있는데 한 가지는 ISP(Internet Service Provider)가 네트워크에 단 하나의 IP를 부여하고 ISP와 연결되는 외부 인터페이스에 할당하는 방법이며 다른 한 가지는 ISP가 하나이상의 공인 IP를 NAT 풀로 사용하기 위해 부여한 경우 Overload 변환을 설정하고 지정된 풀에 Overload될 IP 주소를 명시하는 방법이다.

여기서는 첫 번째 방법을 사용하여 구성하기로 하며, 그림 8-10은 PAT 구성의 예를 보여주고 있다. 구성 명령어는 다음과 같으며 설정된 구성을 삭제하기 위해서는 구성을 위한 이전 명령어 앞에 "no"를 붙여 삭제한다.

① 변환될 주소를 허용하는 표준 Access List 설정하기

Router(config)#access-list *access-list-number* **permit** *source-address source-wildcard*

Router(config)#no access-list *access-list-number*

② ISP와 연결되는 외부 인터페이스 주소를 Overload

Router(config)#ip nat inside source list *access-list-number* interface *interface* **overload**

Router(config)#no ip nat inside source

②' 지정된 풀에 Overload될 공인 IP 주소를 명시

Router(config)#ip nat pool *pool-name start-ip end-ip* **netmask** *subnet-mask*

Router(config)#no ip nat pool *pool-name*

Router(config)#ip nat inside source list *access-list-number* pool *pool-name* **overload**

Router(config)#no ip nat inside source

③ 라우터 인터페이스에 주소와 NAT Inside, Outside 설정하기

Router(config)#interface *type number*

Router(config)#interface fastethernet 0/0

Router(config-if)#ip address *ip-address subnet-mask*

Router(config-if)#ip address 192.168.1.1 255.255.255.0

```
Router(config-if)#ip nat inside
Router(config-if)#no shutdown
Router(config-if)#exit
Router(config)#interface type number
    Router(config)#interface Serial 0/3/0
Router(config-if)#ip address ip-address subnet-mask
    Router(config-if)#ip address 200.200.200.1 255.255.255.0
Router(config-if)#ip nat outside
Router(config-if)#no shutdown
Router(config-if)#Ctrl+Z
```

그림 8-10에서 두 개의 네트워크(192.168.1.0/24, 192.168.2.0/24)에 속한 호스트 192.168.1.3과 192.168.2.3는 모두 RTA의 외부 인터페이스 Serial 0/3/0의 IP 주소 200.200.200.1을 Overload하여 사용하고 있으며, 변환 테이블을 확인하여 보면 각각의 호스트는 동일한 IP 주소에 포트 번호를 달리하여 외부와 통신을 하고 있는 것을 알 수 있다. 라우터 RTA와 RTB는 라우팅 프로토콜로 RIP를 사용한다.

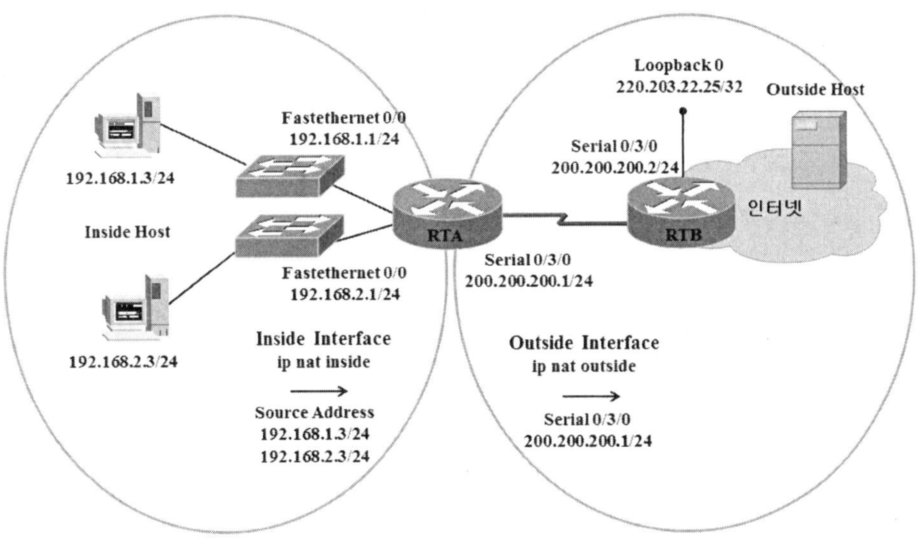

그림 8-10 PAT(Overloading) 네트워크 설정구성도

① 라우터 RTA에서 변환될 주소를 허용하는 표준 Access List 설정하기

```
RTA(config)#access-list 1 permit 192.168.1.0 0.0.0.255
```

```
RTA(config)#access-list 1 permit 192.168.2.0 0.0.0.255
```

② 인터넷과 연결되는 외부 인터페이스 주소를 Overloading

```
RTA(config)#ip nat inside source list 1 interface serial 0/3/0 overload
```

③ 라우터 RTA의 인터페이스에 주소와 NAT Inside, Outside 설정하기

```
RTA(config)#interface fastethernet 0/0
RTA(config-if)#ip address 192.168.1.1 255.255.255.0
RTA(config-if)#ip nat inside
RTA(config-if)#no shutdown
RTA(condif-if)#exit
RTA(config)#interface fastethernet 0/1
RTA(config-if)#ip address 192.168.2.1 255.255.255.0
RTA(config-if)#ip nat inside
RTA(config-if)#no shutdown
RTA(condif-if)#exit
RTA(config)#interface Serial 0/3/0
RTA(config-if)#ip address 200.200.200.1 255.255.255.0
RTA(config-if)#ip nat outside
RTA(config-if)#clock rate 64000
RTA(config-if)#no shutdown
RTA(condif-if)#exit
```

④ 라우터 RTB에 시리얼 및 Loopback 인터페이스 설정하기

```
RTB(config)#interface Serial 0/3/0
RTB(config-if)#ip address 200.200.200.2 255.255.255.0
RTB(config-if)#no shutdown
RTB(condif-if)#exit
RTB(config)#interface loopback 0
RTB(config-if)#ip address 220.203.22.25 255.255.255.255
RTB(config-if)#exit
```

⑤ 라우터 RTA와 RTB에 라우팅 프로토콜 설정하기(RIP)

RTA(config)#router rip

RTA(config-router)#network 192.168.1.0

RTA(config-router)#network 192.168.2.0

RTA(config-router)#network 200.200.200.0

RTA(config-router)#Ctrl+Z

RTB(config)#route rip

RTB(config-router)#network 200.200.200.0

RTB(config-router)#network 220.203.22.0

RTB(config-router)#Ctrl+Z

⑥ 설정이 끝난 후 각 호스트에서 RTB까지 핑 테스트

PC1〉ping 200.200.200.2

PC2〉ping 200.200.200.2

```
RTA#
RTA#
RTA#show ip nat translations
Pro  Inside global      Inside local       Outside local      Outside global
icmp 200.200.200.1:24   192.168.1.3:24     200.200.200.2:24   200.200.200.2:24
icmp 200.200.200.1:2    192.168.1.3:2      200.200.200.2:2    200.200.200.2:2
icmp 200.200.200.1:23   192.168.2.3:23     200.200.200.2:23   200.200.200.2:23
icmp 200.200.200.1:8    192.168.2.3:8      200.200.200.2:8    200.200.200.2:8

RTA#
RTA#
RTA#
RTA#
RTA#
RTA#
RTA#
RTA#
RTA#
RTA#
RTA#
```

그림 8-11 PAT(Overloading) 변환 테이블

```
RTA#
RTA#
RTA#show ip nat statistics
Total translations: 0 (0 static, 0 dynamic, 0 extended)
Outside Interfaces: Serial0/3/0
Inside Interfaces: FastEthernet0/0 , FastEthernet0/1
Hits: 6  Misses: 145
Expired translations: 12
Dynamic mappings:
RTA#
RTA#
RTA#
RTA#
RTA#
RTA#
RTA#
RTA#
RTA#
RTA#
RTA#
```

그림 8-12 PAT(Overloading) 통계정보

8.5 NAT 구성확인

NAT가 구성되고 나면 기대했던 대로 동작하는지 확인하기 위하여 이미 이전에 결과를 확인하기 위해 사용했듯이 "clear" 명령어와 "show" 명령어를 사용한다. 기본적으로 동적인 주소변환은 일정시간 동안 사용하지 않으면 NAT 변환 테이블로부안 Time Out되어 변환 엔트리는 삭제된다. 타이머는 전역 모드에서 "ip nat translation timeout *timeout_second*" 명령어로 재구성할 수 있다. Time Out되기 전에 엔트리를 강제로 제거(Clear)를 할 수 있는데 NAT 테이블에서 모든 동적 변환 주소 엔트리를 제거하기 위해서는 관리자 모드에서 "clear ip nat translation *" 명령어를 사용하며 내부 변환 혹은 내 · 외부 변환을 모두 포함하는 단순 동적 변환 주소 엔트리를 제거하려면 역시 관리자 모드에서 "clear ip nat translation inside *global-ip local-ip [outside local-ip global-ip]*" 명령어를 사용하면 된다.

또한 외부 변환을 포함하는 단순 동적 변환 주소 엔트리를 제거하기 위해서는 관리자 모드에서 "clear ip nat translation outside *local-ip global-ip*" 명령어를 사용하며 확장 동적 변환 엔트리를 제거하려면 역시 관리자 모드에서 "clear ip nat translation protocol inside *global-ip global-port local-ip local-port* [outside *local-ip local-port global-ip global-port*]" 명령어를 사용하면 된다. 명령어를 정리하면 다음과 같다.

Router#clear ip nat translation *

Router#clear ip nat translation inside *global-ip local-ip* [outside *local-ip global-ip]*

Router#clear ip nat translation outside *local-ip global-ip*

Router#clear ip nat translation *protocol* inside *global-ip global-port local-ip local-port*

[outside *local-ip local-port global-ip global-port*]

Router(config)#ip nat translation timeout *timeout_second*

변환정보는 관리자 모드에서 "show" 명령어를 사용하여 화면에서 활성화된 변환 정보와 변환 통계정보를 확인할 수 있으며 "show running-config" 명령어를 사용하여 NAT, Access List, 인터페이스 혹은 필요한 값과 함께 풀(Pool) 명령어를 찾을 수 있다. 명령어를 정리하면 다음과 같다.

Router#show ip nat translations [verbose]

Router#show ip nat statistics

8.6 NAT 문제점 및 Troubleshooting

NAT가 가지는 몇 가지의 장, 단점이 있는데 우선 장점으로는 첫째, 인터넷의 사유화를 허용함으로써 합법적으로 인증된 주소체계를 보존할 수 있으며 둘째, 공인 네트워크와의 접속에서 유연성이 증가하여 다중 Pool, Backup Pool 및 Load Balancing Pool은 신뢰할 수 있는 공인 네트워크 접속을 보장하는 구현을 가능하게 하고 셋째, 내부 네트워크 주소체계의 일관성을 유지할 수 있기 때문에 사설 IP 주소와 NAT가 없는 네트워크에서는 공인 IP 주소로 변경하기 위해서 현재 네트워크상의 모든 호스트의 Renumbering이 필요하여 별도의 비용(Cost)이 발생하는 상황에서 NAT는 새로운 공인 주소체계를 지원하는 반면 현재의 주소체계를 유지하는 것이 허용되어 별도의 비용이 발생하지 않는다는 것이다. 그러나 패킷 헤더 내의 각 IP 주소변환 때문에 발생하는 스위칭 경로의 지연은 NAT로 하여금 전체 네트워크의 지연을 증가시키는 문제가 발생하기도 한다.

또한 NAT의 가장 중요한 결점은 End-to-End IP 추적 능력의 손실이다. 다중의

NAT Hop을 거치면서 여러 번 주소변경을 겪는 패킷의 추적이 어렵다. NAT는 End-to-End IP 주소를 숨기고 있기 때문에 IP 주소를 사용하는 몇몇 애플리케이션(Application)의 기능을 중단시킬 수도 있다. 주어진 Domain Name 대신 물리주소를 사용하는 애플리케이션은 목적지에 도달이 불가하기 때문인데 이러한 경우 Static NAT Mapping 구현으로 회피가 가능하다.

시스코 IOS는 트래픽 유형에 따라 NAT가 지원하는 것과 지원하지 않는 것이 있는데 지원하지 않는 트래픽 유형을 기억하면 될 것이다. 시스코 IOS NAT가 지원하지 않는 트래픽 유형은 Routing Table Updates, DNS Zone Transfers, BOOTP, Talk and Ntalk Protocols, Simple Network Management Protocol(SNMP) 등이 있다.

NAT 환경에서 IP 연결성에 문제가 있을 경우에는 원인을 찾기가 어렵다. 문제의 원인을 찾으려고 할 경우에는 NAT를 제외시키는 것도 하나의 방법이다.

NAT가 정상적으로 동작하고 있는지 파악하기 위한 단계는 우선 구성에서 NAT가 제대로 동작하기 위해 전제되어 있는 것을 명확히 정의한 후 정확한 변환이 변환 테이블에 존재하는지 확인하고 "show" 명령어와 "debug" 명령어를 사용하여 변환이 일어나고 있는지 확인한다. 그리고 라우터가 패킷이 이동하기 위한 정확한 라우팅 정보를 가지고 있는지 라우팅 테이블 정보도 확인하여야 한다.

NAT 기능의 동작을 확인하기 위해서는 "debug ip nat" 명령어를 사용하면 되는데 이 명령어로는 라우터에 의해 변환되는 모든 패킷에 대한 정보를 화면에서 볼 수 있으며 좀 더 상세한 정보를 보기 위해서는 "debug ip nat detail" 명령어를 사용하여 글로벌(Global) 주소할당 실패와 같은 오류나 예외 조건에 대한 정보를 출력하여 볼 수 있다. "debug" 명령을 시작하면 콘솔 화면에 로그 메시지가 계속 발생하여 작업을 하기가 어렵기 때문에 문제의 확인이 끝나면 "debug"를 종료시키는 것이 좋은데 이때에는 "undebug all" 혹은 "no debug all" 명령어를 사용하여 종료하면 된다.

그림 8-4의 Static NAT 네트워크 설정구성도에서 NAT 설정 후 "debug ip nat" 명령어로 Debug를 시작한 다음 핑 테스트를 여러 번 수행하여 Output을 확인해보자.

그림 8-13은 "debug ip nat" 명령의 출력정보이다. 그림 8-4의 Static NAT 네트워크 설정에서 각 호스트에서 RTB로 혹은 RTB에서 각 호스트로 핑 테스트를 한 후 Debugging 출력정보를 보여주고 있다. 다음의 Key Point를 사용하여 Debug Output을 해독해보자.

```
RTA#
RTA#debug ip nat
IP NAT debugging is on
RTA#
NAT: s=192.168.1.3->200.203.230.3, d=200.200.200.2 [1]

NAT: s=192.168.1.4->200.203.230.4, d=200.200.200.2 [1]

NAT*: s=192.168.1.4->200.203.230.4, d=200.200.200.2 [2]

NAT: s=192.168.1.3->200.203.230.3, d=200.200.200.2 [2]

NAT*: s=192.168.1.3->200.203.230.3, d=200.200.200.2 [3]

NAT: s=192.168.1.4->200.203.230.4, d=200.200.200.2 [3]

NAT: s=192.168.1.3->200.203.230.3, d=200.200.200.2 [4]

NAT: s=192.168.1.4->200.203.230.4, d=200.200.200.2 [4]
RTA#
RTA#undebug all
All possible debugging has been turned off
RTA#
RTA#
RTA#
```

그림 8-13 Debug 명령의 출력정보

① NAT 다음의 "*"는 Fast-switched 경로에서 변환이 발생하고 있음을 지시한다. 처음 패킷은 느린 경로를 통해 전달(처음 패킷은 Process-switched)되고 이후 나머지 패킷은 Cache 엔트리가 존재할 경우 Fast-switched 경로를 통해 전달되고 있다.

② s=a.b.c.d는 발신지 주소 w.x.y.z로 변환
발신지 주소 192.168.1.3은 200.203.230.3으로 변환, 192.168.1.4는 200.203.230.4로 변환되고 있다.

③ d=e.f.g.h는 목적지 주소
그림에서 목적지 주소는 200.200.200.2

④ Bracket 내의 값은 IP 확인번호로 프로토콜 분석기를 통해 다른 패킷과의 상관관계추적을 가능하게 하기 때문에 디버깅에 유용하다.

8.7 IP Unnumbered

VLSM이나 사설 IP 주소를 사용하여 점-대-점 시리얼 링크에 서브넷 전체를 사용하는 낭비를 막을 수 있었다. 그러나 VLSM은 RIPv1이나 IGRP와 같은 클래스 기반의 라우팅 프로토콜에서는 지원되지 않는다. IP Unnumbered는 각 시리얼(Serial) 인터페이스가 로컬 LAN 인터페이스의 주소를 빌려 쓰게 됨으로써 IP 주소를 절약하고 VLSM이 필요 없을 수도 있다. 시리얼 인터페이스를 IP Unnumbered로 설정하면 시리얼 인터페이스는 다른 인터페이스(LAN Interface or Loopback Interface)로부터 IP 주소를 빌려오기 때문에 자체의 주소를 필요로 하지 않는다. 또한 RIPv1이나 IGRP와 같은 클래스 기반의 라우팅 프로토콜에서도 지원이 가능하다.

인터페이스에 IP Unnumbered를 설정할 경우 기본규칙이 있다.

첫째, 인터페이스는 시리얼이고 점-대-점 링크를 통해 연결되어야 한다.

둘째, 같은 마스크를 갖는 Major 네트워크를 사용해서 WAN 링크의 양측에서 IP 주소를 임대하는 LAN 인터페이스들에 주소를 지정한다.

셋째, 서브네팅하지 않은 서로 다른 Major 네트워크들을 사용해서 WAN 링크 양측에서 LAN 인터페이스들에 주소를 지정한다는 것이다.

IP Unnumbered 사용의 단점은 인터페이스가 IP 주소를 가지지 않기 때문에 핑을 사용하여 인터페이스의 상태를 확인할 수 없으며, IP Unnumbered를 사용하는 인터페이스를 통해 네트워크 IOS 이미지로부터 부팅이 불가하고 IP Unnumbered를 사용하는 인터페이스에 보안 옵션의 지원이 불가하다는 것이다. 명령어는 다음과 같다.

```
Router(config)#interface serial 0/3/0
Router(config-if)#ip unnumbered fastethernet 0/0
```

제9장

ACL

9.1 ACL의 개요

네트워크 관리자는 적절한 네트워크 접근은 허용하는 반면 원치 않는 접근은 차단하는 방법을 준비할 필요가 있다. 패스워드나 콜백(Callback) 장치 및 물리적인 보안 장비와 같은 보안 툴(Tool)이 도움이 되지만 관리자가 원하는 트래픽의 필터링(Traffic Filtering) 및 제어에 대한 융통성이 부족하다는 것이 단점이다. 즉 내부 사용자의 인터넷에 대한 접근은 허용하지만 외부 사용자의 로컬 네트워크(LAN)의 접근은 원치 않을 경우가 있을 것이다. 라우터는 ACL(Access Control List)을 이용하여 인터넷 트래픽 차단과 같은 기본적인 트래픽 필터링 기능을 제공할 수 있다. ACL은 IP 주소나 상위 계층 프로토콜에 적용하는 허가 혹은 거절문의 순차적인 집합으로 볼 수 있다.

여기에서는 네트워크 트래픽을 제어하는 수단으로써 표준(Standard) ACL, 확장(Extended) ACL 및 Named ACL의 사용에 대해 다룰 것이다. 보안 솔루션(Solution)의 일부로써 ACL의 사용방법과 ACL을 사용하기 위한 가이드라인(Guideline) 및 ACL을 생성하기 위해 필요한 명령어와 구성방법(Command & Configuration) 그리고 라우터의 인터페이스에 적용하는 방법에 대해 공부할 것이다.

9.1.1 ACL

ACL은 라우터의 인터페이스에 적용하는 명령어 리스트로써 라우터에게 허락할 패킷과 거절할 패킷을 알려줄 수 있다. 패킷의 허용과 차단은 발신지 IP 주소, 목적지 IP 주소 및 포트 번호와 같은 명세에 기초하며 라우터의 인터페이스에 ACL을 적용함으로써 트래픽을 관리하고 특별한 패킷을 조사할 수 있다. 인터페이스를 통해 들어오고 나가는 트래픽은 ACL의 조건에 위배되는지 테스트를 하고, ACL은 라우터를 통과하는 패킷을 필터링하는 모든 라우티드 네트워크 프로토콜(IP, IPX 등)을 위해 생성이 가능하다.

ACL은 네트워크나 서브네트워크(Subnetwork)의 접근을 제어하기 위해 라우터에 구성하며 ACL은 라우터의 인터페이스에서 라우트되는 패킷을 포워딩(Forwarding)할 것인가 혹은 블록킹(Blocking)할 것인가를 제어함으로써 네트워크 트래픽을 필터링한다. 라우터는 ACL에 명시된 조건에 따라 포워드할 것인가 혹은 드롭(Drop) 할 것인가를 결정하기 위해 패킷을 조사하고 ACL 조건은 트래픽의 발신지 주소나 목적지 주소 및 상위계층 프로토콜 등으로 구분한다. 또한 ACL은 기본적으로 프로토콜을 기반으로 정의하는데 인터페이스상에 적용된 모든 프로토콜에 대해 정의해야 한다. 예를 들어 라우터의 인터페이스에 IP, AppleTalk, IPX가 적용되어 있을 경우 최소한 3개의 ACL을 정의하여야 한다. ACL은 라우터 인터페이스를 통과하는 송·수신 패킷들을 필터링하는 융통성을 추가함으로써 네트워크를 제어하기 위한 툴로도 사용이 가능하다.

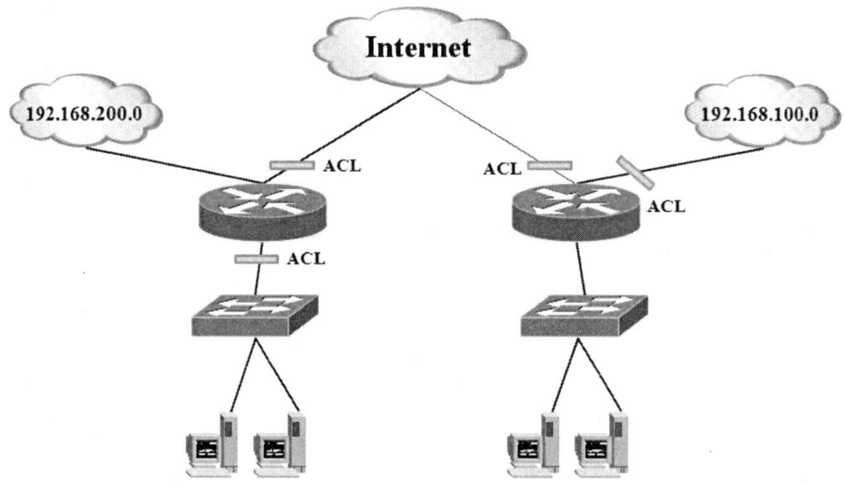

그림 9-1 ACL

그림 9-1에서 보면 ACL은 라우터 인터페이스에 적용할 명령어 리스트임을 알 수 있다. 즉 ACL(Access Control List)에 정의된 기준에 따라 어떤 종류의 패킷은 허용하고 어떤 종류의 패킷은 거절할지를 라우터에게 알려주는 것이다. 시스코 ACL은 모든 라우티드(Routed) 네트워크 프로토콜(IP, IPX, AppleTalk 등)을 지원하며 각각의 프로토콜은 자신의 ACL을 가져야만 한다.

그림 9-2에서는 데이터의 각 헤더에 포함된 필드 정보를 검사하여 ACL 구문의 조건에 따라 패킷의 전달을 거절할 것인지 허용할 것인지를 결정하는 과정을 보여주고 있다.

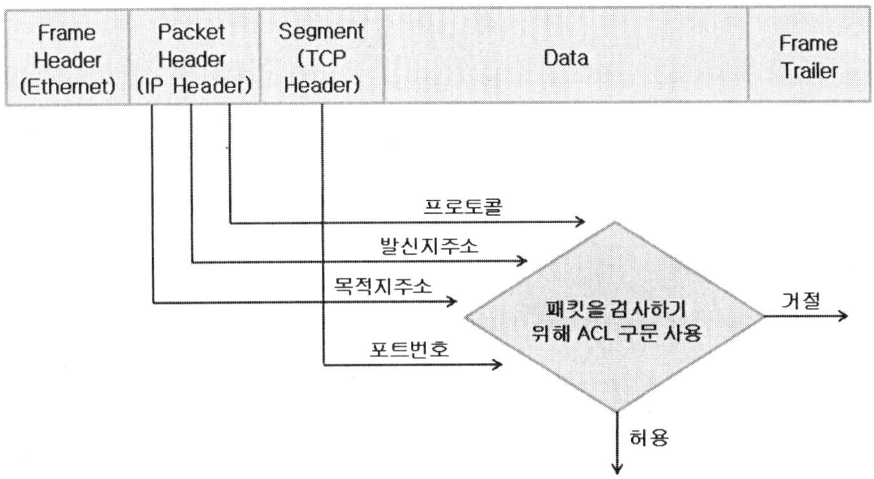

그림 9-2 패킷 검사

9.1.2 ACL을 생성하는 이유

ACL을 생성하는 이유는 첫 번째로 네트워크 트래픽을 제한하고 네트워크의 성능을 향상시키는 것이다. ACL은 프로토콜에 따라 다른 트래픽에 앞서 라우터가 처리할 패킷을 지시할 수 있으며 필요 없는 트래픽은 처리하지 않음으로써 네트워크 트래픽을 제한하고 혼잡을 감소시킬 수 있다. 두 번째로는 트래픽의 흐름제어를 제공하는 것이다. ACL은 라우팅 Update의 내용을 제한하거나 감소시킬 수 있어 특정 네트워크에 대한 정보의 확산을 제한할 수 있다. 마지막으로 네트워크의 접근에 대한 초보단계의 보안(Security)을 제공할 수 있다는 것이다. ACL은 어떤 호스트는 네트워크의 접근을 허용하고 어떤 호스트는 접근을 제한할 수 있다.

그림 9-3을 보면 호스트 1번은 재무/회계/인사 네트워크에 접근을 허용하고 호스트 2번은 접근을 제한하는 것을 보여주고 있다. 그림에서 만약 라우터에 ACL을 구성하지 않을 경우 라우터를 통과하는 모든 패킷은 전체 네트워크상에서 허용을 하게 될 것이다. ACL을 생성하는 마지막 이유는 라우터의 인터페이스에서 어떤 형태의 트래픽을 포워딩 혹은 블록킹할 것인가를 결정할 수 있다는 것이다. 예를 들어 이 메일 트래픽은 허용하고 텔넷(Telnet) 트래픽은 차단하도록 할 수 있다는 것이다.

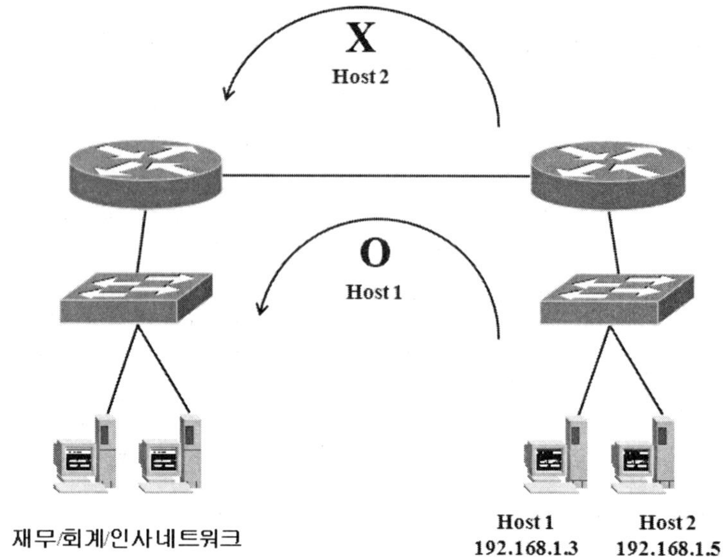

그림 9-3 접근제한

9.1.3 ACL 동작방법

ACL은 어떻게 동작하는지 살펴보자. ACL은 다음과 같은 패킷을 어떻게 처리할 것인가 하는 구문들의 집합이다. 즉 인바운드(Inbound) 인터페이스로 들어오는 패킷과 아웃바운드(Outbound) 인터페이스로 나가는 패킷과 같이 라우터를 통하여 전달되는 패킷이 그것이다. ACL의 사용여부에 관계없이 통신 프로세스(Communication Process)의 시작은 동일하다. 패킷이 인터페이스로 들어오면 라우터는 우선 2계층 주소가 일치하는지 혹은 브로드캐스트(Broadcast) 프레임 여부를 알아보기 위해 프레임을 체크하고, 라우터는 인바운드 인터페이스가 ACL을 가지고 있는지 확인하여 ACL이 있는 경우 패킷은 리스트(List)의 조건에 위배되는지 테스트한다. 패킷이 허가될 경우 목적지 인터페이스를 결정하기 위해 라우팅 테이블의 엔트리(Entry)와 대조하여 목적지 인터페이스를 결정한 다음 목적지 인터페이스가 ACL을 가지고 있는지 다시 확인한다. 만약 ACL이 없을 경우 패킷은 목적지 인터페이스로 바로 전달하고 ACL이 존재할 경우 패킷은 리스트의 구문에 대해 테스트되고 패킷이 구문과 합치할 경우 수락 혹은 거절을 하게 된다.

ACL 구문은 논리적인 순서에 따라 동작하고 조건이 참일 경우 패킷은 허가 혹은 거절되며 나머지 구문은 체크하지 않는다. 모든 ACL 구문이 미스매치(Mismatch)될 경우 "deny any" 구문을 적용하게 되는데 이때 ACL의 마지막 라인에 "deny any" 구문이 없더라도 기본적으로 적용이 된다는 것을 반드시 기억하도록 하자. 그림 9-4의 아웃바운드 ACL 동작과정 흐름도에서 인바운드 인터페이스로 들어온 패킷이 아웃바운드 인터페이스로 나가기 전에 라우터 내에서 ACL이 동작하는 과정을 보여주고 있다.

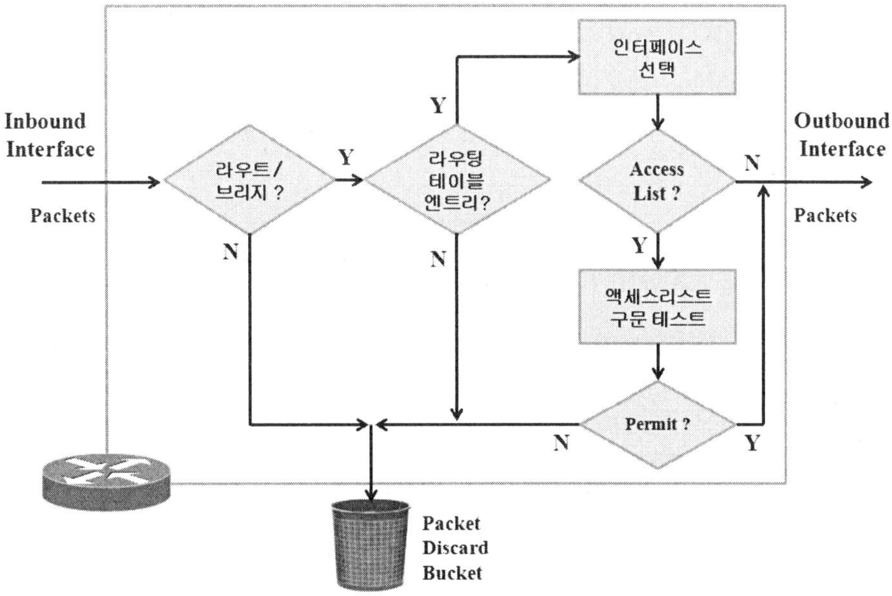

그림 9-4 Outbound ACL 동작과정 흐름도

9.1.4 ACL을 이용한 패킷 테스트

ACL을 이용하여 패킷을 테스트 할 경우 ACL 구문의 순서는 매우 중요하다. 라우터가 패킷의 포워딩 혹은 블록킹을 결정할 때 시스코 IOS는 구문의 순서에 따라 패킷의 위배 여부를 테스트한다. 이때 순서가 중요한 이유는 조건이 일치하는 구문이 발견될 경우 더 이상의 조건문은 체크하지 않기 때문이다. 만약 모든 트래픽을 허용하는 조건문을 생성할 경우 그 뒤의 추가 구문은 체크하지 않을 것이다. 추가 구문이 필요할 경우 표준 혹은 확장 ACL에서 ACL을 삭제하고 새로운 조건문과 함께 재생성하여야만 하는데 그 이유는 추가적인 조건문은 ACL 문장의 제일 마지막에 추가되기 때문이다. 그림 9-5의 ACL 테스트 과정흐름도에서 ACL이 패킷을 테스트하는 과정을 보여주고 있다.

번거로움을 피하기 위해 PC상에서 텍스트 에디터(Text Editor)를 사용하여 라우터 구성을 편집할 수도 있다. 에디터에서 편집한 자료는 TFTP(Trivial File Transfer Protocol)를 이용하여 라우터로 전송하여 사용하면 된다. 라우터 인터페이스에서 필터링 하기를 원하는 프로토콜에 대해서도 ACL 생성이 가능한데 어떤 프로토콜은 인바운드 및 아웃바운드 트래픽을 필터링하기 위해 ACL을 각각 생성할 필요가 있다.

그림 9-5의 ACL 테스트 과정 흐름도를 보면 "Access Group"에 포함된 인터페이스로 패킷이 들어오면 첫 번째 테스트에서 패킷의 목적지 접근이 거절되면 패킷은 버려지고 다음 ACL 테스트는 없다. 만약 첫 번째 테스트의 조건을 만족하지 않을 경우 ACL은 다음 구문으로 넘어가게 되고 테스트 조건이 최종적으로 만족하지 않는다면 기본적으로 패킷은 거절된다. ACL은 탑다운(Top-Down) 방식에 따라 순차적으로 진행되며, 특정 네트워크에 접근할 수 있는 클라이언트 제어를 할 수 있다. ACL은 파일의 조건에 따라 특정 호스트의 특정 네트워크에 대한 접근을 허용 혹은 거절할 수 있으며 FTP 혹은 HTTP와 같은 특정 형태의 파일에 대한 접근 허가를 허용 혹은 거절할 수 있다.

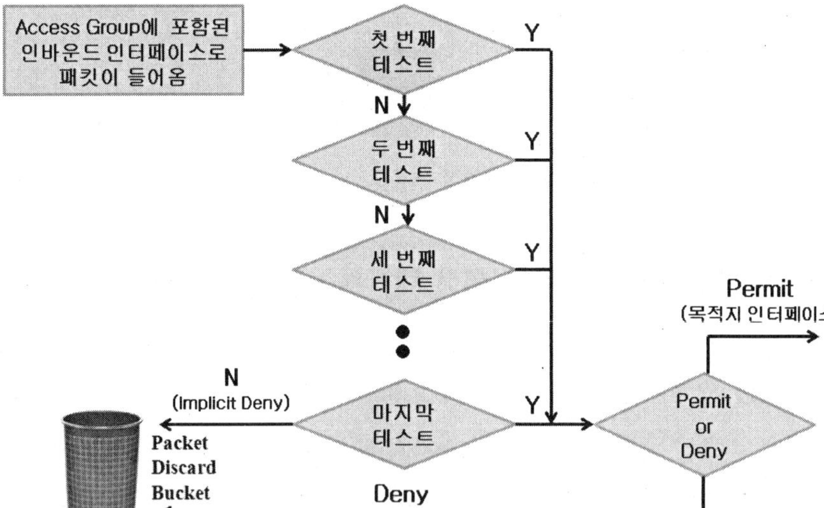

그림 9-5 ACL 테스트 과정 흐름도

9.2 ACL 생성

9.2.1 ACL 생성단계

ACL은 전역구성 모드(Global Configuration Mode)에서 생성한다. 먼저 Access-list 번호가 필요한데 각 ACL에 유일한(Unique) 번호를 부여하여야 한다. 일반적으로 ACL은 표준 ACL과 확장 ACL 두 가지로 구분하며 표준 ACL은 1에서 99까지의 ACL 번호를 사용하고 확장 ACL은 100에서 199까지의 ACL 번호를 사용한다. ACL 생성 시 구문의 선택과 논리적인 순서가 중요하다.

예를 들어 IP 프로토콜을 체크하도록 선택하면 다른 프로토콜은 체크하지 않는다. ACL에서 일반적인 프로토콜이 트래픽을 필터링하도록 하기 위해 요구하는 2가지 단계가 있는데, ACL 정의(Definition) 생성하기와 ACL을 인터페이스에 적용(Applying)하기이다. 그림 9-6에서 기본적인 ACL 생성단계를 보여주고 있다.

```
Router#configure terminal
Router(config)#access-list 50 permit 192.168.1.10            (creating the ACL definition)
Router(config)#access-list 50 deny 192.168.1.0 0.0.0.255     (creating the ACL definition)
Router(config)#access-list 50 permit any                     (creating the ACL definition)
Router(config)#interface fastethernet0
Router(config-if)#ip address 192.168.5.1 255.255.255.0
Router(config-if)#ip access-group 50 out                     (applying the ACL)
```

그림 9-6 기본적인 ACL 생성단계

우선 기본 ACL 생성단계를 보면 허가(Permit)문 혹은 거절(Deny)문 리스트를 생성하여야 하며, 허가문이나 거절문은 전역구성 모드에서 순서에 입각하여 생성해야 한다. 각각의 새로운 항목들은 ACL의 맨 아랫부분에 추가되며 ACL은 순서에 따라 Top-Down 방식으로 처리한다. 그림 9-6의 예에서

```
Router(config)#access-list 50 permit 192.168.1.10         (creating the ACL definition)
Router(config)#access-list 50 deny 192.168.1.0 0.0.0.255  (creating the ACL definition)
```

호스트 192.168.1.10은 접근이 허가되었다. 하지만 다음 명령어에서 192.168.1.0 네트워크는 모두 거절되고 있는데 호스트 192.168.1.10은 네트워크 192.168.1.0에 포함되어 있기 때문에 다시 접근이 거절되는 것일까? ACL의 동작순서를 보면 이미 조건에 부합되어 192.168.1.10 호스트는 접근이 허가되었기 때문에 두 번째 명령어에서는 대상에서 제외되어 접근이 허용된다. 이것이 ACL은 순서에 따라 Top-Down 방식으로 처리한다는 규칙이며 따라서 ACL의 "access-list" 명령어 설정 시 순서가 중요한 이유이다.

키워드 "access-list"는 ACL 항목을 식별하기 위한 식별자를 요구하는데 그림 9-6의 예에서 ACL 번호 50번은 특정 리스트를 위한 식별자이다. 표준 IP ACL은 1에서 99까지의 ACL 번호를 사용하고 확장 IP ACL은 100에서 199까지의 ACL 번호를 사용한다는 것을 다시 한번 상기하자. 리스트 내에서 각 항목은 동일한 번호를 가지며 하나의 라우터상에서 두 개의 ACL은 동일한 번호를 사용할 수 없다. "permit", "deny" 키워드는 각각 트래픽의 통과를 허용하거나 거절하는 것이다.

다음은 인터페이스에 ACL을 적용하는 단계로 키워드는 "ip access-group"이다. 그림 9-6의 예에서 ACL은 아웃바운드에 적용되며 ACL은 아웃바운드 트래픽만 체크한다. 여기서 "in", "out"은 항상 라우터를 중심으로 판단하며 특별히 지정하지 않을 경우 기본방향은 "out"이다. 각각의 인터페이스는 인터페이스상에 구성된 각 프로토콜에 대해 "in", "out" ACL을 가질 수 있다.

ACL은 하나 혹은 그 이상의 인터페이스에 할당할 수 있으며 구성에 따라 인바운드 트래픽 혹은 아웃바운드 트래픽을 필터링할 수 있다. 아웃바운드 ACL이 일반적으로 인바운드 ACL보다 효과적이다. 인바운드 ACL을 가진 라우터는 아웃바운드 인터페이스로 패킷을 스위칭하기 전에 ACL 조건과 일치 여부를 알기 위해 모든 패킷을 체크하기 때문이다.

라우터에 ACL을 구성할 때 프로토콜의 ACL에 번호를 부여함으로써 각 ACL을 유일(Unique)하게 명시할 수 있다. 번호를 이용하여 ACL을 표현할 때 프로토콜에 유효한 번호의 범위 내에 존재하여야 하며 각 프로토콜에 대한 유효한 번호의 범위는 표 9-1에서 보여주고 있다.

표 9-1 각 프로토콜에 유효한 ACL 번호 범위

프로토콜	범 위
IP	1~99, 1300~1999
Extended IP	100~199, 2000~2699
Apple Talk	600~699
IPX	800~899
Extended IPX	900~999
IPX Service Advertising Protocol	1000~1099

번호가 부여된 ACL을 생성한 후, ACL을 사용하기 위해서는 인터페이스에 할당하여야 하며 번호가 부여된 ACL문을 포함하는 ACL의 변경을 원할 경우 "no access-list *list-number*" 명령어를 사용하여 번호가 부여된 ACL의 모든 문장을 삭제해야 한다.

9.2.2 와일드카드 마스크

와일드카드 마스크(Wildcard Mask)는 8비트를 포함하는 4개의 옥텟(Octet)으로 나누어진 32비트의 수이다. 완벽한 설명은 아니지만 종종 와일드카드 마스크는 서브넷 마스크의 반대 개념으로 쉽게 표현하기도 한다. 서브넷 마스크 255.255.255.0은 네트워크를 식별하고, 와일드카드 마스크 0.0.0.255는 호스트를 식별한다. 서브넷 마스크는 연속적인 "1"과 그리고 연속적인 "0"으로 구성된 32비트값이며, 와일드카드 마스크는 반드시 일치해야 하는 연속적인 "0"과 그리고 연속적인 "1"로 구성된 32비트값이다.

와일드카드 마스크 비트 "0"은 대응하는 비트값을 체크하고 와일드카드 마스크 비트 "1"은 대응하는 비트값을 무시하라는 뜻이다. 와일드카드 마스크는 IP 주소와 짝을 이루며 대응하는 IP 주소 비트가 어떻게 다루어지는지 확인하는 목적으로 "0"과 "1" 비트를 사용한다. ACL은 허용 혹은 거부를 위한 단일 혹은 다중의 주소확인을 위해 와일드카드 마스킹을 사용하며 와일드카드 마스킹은 ACL 마스크 비트 매칭 프로세스(Mask-bit Matching Process)의 별칭이다.

표 9-2 와일드카드 마스크 비트의 의미

128	64	32	16	8	4	2	1	의 미
0	0	0	0	0	0	0	0	전체 체크, 모두 일치해야 함
0	0	0	1	1	1	1	1	뒤의 5비트는 무시, 앞의 3비트는 일치해야 함
0	0	0	0	1	1	1	1	뒤의 4비트는 무시, 앞의 4비트는 일치해야 함
1	1	1	1	1	0	0	0	뒤의 3비트는 무시, 앞의 5비트는 일치해야 함
1	1	1	1	1	1	1	1	전체 무시, 어떤 것도 관계없음

예제

서브넷 172.30.16.0에서 172.30.31.0까지의 임의의 호스트로부터 모든 패킷을 허용하거나 거부하기 위한 ACL을 설정할 때 사용할 IP 와일드카드 마스크를 구하시오.

풀이

허가되거나 거부되어야 할 서브넷에 대한 IP 주소 테스트를 원하는 경우이며 주어진 IP 주소는 8비트로 서브넷을 구성한 B 클래스 주소로 가정한다. 서브넷 172.30.16.0/24에서 172.30.31.0/24까지의 임의의 호스트로부터 모든 패킷을 허용하거나 거부하기 위한 IP 와일드카드 마스크 비트의 사용을 원한다. 먼저, 와일드카드 마스크는 대응되는 "0" 비트를 사용하여 처음 두 옥텟(172.30)을 검사하여 일치하여야 하고, 개별 호스트 주소는 관심이 없기 때문에 와일드카드 마스크는 대응되는 "1" bit를 사용하여 마지막 옥텟은 무시한다. 세 번째 옥텟에서 와일드카드 마스크는 15(00001111)이고, IP 주소는 16(00010000)이다. 와일드카드 마스크에서 처음 4개의 "0" 은 라우터에게 IP 주소의 처음 4비트가 부합됨을 알려주고 마지막 4비트는 무시되기 때문에 16(00010000)에서 31(00011111)까지 범위의 번호는 모두 0001의 비트 패턴으로 시작하므로 부합된다. 예제에서 172.30.16.0/24 주소는 와일드카드 마스크 0.0.15.255에 의해 서브넷 172.30.16.0에서 172.30.31.0까지 대응된다.

9.2.3 Any/Host 명령어

와일드카드 마스킹의 가장 일반적인 사용은 축약이다. 축약은 주소검사 조건을 설정할 때 필요한 입력 수를 감소시켜 준다. 임의의 목적지 주소가 ACL 테스트에서 승인되기를 원할 경우 모든 IP 주소를 나타내기 위해 0.0.0.0을 입력하고, ACL이 체크하지 않고 무시하기 위해 와일드카드 마스크 비트는 모두 "1"이 되는 255.255.255.255를 입력하게 되는데 이 경우 "any"라는 약어로 대신할 수 있다.

예 Router(config)# access-list 1 permit 0.0.0.0 255.255.255.255

→ Router(config)# access-list 1 permit any

시스코 IOS가 ACL 와일드카드 마스크에서 약어를 허용하는 또 다른 일반적인 조건은 전체 IP 호스트 주소의 모든 비트가 일치하는 것이다. 특정 IP 호스트 주소가 ACL 테스트에서 허가되기를 원할 경우 즉, 호스트 IP 주소 172.30.16.29 전체 주소를 입력하고 ACL이 모든 비트를 체크하기 위해 와일드카드 마스크 비트는 모두 "0"이 되는 0.0.0.0가 되는데 이때 "host"라는 약어로 대신할 수 있다.

예 Router(config)# access-list 1 permit 172.30.16.29 0.0.0.0

→ Router(config)# access-list 1 permit host 172.30.16.29

9.3 표준 ACL

9.3.1 표준 ACL

네트워크로부터의 모든 트래픽을 차단하고 특정 네트워크로부터의 모든 트래픽을 허용하거나 특정 프로토콜의 거부를 원할 때 표준 ACL을 사용한다. 표준(Standard) ACL은 패킷의 발신지 주소를 체크하여 네트워크, 서브네트워크 및 호스트의 주소에 따라 전체 프로토콜(Protocol Suite)의 트래픽을 허용하거나 거절한다. 또한 표준 ACL은 목적지 주소를 명시하지 않기 때문에 발신지 네트워크에 가까이 위치시키기를 권장하는 확장 ACL과 달리 목적지 네트워크 가까이 위치시키기를 권장한다.

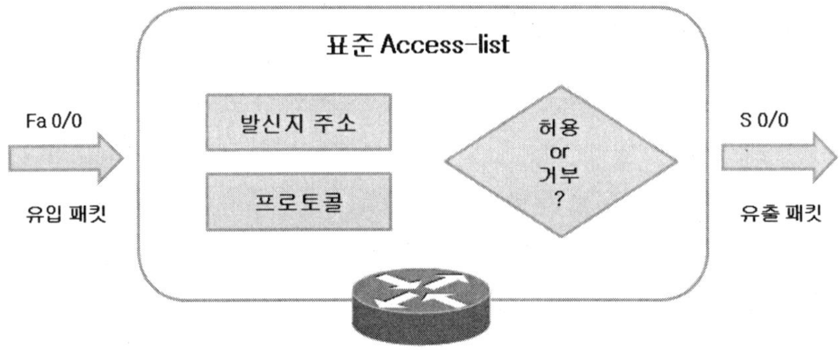

그림 9-7 표준 ACL 프로세스

그림 9-7에서 Fa0/0 입력 인터페이스로 들어오는 패킷은 발신지 주소 및 프로토콜을 체크하여 패킷이 허용될 경우 출력 S0/0 인터페이스를 통하여 내보내고 거부될 경우에는 드롭(Drop)시킨다.

9.3.2 표준 ACL 설정

표준 ACL을 번호로 정의하기 위해 "access-list" 전역구성 명령어의 표준 버전을 사용한다. 이 명령어는 전역구성 모드에서 사용하며 명령어 형식은 다음과 같다.

Router(config)#access-list *access-list-number* **{deny | permit}** *source [source-wildcard]*

Router(config)#access-list 1 permit 192.168.1.10 255.255.255.255

설정된 표준 ACL을 제거하기 위해 다음과 같이 "no" 명령어를 사용한다.

Router(config)# no access-list *access-list-number*

Router(config)# no access-list 1

설정된 모든 ACL의 내용을 디스플레이(Display)하기 위해 "show access-lists" 명령어를 사용한다. ACL의 내용을 보기 위해 ACL의 번호나 이름을 "show access-lists" 명령어 다음에 붙여서 사용하면 된다.

예 3개의 특정 네트워크상의 호스트 접근을 허용하는 표준 ACL의 예

```
Router(config)#access-list 1 permit 192.168.34.0 0.0.0.255
Router(config)#access-list 1 permit 172.88.0.0 0.0.255.255
Router(config)#access-list 1 permit 10.0.0.0 0.255.255.255
! (Note : all other access implicitly denied)
```

예에서 와일드카드 비트는 네트워크 주소의 호스트 부분에 적용하며 ACL 구문과 일치하지 않는 발신주소를 가진 호스트는 거부한다.

많은 수의 개별주소를 보다 쉽게 명시하기 위해 모두 "0"일 경우 와일드카드를 생략할 수 있다. 다음 2개의 구성 명령어는 동일한 효과를 가진다.

```
Router(config)#access-list 2 permit 192.168.10.5
Router(config)#access-list 2 permit 192.168.10.5 0.0.0.0
```

"ip access-group" 명령어는 이미 만들어진 ACL을 인터페이스에 적용하기 위해 사용하며 포트, 프로토콜 및 방향별로 ACL을 설정하여 주어야 하며 명령어 형식은 다음과 같다.

Router(config-if)#ip access-group *access-list-number* {in | out }

Router(config-if)#ip access-group 1 out

그림 9-8 표준 ACL 예제의 라우터는 발신 네트워크 172.16.0.0으로부터의 트래픽만 전송하고 그 외의 트래픽은 모두 거부하도록 ACL을 설정하는 것이다. 즉, 172.16.0.0 네트워크외의 트래픽은 차단하려는 것이다. 여기서 "ip access-group 1 out" 명령어는 유출 인터페이스에 ACL을 묶어 주고 발신지 네트워크 172.16.0.0으로부터의 트래픽만을 허용한다. 이 경우 인터넷을 통해 연결된 172.16.0.0 네트워크의 서브네트워크가 없다면 각 LAN 서로의 트래픽만 허용하고 인터넷 클라우드(Cloud)로부터 들어오는 모든 트래픽은 거부한다.

```
Router(config)#access-list 1 permit 172.16.0.0 0.0.255.255
    (implicit deny any-not visible in the list)
    (Router(config)#access-list 1 deny 0.0.0.0 255.255.255.255)

Router(config)#interface fastethernet 0/0
Router(config-if)#ip access-group 1 out
Router(config)#interface fastethernet 0/1
Router(config-if)#ip access-group 1 out
```

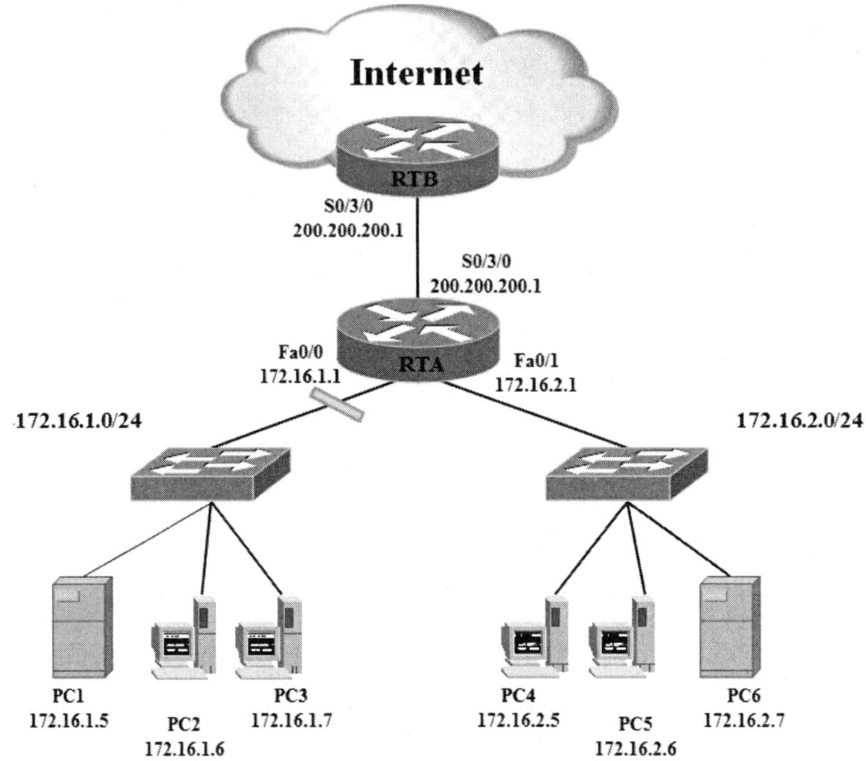

그림 9-8 표준 ACL 네트워크 설정구성도

다음은 그림 9-8 표준 ACL 예제에서 라우터의 ACL이 특정 호스트(172.16.2.5)로부터의 트래픽은 차단하고 다른 모든 트래픽은 인터페이스 Fastethernet 0/0를 통과하여 172.16.1.0 네트워크로의 접근을 허용하는 ACL을 구성해보자.

① 라우터 RTA에 표준 Access List 설정하기

RTA(config)#access-list 1 deny 172.16.2.5 0.0.0.0

혹은 RTA(config)#access-list 1 deny host 172.16.2.5

RTA(config)#access-list 1 permit 0.0.0.0 255.255.255.255

혹은 RTA(config)#access-list 1 permit any

(implicit deny any)

(RTA(config)#access-list 1 deny 0.0.0.0 255.255.255.255)

② 라우터 RTA의 인터페이스에 주소를 설정하고 Access List 적용하기

RTA(config)#interface fastethernet 0/0

```
RTA(config)#ip address 172.16.1.1 255.255.255.0
RTA(config-if)#ip access-group 1 out
RTA(config-if)#no shutdown
RTA(config-if)#interface fastethernet 0/1
RTA(config-if)#ip address 172.16.2.1 255.255.255.0
RTA(config-if)#no shutdown
RTA(config-if)#interface serial 0/3/0
RTA(config-if)#ip address 200.200.200.1 255.255.255.0
RTA(config-if)#clock rate 64000
RTA(config-if)#no shutdown
RTA(config-if)#exit
```

③ 라우터 RTB의 인터페이스에 주소 설정하기

```
RTB(config)#interface serial 0/3/0
RTB(config-if)#ip address 200.200.200.2 255.255.255.0
RTB(config-if)#no shutdown
RTA(config-if)#ctrl Z
```

④ 라우터 RTA와 RTB에 라우팅 프로토콜 설정하기(Static)

```
RTA(config)#ip route 0.0.0.0 0.0.0.0 200.200.200.2
RTB(config)#ip route 172.16.1.0 255.255.255.0 200.200.200.1
RTB(config)#ip route 172.16.2.0 255.255.255.0 200.200.200.1
```

⑤ 라우터 RTB와 172.16.2.0 네트워크의 각 호스트에서 172.16.1.0 네트워크의 각 호스트까지 핑(Ping) 테스트(PC 4에서 네트워크 172.16.1.0의 각 호스트까지의 핑 테스트는 실패가 정상임)

```
RTB#ping 172.16.1.5
RTB#ping 172.16.1.6
RTB#ping 172.16.1.7
PC4>ping 172.16.1.5
PC4>ping 172.16.1.6
PC4>ping 172.16.1.7
```

PC4〉ping 200.200.200.2

첫 번째 "access-list" 명령어는 특정 호스트로부터의 트래픽을 거부하기 위해 "deny" 파라미터를 사용하고 주소 마스크 "0.0.0.0"은 모든 비트가 일치하도록 검사할 것을 요구한다. 두 번째 "access-list" 명령어에서 IP 주소와 와일드카드 마스크 결합 "0.0.0.0 255.255.255.255"는 모든 발신지로부터의 트래픽 확인을 가능하게 한다. 이러한 결합은 키워드(Keyword) "any"를 사용한 표현도 가능하다. 주소에서 모든 "0"는 나머지 주소 전체를 나타내며, 와일드카드 마스크의 모든 "1"은 발신주소의 32비트 모두가 검사되지 않음을 나타낸다. ACL의 첫 번째 라인과 일치하지 않는 패킷은 두 번째 라인과 일치할 것이며 전송될 것이다.

```
RTA#
RTA#
RTA#show ip access-lists
Standard IP access list 1
    deny host 172.16.2.5 (10 match(es))
    permit any (31 match(es))
RTA#
RTA#
RTA#
RTA#
RTA#
RTA#
RTA#
RTA#
RTA#
RTA#
RTA#
RTA#
RTA#
RTA#
```

그림 9-9 "show ip access-lists" 명령어 Output

설정이 끝난 후 라우터 RTB와 172.16.2.0 네트워크의 각 호스트에서 172.16.1.0 네트워크의 각 호스트까지 핑(Ping) 테스트를 수행하면 PC4(172.16.2.5)에서 네트워크 172.16.1.0의 각 호스트까지의 핑 테스트는 돌아오지 않는 반면 그 외의 모든 핑 테스트는 성공할 것이다. 물론 PC4에서 라우터 RTB까지의 테스트는 성공할 것이다. 인터페이스 Fastethernet 0/0에 설정된 ACL에서 호스트 172.16.2.5만 접근을 거절하기 때문이다.

ACL의 동작을 확인하기 위해 그림 9-9의 "show ip access-lists" 명령어의 Output을 보면 라우터 RTA에는 표준 ACL Access-List 1번이 동작하고 있으며 호스트 172.16.2.5

로부터의 접근을 10번 거절하였으며 허용한 접근은 31번이었음을 알 수 있다. 그리고 그림 9-10의 "show ip interface fastethernet 0/0" 명령어의 Output을 보면 Outgoing Access List가 설정되어 있음도 알 수 있다.

```
RTA#
RTA#show ip interface fastEthernet 0/0
FastEthernet0/0 is up, line protocol is up (connected)
  Internet address is 172.16.1.1/24
  Broadcast address is 255.255.255.255
  Address determined by setup command
  MTU is 1500
  Helper address is not set
  Directed broadcast forwarding is disabled
  Outgoing access list is 1
  Inbound  access list is not set
  Proxy ARP is enabled
  Security level is default
  Split horizon is enabled
  ICMP redirects are always sent
  ICMP unreachables are always sent
  ICMP mask replies are never sent
  IP fast switching is disabled
  IP fast switching on the same interface is disabled
  IP Flow switching is disabled
  IP Fast switching turbo vector
  IP multicast fast switching is disabled
  IP multicast distributed fast switching is disabled
  Router Discovery is disabled
  IP output packet accounting is disabled
  IP access violation accounting is disabled
  TCP/IP header compression is disabled
  RTP/IP header compression is disabled
  Probe proxy name replies are disabled
  Policy routing is disabled
  Network address translation is disabled
  WCCP Redirect outbound is disabled
  WCCP Redirect exclude is disabled
  BGP Policy Mapping is disabled
RTA#
RTA#
RTA#
```

그림 9-10 "show ip interface" 명령어 Output

다음은 그림 9-8의 표준 ACL 예제에서 ACL이 특정 서브네트워크(172.16.2.0)로부터의 트래픽은 차단하고, 다른 모든 트래픽은 인터페이스 Fastethernet 0/0를 통과하여 172.16.1.0 네트워크로의 접근을 허용하는 ACL을 구성해보자. 먼저 수행한 구성에서 첫 번째 Access-List 구문만 다음과 같이 변경하면 될 것이다.

RTA(config)#access-list 1 deny 172.16.2.5 0.0.0.0

→ RTA(config)#access-list 1 deny 172.16.2.0 0.0.0.255

```
RTA(config)#access-list 1 permit any
    (implicit deny any)
    (Router(config)#access-list 1 deny 0.0.0.0 255.255.255.255)
```

첫 번째 "access-list" 명령어의 와일드카드 마스크 "0.0.0.255"는 처음 3옥텟이 일치하는지 검사를 하고, 마지막 옥텟은 "don't care" 컨디션(Condition)을 나타낸다. 두 번째 "access-list" 명령어의 "any" 파라미터는 발신지 IP 주소를 위해 사용한다.

9.4 확장 ACL

9.4.1 확장 ACL

확장(Extended) ACL은 표준 ACL보다 넓은 제어범위를 제공하기 때문에 여러 조건을 검사하는데 사용한다. 즉, 웹(Web) 트래픽은 허용하지만 외부 네트워크로부터의 텔넷(Telnet)이나 FTP는 거부하기를 원할 경우와 같이 여러 가지 조건을 검사하여야 할 때 확장 ACL을 사용한다.

확장 ACL은 패킷의 발신지 주소와 목적지 주소 모두를 체크하며 특정 프로토콜, 포트 번호와 다른 파라미터도 검사한다. 이것은 ACL이 검사하는 것에 대해 보다 많은 유연성을 제공할 수 있도록 한다. 패킷은 발신지 주소와 목적지 주소를 기반으로 출력이 허가되거나 거부할 수 있는데 예를 들어 확장 ACL은 원격접속이나 파일 전송은 거부하고, e-mail 트래픽은 Fastethernet 0/0에서 특정 목적지 Serial 0/3/0를 통과하도록 허용하는 것이 가능하다. 표준 ACL에서 예제로 사용했던 구성도를 가지고 다시 확장 ACL을 적용해보자.

인터페이스 Fastethernet 0/0가 확장 ACL에 그룹핑(Grouping)되어 있다고 가정하면 패킷이 인터페이스로 진행하기 전에 인터페이스와 관련된 ACL에 의해 검사되고 확장된 ACL 테스트를 기반으로 패킷은 허가 혹은 거부된다. Inbound 리스트에 대해 허가된 패킷은 계속 진행하고 Outbound 리스트에 대해 허가된 패킷이 직접 Fastethernet 0/0로 전달될 것이다. 검사결과가 승인을 거부할 경우에 패킷은 버려지게 되는데 결과적으로 라우터 RTA의 ACL은 Fastethernet 0/0 인터페이스의 사용을 거부하기 위해 파이어 월(Firewall) 기능을 제공하게 된다.

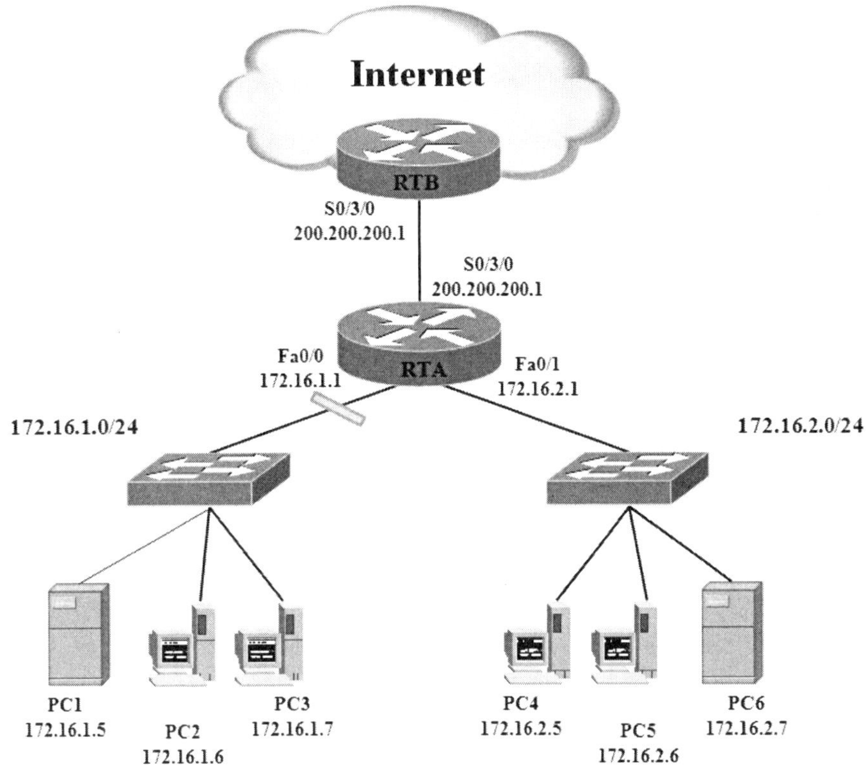

그림 9-11 확장 ACL 네트워크 설정구성도(Ⅰ)

패킷이 버려질 경우 어떤 프로토콜은 목적지에 도달할 수 없다는 것을 나타내기 위해 패킷을 송신지로 돌려보낼 수도 있다. 하나의 ACL에 대해 다중 문장의 정의가 가능한데 각 문장은 이름이나 번호를 동일 ACL문으로 묶어 주면 된다. 가용 메모리의 제한 내에서 원하는 만큼 많은 조건문을 가질 수 있으나, 문장이 많아질수록 ACL을 이해하고 관리하기가 어려워진다. 이러한 경우 ACL을 문서화함으로써 혼란을 막아줄 수 있다.

ACL문에서 번호 1~99를 사용하는 표준 ACL은 필요한 트래픽 필터링(Filtering)을 제공하지 않을 수도 있다. 표준 ACL은 발신지 주소와 마스크를 기반으로 트래픽을 필터링하며 전체 IP 프로토콜 세트를 허용 혹은 거부한다. 따라서 트래픽을 제어하기 위해서는 보다 정확한 방법이 필요한데 보다 정확한 트래픽 필터링 제어를 위해 확장된 ACL문을 사용한다. 확장된 ACL문은 발신지 주소와 목적지 주소를 모두 체크하고 확장된 ACL문 끝에 "Optional TCP or UDP Protocol Port Number"를 나타내는 필드(Field)로부터 추가적인 정확성을 획득할 수 있다(TCP/IP의 Well-known Port 번호).

확장된 ACL은 특정 프로토콜 상에서 수행하는 논리적인 동작의 정의가 가능하며 확장된 ACL문은 100~199까지의 번호를 사용한다.

9.4.2 확장 ACL 파라미터

확장 ACL문의 완전한 "access-list" 명령어의 형태는 다음과 같다.

Router(config)#access-list *access-list-number* **{permit | deny} protocol**
source-address source-wildcard-mask destination-address
destination-wildcard-mask *operator operand*
Router(config)#access-list 101 deny tcp 172.16.1.0 0.0.0.255 0.0.0.0
255.255.255.255 eq 23

위의 확장(ACL 번호가 101) ACL문을 해석하면 "최종 목적지와 관계없이 172.16.1.0 네트워크로부터 오는 모든 텔넷(포트번호 23) 트래픽은 거부"하는 것이다.
"ip access-group" 명령어는 표준 ACL과 마찬가지로 이미 존재하는 확장 ACL을 인터페이스와 결합시키는 명령어이며, 인터페이스와 방향(in, out) 및 프로토콜에 따라 단지 하나의 ACL만 허용한다. 명령어 형식은 다음과 같다.

Router(config-if)#ip access-group *access-list-number* **{in | out}**
Router(config-if)#ip access-group 101 in

9.4.3 확장 ACL 설정

그림 9-12 예제에서 인터페이스 Fastethernet 0/1을 통해 전송되는 네트워크 172.16.2.0으로부터 라우터 RTB로 Ping을 보낼 수 없도록 ACL문을 작성해보자. Ping을 제외한 다른 모든 서비스는 사용이 가능하여야 하므로 텔넷은 반드시 접속이 되어야 한다. 그리고 172.16.2.0 외의 다른 발신지로부터 목적지까지의 모든 트래픽은 키워드 "any"에 의해 허용하기로 한다. 인터페이스 Fastethernet 0/1은 "access-group 101 in" 명령어로 설정하고 ACL 101은 Incoming 인터페이스 Fastethernet 0/1과 결합한다. 즉 Ping만 Fastethernet 0/1에서 거부하고 다른 모든 트래픽은 허용하는 것이다.

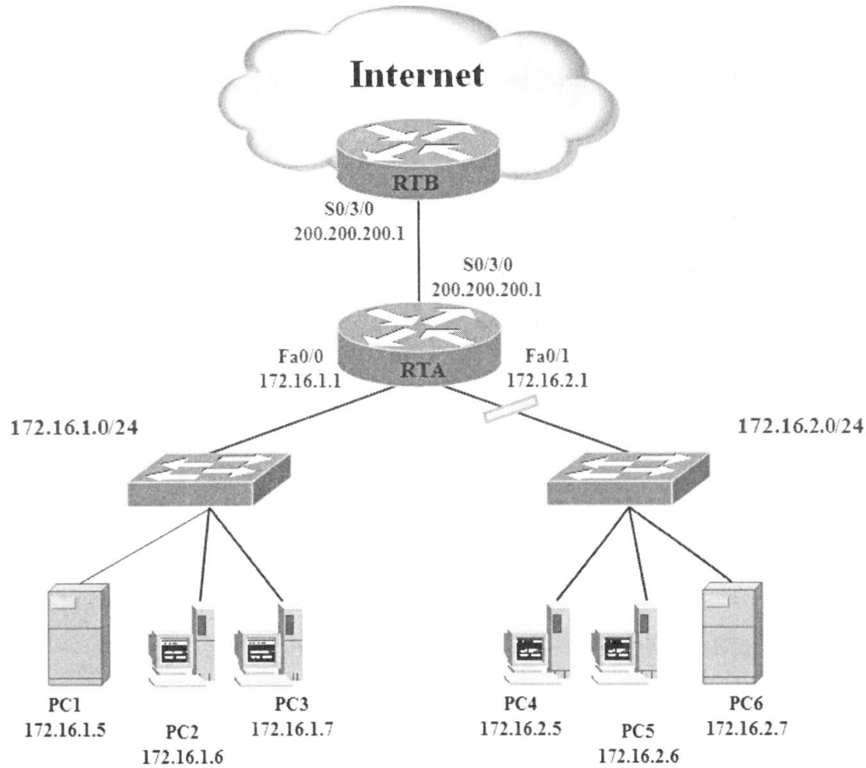

그림 9-12 확장 ACL 네트워크 설정구성도(II)

① 라우터 RTA에 확장 Access List 설정하기

```
RTA(config)#access-list 101 deny icmp 172.16.2.0 0.0.0.255 host 200.200.200.2
          echo
RTA(config)#access-list 101 deny icmp 172.16.2.0 0.0.0.255 host 200.200.200.1
          echo
RTA(config)#access-list 101 deny icmp 172.16.2.0 0.0.0.255 host 172.16.1.1
          echo
RTA(config)#access-list 101 permit ip any any
```

② 라우터 RTA의 인터페이스에 주소를 설정하고 Access List 적용하기

```
RTA(config)#interface fastethernet 0/0
RTA(config)#ip address 172.16.1.1 255.255.255.0
RTA(config-if)#no shutdown
```

```
RTA(config-if)#interface fastethernet 0/1
RTA(config-if)#ip address 172.16.2.1 255.255.255.0
RTA(config-if)#ip access-group 101 in
RTA(config-if)#no shutdown
RTA(config-if)#interface serial 0/3/0
RTA(config-if)#ip address 200.200.200.1 255.255.255.0
RTA(config-if)#clock rate 64000
RTA(config-if)#no shutdown
RTA(config-if)#exit
```

③ 라우터 RTB의 인터페이스에 주소설정하기

```
RTB(config)#interface serial 0/3/0
RTB(config-if)#ip address 200.200.200.2 255.255.255.0
RTB(config-if)#no shutdown
RTA(config-if)#ctrl Z
```

④ 라우터 RTA와 RTB에 라우팅 프로토콜 설정하기(Static)

```
RTA(config)#ip route 0.0.0.0 0.0.0.0 200.200.200.2
RTB(config)#ip route 172.16.1.0 255.255.255.0 200.200.200.1
RTB(config)#ip route 172.16.2.0 255.255.255.0 200.200.200.1
```

⑤ 라우터 RTB와 172.16.1.0, 172.16.2.0 네트워크의 각 호스트에서 라우터 RTB와 RTA의 인터페이스 및 각 네트워크의 호스트까지 핑(Ping) 테스트 및 텔넷 접속 테스트

```
PC4>ping 200.200.200.1, ping 200.200.200.2, ping 172.16.1.1
PC5>telnet 200.200.200.1, telnet 200.200.200.2, telnet 172.16.1.1
PC1>ping 200.200.200.1, ping 200.200.200.2, ping 172.16.2.5
PC2>ping 200.200.200.1, ping 200.200.200.2, ping 172.16.2.6
RTB#ping 200.200.200.1, ping 172.16.1.1, ping 172.16.1.5, ping 172.16.2.5
```

```
RTA#
RTA#
RTA#show ip access-lists
Extended IP access list 101
    deny icmp 172.16.2.0 0.0.0.255 host 200.200.200.2 echo (2 match(es))
    deny icmp 172.16.2.0 0.0.0.255 host 200.200.200.1 echo (4 match(es))
    deny icmp 172.16.2.0 0.0.0.255 host 172.16.1.1 echo (4 match(es))
    permit ip any any (10 match(es))
RTA#
RTA#
RTA#
RTA#
RTA#
RTA#
RTA#
RTA#
RTA#
RTA#
RTA#
RTA#
```

그림 9-13 "show ip access-lists" 명령어 Output

```
RTA#
RTA#show ip interface fastEthernet 0/1
FastEthernet0/1 is up, line protocol is up (connected)
  Internet address is 172.16.2.1/24
  Broadcast address is 255.255.255.255
  Address determined by setup command
  MTU is 1500
  Helper address is not set
  Directed broadcast forwarding is disabled
  Outgoing access list is not set
  Inbound  access list is 101
  Proxy ARP is enabled
  Security level is default
  Split horizon is enabled
  ICMP redirects are always sent
  ICMP unreachables are always sent
  ICMP mask replies are never sent
  IP fast switching is disabled
  IP fast switching on the same interface is disabled
  IP Flow switching is disabled
  IP Fast switching turbo vector
  IP multicast fast switching is disabled
  IP multicast distributed fast switching is disabled
  Router Discovery is disabled
  IP output packet accounting is disabled
  IP access violation accounting is disabled
  TCP/IP header compression is disabled
  RTP/IP header compression is disabled
  Probe proxy name replies are disabled
  Policy routing is disabled
  Network address translation is disabled
  WCCP Redirect outbound is disabled
  WCCP Redirect exclude is disabled
  BGP Policy Mapping is disabled
RTA#
RTA#
```

그림 9-14 "show ip interface" 명령어 Output

```
Command Prompt
PC>ping 200.200.200.2

Pinging 200.200.200.2 with 32 bytes of data:

Reply from 172.16.2.1: Destination host unreachable.
Reply from 172.16.2.1: Destination host unreachable.
Reply from 172.16.2.1: Destination host unreachable.
Reply from 172.16.2.1: Destination host unreachable.

Ping statistics for 200.200.200.2:
    Packets: Sent = 4, Received = 0, Lost = 4 (100% loss),

PC>ping 172.16.1.1

Pinging 172.16.1.1 with 32 bytes of data:

Reply from 172.16.2.1: Destination host unreachable.
Reply from 172.16.2.1: Destination host unreachable.
Reply from 172.16.2.1: Destination host unreachable.
Reply from 172.16.2.1: Destination host unreachable.

Ping statistics for 172.16.1.1:
    Packets: Sent = 4, Received = 0, Lost = 4 (100% loss),

PC>ping 172.16.2.1

Pinging 172.16.2.1 with 32 bytes of data:

Reply from 172.16.2.1: bytes=32 time=62ms TTL=255
Reply from 172.16.2.1: bytes=32 time=63ms TTL=255
Reply from 172.16.2.1: bytes=32 time=62ms TTL=255
Reply from 172.16.2.1: bytes=32 time=63ms TTL=255

Ping statistics for 172.16.2.1:
    Packets: Sent = 4, Received = 4, Lost = 0 (0% loss),
Approximate round trip times in milli-seconds:
    Minimum = 62ms, Maximum = 63ms, Average = 62ms

PC>telnet 200.200.200.2
Trying 200.200.200.2 ...Open

[Connection to 200.200.200.2 closed by foreign host]
PC>
PC>
```

그림 9-15 PC4에서 핑 테스트 및 텔넷 접속결과

```
Command Prompt
PC>ping 200.200.200.2

Pinging 200.200.200.2 with 32 bytes of data:

Reply from 200.200.200.2: bytes=32 time=78ms TTL=254
Reply from 200.200.200.2: bytes=32 time=94ms TTL=254
Reply from 200.200.200.2: bytes=32 time=78ms TTL=254
Reply from 200.200.200.2: bytes=32 time=78ms TTL=254

Ping statistics for 200.200.200.2:
    Packets: Sent = 4, Received = 4, Lost = 0 (0% loss),
Approximate round trip times in milli-seconds:
    Minimum = 78ms, Maximum = 94ms, Average = 82ms

PC>ping 172.16.2.1

Pinging 172.16.2.1 with 32 bytes of data:

Reply from 172.16.2.1: bytes=32 time=63ms TTL=255
Reply from 172.16.2.1: bytes=32 time=62ms TTL=255
Reply from 172.16.2.1: bytes=32 time=62ms TTL=255
Reply from 172.16.2.1: bytes=32 time=63ms TTL=255

Ping statistics for 172.16.2.1:
    Packets: Sent = 4, Received = 4, Lost = 0 (0% loss),
Approximate round trip times in milli-seconds:
    Minimum = 62ms, Maximum = 63ms, Average = 62ms

PC>ping 172.16.2.5

Pinging 172.16.2.5 with 32 bytes of data:

Reply from 172.16.2.5: bytes=32 time=110ms TTL=127
Reply from 172.16.2.5: bytes=32 time=124ms TTL=127
Reply from 172.16.2.5: bytes=32 time=125ms TTL=127
Reply from 172.16.2.5: bytes=32 time=125ms TTL=127

Ping statistics for 172.16.2.5:
    Packets: Sent = 4, Received = 4, Lost = 0 (0% loss),
Approximate round trip times in milli-seconds:
    Minimum = 110ms, Maximum = 125ms, Average = 121ms

PC>telnet 200.200.200.2
Trying 200.200.200.2 ...Open

[Connection to 200.200.200.2 closed by foreign host]
PC>
```

그림 9-16 PC2에서 핑 테스트 및 텔넷 접속결과

```
RTB#
RTB#ping 200.200.200.1

Type escape sequence to abort.
Sending 5, 100-byte ICMP Echos to 200.200.200.1, timeout is 2 seconds:
!!!!!
Success rate is 100 percent (5/5), round-trip min/avg/max = 15/25/32 ms

RTB#ping 172.16.1.1

Type escape sequence to abort.
Sending 5, 100-byte ICMP Echos to 172.16.1.1, timeout is 2 seconds:
!!!!!
Success rate is 100 percent (5/5), round-trip min/avg/max = 31/31/32 ms

RTB#ping 172.16.1.5

Type escape sequence to abort.
Sending 5, 100-byte ICMP Echos to 172.16.1.5, timeout is 2 seconds:
!!!!!
Success rate is 100 percent (5/5), round-trip min/avg/max = 78/87/94 ms

RTB#ping 172.16.2.5

Type escape sequence to abort.
Sending 5, 100-byte ICMP Echos to 172.16.2.5, timeout is 2 seconds:
!!!!!
Success rate is 100 percent (5/5), round-trip min/avg/max = 78/90/94 ms

RTB#
RTB#
```

그림 9-17 RTB에서 핑 테스트 결과

```
RTB#
RTB#
RTB#telnet 200.200.200.1
Trying 200.200.200.1 ...Open

[Connection to 200.200.200.1 closed by foreign host]
RTB#telnet 172.16.1.1
Trying 172.16.1.1 ...Open

[Connection to 172.16.1.1 closed by foreign host]
RTB#telnet 172.16.2.1
Trying 172.16.2.1 ...Open

[Connection to 172.16.2.1 closed by foreign host]
RTB#
RTB#
RTB#
RTB#
RTB#
RTB#
```

그림 9-18 RTB에서 텔넷 접속결과

9.5 Named ACL

9.5.1 Named ACL

Named ACL은 표준 IP ACL이나 확장된 IP ACL을 번호 1~199로 표시하는 대신에 이름(Name, Alphanumeric String으로 표현)으로 나타낼 수 있도록 허용한 것이다. Named ACL은 특정 ACL로부터 개별항목을 삭제할 수 있는데 삭제 후 재설정 없이 ACL 변경이 가능하다. Named ACL을 사용하는 경우 Alphanumeric으로 표현된 이름을 사용하기 때문에 ACL을 직관적으로 인식하기를 원할 경우 유리하며, 라우터에서 주어진 프로토콜에 대해 표준 ACL은 99개 확장 ACL은 100개까지 구성이 가능하다.

Named ACL을 구현하기 전에 고려해야 할 사항은 우선 Named ACL은 Release 11.2 이전의 시스코 IOS와는 호환이 되지 않는다는 것이며, 두 번째로는 다중 ACL에 동일한 이름을 사용할 수 없다는 것이다. 그리고 마지막으로 다른 유형의 ACL도 동일한 이름을 부여할 수 없다. 예를 들면 Filter라는 이름의 표준 ACL과 동일한 이름의 확장 ACL은 존재할 수 없는 비정상적인 상황이다.

9.5.2 Named ACL 설정

Named ACL을 사용하기 위하여 ACL문에서 ACL의 이름을 부여하기 위한 명령어 형식은 다음과 같다.

Router(config)#ip access-list {standard | extended} *name*

Router(config)#ip access-list standard Internetfilter

상기와 같이 이름을 부여한 다음은 ACL 구성 모드에서 허가 혹은 거부되는 하나 이상의 조건을 명시하여 패킷의 통과 혹은 거부를 결정한다.

Router(config-{std | ext}-nacl)#deny {source-address [source-wildcard-mask] | any} **혹은**

Router(config-{std | ext}-nacl)#permit {source-address [source-wildcard-mask] | any}

① "Deny" 명령어

Named ACL에 대한 조건을 설정하기 위해 "deny" 설정 명령 사용

Router(config-{std | ext}-nacl)#deny {source [source-wildcard-mask] | any}

ACL로부터 "deny" 조건을 제거하기 위해 "no" 형식 사용

Router(config-{std | ext}-nacl)#no deny {source [source-wildcard-mask] | any}

② "Permit" 명령어

Named ACL에 대한 조건을 설정하기 위해 "permit" 설정 명령 사용

Router(config-{std | ext}-nacl)#permit {source [source-wildcard-mask] | any}

ACL로부터 "permit" 조건을 제거하기 위해 "no" 형식 사용

Router(config-{std | ext}-nacl)#no permit {source [source-wildcard-mask]| any}

Access List 구성 모드에서 패킷이 ACL을 통과하는 조건을 정의하기 위해 다음과 같은 "ip access-list" 명령어를 사용한다(Internetfilter라 명명된 표준 ACL의 예).

```
Router(config)#ip access-list standard Internetfilter
Router(config-std-nacl)#deny 192.168.1.0 0.0.0.255
Router(config-std-nacl)#permit 172.16.0.0 0.0.255.255
Router(config-std-nacl)#permit 10.0.0.0 0.255.255.255
  ! (Note : all other access implicitly denied)
```

Permit 및 Deny 문장은 번호를 가지지 않으며, "no"는 Named ACL로부터 특정 테스트를 제거한다.

Router(config-{std | ext}-nacl)#{permit | deny} {ip ACL test conditions}
Router(config-{std | ext-}-nacl)#no {permit | deny} {ip ACL test conditions}

인터페이스상에서 Named IP ACL을 활성화하는 명령어 형식은 다음과 같다.

Router(config-if)# ip access-group {name | 1-199 {in | out}}

동일한 네트워크 구성도를 사용하여 이전에 설정하였던 표준 ACL과 확장 ACL을 Named ACL로 설정하여 보기로 하자.

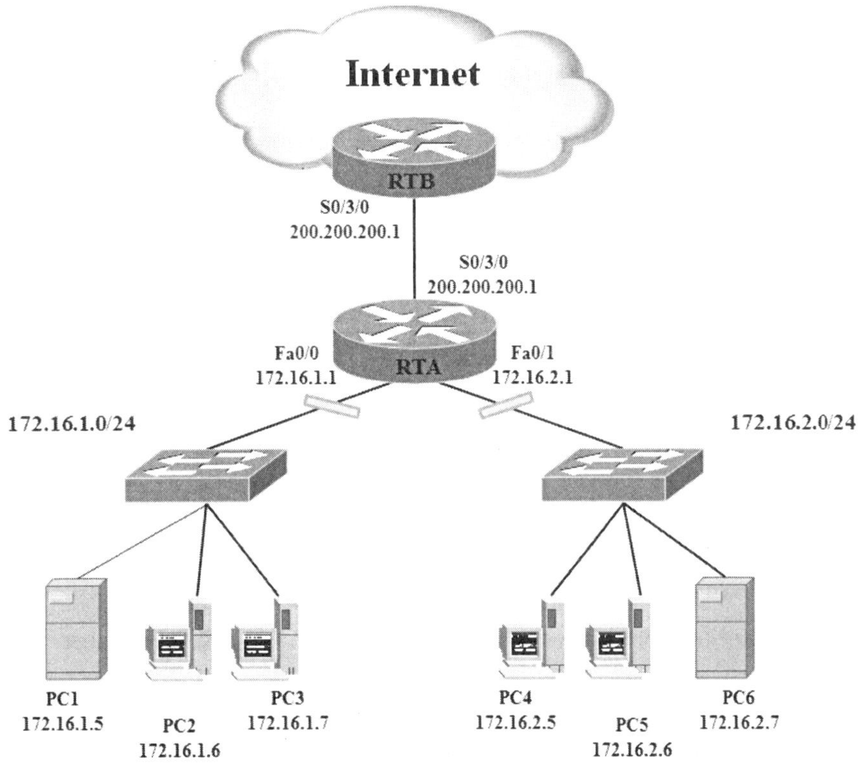

그림 9-19 Named ACL 네트워크 설정구성도

① Named 표준 ACL 설정

RTA(config)#ip access-list standard Internetfilter

RTA(config-std-nacl)#deny 172.16.2.5 0.0.0.0

혹은 RTA(config-std-nacl)#deny host 172.16.2.5

RTA(config-std-nacl)#permit 0.0.0.0 255.255.255.255

혹은 RTA(config-std-nacl)#permit any

(implicit deny any)

(RTA(config-std-nacl)#deny any)

RTA(config-std-nacl)#exit

RTA(config)#interface fastethernet 0/0

RTA(config-if)#ip access-group Internetfilter out

```
RTA#
RTA#
RTA#show access-lists
Standard IP access list Internetfilter
    deny host 172.16.2.5 (7 match(es))
    permit any (7 match(es))
RTA#
RTA#
RTA#
RTA#
RTA#
RTA#
RTA#
RTA#
RTA#
RTA#
RTA#
RTA#
RTA#
RTA#
```

그림 9-20 "show access-lists" 명령어 Output

② Named 확장 ACL 설정

RTA(config)#ip access-list extended Ping

RTA(config-ext-nacl)#deny icmp 172.16.2.0 0.0.0.255 host 200.200.200.2

RTA(config-ext-nacl)#deny icmp 172.16.2.0 0.0.0.255 host 200.200.200.1

RTA(config-ext-nacl)#deny icmp 172.16.2.0 0.0.0.255 host 172.16.1.1

RTA(config-ext-nacl)#permit ip any any

RTA(config-ext-nacl)#exit

RTA(config)#interface fastethernet 0/1

RTA(config-if)#ip access-group Ping in

```
RTA#
RTA#
RTA#show ip access-lists
Extended IP access list Ping
    deny icmp 172.16.2.0 0.0.0.255 host 200.200.200.2 (4 match(es))
    deny icmp 172.16.2.0 0.0.0.255 host 200.200.200.1 (4 match(es))
    deny icmp 172.16.2.0 0.0.0.255 host 172.16.1.1 (4 match(es))
    permit ip any any (14 match(es))
RTA#
RTA#
RTA#
RTA#
RTA#
RTA#
RTA#
RTA#
RTA#
RTA#
RTA#
RTA#
```

그림 9-21 "show access-lists" 명령어 Output

9.6 ACL과 프로토콜

ACL은 시스코 라우터상에서 대부분의 프로토콜에 대한 제어가 가능하다. Global ACL문의 첫 번째 인수로써 해당하는 프로토콜 번호범위 내의 번호를 입력하면 라우터는 번호가 붙여진 항목에 근거하여 사용할 ACL 소프트웨어를 확인한다. 많은 ACL들이 프로토콜에 대해 제어가 가능하고, 새로운 ACL을 위해서는 프로토콜 번호범위로부터 다른 번호를 선택하여 생성하면 된다. 표 9-1에서 언급하였던 프로토콜별 ACL 번호의 범위를 다시 한번 언급하였다.

표 9-3 각 프로토콜에 유효한 ACL 번호 범위

프로토콜	범 위
IP	1~99, 1300~1999
Extended IP	100~199, 2000~2699
Apple Talk	600~699
IPX	800~899
Extended IPX	900~999
IPX Service Advertising Protocol	1000~1099

인터페이스와 프로토콜마다 단지 하나의 ACL만 명시할 수 있으며 어떤 프로토콜에서는 하나의 인터페이스로 유입(Inbound), 유출(Outbound)되는 패킷을 제어하는 두 개의 ACL을 그룹핑(Grouping)할 수 있다.

ACL은 유입의 경우, 패킷을 수신했을 때 시스코 IOS 소프트웨어는 ACL의 조건문들이 일치하는지 검사하고 패킷이 허용되면 소프트웨어는 패킷 처리를 계속하고 패킷이 거부되면 소프트웨어는 비트 버킷(Bucket)에 패킷을 위치시켜 버린다. 또한 ACL은 유출의 경우, 패킷을 수신하여 유출 인터페이스로 라우팅한 후 소프트웨어는 ACL 조건문들이 일치하는지 검사하게 된다. 패킷이 허용되면 소프트웨어는 다음 목적지로 패킷을 전송하고 패킷이 거부되면 소프트웨어는 비트 버킷으로 패킷을 보내 폐기한다.

9.7 ACL의 위치

9.7.1 표준 ACL과 확장 ACL의 위치

"확장 ACL은 거부되는 트래픽 발신지의 가까운 곳에 위치시켜라"라는 룰(Rule)이 있다. ("Putting the Extended ACL as Close as Possible to the Source of Traffic Denied") ACL은 패킷을 필터링하고 목적지에서 원하지 않는 트래픽을 제거하는데 사용되는 기능이다. 네트워크에서 ACL문의 위치에 따라 불필요한 트래픽을 감소시킬 수 있다. 원거리 목적지에서 거부될 트래픽은 목적지까지 경로의 네트워크 자원을 사용하지 않도록 함으로써 불필요한 트래픽을 감소시킬 수 있다는 것이다.

그림 9-22에서 기업의 정책이 라우터 RTD의 Fastethernet 0/0 포트상의 스위치드(Switched) 이더넷 LAN으로 가는 라우터 RTA의 텔넷 혹은 FTP 트래픽은 거부하고 그 외의 트래픽은 허용한다고 가정하면 이 정책을 수행하기 위해 몇 가지의 접속방법이 가능하다. 우선 발신지와 목적지의 주소를 모두 명시하는 확장 ACL을 추천한다. 확장 ACL을 라우터 RTA에 위치시키면 패킷은 라우터 RTA의 직렬 인터페이스를 통과하지 않고, 라우터 RTB와 라우터 RTC의 직렬 인터페이스도 통과하지 않으며, 라우

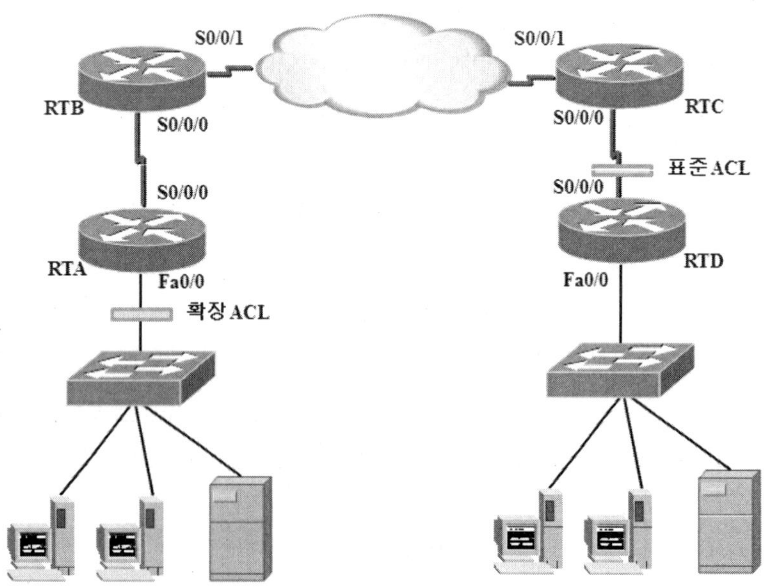

그림 9-22 ACL의 위치

터 RTD로 트래픽이 유입되지 않는다. 단, 다른 발신지와 목적지의 주소를 가진 트래픽은 허용한다.

확장된 ACL은 가능한 거부되는 트래픽의 발신지 가까이에 두는 룰(Rule)을 적용하지만 표준 ACL은 목적지 주소를 명시하지 않기 때문에 가능한 목적지 가까이에 위치시킨다. 그림 9-22에서 라우터 RTA로부터의 트래픽을 막기 위하여 라우터 RTD의 Serial 0/0/0 상에 표준 ACL을 둔다.

9.7.2 방화벽 라우터에서 ACL 사용

방화벽(Firewall)은 외부 침입자로부터 내부 네트워크를 보호하기 위하여 내부 네트워크와 외부 네트워크 사이에 존재하는 컴퓨터 네트워크 장치이다. 여기서 외부 네트워크는 일반적으로 인터넷이 될 것이다. 그림 9-23에서 기본적인 방화벽 구조를 보여주고 있다. ACL은 내부 네트워크와 인터넷과 같은 외부 네트워크 사이에 위치하는 방화벽 라우터(Firewall Router)에 사용하며, 방화벽 라우터는 내부 네트워크가 영향을 받지 않도록 분리 포인트를 제공한다. 내부 네트워크의 특정 부분으로 유입되고 유출되는 트래픽을 제어하기 위해 네트워크의 두 부분 사이에 위치하는 라우터상에서 ACL의 사용이 가능하다. ACL 보안의 이점(Benefit)을 제공하기 위해 네트워크의 경계에 위치하는 라우터상에 최소한의 ACL 구성이 필요하다. 사설 네트워크 영역에 외부 네트워크로부터의 기본적인 보안을 제공하고 경계 라우터상에서 ACL은 라우터 인터페이스에 구성된 각 네트워크 프로토콜을 위해 생성이 가능하며 ACL은 인터페이스상에서 유입, 유출 및 양방향 트래픽을 필터링하도록 구성할 수 있다.

방화벽 구조(Architecture)는 외부 침입자로부터 내부 자원을 보호하기 위해 존재하며 대부분의 경우 침입자는 글로벌 인터넷과 서로 연결된 수 천개의 원격(Remote) 네트워크로부터 들어온다. 그림 9-23의 방화벽 구조에서 인터넷과 연결된 라우터는 모든 유입 트래픽을 애플리케이션 게이트웨이(Application Gateway)로 보내고 내부 네트워크와 연결된 라우터는 애플리케이션 게이트웨이로부터 오는 패킷만 허용한다. 게이트웨이는 내부 네트워크를 왕래하는 네트워크 기반 서비스의 전달을 제어하기 때문에 인터넷과 통신이 허용된 사용자나 내부 호스트와 외부 호스트 사이의 접속이 허가된 애플리케이션 트래픽만 통과할 수 있다. 예를 들어 허가된 애플리케이션이 메일(Mail)인 경우 메일 패킷만 라우터를 통과할 수 있다.

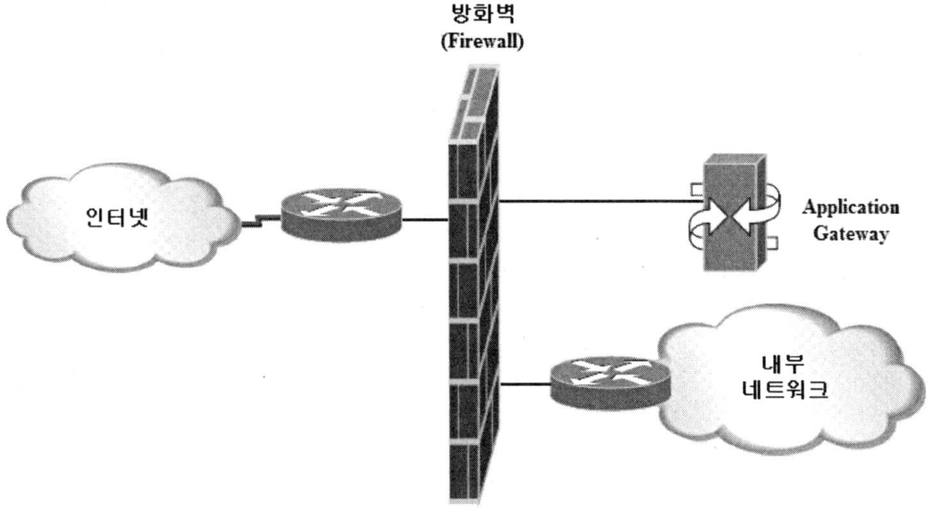

그림 9-23 방화벽 구조

9.8 ACL 확인하기

ACL의 구성을 끝내고 제대로 설정되어 있는지 검증을 하기 위해서는 "show" 명령어를 사용하여 확인할 수 있다. 가장 많이 사용하는 명령어 중의 하나인 "show ip interface" 명령어는 IP 인터페이스 정보를 보여주고 ACL의 설정 여부를 알려준다.

다음으로 "show (ip) access-lists" 명령어가 있는데 이 명령어는 모든 ACL의 내용을 보여주며 ACL 이름이나 번호를 옵션(Option)으로 입력하면 상세 리스트를 볼 수 있다.

부 록

Ⅰ. 용어정리
Ⅱ. 약 어 표

Ⅰ. 용어정리

AAA(Authentication, Authorization, Accounting)

인증(Authentication), 권한부여(Authorization), 계정관리(Accounting)의 첫 머리 글자를 따서 AAA라고 부르며 신분을 검증하는 인증서비스, 접근이나 허가를 결정하는 권한 서비스, 리소스 사용에 대한 정보를 수집하고 관리하는 계정관리 서비스를 의미한다.

ACL(Access Control List)

네트워크 관리자는 적절한 Network 접근은 허용하는 반면 원치 않는 접근은 차단하는 방법을 준비할 필요가 있다. 패스워드, Callback 장치 및 물리적인 보안장비와 같은 보안 Tool이 도움이 되지만 관리자가 원하는 트래픽 필터링 및 제어에 대한 융통성이 부족한 경우가 많다. 예를 들어 내부 사용자의 인터넷 접근은 허용하지만 외부 사용자의 LAN에 대한 접근은 원치 않는 것과 같은 경우이다. 라우터는 ACL(Access Control List)을 이용하여 인터넷 Traffic 차단과 같은 기본적인 Traffic Filtering 기능을 제공한다. ACL은 주소 혹은 상위계층 프로토콜에 적용하는 허가 혹은 거절문의 순차적인 집합을 말한다.

ADSL(Asymmetric Digital Subscriber Line)

교환국에서 사용자까지의 수신 대역폭이 전송 대역폭보다 크기 때문에 인터넷 접속에 적합하다. 수신속도는 1.5~9Mbps이지만 전송속도는 16~640kbps에 불과하다. 인터넷 접속 외에도 리모트 LAN 접속과 VOD 서비스에도 활용 가능하다. ADSL 전송방식은 트위스트 페어 구리선을 통해 최고 18,000ft(5,488m)의 거리에서 사용할 수 있다.

Applet

애플릿. 컴파일되어 HTML 페이지에 내장된 작은 프로그램을 말하며 종종 자바(Java) 프로그램의 환경에서 사용된다.

APT(Advanced Persistent Threats)

'지능형 지속해킹 공격'을 뜻하며 지속적으로 대상을 공격함으로써 사용자에게 노출되지 않은 상태에서 지속적인 정보수집 및 기타 악의적인 행위를 하는 것을 말하며, APT 공격의 경우 불특정 다수를 대상으로 하기보다 특정 대상의 취약점을 지속적으로 공격하여 원하는 목적을 달성하는 경우와 특정 대상을 정치적/금전적 목적 등으로 공격하는 성향을 가진다. 기업을 타깃으로 가능한 모든 페이로드를 동원하여 지속적으로 공격함으로써 목적을 달성하는 해킹 기법이다.

ARCnet(Attached Resource Computer Network)

1977년 Datapoint사에서 개발한 네트워크 토폴로지(Topology)로서 Coaxial, twisted-pair, fiber-optic 케이블을 사용하여 최대 255노드까지 연결할 수 있다. ARCnet은 Token-passing 기술을 적용하고 있으며 최대 2.5Mbps의 전송속도를 구현할 수 있다. ARCnet의 새 버전은 100Mbps까지도 구현 가능하다. 현재 많이 사용되는 토폴로지(Topology)는 아니다.

AS(Autonomous System)

공공 라우팅 전략을 공유하는 공동관리 하의 네트워크들의 집합을 말하며 자율시스템(Autonomous System)은 영역에 의해 구분된다. 자율시스템은 IANA에 의해 유일한 16비트의 수로 할당되어야 하며 AS로 줄여 쓰이기도 한다.

ATM(Asynchronous Transfer Mode)

비동기식 전송 모드. 복수의 디지털 신호를 다중화하여 하나의 고속 디지털 신호로 변환하는 것을 시분할다중화(TDM : Time Division Multiplexing)라 하는데 TDM 동기식과 비동기식으로 나누어지며, 이 중 ATM은 비동기 시분할다중화 방식을 채택하여 전송로를 보다 효과적으로 이용할 수 있으며 간헐적인 데이터를 단시간에 송신할 수 있다. ATM 송출정보는 48바이트의 정보와 5바이트의 헤더로 된 53바이트의 셀(Cell) 형태로 전송한다. 오류검출과 재전송 등의 제어를 하지 않아 이를 수행하는 패킷 교환보다 고속전송이 가능하다.

Availability

전화시스템이나 기타 장치가 운용상태를 유지하는 시간, 즉 전화호출이나 기타 트랜잭션이 얼마나 오랫동안 유지되는가를 나타낸다. 가용성(Availability)이란 장치 하나가 주어진 시간 내에 운용 유지되는 총 시간과 다음 유지시간 사이의 간격 간 비율로 표시한다. 신뢰성과 비교할 수 있다.

Availability = MTBF / (MTBF + MTTR)

MTBF : Mean Time Between Failure

MTTR : Mean Time To Repair

Bandwidth(대역폭)

네트워크 신호용으로 사용할 수 있는 가장 높은 주파수와 가장 낮은 주파수 사이의 차이를 말한다. 지정된 네트워크 매체나 프로토콜의 정격 스루풋(Throughput) 용량을 표현하는데도 사용된다. 주파수 범위는 Hertz(Hz)의 단위에서 측정되는 신호를 전하는데 필요하다. 예를 들어 음성 신호는 전형적으로 대략 7kHz의 대역폭을 요구한다.

Baseband 방식

베이스밴드 방식은 하나의 물리적 전송매체에 하나의 채널만 형성하여 데이터를 전송하는 방식이다. 즉, 데이터 신호를 변조 없이 직접 전송하는 방식으로 한 선로에 한 가지 서비스만을 할 수가 있다. 베이스밴드를 사용하는 경우 스테이션이 공유할 수 있는 채널은 하나로 제한되므로 상호간에 충돌을 방지하기 위해 채널을 시 구간별로 구분하여 전송권한을 부여하는 시분할다중화(TDM) 방식을 사용한다.

Berarer Service

베어러 서비스는 통신망에 접속되는 단말의 종류를 의식하여 이용자 통신망 인터페이스 간에서 단말이 전송한 정보를 그대로 전송하는 서비스이고 64kbps 회선교환 서비스와 패킷 교환 서비스 등이 여기에 속한다.

Big Data

기존 데이터베이스 관리도구의 데이터 수집·저장·관리·분석의 역량을 넘어서는 대량의 정형 또는 비정형 데이터 세트 및 이러한 데이터로부터 가치를 추출하고 결과를 분석하는 기술을 의미한다. 다양한 종류의 대규모 데이터의 생성·수집·분석·표현을 그 특징으로 하는 빅 데이터 기술의 발전은 다변화된 현대 사회를 더욱 정확하게 예측하여 효율적으로 작동하게 하고, 개인화된 현대 사회구성원마다 맞춤형 정보를 제공·관리·분석 가능하게 하며, 과거에는 불가능했던 기술을 실현시키기도 한다. 이같이 빅 데이터는 정치·사회·경제·문화·과학·기술 등 전 영역에 걸쳐서 사회와 인류에게 가치있는 정보를 제공하며 그 중요성 또한 부각되고 있다.

Bot

운영체제의 취약점, 비밀번호의 취약성, 웜·바이러스의 백도어 등을 이용하여 전파되며, 해킹 명령전달 사이트와의 백도어 연결 등을 통하여 스팸메일 전송이나 DDoS 공격에 악용이 가능한 프로그램 또는 실행 가능한 코드를 말한다.

Broadband 방식

브로드밴드 방식은 하나의 물리적 전송매체에 여러 개의 전송 채널을 형성하여 동시에 복수개의 채널로 데이터를 송수신하는 방식이다. 이는 한 선로상에서 여러 서비스를 제공하기 위해 서로 다른 주파수 영역으로 데이터, 음성 또는 영상 등과 같은 신호를 변조하여 주파수 분할다중화(FDM) 방식을 사용하여 전송한다.

BYOD(Bring Your Own Device)

개인이 소유한 노트북, 스마트폰, 태블릿 등의 장비를 직장에서 업무용으로 사용하는 것을 말한다. 회사 입장에서는 비용절감과 재고 관리에 도움이 되며 직원들도 자신이 다루기 익숙한 장비를 업무에 활용할 수 있다는 측면에서 장점이 있다. 물론 개인장비의 활용범위와 비용부담을 어디까지 인정하느냐는 정책적인 문제, 그리고 보안 문제가 불안요소로 작용한다.

Cable Modem

가정이나 사무실에 설치되어 있는 케이블 TV 네트워크를 이용해 10Mbps의 고속 인터넷 전송이 가능한 서비스를 할 수 있는 전용 장비로 각 PC에 설치한다. 동축케이블과 광케이블을 사용함으로써 전송대역폭이 기존의 전화회선에 비해 엄청나게 크다. 현재 10Mbps 케이블 모뎀이 판매되고 있지만, 기존 전화선에 비해 수 천 배나 빠른 전송속도를 보장하는 수십Mbps 제품이 출시될 것으로 보인다.

Catenet

서로 통신하기를 원하는 두 개체 사이에 교환망이 구성되어 있지 않을 경우 여러 네트워크를 통해 간접적으로 통신을 해야 한다. 이러한 네트워크를 캐티네트(Catenet)라 한다.

CIM(Computer Integrated Manufacturing)

정보화 시대에서는 기술혁신과 신제품 개발의 필요성, 높아가는 인건비와 제조분야의 인원 부족과 같은 현상이 나타나는데 이와 같은 문제점을 해결하기 위하여 제조업체에서 컴퓨터의 도입이 시작되어 관리부분의 자동화와 생산부분의 자동화, 즉 제조업체의 모든 분야를 컴퓨터로 통합 운영하는 것을 CIM이라고 한다.

Client-Server

Peer to Peer 통신환경에서 주로 사용되는 컴퓨팅의 방식으로서 현재 대부분의 분산 응용 프로그램이 사용하는 형태이며, 서버는 클라이언트로부터 요구 메시지가 도착하면 요구사항을 처리하고 그 결과를 클라이언트에게 보내며, 클라이언트는 요구사항이 있으면 요구 메시지를 주도적으로 서버에게 보내고 결과를 기다리다 서버로부터 요구한 결과가 도착하면 수행을 계속한다. 클라이언트, 서버 모두 자체 처리기능을 가지고 있으며 클라이언트와 서버의 구분은 기능에 따라 그때그때 정해진다. 동일한 시스템이 클라이언트와 서버의 기능을 동시에 수행할 수 있다.

Cloud Computing

인터넷상의 서버를 통하여 데이터 저장, 네트워크, 콘텐츠 사용 등 IT 관련 서비스를 한 번에 사용할 수 있는 컴퓨팅 환경이다. 정보가 인터넷상의 서버에 영구적으로 저장되고, 데스크톱 · 태블릿 컴퓨터 · 노트북 · 넷북 · 스마트폰 등의 IT 기기 등과 같은 클라이언트에는 일시적으로 보관되는 컴퓨터 환경을 뜻한다. 즉 이용자의 모든 정보를 인터넷상의 서버에 저장하고, 이 정보를 각종 IT 기기를 통하여 언제 어디서든 이용할 수 있다는 개념이다. 다시 말하면 구름(cloud)과 같이 무형의 형태로 존재하는 하드웨어 · 소프트웨어 등의 컴퓨팅 자원을 자신이 필요한 만큼 빌려 쓰고 이에 대한 사용요금을 지급하는 방식의 컴퓨팅 서비스로, 서로 다른 물리적인 위치에 존재하는 컴퓨팅 자원을 가상화 기술로 통합해 제공하는 기술을 말한다. 클라우드로 표현되는 인터넷상의 서버에서 데이터 저장, 처리, 네트워크, 콘텐츠 사용 등 IT 관련 서비스를 한번에 제공하는 혁신적인 컴퓨팅 기술인 클라우드 컴퓨팅은 '인터넷을 이용한 IT 자원의 주문형 아웃소싱 서비스'라고 정의되기도 한다. 클라우드 컴퓨팅을 도입하면 기업 또는 개인은 컴퓨터 시스템을 유지 · 보수 · 관리하기 위하여 들어가는 비용과 서버의 구매 및 설치비용, 업데이트 비용, 소프트웨어 구매 비용 등 엄청난 비용과 시간 · 인력을 줄일 수 있고, 에너지 절감에도 기여할 수 있다. 또 PC에 자료를 보관할 경우 하드디스크 장애 등으로 인하여 자료가 손실될 수도 있지만 클라우드 컴퓨팅 환경에서는 외부 서버에 자료들이 저장되기 때문에 안전하게 자료를 보관할 수 있고, 저장공간의 제약도 극복할 수 있으며, 언제 어디서든 자신이 작업한 문서 등을 열람 · 수정할 수 있다. 하지만 서버가 해킹당할 경우 개인정보가 유출될 수 있고, 서버 장애가 발생하면 자료이용이 불가능하다는 단점도 있다.

Collapsed Backbone

분산형태 백본의 단점을 보안하기 위해 등장한 것이 콜랩스드 백본이다. 즉, 각 층에 위치한 허브는 네트워크 센터의 스위치에 접속을 하고 스위치는 라우터에 접속하는 형태를 취함으로써 네트워크의 속도와 설치운용의 부담을 줄인 것이 콜랩스드 백본 네트워크다. 현재 2계층 스위치가 주종을 이루나 3계층 스위치 사용도 점차 늘어나는 추세다. 또한 서버와 클라이언트 간의 접속이 한 홉 이상 떨어져 있지 않기 때문에 트래픽의 레이턴시 비율을 낮출 수 있는 장점을 제공한다. 그러나 콜랩스드 백본 역시 단점이 없는 것은 아니다. 설치된 모든 스위칭 허브는 단일 라우터에 접속되므로 라우터의 병목현상을 제거할 방법이 없다는 것이다. 이 백본은 네트워크의 융통성과 효과적인 관리를 위해 스위치 허브를 콜랩스드 백본에 포함시킴으로써 각 층의 네트워크 세그먼트를 통합할 수 있다. 이러한 스위칭 허브의 설치는 허브와 라우터를 연결할 때 홉 수를 줄일 수 있는 기능을 제공한다. 콜랩스드 백본 네트워크 구조는 서버가 네트워크 성능에 영향을 주지 않고 관리를 할 수 있도록 하나의 서버팜을 이용할 수 있는 장점이 있다. 일반적으로 콜랩스드 백본은 빌딩에서 사용하는 것이 이상적이지만, 여러 빌딩과 빌딩을 연결한 캠퍼스 네트워크에서는 비효율적이다. 이는 백본과 백본을 단일 네트워크 형태로 케이블링하고 백본 라우터들을 상호 연동해야 하는 불편함과 시스템의 성능과 관리, 과다한 투자비용 등의 문제점들이 나타나기 때문이다.

CTI(Computer Thelephony Integration)

컴퓨터 컨트롤과 기능을 전화에 적용시킨 것. 컴퓨터의 지능을 전화기에 덧붙임으로써 사용자에게 구내로 들어오는 호출에 대해 더 많은 정보를 제공하고, 정보를 분산시켜 전화를 더욱 효과적으로 사용하게 해준다.

DDoS(Distributed DoS)

분산 서비스 거부공격. DoS용 에이전트를 여러 개의 시스템에 설치하고, 이 에이전트를 제어하여 DoS 공격을 함으로써 보다 강력한 공격을 시도할 수 있으며, 공격자에 대한 추적 및 공격 트래픽의 차단을 어렵게 만드는 공격 형태를 말한다.

DHCP(Dynamic Host Configuration Protocol)

네트워크 구축 시 관리자가 직접 해줘야 할 IP 어드레스 할당을 시스템이 자동으로 해주는 것을 말한다. 클라이언트의 요구에 의해 DHCP 서버가 IP 어드레스와 네트워크 환경에 대한 정보를 할당하게 되고, 이 클라이언트 시스템에 더 이상의 네트워크 환경이 필요치 않으면 서버는 다른 클라이언트에 이를 할당하게 된다. 그러므로 제한된 IP 어드레스를 보다 효율적으로 사용할 수 있다.

DoS(Denial of Service)

서비스 거부공격. 특정 네트워크에서 허용하는 대역폭을 모두 소모시키거나, 공격대상(Victim) 시스템의 자원(CPU, 메모리 등)을 고갈시키거나, 시스템상에서 동작하는 응용 프로그램의 오류에 대한 공격으로 서비스를 못하도록 만드는 공격형태를 말한다.

DRAM(Dynamic Random Access Memory)

저장된 데이터를 유지하기 위하여 2~3초 간격 주기로 신호(Refresh)를 입력해야 하는 메모리이다. 값이 싸고 용량이 큰 반면에 속도가 느리다.

DSL(Digital Subscriber Line)

ADSL, HDSL, SDSL 그리고 VDSL 등 여러 종류의 기술을 포함한 DSL은 구리선을 이용해 제한된 거리에서 광대역폭을 지원하는 공중망 기술이다. 대부분의 DSL 기술은 트위스트 페어의 대역폭을 모두 사용하지 않기 때문에 음성 채널도 사용할 수 있다. 예를 들어, 사용자는 ADSL 모뎀으로 인터넷을 여행하면서 동일한 회선으로 전화를 걸고 받을 수 있다.

EDI(Electronic Data Interchange)

EDI는 일반적으로 기업간 거래되는 통용 주문서와 서식용 등의 거래 문서를 종이 서식 대신 컴퓨터가 처리 가능한 표준 포맷(Format)으로 작성, 전기통신을 이용하여 상호 교환하는 전자거래정보를 말한다. 종래의 E-Mail은 사람이 판독 가능한 상태로 문서를 교환하는데 비해 EDI 시스템은 기계가 자동으로 판독이 가능하게 문서를 교환하는 것으로 CCITT 400 Series 권고안으로 채택한 MHS를 이용하여 전자거래 문서정보를 교환한다.

Etherchannel

이더채널. 스위치의 물리적인 포트를 논리적인 그룹으로 묶어 대역폭을 확장하는 기술이다. 최대 8개의 포트를 모아서 한 포트 대역폭의 8배까지 확장할 수 있다.

Firewall(방화벽)

방화벽의 원래 의미는 건물에서 발생한 화재가 더 이상 확대되는 것을 막기 위해 쳐놓은 벽을 의미한다. 이러한 의미를 인터넷에서는 네트워크의 보안사고나 문제가 더 이상 확대되는 것을 막고 격리하려는 것으로 이해할 수 있다. 특히 어떤 기관 내부의 네트워크를 보호하기 위해 외부에서의 불법적인 트래픽 유입을 막고, 허가되고 인증된 트래픽만을 허용하려는 적극적인 방어대책의 일종을 말한다. 즉 인터넷상에서 하나의 컴퓨터 시스템과 전체 인터넷을 구분시켜 주는 프로그램으로 시스템 사용자의 외부 접속을 제한하거나 보안상의 문제로 인하여 외부인의 사용을 제한하는 데 사용된다. 방화벽 시스템의 기본목표는 네트워크 사용자에게 투명성을 보장하지 않아 약간의 제약을 주더라도 위험지대를 줄이려는 적극적인 보안대책을 제공하려는 것이다.

FPLMTS(Future Public Land Mobile Telecommunication Service)

FPLMTS는 주파수 부족을 해결하고 다중화 기술을 채용한 차세대 디지털 이동통신 서비스를 칭하며 지금까지 고정통신망에서 제공되던 회선교환 서비스, 패킷 교환 서비스, 전용선 서비스가 범용적인 인터페이스에 의해 통합적으로 제공이 가능하게 되는 서비스를 말한다. 또한 이동통신 시스템도 상황과 용도에 따라 다른 인터페이스가 개발되어 시스템 간의 호환성이 문제가 되며 Terminal Mobility가 없게 된다. 이런 상황에서 이동통신의 디지털화 진전을 배경으로 이동체 ISDN 구축을 목적으로 하는 것이 FPLMTS이다. 즉 범용적인 단말의 인터페이스를 정하고 이를 이용하여 지금까지 제공되던 음성, 비음성계의 서비스를 통합적으로 이용할 수 있는 것을 포인터로 하여 단말의 소형화, 저렴화 및 국제적인 Terminal Mobility의 확대를 목적으로 한다.

Frame Relay

프레임 릴레이는 회선의 이용효율을 극대화시킨 기존의 패킷 교환방식의 장점과 고속 디지털 전용회선에서 제공하는 고속 전송기능을 통합시킨 발전된 방식으로서 노드에서 데이터 연결 계층의 처리기능을 최소화시켜 전송에 필요한 핵심 기능만 수행하게 하며, 기타 제어기능은 필요시 사용자 장치인 단말에서 처리하게 함으로써 고속전송이 가능하게 한 것이다. 특징은 동적 대역 할당기능이 제공되며, 낮은 지연과 고속전송 기능으로 순간적으로 발생하는 대량의 트래픽을 처리할 수 있으며 단일 접속회선을 통해 다지점 간 고정 접속회선(PVC) 구성이 가능하다는 것이다.

Gateway

통신 네트워크에서 어떤 목적을 달성하기 위해 여러 유형의 네트워크들을 이용할 경우 일반적으로 패킷 교환 네트워크를 경유하여 호출이 행해지는데, 한 네트워크에서 다른 네트워크로 보내지는 메시지나 포맷들은 모든 패킷 교환 네트워크에서 항상 동일한 것은 아니므로, 인터페이스 기계 등을 이용해 서로 다른 네트워크들을 연결시켜 주는 것을 말한다.

Gigabit Ethernet

기가비트 이더넷은 기존의 이더넷 속도인 10Mbps, 100Mbps를 1000Mbps로 향상시켰다. 기가비트 이더넷은 백본 장비들간의 연결 또는 데이터 트래픽이 많은 멀티미디어 서버와 연결하여 주로 사용한다. 연결매체는 광케이블을 사용하였으나 최근에는 UTP 케이블을 이용하는 장비가 출시되었다. 최근에 ATM을 대신하여 내부 백본용으로 기가비트 이더넷이 많이 채택되고 있는 이유는 기존의 이더넷과 같은 방식으로 네트워크를 관리할 수 있어 네트워크 관리자들이 쉽게 수용이 가능하다는 것이다.

H.323

ITU(International Telecommunication Union)에서 제정한 네트워크를 통해 전송되는 동화상 데이터의 전송 표준규격을 말한다. H.323 표준규격은 서로 다른 동화상회의 어플리케이션에서도 사용할 수 잇도록 호환성을 보장하고 있다.

HDSL(High-bit-rate Digital Subscriber Line)

ADSL과 달리 대칭적이다. 두 개의 트위스트 페어를 이용해 1.544Mbps의 속도로 데이터를 송수신하며, 그동안 지역 통신업체들이 T1으로 로컬 접속을 제공할 때 사용해온 기술은 전송 거리가 3.6km 이내로 ADSL보다 짧기 때문에 서비스 거리를 확장하기 위해 신호 리피터를 설치해야 한다. 두 개의 트위스트 페어가 필요하기 때문에 주로 PBX 네트워크 연결, 디지털 루프 전송 시스템. POP 교환, 인터넷 서버 그리고 사설 데이터 네트워크에 사용 가능하다.

IaaS(Infrastructure as a Services)

서비스로서의 인프라스트럭처라는 의미로, 가상화된 인프라 환경만을 사용할 수 있도록 하는 서비스이다. 기업의 환경에 의해 표준화된 솔루션을 사용하지 못할 때 제시되는 해법이며 이는 직접 서버에 서비스를 구성하는 것과 같이 가상 서버에 서비스를 구성하고 관리한다.

IEEE(Institute of Electrical and Electronics Engineers)

ANSI의 회원이며 직업적인 학회로서 IEEE802 표준위원회에서는 근거리 통신망(LAN)에 관한 표준화를 추진하고 있다. 근거리 통신망에서의 표준화는 ISO의 OSI 참조 모델의 하위 2계층(물리계층, 데이터링크 계층)만을 대상으로 한다.

IMT-2000(International Mobile Telecommunication 2000)

차세대 이동통신 서비스를 일컬으며 하나의 단말기로 전세계 어느 누구와도 자유롭게 통신이 가능한 서비스를 추구한다. 음성 서비스를 기본으로 영상전화를 비롯, 인터넷에 접속하여 데이터도 주고받을 수 있다. 조만간 표준화가 정해지고 서비스에 들어갈 전망이다.

Internet Phone

이스라엘의 보컬텍(VocalTec)이 개발한 상업용 소프트웨어로 인터넷을 이용해 마치 전화처럼 통화할 수 있다. PC to PC, PC to Phone, Phone to Phone 방식으로 분류할 수 있으며, 원리는 음성신호를 텍스트로 변환한 다음 인터넷을 통하여 전달 후 다시 음성신호로 복원하는 방식을 취한다. Phone to Phone 방식이 개발되면서 기존의 전화망의 일부를 저가로 대체하는 역할을 하면서 인기를 얻고 있다.

ITU(International Telecommunication Union)

ITU의 목적은 무선 주파수 대역 활용, 정지궤도 위성등록 및 사용관리, 통신에 관련된 연구과제 및 규정에 관한 권고안 작성, 회원국간의 공동 연구를 추진한다. 조직은 ITU 최고의 회의로서 6년에 한 번 개최되는 전권위원회, 추가전권위원회 및 연구위원회에 관한 의장과 부의장을 선임하고 연구위원회의 최종 보고서에 대한 권고 승인을 하는 세계전기통신표준화회의(WTSC), 전기통신표준화에 관한 연구 업무를 하는 ITU-T 연구반으로 구성되어 있다. ITU-T는 1865년 창설된 유선 전신 분야의 만국 우편연합과 무선 분야의 만국 국제무선전신연합이 통합된 UN 산하의 국제전문기관이다. CCITT(Consultative Committee on International Telegraph and Telephone)이라는 명칭으로 잘 알려져 있는 국제전신전화 자문위원회이다. 우리나라는 1952년에 가입하여 활동하고 있다.

LTE(Long Term Evolution)

롱텀에볼루션(Long Term Evolution)의 머리글자를 딴 것으로, 3세대 이동통신(3G)을 '장기적으로 진화'시킨 기술이라는 뜻에서 붙여진 명칭이다. WCDMA(광대역부호분할다중접속)와 CDMA(코드분할다중접속)2000으로 대별되는 3세대 이동통신과 4세대 이동통신(4G)의 중간에 해당하는 기술이라 하여 3.9세대 이동통신(3.9G)이라고도 하며, 와이브로 에볼루션과 더불어 4세대 이동통신 기술의 유력한 후보 가운데 하나로 꼽힌다.

LTE-A(LTE-Advanced)

주파수 집성(CA : Carrier Aggregation, 서로 다른 주파수 대역을 묶어 주는 첨단 기술)을 활용한 이동통신 서비스로 서로 떨어져 있는 주파수 2개를 묶어서 빠른 속도를 구현한다. 최대 속도가 150Mbps에 달해 유선 인터넷보다 1.5배 빠르며 800MB 영화를 43초 만에 내려받을 수 있어 3G보다 10배, LTE보다 2배 빠른 속도로 서비스가 가능하다. LTE-A 전용 스마트폰이 있어야 서비스를 이용할 수 있으며, 전 세계 70개국 175개 통신사 중 한국의 SK텔레콤이 2013년 6월, 가장 먼저 서비스를 시작했다.

MBONE(Multicast Backbone)

인터넷상에 연결되어 있는 호스트들의 수가 크게 증가하고 Multicast 메시지를 받기를 원하는 호스트들이 늘어남에 따라 이러한 Multicast 메시지 전달을 효율적으로 하기 위한 요구도 크게 증가했다. 더구나 네트워크들을 연결하는 링크의 속도도 빨라지면서 기존의 네트워크가 전달하던 텍스트나 이미지 데이터뿐 아니라 그 보다 수 10배 이상 큰 멀티미디어 데이터를 전송하려는 시도가 활발히 이루어지고 있다. MBONE은 이러한 요구를 만족시키기 위해 만들어진 가상의 네트워크이다. 인터넷상에서 화상회의와 같이 여러 명의 회의 참가자가 있고, 이들간에 멀티미디어 데이터를 전송하는 애플리케이션을 가동하기 위해 만들어진 가상 네트워크이다. 여기서 가상 네트워크라고 하는 것은 호스트와 호스트 간에 직접 전송회선으로 연결해 만들어진 실제 네트워크가 아니라, 기존의 인터넷에 연결되어 있는 호스트들을 소프트웨어적으로 처리해 마치 또 다른 네트워크가 독립적으로 인터넷 위에 존재하는 것처럼 보이도록 했기 때문이다.

원래 MBONE은 1992년 IETF Meeting을 전 세계로 Multicast하기 위한 실험의 산물로써 IETF Meeting에서의 Audio, Video Data를 전송하고, 그 중간 중간에 발생하는 계속적인 실험들을 지원하기 위해 반영구적으로 IP Multicast Testbed를 만들자는 것이다. 그런데 실제로는 이런 IETF 관련 Meeting이나 실험 외에 Lecture, Seminar, Concert 등을 중계하는데도 이용되고 있다. MBONE이란 실제 인터넷상에 구현된 가상 네트워크로서 IP Multicast Packet을 Routing하기 위한 Test Bed이다. 지금의 인터넷에 연결된 라우터들이 IP Multicast Packet Routing을 지원하지 못하기 때문에 만들어졌다. MBONE은 직접적으로 Multicasting을 지원하는 LAN들이 마치 섬이 연결되듯 Tunnel이라는 가상 Connection을 이용하여 연결되어 있다. 이 Tunnel의 끝단에는 대부분 Workstation 급에 해당하는 기계들이 연결되어 있으며, OS가 Multicasting을 지원하고 Mrouter가 있어서 Multicast Routing을 할 수 있다.

MHS(Message Handling System)

MHS는 컴퓨터를 이용하여 이용자가 보내고 싶은 정보를 축적, 전송하며 이용자가 요구하는 배달지정 시간, 배달요구, 동시통신, 일시지정 등에 따라 수신자에게 보낼 수 있는 Store and Forward 방식의 시스템이다. 이는 기존의 E-Mail 사이의 통신이 불가능했던 점을 보완하여 CCITT가 정한 400Series 권고안으로써 표준 접속방식의 E-Mail 시스템을 말한다.

Middleware

애플리케이션과 운영체제의 중간에 위치해 있고 애플리케이션에 대해 특정 서비스를 제공하는 소프트웨어이다. RDBMS(관계형 DBMS)의 접속이나 통신기능 등의 애플리케이션에 API 형태로 제공된다.

MPLS(MultiProtocol Label Switching)

IETF(Internet Engineering Task Force)에서 표준으로 제정하려는 프로토콜로서 OSI 2계층과 3계층을 연결한다. 네트워크 서비스를 통합하면서 동시에 기타 프로토콜(IP, ATM 등)의 연결 옵션에 비해 비용을 줄이고 단순화시킨 프로토콜이다. ATM과 함께 사용하면 서비스 제공자들에게 전화급의 트래픽 엔지니어링 및 용량계획 기능을 제공하는 ATM 기반의 QoS를 가능하게 한다.

Multicast

Multicast는 하나의 Message를 다수의 여러 수신자에게 전송하는 것으로서, Broadcast와 다른 점은 특정한 다수의 수신자라는 것이다. 멀티캐스트는 수신자 중심의 개념으로 송신자는 수신자의 그룹 관리가 필요 없으며, 하나의 멀티캐스트 메시지가 네트워크상의 링크를 통해 각각의 라우터들로 전달되고 이 라우터들에서 메시지를 받기를 원하는 수신자에게로 전달된다. 송신자가 수신자에 대한 정보를 가지지 않으며, 이에 관여하지 않는 멀티캐스트를 수신자 기반이라 하며, 이는 네트워크 계층에서 구현되기 때문에 패킷 포맷을 가지며 IP 주소영역은 D Class를 사용한다. 그룹 관리를 하기 위한 IGMP와 멀티캐스트 메시지를 라우팅하기 위한 라우팅 프로토콜이 기본적인 프로토콜로 필요하다.

Openflow

Openflow는 이름 그대로 개방형이며 흐름을 제어한다는 개념으로 라우터나 스위치의 하드웨어적인 영역과 소프트웨어적인 영역으로 나누어져 있다. 패킷의 전송과 포워딩을 담당하는 하드웨어 기반의 플로우 테이블과 SSL을 통한 보안과 패킷의 최적 경로를 결정하도록 제어하는 소프트웨어 기반의 플로우(Flow)로 구성되어 있다.

PaaS(Platform as a Service)

서비스로서의 플랫폼이라는 뜻으로 표준화된 플랫폼을 제공하는 서비스다. 이는 가상화된 하드웨어와 소프트웨어 등을 필요에 따라 제공하며, 모든 개발과 관련된 환경 및 프로세스를 제공한다.

Pharming

파밍. 피싱(Phishing)과 농사(Farming)의 합성어이며 PC에 가짜 은행사이트로 유도하는 악성코드를 설치하여 금융정보를 빼낸 후 예금을 무단으로 인출하는 사기수법으로 사이트 주소의 정상 여부를 확인하고 보안카드 번호 전부를 입력하지 않도록 유의해야 한다.

Phishing

영어의 'Private Data'와 'fishing'이라는 단어가 조합된 것으로 정보를 얻기 위해 낚시질을 한다는 의미로 만들어졌다. 피싱에서의 전형적인 사기성 이메일은 친숙한 은행이나 전자상거래 사이트를 모방한 웹 사이트로 잠재적 희생자들의 방문을 유도한다. 사이트 방문 후에 사람들은 자신의 계정을 업데이트하거나 확인하라고 요구받는다. 그 과정에서 사이트 방문자들이 알지 못하는 사이 주민등록번호나 신용카드 번호와 같은 비밀정보가 누출된다. 피해자를 직접적으로 속이거나 직접적인 피해를 입히지는 않더라도, 이러한 정보들은 개인정보도용 범죄에 이용되기도 한다. 피해자는 여러 해 동안 개인정보도용 사실을 알지 못할 수도 있다. 특히 전화를 통해 불법적으로 개인정보를 빼내서 범죄에 사용하는 범법 행위를 보이스(Voice) 피싱이라 한다.

P&P / Plug and Play / PnP / 플러그앤플레이

플러그 앤드 플레이(Plug and Play)는 즉시 시작이란 뜻으로 시스템이 시작하면 자동적으로 기동되는 속성을 말한다. 컴퓨터시스템에 전원이 들어와 부팅된 뒤 자동적으로 호출되어 실행되는 프로그램들은 PnP 속성을 지니고 있다. PnP는 하드웨어와 소프트웨어 구조에 대한 설계명세로 자동 디바이스 식별과 환경설정을 가능하게 해주며 별도의 설정 없이 그냥 설치만 하면 동작이 가능하므로 윈도우 95에서의 플러그앤플레이 서브시스템은 운영체제 대신 이와 같은 기능을 수행한다. 대부분의 컴퓨터에서는 Plug and Play 방식으로 운영체제가 작동된다.

Proxy

WWW 상에서 Proxy라는 것은 정보 또는 자원을 효율적으로 이용하기 위해 마치 FTP의 Mirror 사이트와 같은 기능을 제공하는 것이다. 즉, 접속이 많이 되는 WWW 호스트의 정보를 다른 호스트에 똑같이 구축해 놓은 것이다. 따라서 실제 그 정보가 있는 호스트에 접속하지 않고 Proxy에 의해 구축된 가상의 지역 호스트에 접속하여 원하는 정보를 이용할 수 있게 해준다. 마치 WWW 브라우저의 캐시 파일을 이용하는 것처럼 지역 호스트에 모든 정보를 담아 원하는 정보검색을 할 수 있도록 해주는 것을 Proxy라고 하며, 일반적으로 대용량의 저장공간을 가지고 있는 호스트에서 운영하고 있다.

QoS(Quality of Service)

서비스 품질. 네트워크 내에서의 지연(Delay)시간, 지연시간 변이 혹은 데이터 손실률 등에 따라 통신 서비스 품질을 규정하는 것을 말하며, 사용자나 어플리케이션의 중요도에 따라 서비스 수준에 차이를 두어서 한정된 WAN 대역폭에서 트래픽을 정책적으로 관리하는 기술이다. 단순히 대역폭을 늘려 네트워크 속도를 개선하는 것이 아니라 트래픽을 모니터링하고 분석하여 효율적으로 네트워크를 운영하는 것이다. QoS를 구현하면 특정 트래픽을 우선적으로 처리할 수 있다.

RAM(Random Access Memory)

데이터를 읽거나 저장하기 위한 메모리이며 SRAM과 DRAM으로 분류된다.

RMON(Remote Network MOnitoring)

원격지에서 네트워크를 모니터링 하기 위한 MIB(Management Information Base)으로 1992년에 표준화가 되었다. 네트워크상의 트래픽(Traffic) 정보를 수집, 분석하는 기능을 하며, 정보를 수집하는 에이전트와 분석, 관리하는 메니저로 구성된다. 각종 트래픽 정보의 항목이 MIB로 정의되어 있다. 기존의 RMON(RMON 1이라 한다)은 OSI 7계층 중 물리계층과 데이터링크 계층을 대상으로 하고 있지만, 새로 표준화된 RMON 2를 추가함으로써 TCP/IP 등의 프로토콜과 어플리케이션을 분리할 수 있어 네트워크를 정지시키고, 성능을 방해하는 것이 무엇인지 추적할 수 있게 되었다.

ROM(Read Only Memory)

메모리에 저장되어 있는 데이터를 읽을 수만 있고 쓸 수는 없는 메모리로서 메모리를 재사용하기 위해 기억되어 있는 데이터를 지우는 방법에 따라 ROM 사용자가 한 번 프로그램을 할 수 있는 PROM(Programmable ROM), 프로그램되어 있는 ROM을 자외선으로 지우고 다시 프로그램할 수 있어서 여러 번 지우고 쓸 수 있는 EPROM(Erasable PROM), EPROM과 유사하며 프로그램 내용을 전기에 의해 지우는 EEPROM(Electric EPROM) 등으로 나누어진다.

RSVP(Resource Reservation Protocol)

RSVP는 특정 패킷 스트림에 우선순위를 부여함으로써 스트리밍 패킷의 최대 전송지연을 보장하여 일관성 있는 서비스 품질(QoS)을 제공할 수 있도록 하는 것이다. 이 프로토콜은 PC의 응용프로그램의 동적인 메모리 할당방식과 같이 네트워크상에서 대역폭을 동적으로 할당할 수 있도록 해준다.

SaaS(Software as a Service)

소프트웨어의 기능 중 사용자가 필요로 하는 것만을 서비스로 배포해 이용이 가능하도록 한 소프트웨어의 배포형태로써 서비스형 소프트웨어로도 불린다. 사용자는 필요한 가능만을 필요할 때에 이용할 수 있으며, 이용하는 기능만큼만 비용을 지불한다. 필요한 기능을 사용자가 다운로드하여 자신의 단말기에 설치하는 형태와 서버상에서 작동하는 소프트웨어의 기능을 네트워크를 통해 온라인으로 이용하는 형태가 있으며 최근에는 후자의 형태가 주류를 이루어가고 있다. 일반 소프트웨어는 사용에게 필요한 기능을 묶어 모든 사용자에게 같은 기능을 제공하고 있다. 하지만 이러한 소프트웨어는 어떤 한 사람의 사용자에게는 그다지 필요가 없는 기능이 상당수 탑재되어 있어 필요 없는 기능에 대해서도 요금을 지불해야만 한다. 따라서 각각의 개인이 정말로 필요로 하는 기능만을 이용할 수 있으며, 그 기능에 대해서만 요금을 지불하는 SaaS라는 발상이 등장하게 된 것이다. SaaS는 네트워크를 통해 소프트웨어를 온라인으로 이용한다는 점에서 ASP 서비스와 비슷하며, 일반적인 ASP 서비스를 지칭하는 경우도 있다.

SAID(Security Association Identifier)

SAID는 스위치의 VLAN 기능에서 사용자가 구성 가능한 4바이트 VLAN 식별자로써 특정 VLAN에 속하는 트래픽을 식별하는데 사용하는 인자이다.

SDN(Software Defined Networking)

분산 또는 클라우드 시스템에서 네트워크의 개념을 추상화하여 데이터를 전달간 제어와 관리를 통해서 Qos를 제공하는 소프트웨어 기술이다. SND은 기존 라우터나 스위치 등 하드웨어에 의존하는 네트워크 체계에서 속도, 안정성, 에너지 효율, 보안 등을 소프트웨어적으로 개선하기 위해 개발된 기술로 OpenFlow라는 개념을 바탕으로 한다.

SDSL(Single-line Digital Subscriber Line)

전송속도와 수신속도가 1.544Mbps라는 점에서 HDSL과 비슷하지만 트위스트 페어가 하나라는 점에서 구별된다. 단일 트위스트 페어를 사용하기 때문에 HDSL보다 운영거리가 제한된다. 3km가 SDSL을 사용할 수 있는 실제 한계거리이다. 사내 화상회의나 리모트 LAN 접속 등에 사용할 수 있다.

Shadow Packet

네트워크의 양끝에 터미네이터(Terminator)가 없는 상태에서 패킷이 한 쪽 끝에 도달하면 패킷이 방향을 틀어 다른 방향으로 오게 된다. 이렇게 한 쪽 끝에 닿아 방향을 돌리는 패킷을 섀도 패킷(Shadow Packet)이라고 한다. 섀도패킷은 네트워크의 속도를 떨어뜨리고 네트워크를 통과하는 데이터의 질을 저하시킨다.

Shannon's Sampling Theory

"어떤 아날로그 신호의 최대 주파수보다 두 배 이상의 속도로 시간축에서 균일한 간격으로 나누면 원래 신호가 갖는 모든 정보를 포함하기 때문에 원래의 아날로그 신호를 그대로 재생할 수 있다"는 이론이다.

SMDS(Switched Multimegabits Data Service)

비연결성 패킷 교환(Datagram) 서비스 표준이며 원거리 망에서의 고속 데이터 통신용이다. 1989년 MAN 구축 방안으로 Bell 통신연구소에서 제안 및 표준화를 하였으며, 교환 서비스에 의한 공중망 공유의 경제적 이익뿐만 아니라 효율적인 전송로의 이용가능으로 광대역 서비스 확장시에 추가가 용이하므로 BISDN으로의 진화 초기 단계의 서비스라고도 한다.

Smishing

스미싱. 문자 메시지(SMS)를 이용해 개인정보나 금융정보를 낚는다(fishing)는 의미의 합성어로 수신된 문자 메시지 내의 인터넷 주소를 클릭하는 순간 스마트폰에 악성 코드가 설치되고, 범죄자에게 소액결제 인증번호가 전송되면 범죄자는 게임의 아이템이나 사이버 머니를 구입하고 소액결제 대금이 피해자에게 청구되는 신종 사기수법이다.

Spectrum

스펙트럼. 햇빛이나 백열전구의 빛을 프리즘에 통과시키면 가시광선영역의 스펙트럼인 무지개색 띠를 얻을 수 있다. 이렇게 파장에 따른 굴절률 차이를 이용해 빛을 파장 또는 진동수에 따라 분해한 것을 스펙트럼이라 한다. 파장의 범위에 따라 마이크로파스펙트럼, 적외 스펙트럼, 가시 스펙트럼, X-선 스펙트럼 등이 있다. 그리고 파장에 대하여 연속적인 연속 스펙트럼, 불연속적인 선스펙트럼 및 띠스펙트럼으로 나눌 수 있다. 태양광선은 연속 스펙트럼을 가지고, 네온등이나 수은 등에서 나온 빛은 특정 파장으로만 이루어진 선스펙트럼을 가진다. 형광등의 경우는 가시광선영역의 연속 스펙트럼과 증기에 의한 선스펙트럼을 동시에 가진다.

Spoofing

스푸핑. 패킷이 자신이 실제로 송신되지 않은 주소에서 송신된 것처럼 불법적으로 주장하는 행위를 말하며, 스푸핑은 필터나 액세스 리스트와 같은 네트워크 보안 메커니즘을 파괴하도록 고안된 것이다. 호스트가 인터페이스를 작동 중이고 세션을 지원하고 있는 것처럼 다루게 하는 라우터가 사용하는 기법이다. 라우터는 그 세션이 아직 실행 중인 것처럼 호스트를 믿게 하기 위해 호스트에서 보낸 Keep Alive Message에 가짜로 응답을 보낸다. 스푸핑을 통해 통화요금을 줄이기 위해 보낼 트래픽이 없으면 회선 스위치드 링크를 다운시키는 DDR과 같은 라우팅 환경에서 유리하다.

Spyware

스파이웨어. 이용자의 동의 없이 정보통신기기에 설치되어 정보 시스템, 데이터 또는 프로그램 등을 훼손·멸실·변경·위조하거나 정상 프로그램 운용을 방해하는 기능을 수행하는 악성 프로그램. 즉, 이용자의 동의 없이, 웹 브라우저의 홈페이지 설정이나 검색 설정을 변경, 정상 프로그램의 운영을 방해·중지 또는 삭제, 컴퓨터 키보드 입력내용이나 화면표시 내용을 수집·전송하는 등의 행위를 하는 프로그램을 말한다.

SRAM(Static Random Access Memory)

저장된 데이터를 유지하기 위하여 신호(Refresh)를 주기적으로 입력하지 않아도 지워지지 않는 메모리이다. 속도가 빠르고 안정된 반면 값이 비싸며 용량이 적다.

STP(Spanning Tree Protocol) or STA(Spanning Tree Algorithm)

스패닝 트리는 네트워크에서 고유한 장치-대-고유한 장치의 경로이다. STP(STA)는 브리지상의 한 포트를 선택하여 전송상태에 들어가게 하고 나머지 포트들은 블로킹 상태로 만든다. 즉, 단일 경로를 설정하여 활성 루프를 방지한다. 고유의 경로가 어떠한 이유로 장애를 일으키면 STA에 참여하고 있는 브리지는 자동으로 특정한 블로킹된 포트를 활성상태로 만들어 또 하나의 경로, 즉 새로운 스패닝 트리를 만든다. 그러므로 STA는 브리지 네트워크에서 어느 정도 경로의 중복을 허용할 수 있다.

Tele-service

텔레 서비스는 베어러 서비스를 기본으로 통신망, 단말기 등에서 이용되고 고도의 기능을 부가하여 제공하는 서비스로서 전화, 팩시밀리, 텔레텍스 서비스 등이 이에 해당한다.

TFTP

FTP와 마찬가지로 파일을 전송하기 위한 프로토콜이지만 FTP보다 더 단순한 방식으로 파일을 전송한다. 따라서 데이터 전송과정에서 데이터가 손실될 수 있는 등 불안정하다는 단점을 가지고 있다. 하지만 FTP처럼 복잡한 프로토콜을 사용하지 않기 때문에 구현이 간단하다. 임베디드 시스템에서 운영체제 업로드로 주로 사용된다.

Topology

네트워크의 논리적인 형상을 나타내는 논리 토폴로지(Topology)와 컴퓨터 네트워크의 물리적인 형태를 나타내는 물리 토폴로지로 나뉜다. 네트워크 장치들이 서로 연결된 모양이나 통신 채널이 통신망에 연결되는 형태 등을 나타낸 것을 말한다.

TRS(Trunked Radio System)

주파수 공용 통신 시스템(TRS)은 기존의 음성통신용 무전기를 확대 발전시킨 것으로 하나의 주파수로 다수의 가입자가 동시에 통화를 할 수 있는 새로운 무선통신 서비스이다. 주파수 공용 통신 서비스는 음성뿐만 아니라 간단한 데이터도 전송이 가능한 이동통신 서비스로서 한정되어 있는 주파수 대역을 더욱 효율적으로 사용하기 위해 통화시간을 제한함으로써 소수의 주파수를 다수의 이용자가 공동으로 사용하게 한 것이다.

UPS(Uninterruptible Power Supply)

UPS는 서버와 네트워크 장비를 신속하면서도 무리 없이 작업을 종료하여 전원 문제로 데이터가 손실되거나 에러가 발생하지 않도록 하는 장치이다. 즉, 순간 정전, 불의의 정전, 전원전압의 변동, 전원잡음 등 각종 전원 이상을 방지하고, 항상 안정된 전원을 공급해 준다. 따라서 UPS는 전원에 관련된 장애로부터 네트워크 장비를 보호하기 위해 정확한 정전압과 정주파수의 정현파를 공급하는 역할을 한다. UPS 제품군은 외양은 유사하지만 본체 내부에는 진단 소프트웨어, 모니터링 기능, 웹 브라우저 접속과 같은 기능상 여러 가지 종류가 있다.

VAN(Value Added Network)

VAN은 회선을 직접 보유하거나 통신사업자의 회선을 임차 또는 이용하여 단순한 전송기능 이상의 정보의 축적, 가공, 변환처리 등의 부가가치를 부여한 음성 또는 데이터 정보를 제공하는 광범위하고 복잡한 서비스의 집합을 말한다.

VDSL(Very-high-data-rate Digital Subscriber Line)

비대칭적이고 운영거리가 3~13.7km라는 한계가 있다. 하나의 트위스트페어에서 수신속도가 13~52Mbps이고, 송신속도는 1.5~2.3Mbps로 평균, 송신속도가 무척 빠르다. 여분의 대역폭으로 HDTV 프로그램을 전송할 수 있다.

Videotex

비디오텍스(Videotex)는 전화회선을 사용해 가정이나 사업장 등에 설치되어 있는 텔레비전 수상기와 컴퓨터 정보센터를 연결하여 센터에 축적되어 있는 문자, 도형, 화상 등의 2진 디지털 정보를 회화형식으로 센터와 주고받는 시스템을 말한다. 종래에는 센터 내에 있는 데이터뱅크에 액세스하여 정보를 검색하는 정보검색형의 비디오텍스가 중심이었으나, 지금은 이용자 측에서도 정보를 센터에 보낼 수가 있는 쌍방향형의 비디오텍스가 주류를 이루고 있다. 따라서 쌍방향 미디어인 PC 통신과 같은 기능을 비디오텍스도 갖게 되어 비디오텍스와 PC 통신의 융합이 이루어지고 있다. 비디오텍스의 이용자는 쌍방향 미디어의 수신자 측 기능으로 센터에 축적되어 있는 광범위한 각종 정보의 검색은 물론 백화점이나 수퍼마켓에 상품을 주문하는 홈쇼핑, 호텔이나 연예행사, 여행의 예약 등을 할 수 있다. 또 송신자 측인 정보제공자(IP)로서는 신문기사, 백화점, 운수교통, 증권 금융, 출판, 연예 등 광범위한 정보를 주고받을 수 있다.

Virus

컴퓨터 프로그램이나 메모리에 자신 또는 자신의 변형을 복사해 넣는 악의적인 명령어들로 조합하여 불특정 다수에게 피해를 주기 위한 목적으로 제작된 모든 컴퓨터 프로그램 또는 실행 가능한 코드를 말한다.

VLAN(Virtual LAN)

가상 LAN이란 물리적인 변경이 없이 논리적인 변경만으로 하나의 물리적 세그먼트에서 다수의 논리적 네트워크 세그먼트를 운용할 수 있는 수단을 제공하는 기능이다. 특정 스테이션이 한 부서에서 다른 부서로 이동하더라도 스위치상에서 물리적 변경을 가하지 않고, 해당 포트를 소프트웨어에 의해 다른 가상 LAN에 간단히 배치하면 된다. 브로드 캐스팅은 가상 LAN의 스테이션에서만 수신되며, 스위치의 모든 포트를 통해 전파되지는 않는다.

VOD(Video On Demand)

지역 전화회선이나 유선 TV 방송사가 가입자들에게 원하는 시간에 언제든지 보고 싶은 비디오를 볼 수 있도록 서비스를 제공하는 것을 말한다. VOD를 보통 주문형 비디오라고도 한다. 가정의 단말기를 통하여 보고 싶은 프로그램을 호출하면, 영상을 축적하고 있는 데이터베이스 센터에서 검색해 고속 광대역 전송로를 통해 각 가정의 단말기로 보내진다.

VoIP(Voice over IP)

VoIP는 전화나 컴퓨터 사용자들이 기존의 아날로그 공중전화망 대신 디지털 패킷망 중 인터넷망에서 쌍방간의 음성신호를 실시간으로 전달하며 통신하는 디지털 전화기술이다. 즉, IP 네트워크상으로 음성을 전송하는 기술이다. VoIP를 이용한 가장 대표적인 솔루션은 인터넷 전화로, 장거리 전화나 국제전화 등 통화요금을 절감할 수 있는 기술로 각광받고 있다. 음성 트래픽은 일반적인 전화기나 컴퓨터를 통해 전송되며, 인터넷폰 서비스 회사가 운영하는 게이트웨이를 통해 전달된다. 인터넷폰 서비스 방식은 PC to PC, PC to Phone, Phone to Phone 방식 등 3가지가 있다. 최근의 몇몇 회사에서 무료로 제공하는 인터넷폰 서비스는 PC to Phone 방식을 사용하고 있으며, 아직은 기존 전화에 비해 음질이 떨어지는 단점이 있으나 가까운 미래에 기술이 발달하여 보완이 될 전망이다.

VPN(Virtual Private Network)

가상사설망. VPN의 원래 개념은 자체적으로 통신망을 보유하지 않은 사용자가 공중 데이터 통신망을 이용하여 마치 자체적으로 구축한 통신망과 같이 직접 운용, 관리하는 것을 의미한다. 현재 VPN은 기업의 본사와 지사 간 또는 지사 간에 값비싼 전용회선 대신 인터넷을 이용해 연결하는 통신지의 하나로 전용회선보다 저렴한 비용으로 원거리통신망(WAN)을 구축하는 네트워크 솔루션을 말한다. 또한 인터넷을 이용하면 세계 각지에 흩어져 있는 지사까지 WAN의 범위를 확대할 수 있다. 그러나 인터넷 표준 프로토콜을 기반으로 하고 있기 때문에 보안상의 취약점이 지적되고 있다.

VSAT(Very Small Aperture Terminal)

위성통신분야의 기술발전으로 인해 사용주파수가 C-band에서 K-band로 상향 사용됨에 따라 직경 1m 전후의 소형 안테나를 사용할 수 있게 되었다. 이와 같은 소형 안테나(직경 0.6~2.4m)를 사용하는 지구국을 초소형 위성통신 지구국이라고 부른다.

White List

스팸 메일이 늘어나고, 피싱과 파밍 등 개인정보 유출을 위한 금융, 결제 회사를 사칭한 사이트가 많아지면서 등장한 제3자에 의한 IP 주소 또는 사이트를 입증하는 목록이다. 스팸 메일, 악성 코드를 유포하는 IP 주소, 피싱을 조장하는 허위 사이트 등을 데이터베이스(DB)로 만드는 블랙리스트(Black List)의 반대되는 개념으로 알려진 IP 주소로 화이트리스트를 만들어 이로부터 전송된 이메일은 메일 서버가 언제나 수용하도록 하거나, 은행, 각종 포털 사이트가 자발적으로 보안업체나 단체에 화이트리스트로 등록해 웹 사이트의 안전성을 소비자에게 알려주게 된다.

WI-FI(Wireless Fidelity)

무선접속장치(AP : Access Point)가 설치된 곳을 중심으로 일정거리 이내에서 PDA, 스마트폰, 태블릿 PC, 노트북 등의 무선기기를 통해 초고속 인터넷을 이용할 수 있다. 무선주파수를 이용하기 때문에 전화선이나 전용회선이 필요 없고 PDA나 노트북 컴퓨터에는 무선 랜 카드가 장착되어 있어야 한다. 전송속도가 4~54Mbps(최근에는 100Mbps 이상)로 대용량의 멀티미디어 정보를 주고받을 수 있으며 이동성과 보안성까지 갖추고 있다.

WLL(Wireless Local Loop)

무선가입자 선로를 가르키며, 전화국에서 전화가입자의 댁내까지(Local Loop 구간)를 연결하는 유선 선로 대신 무선 시스템을 이용해 전화선을 구성하는 것으로, 농어촌지역과 같이 인구밀도가 희박한 지역에 전화를 가설할 때 가설비를 줄이기 위한 대안으로 처음 개발되었다.

XModem(X모뎀)

X모뎀은 주로 전화회선을 통해 통신하고자 할 때 파일을 전송하는데 이용되는 프로토콜 중의 하나이다. X모뎀은 정보가 전송되는 동안 손실되거나 방해를 받는지 등의 오류검사를 할 수 있고 통신 소프트웨어에서 바이너리 데이터를 전송할 수 있다. X모뎀은 오류 수정기를 사용하는 X모뎀 CRC와 1천24바이트 크기로 구성된 블록으로 데이터를 보다 빠르게 전송할 수 있는 X모뎀-1K 등이 있지만 X모뎀은 오래된 프로토콜로 속도가 느리기 때문에 점점 Y모뎀이나 Z모뎀으로 대체돼 가는 추세이다.

YModem(Y모뎀)

Y모뎀은 X모뎀에 기초를 두고 X모뎀의 단점을 개선한 것으로 파일을 전송하는 데 이용되는 통신 프로토콜 중의 하나이다. Y모뎀은 1천24바이트 크기의 블록으로 데이터를 전송하기 때문에 X모뎀보다 빠르지만 Z모뎀만큼은 강력하지는 않아 전화회선으로는 잘 전송되지 않는다. 오늘날 Y모뎀은 여러 개의 파일들을 동시에 전송할 수 있는 Y모뎀 배치나 오류수정 소프트웨어를 버리고 대신 하드웨어 기반의 오류수정을 모뎀 안에 남겨 그 처리속도를 높인 Y모뎀-G 등이 나오는 추세이다.

ZModem(Z모뎀)

Z모뎀(Z Modem)은 PC 통신에서 파일 전송을 위해 Chuck Forsburg사가 개발한 통신 프로토콜로 X모뎀에 기능이 추가되어 개발되었다. Z모뎀은 복수의 파일을 전송할 수 있고 전송속도가 빠르며, 통신이 잠시 끊겼을지라도 이후에 파일 전송을 다시 시작할 수 있는 이어받기 기능과 같은 장점을 갖고 있다. Z모뎀은 32비트 CRC를 사용하기 때문에 에러 검출기능도 뛰어나고 선로 상태에 따라 패킷 크기를 자동으로 변경해 가면서 전송효율을 높일 수도 있으며, 인터럽트 발생 시 통신이 재개되는 경우에 파일 전송을 바로 이전에 중단되었던 부분부터 다시 시작하는 기능도 가지고 있다. 오늘날 우리나라 PC 통신에서 가장 널리 사용되고 있다.

Ⅱ. 약 어 표

다음은 정보통신 혹은 네트워크를 계획하고 구현할 때 듣게 되는 네트워크 관련 약어들이다. 기억해 두도록 하자.

[A]

AAA	Authentication, Authorization, Accounting
ACL	Access Control List
AES	Advanced Encryption Standard
ALOHA	Additive Link Of Hawaiian Area
ALU	Arithmetic Logic Unit
AM	Amplitude Modulation
AMPS	Advanced Mobile Phone Service
ANSI	American National Standards Institute
API	Application Program Interface
APT	Advanced Persistent Threats
ARCnet	Attached Resource Computer Network
ARP	Address Resolution Protocol
ARS	Automated Response System
ARPANET	Advanced Research Project Agency NETwork
ARQ	Automatic Repeat reQuest
AS	Autonomous System
ASBR	Autonomous System Boundary Router
ASCII	American Standard Code for Information Interchange
ASK	Amplitude Shift Keying
AT&T	American Telephone & Telegraph
ATM	Asynchronous Transfer Mode
AUI	Attachment Unit Interface

[B]

BBS	Bulletin Board System
BECN	Backward Explicit Congestion Notification
BGP	Border Gateway Protocol
BIOS	Basic Input/Output System

B-ISDN	Broadband Integrated Services Digital Network
BOOTP	Bootstrap Protocol
BPDU	Bridge Protocol Data Unit
BRI	Basic Rate Interface
BSC	Binary Synchronous Communications
BYOD	Bring Your Own Device

[C]

CALS	Computer Aided Acqusition and Logistic Support
CAM	Content Addressable Memory
CAN	Citywide Area Network
CATV	Cable Television
CCITT	Consultative Committee for International Telegraph and Telephone
CCTV	Closed Circuit Television
CDDI	Copper Distributed Data Interface
CDM	Code Division Multiplexing
CDMA	Code Division Multiple Access
CDP	Cisco Discovery Protocol
CEPT	the Conference of European Post and Telecommunication admin.
CGA	Color Graphics Array
CHAP	Challenge Handshake Authentication Protocol
CIDR	Classless Inter Domain Routing
CIR	Committed Information Rate
CISC	Complex Instruction Set Chip
CLI	Command Line Interface
CMIP	Common Management Information Protocol
CPE	Customer Premises Equipment
CPU	Central Processing Unit
CRC	Cyclic Redundancy Check
CSMA/CD	Carrier Sense Multiple Access with Collision Detection
CSU	Channel Service Unit
CTI	Computer Telephony Integration
CTS	Clear to Send

[D]

DAS	Dual Attachment Station
DCE	Data Communication Equipment
DDE	Dynamic Data Exchange
DDR	Dial on Demand Routing
DEA	Data Encryption Algorithm
DEC	Digital Equipment Corporation
DES	Data Encryption Standard
DHCP	Dynamic Host Configuration Protocol
DLCI	Data Link Connection Identifier
DMA	Dynamic Memory Access
DNA	Digital Network Architecture
DNS	Domain Name System
DRAM	Dynamic Random Access Memory
DQDB	Distributed Queue Dual Bus
DSL	Digital Subscriber Line
DSP	Digital Signal Processor
DSU	Data Service Unit
DTE	Data Terminal Equipment

[E]

EBCDIC	Extend Binary Coded Decimal Interchange Code
EEPROM	Electric EPROM
EGP	Exterior Gateway Protocol
EIA	Electronic Industries Association
EIGRP	Enhanced Interior Gateway Routing
EMI	Electro Magnetic Interference
EPROM	Erasable Programmable ROM
ERP	Enterprise Resources Planning
ETSI	European Telecommunications Standards Institute

[F]

FCS	Frame Check Sequence
FDDI	Fiber Distributed Data Interface

FDM	Frequency Division Multiplexing
FDMA	Frequency Division Multiple Access
FECN	Forward Explicit Congestion Notification
FM	Frequency Modulation
FRAD	Frame Relay Access Device
FSK	Frequency Shift Keying
FTP	File Transfer Protocol
FTTH	Fiber To The Home
FTTO	Fiber To The Office

[G]

GMPCS	Global Mobile Personal Communication System
GNS	Get Nearest Server
GPS	Global Positioning System
GUI	Graphical User Interface

[H]

HDLC	High-level Data Link Control
HDSL	High-data-rate Digital Subscriber Line
HDTV	High Definition Television
HSM	High Speed Modem
HSRP	Hot Standby Router Protocol
HSSI	High Speed Serial Interface
HTTP	Hyper Text Transfer Protocol

[I]

IaaS	Infrastructure as a Services
ICMP	Internet Control Message Protocol
ICT	Information & Communication Technology
IDS	Intrusion Detection System
IDTV	Improved Definition Television
IEEE	Institute for Electrical and Electronics Engineers
IETF	Internet Engineering Task Force
IGMP	Internet Group Management Protocol

IGP	Interior Gateway Protocol
IGRP	Interior Gateway Routing Protocol
INTELSAT	INernational TELecommunication SATellite
INMARSAT	INternational MARitime SATellite Organization
IOS	Internetwork Operating System
IPS	Intrusion Prevention System
IPX	Internetwork Packet eXchange
ISDN	Integrated Services Digital Network
IS-IS	Intermediate System to Intermediate System
ISL	Inter Switch Link
ISO	International Standards Organization
ISP	Internet Service Provider
ITIL	Information Technology Infrastructure Library
ITSM	Information Technology Service Management
ITU	International Telecommunication Union
IVR	Interactive Voice Response

[L]

LAN	Local Area Network
LANE	LAN Emulation
LAPB	Link Access Procedure Balabced
LCN	Logical Channel Number
LDAP	Lightweight Directory Access Protocol
LDM	Line Drive Modem
LED	Light Emitting Diode
LEOS	Low Earth Orbiting Satellite
LLC	Logical Link Control
LMI	Local Management Interface
LTE	Long Term Evolution
LTE-A	LTE Advanced

[M]

MAC	Medium Access Control
MAN	Metropolitan Area Network

MAU	Media Access Unit
MD5	Message Digest 5
MIB	Management Information Base
MIPS	Million Instruction Per Second
MIS	Management Information System
MNP	Microcom Networking Protocol
MPEG	Moving Picture Experts Group
MPLS	Multi Protocol Label Switching
MPOA	MultiProtocol Over ATM
MTSO	Mobile Telephone Switching Office
MTBF	Mean Time Between Failure
MTU	Maximum Transmission Unit

[N]

NAC	Network Access Control
NAS	Network Access Server
NAT	Network Address Translation
NBMA	Non Broadcast Multi Access
NDIS	Network Driver Interface Specification
NetBEUI	NetBIOS Extended User Interface
NetBIOS	Network Basic Input/Output System
NFS	Network File System
NIC	Network Interface Card
N-ISDN	Narrowband Integrated Services Digital Network
NIST	National Institute of Standards and Technology
NLM	NetWare Loadable Module
NLSP	Netware Link Service Protocol
NMS	Network Management System
NOS	Network Operating System
NRZ	Non Return to Zero
NRZI	Non Return to Zero Inverted
NT	New Technology
NTP	Network Time Protocol
NTS	Windows NT Server
NVRAM	NonVolatile RAM

[O]

ODBC	Open DataBase Connectivity
ODI	Open Datalink Interface
OSHW	Open Source HardWare
OSI	Open Systems Interconnection
OSIRM	Open System Interconnection Reference Model
OSPF	Open Shortest Path First
OSS	Open Source Software

[P]

PaaS	Platform as a Service
PABX	Private Automatic Branch eXchange
PAP	Password Authentication Protocol
PBX	Private Branch eXchange
PAM	Pulse Amplitude Modulation
PCM	Pulse Code Modulation
PCN	Personal Communication Network
PCS	Personal Communication Service
PDN	Public Data Network
PDU	Protocol Data Unit
PIM	Protocol Independent Multicast
PIN	Personal Identification Number
Ping	Packet InterNet Groper
PM	Phase Modulation
POP	Point of Presence
POS	Point Of Sale
POST	Power On Self Test
PPP	Point to Point Protocol
PRI	Primary Rate Interface
PROM	Programmable ROM
PSK	Phase Shift Keying
PSDN	Public Switched Data Network
PSTN	Public Switched Telephone Network
PVC	Permanent Virtual Circuit

[Q]

QoS	Quality of Service

[R]

RADIUS	Remote Authentication Dial in User Service
RAM	Random Access Memory
RARP	Reverse Address Resolution Protocol
RAS	Remote Access Server
RF	Radio Frequency
RFC	Requests for Comment
RFI	Radio Frequency Interference
RFP	Request for Proposal
RIF	Routing Information Field
RIP	Routing Information Protocol
RISC	Reduced Instruction Set Chip
RMON	Remote Monitoring
ROM	Read Only Memory
RSVP	Resource ReserVation Protocol
RZ	Return to Zero

[S]

SaaS	Software as a Service
SAA	System Application Architecture
SAID	Security Association Identifier
SAP	Service Access Point
SCADA	Supervisory Control And Data Acquisition
SDLC	Synchronous Data Link Control
SDN	Software Defined Networking
SDSL	Single-line Digital Subscriber Line
SLIP	Serial Line Internet Protocol
SMDS	Switched Multimegabit Data Service
SMS	System Management Server
SNA	System Network Architecture
SNMP	Simple Network Management Protocol

SOHO	Small Office Home Office
SONET	Synchronous Optical Network
SPF	Shortest Path First
SPX	Sequenced Packet eXchange
SQL	Structured Query Language
SRAM	Static Random Access Memory
SS7	Signaling System 7
SSM	Source Specific Multicast
STP	Shielded Twisted Pair
STP	Spanning Tree Protocol
SVC	Switched Virtual Circuit

[T]

TACACS	Terminal Access Controller Access Control System
TCP/IP	Transmission Control Protocol / Internet Protocol
TDM	Time Division Multiplexing
TDMA	Time Division Multiple Access
TDX	Time Division eXchange
TFTP	Trivial File Transfer Protocol
TIA	Telecommunications Industries Association
TMS	Threat Management System
TRS	Trunked Radio System

[U]

UCaaS	UC as a Service
UDP	User Datagram Protocol
UPS	Uninterruptible Power Supply
URL	Universal Resource Locator
UTP	Unshielded Twisted Pair

[V]

VAN	Value Added Network
VDI	Virtual Desktop Infrastructure
VDSL	Very-high-rate Digital Subscriber Line

VESA	Video Electronic Standards Association
VINES	VIrtual NEtwork System
VLAN	Virtual LAN(Local Area Network)
VLSM	Variable Length Subnet Mask
VoIP	Voice over IP
VOD	Video On Demand
VPI	Virtual Path Identifier
VPN	Virtual Private Network
VRU	Voice Response Unit
VSAT	Very Small Aperture Terminal
VTP	Virtual Terminal Protocol

[W]

WAN	Wide Area Network
WDM	Wave-length Division Multiplexing
WEP	Wired Equivalent Privacy
WI-FI	Wireless Fidelity
WIPS	Wireless Intrusion Prevention System
WLAN	Wireless Local Area Network
WLL	Wireless Local Loop
WNAC	Wireless Network Access Control
WPA	Wi-Fi Protocol Access
WWW	World Wide Web

□ 참고문헌 □

[1] 김용진 · 박정수 · 신명기 · 이승윤 공저, IPv6 포럼 코리아 〈차세대 인터넷 프로토콜 IPv6〉, 다성출판사

[2] 김종호 · 이승재 공저, 〈IP 라우팅 프로토콜〉, (주)사이버출판사

[3] 박기현, 〈데이터 통신과 컴퓨터 네트워크〉, 한빛미디어

[4] 유인태 · 김정윤 공저, 〈패킷트레이서 완전정복〉, 경희대학교 출판문화원

[5] 진강훈, 〈시스코네트워킹〉, (주)사이버출판사

[6] 피터전, 〈IP 라우팅〉, (주)네버스탑

[7] 황봉성, 〈네트워크 실무〉, 남두도서

[8] 황봉성, 〈스위치〉, 상학당

[9] Cisco Systems, Inc. "Cisco Networking Academy Program: Semester Five Companion Guide Advanced Routing" Cisco Press

[10] Cisco Systems, Inc. "Cisco Networking Academy Program: Second-Year Companion Guide Second Edition" Cisco Press

[11] Cisco Systems, Inc. "Cisco Networking Academy Program: CCNA 1 and CCNA 2 Companion Guide" Cisco Press

저자약력

황 봉 성

- 경북대학교 전자공학과 유선전자통신전공 졸업
- 중앙대학교 대학원 전자공학과 전자통신전공 졸업
- 대우정보시스템(주) 네트워크사업본부 기술지원팀장
- 청강문화산업대학교 인터넷창업보육센터장
- 청강문화산업대학교 전자계산소장
- (현) 앤앤에스피(주) 자문교수
- (현) 쿠버앤씨오(주) 자문교수
- (현) 청강문화산업대학교 모바일스쿨 모바일보안전공 교수

라우터(Router)

2019년 2월 25일 1판 2쇄 발행

저 자 황 봉 성
발행인 남 승 우

발행처 도서출판 상尙 학學 당堂
서울시 동작구 사당로9가길 6(사당동)
TEL : 02) 595-1692~4
FAX : 02) 595-1394
E-mail : namdoo6@unitel.co.kr
신고 : 2-155호 (1968. 11. 29)

정가 24,000원

ISBN 978-89-6587-088-3 93560

〈디자인〉 편집 엄해숙 / 표지 나아기획